Benno Frei Das Mehrwertsteuergesetz (MWStG)

BENNO FREI

Das MehrWertSteuer-Gesetz

Handbuch für die Praxis

2. erweiterte und aktualisierte Auflage

2., überarbeitete, erweiterte und aktualisierte Auflage

Alle Rechte vorbehalten
© 2002 Cosmos Verlag AG, 3074 Muri/Bern
Umschlag: Gerhard Noltkämper, 3098 Köniz
Druck: Schlaefli & Maurer AG, 3800 Interlaken
Einband: Schumacher AG, 3184 Schmitten

ISBN 3-85621-167-5

www.cosmosverlag.ch

Vorwort

Auf den 1. Januar 2001 wurde das Bundesgesetz über die Mehrwertsteuer (MWStG) in Kraft gesetzt. Bereits wurden die ersten Erfahrungen mit dem MWStG gemacht. Seit Erscheinen der 1. Auflage (1994) hat sich die Verwaltungspraxis der ESTV ebenfalls wesentlich weiterentwickelt. Die MWSt ist zu einer komplexen Materie geworden. Dieses Handbuch basiert auf dem Stand per 1. Januar 2002. Es erfüllt einen Autor immer mit Stolz, wenn ein Buch vergriffen ist und die Leserschaft nach einer Neuauflage verlangt. Im neuen, wesentlich erweiterten und aktualisierten Werk habe ich die praxisnahe und verständliche Weise beibehalten. Es war jedoch unmöglich sämtliche Themen- und Problembereiche in diesem Handbuch zu behandeln. Ich habe mich auf die wesentlichsten Themen beschränkt. Detaillierte Hinweise sind den Publikationen der ESTV (Aufstellung auf Seite 10 – 11) zu entnehmen.

Ich möchte es nicht unterlassen der bisherigen Leserschaft für das Interesse an meinem Buch zu danken. Die vielen positiven Rückmeldungen und Anregungen haben mich stets gefreut. Auch habe ich versucht die reiche Berufspraxis und die Unterrichtserfahrungen optimal ins Handbuch einzubringen.

Dieses Buch soll auf einfache, praxisnahe Weise die Anwendung des Mehrwertsteuergesetzes (MWStG) im beruflichen Alltag erleichtern. Zahlreiche Grafiken unterstützen dieses Vorgehen. Anwendungsbeispiele, grafische Darstellungen, Tabellen sowie Checklisten geben sämtlichen steuerpflichtigen Personen wertvolle Hinweise. Das Buch ersetzt jedoch nicht das Studium der Publikationen der ESTV sowie eine individuelle Beratung.

Veröffentlichungen der ESTV via Internet «http://www.estv.admin.ch» geben zudem wertvolle und aktuelle Hinweise.

Fragen nach den Kapiteln ermöglichen es den Lesern sich im Selbststudium zu vertiefen. Das Buch eignet sich deshalb auch für den Lehrunterricht.

Fundierte Kenntnisse über die MWSt vermindern das Risiko von Steuernachbelastungen und falschen Steuerplanungen. Dieses Handbuch soll eine solide Grundlage hiezu bieten.

Benno Frei

Widnau/SG, März 2002

Inhaltsverzeichnis 7

1 Allgemeines

| 1.1 | Rechtsgrundlage | 13 |
| 1.2 | Grundzüge der Steuer | 18 |

2 Steuerobjekt

2.1	Steuerbare Umsätze	27
2.2	Ort des steuerbaren Umsatzes	35
2.3	Von der Steuer ausgenommene Umsätze	41
2.4	Steuerbefreite Umsätze	47
2.5	Fragen	59

3 Steuersubjekt

3.1	Steuerpflicht bei der Erzielung von Umsätzen	62
3.2	Steuerpflicht bei Bezug von Dienstleistungen aus dem Ausland	86
3.3	Steuerpflicht bei den Einfuhren von Gegenständen	86
3.4	Optionen (freiwillige Unterstellung)	87
3.5	Beginn und Ende der Steuerpflicht	98
3.6	Steuernachfolge, Steuervertretung und Mithaftung	114
3.7	Fragen	116

4 Berechnung und Überwälzung der Steuer

4.1	Bemessungsgrundlage	119
4.2	Margenbesteuerung	133
4.3	Steuersätze	137
4.4	Rechnungsstellung und Überwälzung der Steuer	145
4.5	Fragen	168

5 Vorsteuerabzug

5.1	Abziehbare Vorsteuern	171
5.2	Ausschluss vom Vorsteuerabzug	173
5.3	Gemischte Verwendung	175
5.4	Zeitpunkt des Abzuges	180
5.5	Spätere Entstehung des Anspruchs auf Vorsteuerabzug	182
5.6	Fragen	183

6 Veranlagung

6.1	Entstehung der Steuerforderung	184
6.2	Abrechnungsart und -periode	186
6.3	Veranlagung und Entrichtung resp. Rückerstattung der Steuer	195
6.4	Verjährung	196
6.5	Fragen	197

7 Verfahren

7.1	An- und Abmeldung	198
7.2	Buchführung	199
7.3	Rechtsmittel	209
7.4	Strafbestimmungen	212
7.5	Fragen	214

8 Steuer auf den Einfuhren

8.1	Steuerpflicht bei der Einfuhr	215
8.2	Steuerobjekt	216
8.3	Berechnung, Entstehung und Veranlagung der Steuer	219
8.4	Fragen	222

9 Ausführungs- und Übergangsbestimmungen

| 9.1 | Ausführungsbestimmungen | 223 |
| 9.2 | Übergangsbestimmungen | 224 |

10 Liegenschaften

10.1	Kauf, Erstellung	227
10.2	Unterhalt	230
10.3	Verkauf, Vermietung, Umnutzung oder Überführung	232
10.4	Nutzungsänderungen	237
10.5	MWSt-liche Behandlung von Liegenschaften (Grafik)	244

11 Anhang

11.1	Checklisten	249
	«Checkliste für den Jahresabschluss»	249
	«Checkliste Buchprüfung»	257
11.2	Lösungen zu den Fragen	261
11.3	Lösungen Quartalsabrechnung	268
11.4	Bundesgesetz über die Mehrwertsteuer (MWStG)	273
11.5	Verordnung zum Bundesgesetz über die Mehrwertsteuer (MWStGV)	311
11.6	Sachverzeichnis	327

Abkürzungsverzeichnis

Abs.	Absatz
abzgl.	abzüglich
AG	Aktiengesellschaft
aMWStV	Verordnung über die Mehrwertsteuer (MWStV) vom 22. Juni 1994 (Stand am 4. August 1998)
Art.	Artikel
BB	Branchenbroschüre
BG	Bruttogewinn
Bst.	Buchstabe
BV	Bundesverfassung der Schweizerischen Eidgenossenschaft
d.h.	das heisst
EFD	Eidgenössisches Finanzdepartement
Eidg.	Eidgenössische
EP	Einstandspreis
ESTV	Eidgenössische Steuerverwaltung
evtl.	eventuell
exkl.	exklusive
EZV	Eidgenössische Zollverwaltung
ff.	und folgende
Form.	Formular
Fr.	Schweizer Franken
GmbH	Gesellschaft mit beschränkter Haftung
HRegV	Handelsregisterverordnung
idR	in der Regel
inkl.	inklusive
Koll.ges.	Kollektivgesellschaft (Personengesellschaft)
lit.	litera
MB	Merkblatt
MWSt	Mehrwertsteuer
MWStG	Bundesgesetz über die Mehrwertsteuer
MWStGV	Verordnung zum Bundesgesetz über die Mehrwertsteuer
Nr.	Nummer
OR	Schweizerisches Obligationenrecht
OZD	Oberzolldirektion
p. J.	pro Jahr
p. Mt.	pro Monat
PBV	Preisbekanntgabeverordnung vom 11. Dezember 1978
Reg.-Nr.	Registernummer der Mehrwertsteuer
resp.	respektive
SB	Spezialbroschüre
sep.	separat
sog.	sogenannt
STWE	Stockwerkeigentum
u.a.	unter anderem
u.U.	unter Umständen
usw.	und so weiter
vgl.	vergleiche
VP	Verkaufspreis
Z	Randziffer in der Wegleitung 2001 zur Mehrwertsteuer
z.B.	zum Beispiel
ZG	Zollgesetz
Ziff.	Ziffer

GESETZLICHE GRUNDLAGEN

Bundesgesetz über die Mehrwertsteuer vom 2.9.1999 (MWStG)	30.05.2000
Verordnung zum Bundesgesetz über die Mehrwertsteuer vom 29.3.00 (MWStGV)	30.05.2000
Verordnung des Bundesrates über die Anhebung der Mehrwertsteuersätze zur Finanzierung der Eisenbahngrossprojekte	
Verordnung des EFD über die steuerbefreite Einfuhr von Gegenständen in kleinen Mengen, von unbedeutendem Wert oder mit geringfügigem Steuerbetrag	
Verordnung des EFD über die Steuerbefreiung von Inlandlieferungen von Privatgegenständen zwecks Ausfuhr im Reisenden- und Grenzverkehr	
Verordnung des EFD über die Verzugs- und Vergütungszinssätze	

SPEZIALBROSCHÜREN

	Wegleitung 2001 zur Mehrwertsteuer	Sommer 2000
SB 01	Übergang von der MWStV zum MWStG	Juli 2000
SB 01a	Steuersatzerhöhung per 1. Januar 2001	Juli 2000
SB 02	Steuerpflicht bei der Mehrwertsteuer	September 2000
SB 03	Saldosteuersätze	Juli 2000
SB 04	Eigenverbrauch	Juli 2000
SB 05	Nutzungsänderungen (Einlageentsteuerung bzw. Eigenverbrauchsbesteuerung)	September 2000
SB 06	Kürzung des Vorsteuerabzugs bei gemischter Verwendung	September 2000

BRANCHENBROSCHÜREN

BB 01	Urproduktion und nahestehende Bereiche	September 2000
BB 02	Gärtner und Floristen	September 2000
BB 03	Grafisches Gewerbe	August 2000
BB 04	Baugewerbe	August 2000
BB 05	Motorfahrzeuggewerbe	September 2000
BB 06	Detailhandel	September 2000
BB 07	Auktionen, Handel mit Kunst- und gebrauchten Gegenständen	September 2000
BB 08	Hotel- und Gastgewerbe	September 2000
BB 09	Transportwesen	August 2000
BB 10	Konzessionierte Transportunternehmungen (KTU), Seil- und Sportbahnen	August 2000
BB 11	Luftverkehr	August 2000
BB 12	Reisebüros sowie Kur- und Verkehrsvereine	September 2000
BB 12a	Reisebüros sowie Kur- und Verkehrsvereine (Nachtrag)	
BB 13	Telekommunikation	August 2000

BB 14	Finanzbereich (Banken, Vermögensverwalter, Finanzgesellschaften, Effektenhändler, Fondsgesellschaften u.ä.)	September 2000
BB 15	Versicherungswesen	September 2000
BB 16	Liegenschaftsverwaltung / Immobilien	September 2000
BB 17	Rechtsanwälte und Notare	September 2000
BB 18	Gemeinwesen	August 2000
BB 19	Bildung und Forschung	September 2000
BB 20	Gesundheitswesen	September 2000
BB 21	Hilfsorganisationen, sozial tätige und karitative Einrichtungen	September 2000
BB 22	Kultur	September 2000
BB 23	Sport	September 2000

MERKBLÄTTER

MB 01	Gruppenbesteuerung
MB 02	Betreibungs- und Konkursämter
MB 03	Vereinfachungen bei Privatanteilen/Naturalbezügen/ Personalverpflegung
MB 04	Schadenersatzleistungen
MB 05	Ort der Lieferung von Gegenständen
MB 06	Grenzüberschreitende Dienstleistungen/Abgrenzung Lieferung – Dienstleistung
MB 07	Ess- und Trinkwaren sowie Futtermittel
MB 08	Kürzung des Vorsteuerabzugs bei gemischter Verwendung
MB 08 a	Weitere Vereinfachungen für die Vorsteuerkorrektur bei nicht zum Vorsteuerabzug berechtigenden Umsätzen aus Nebentätigkeiten
MB 09	Anforderungen an die Belege bei wiederkehrenden Zahlungen aufgrund eines Vertrages ohne erneute Rechnungstellung
MB 10	Kulturelle, sportliche und andere Festanlässe
MB 11	Übertragung mit Meldeverfahren
MB 12	Medikamente
MB 13	Verbuchung bei Teilzahlungskaufverträgen oder Finanzierungsverträgen mit Abtretung an ein Finanzinstitut
MB 14	Nutzungsänderungen (Einlageentsteuerung bzw. Eigenverbrauchsbesteuerung)
MB 15	Subventionen und andere Beiträge der öffentlichen Hand
MB 16	Steuerliche Behandlung von Leistungen, die im Zusammenhang mit Campione d'Italia stehen.
MB 17	Optionen nach Art. 27 Abs. 2 MWStG
MB 18	Vermietung von Plätzen für das Abstellen von Fahrzeugen
MB 19	Vergütung der Mehrwertsteuer an Abnehmer mit Wohn- oder Geschäftssitz im Ausland
MB 20	Einzelfragen im Bereich des Sports
MB 21	Mehrwertsteuer und Fremdwährung (z.B. Euro)

1. ALLGEMEINES

1.1 RECHTSGRUNDLAGE

Nachfolgend sind die einzelnen Schritte aufgeführt bis zur Inkraftsetzung des Bundesgesetzes über die Mehrwertsteuer (MWStG):

1977 Urnenabstimmung Ablehnung der MWSt
(die bisherige WUSt wird bestätigt)

1979 Urnenabstimmung Ablehnung der MWSt
(die bisherige WUSt wird bestätigt)

1991 Urnenabstimmung Ablehnung der MWSt
(die bisherige WUSt wird bestätigt)

1993 Urnenabstimmung Annahme des Systemwechsels
(28. November 1993) von der WUSt zur MWSt

1995 Einführung Mehrwertsteuer
Inkrafttreten der Verordnung über die Mehrwertsteuer (MWStV)
vom 22. Juni 1994
(1. Januar 1995)

1996 Inkraftsetzung eines Sondersatzes von 3% für die Besteuerung der Beherbergungsleistungen (Übernachtung mit Frühstück)
befristet bis 31.12.2001
(1. Oktober 1996)

1999 Erhöhung der Steuersätze Normalsatz von 6,5% auf 7,5%
(1. Januar 1999) Sondersatz von 3,0% auf 3,5%
Reduzierter Satz von 2,0% auf 2,3%
Beim Sondersatz von 3,5% wird die Frist bis 31.12.2003 verlängert.

2001 Inkrafttreten des Bundesgesetzes über die Mehrwertsteuer (MWStG)
(1. Januar 2001)

Erhöhung der Steuersätze Normalsatz von 7,5% auf 7,6%
(1. Januar 2001) Sondersatz von 3,5% auf 3,6%
Reduzierter Satz von 2,3% auf 2,4%

1 Allgemeines

Verfassungsgrundlage

Art. 130 der neuen, seit dem 1. Januar 2000 in Kraft stehenden Bundesverfassung (BV) bildet die Verfassungsgrundlage für das Mehrwertsteuergesetz (MWStG). Die Ausgestaltung der Steuer im Einzelnen überlässt die Verfassung dem MWStG (Art. 127 Abs.1 und 2 BV).

Art. 130 BV «Mehrwertsteuer» *

[1] Der Bund kann auf Lieferungen von Gegenständen und auf Dienstleistungen einschliesslich Eigenverbrauch sowie auf Einfuhren eine Mehrwertsteuer mit einem Höchstsatz von 6,5 Prozent erheben.

[2] 5 Prozent des Steuerertrags werden für Massnahmen zur Entlastung unterer Einkommensschichten verwendet.

[3] Ist wegen der Entwicklung des Altersaufbaus die Finanzierung der Alters-, Hinterlassenen- und Invalidenversicherung nicht mehr gewährleistet, so kann der Satz der Mehrwertsteuer in der Form eines Bundesgesetzes um höchstens 1 Prozentpunkt angehoben werden.[4]

* mit Übergangsbestimmung

[4] Von dieser Kompetenz hat der Gesetzgeber Gebrauch gemacht; vgl. den Bundesbeschluss vom 20. März 1998 über die Anhebung der Mehrwertsteuersätze für die AHV/IV (AS 1998 1803). Danach betragen die Mehrwertsteuersätze mit Wirkung ab 1. Januar 1999 7,5% (Normalsatz), 2,3% (ermässigter Satz) und 3,5% (Sondersatz für Beherbergungsleistungen).

Art. 127 BV «Grundsätze der Besteuerung»

[1] Die Ausgestaltung der Steuern, namentlich der Kreis der Steuerpflichtigen, der Gegenstand der Steuer und deren Bemessung, ist in den Grundzügen im Gesetz selbst zu regeln.

[2] Soweit es die Art der Steuer zulässt, sind dabei insbesondere die Grundsätze der Allgemeinheit und der Gleichmässigkeit der Besteuerung sowie der Grundsatz der Besteuerung nach der wirtschaftlichen Leistungsfähigkeit zu beachten.

[3] Die interkantonale Doppelbesteuerung ist untersagt. Der Bund trifft die erforderlichen Massnahmen.

1 Allgemeines

Steuersätze

Aus der nachfolgenden Steuersatztabelle können die Steuersätze (Normalsteuersätze) abgelesen werden. Ersichtlich ist, wie sich die inländischen Steuersätze in der Vergangenheit entwickelt haben. Zudem können die inskünftigen Änderungen in diese Steuersatztabelle eingetragen werden.

STEUERSATZTABELLE

Zeitpunkt ab	Nullsatz [1]	Reduz. Satz [2]	Sondersatz [3]	Normalsatz [4]	
01.01.1995	0,0%	2,0% / 1,9608%		6,5% / 6,1033%	
01.10.1996	0,0%	2,0% / 1,9608%	3,0% / 2,9126%	6,5% / 6,1033%	
01.01.1999	0,0%	2,3% / 2,2483%	3,5% / 3,3816%	7,5% / 6,9767%	
01.01.2001	0,0%	2,4% / 2,3438%	3,6% / 3,4749%	7,6% / 7,0632%	

Legende:

[1] Steuerbefreite Umsätze (Art. 19 MWStG)
Von der Steuer ausgenommene Umsätze (Art. 18 MWStG)

[2] Waren des täglichen Gebrauchs
Dienstleistungen der Radio- und Fernsehgesellschaften, mit Ausnahme der Dienstleistungen mit gewerblichem Charakter

Seit 01.01.2001:
Umsätze nach Art. 18 Ziff. 14 - 16 MWStG (kulturelle Leistungen, sportliche Anlässe); Leistungen im Bereich der Landwirtschaft, die in einer mit der Urproduktion in unmittelbarem Zusammenhang stehende Bearbeitung des Bodens stehen (Art. 36 Abs. 1 MWStG)

[3] Beherbergungsleistungen (Unterkunft, Frühstück), befristet bis 31.12.2003 (Art. 36 Abs. 2 MWStG)

[4] Normalsatz
Art. 36 Abs. 3 MWStG

1 Allgemeines

Abrechnungssätze (Saldosteuersätze / Pauschalsteuersätze)

Aus der nachfolgenden Abrechnungssatztabelle können die Steuersätze (Saldosteuersätze / Pauschalsteuersätze) abgelesen werden. Ersichtlich ist, wie sich die inländischen Abrechnungssätze in der Vergangenheit entwickelt haben. Zudem können die inskünftigen Änderungen in dieser Abrechnungssatztabelle eingetragen werden. Weitere Einzelheiten können der SB 03 «Saldosteuersätze» sowie BB 18 «Gemeinwesen», Ziff. 9, entnommen werden.

ab 01.01.95	ab 01.01.99	ab 01.01.01	.....	.....	.....
0,1%	0,1%	0,1%			
0,5%	0,6%	0,6%			
1,0%	1,2%	1,2%			
2,0%	2,3%	2,3%			
3,0%	3,4%	3,5%			
4,0%	4,6%	4,6%			
4,5%	5,1%	5,2%			
5,2%	5,9%	6,0%			

Pauschalansätze für die Vorsteuerkorrektur

Aus der nachfolgenden Pauschalsatztabelle können die Ansätze abgelesen werden. Ersichtlich ist, wie sich die Pauschalansätze für die Vorsteuerkorrektur in der Vergangenheit entwickelt haben. Zudem können die inskünftigen Änderungen in dieser Pauschalsatztabelle eingetragen werden.

Vorsteuerkorrektur auf: Bemessungsgrundlage	ab 01.01.95	ab 01.01.99	ab 01.01.01	.....
Naturalbezüge [1] Ansätze der Direkten Bundessteuer	Diverse	Diverse	Diverse	
Privatanteil Fahrzeug [1] pro Monat des Bezugspreises (mindestens auf Fr. 150.– p. Mt.)	1,0% / 0,5%	1,0% / 0,5%	1,0%/ 0,5%	
Aufwendungen für die Erzielung von Zinseinnahmen und Verkauf von Wertpapieren usw. [2] [4] von den Zinseinnahmen, Wertpapierverkauf usw.	0,02%	0,02%	0,02%	

1 Allgemeines

Vorsteuerkorrektur auf: Bemessungsgrundlage	ab 01.01.95	ab 01.01.99	ab 01.01.01	....
Aufwendungen für die Verwaltung von vermieteten nicht optierten Liegenschaften [2)] [4)] von den Bruttomieteinnahmen	0,06%	0,07%	0,07%	
Aufwendungen für Referentenhonorare [3)] [4)] von den Brutto-Referentenhonoraren			1,00%	
Aufwendungen für VR-Honorare usw. [3)] [4)] von den Brutto-Honoraren als Verwaltungsrat, Stiftungsrat und ähnlichen Funktionen (unselbständige Erwerbstätigkeit)			1,00%	
nicht eingelöste Gutscheine [3)] [4)] von den ausgebuchten nicht eingelösten Gutscheinen (Finanzertrag)			0,02%	

[1)] MB 03 «Vereinfachungen bei Privatanteilen / Naturalbezügen / Personalverpflegung»

[2)] MB 08 «Kürzung des Vorsteuerabzugs bei gemischter Verwendung», Ziff. 4;
SB 06 «Kürzung des Vorsteuerabzugs bei gemischter Verwendung», Ziff. 1.3

[3)] MB 08a «Weitere Vereinfachungen für die Vorsteuerkorrektur bei nicht zum Vorsteuerabzug berechtigenden Umsätzen aus Nebentätigkeiten»

[4)] aus Nebentätigkeiten, d.h. die mit dieser Tätigkeit erzielten Einnahmen betragen nicht mehr als 10% des jährlichen Gesamtumsatzes und werden nicht auch für Dritte erbracht

1 Allgemeines

1.2 GRUNDZÜGE DER STEUER

Das Steuersystem erfasst das Einkommen im Interesse eines gewissen Ausgleichs auf zwei verschiedene Arten:

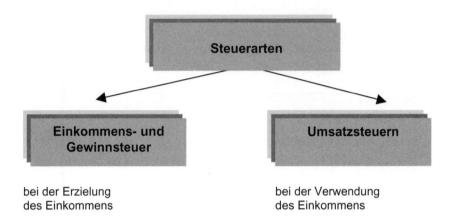

Die Verbrauchssteuer (Umsatzsteuer) soll den Inlandverbrauch belasten. Aus Einfachheitsgründen wird sie nicht beim Konsumenten erhoben. Deshalb erfolgt der Steuerbezug auf einer oder mehreren wirtschaftlichen Stufen vor dem Verbrauch, also bei den

- Produzenten
- Händlern
- Dienstleistenden

welche die Konsumenten mit Gütern und Dienstleistungen beliefern.

Die Steuer, welche den Verbrauch belasten soll, wird vom Verkäufer der ESTV abgeliefert.

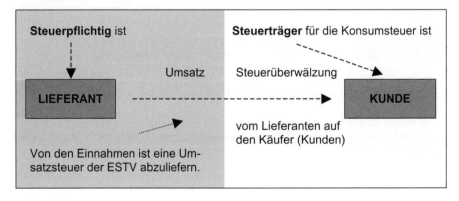

1 Allgemeines

An ein modernes Umsatzsteuersystem werden folgende Anforderungen gestellt:

Wettbewerbsneutralität

Möglichst leichte Überwälzbarkeit der Steuer

Erhebungsmethode so gestalten, dass die Konkurrenzverhältnisse, wie sie ohne Steuer bestehen, gewahrt bleiben

Bestimmungsland

Konsument muss im Land des Verbrauchs in der dortigen Belastungshöhe Steuern begleichen

Ursprungsland muss die steuerliche Belastung seiner Exporte aufheben

Bestimmungsland muss auf den Importen seine eigene Steuer erheben

Ausfuhr muss befreit sein

Entlastung darf nicht höher sein als die Vorbelastung

Steuer auf Importen darf nicht höher sein als die Belastung eines Inlandumsatzes

Erhebungswirtschaftlichkeit

Verlangt eine rationale Steuererhebung

Aufwand der Privatwirtschaft und Verwaltung muss im Verhältnis zum Steuerertrag möglichst gering sein
(einfache Methode; Zahl der Steuerpflichtigen möglichst gering)

Einphasensystem
Lieferungen unter Steuerpflichtigen sind steuerfrei

Allphasensystem mit Vorsteuerabzug
Steuer wird bei den Steuerpflichtigen auf jeder Wirtschaftsstufe erhoben (Differenzbetrag)

1 Allgemeines

Die Steuer wird auf allen Stufen des Produktions- und Verteilungsprozesses erhoben.

Steuerpflichtig sind: **Unternehmer**, welche
Herstellung oder Verteilung von Gütern vornehmen
(Fabrikanten, Grosshändler, Handwerker, Einzelhändler, Bauunternehmer)

Dienstleistungen erbringen

Wareneinfuhr

Die steuerpflichtige Person hat die MWSt-Abrechnung mit der ESTV wie folgt vorzunehmen:

Der Steuer unterliegende Umsätze pro Abrechnungsperiode zusammenzählen, abzüglich steuerbefreite Exporte

Umsatzergebnis

Von diesem Umsatzergebnis ist die Steuer zu den gesetzlichen Steuersätzen zu berechnen.

Steuerbruttobetrag

Vom Steuerbruttobetrag ist die Summe der Vorsteuer abzuziehen, die während der gleichen Abrechnungsperiode angefallen ist.

Vorsteuerabzug:

auf Einkauf von Handelswaren und Werkstoffen
Einkauf von Investitions- und Anlagegütern
Einkauf von Betriebsmitteln

Steuernettobetrag
Ablieferung an die ESTV
Bei Überschuss wird der Betrag gutgeschrieben oder ausbezahlt.

1 Allgemeines

Wer steuerpflichtig ist ...

... der hat die auf seinen eigenen Umsätzen geschuldete Steuer zu berechnen. Er überwälzt sie aber auf seine Abnehmer. Dem Bund bezahlt er den Steuerbetrag, der sich nach Abzug der Vorsteuern ergibt (Selbstveranlagungssteuer).

Wer nicht steuerpflichtig ist ...

... der hat seine eigenen Umsätze nicht zu versteuern. Dafür bleibt ihm die Vorsteuer haften.

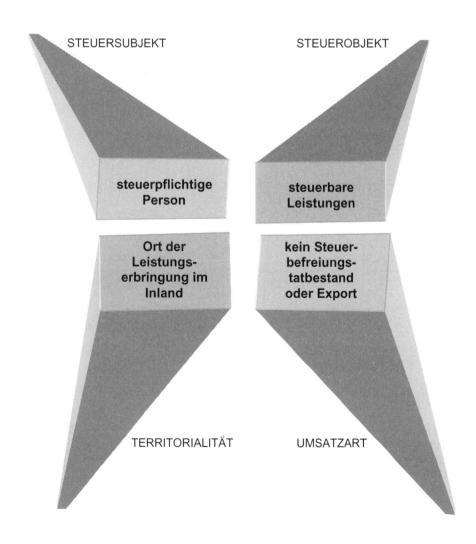

1 Allgemeines

System der Mehrwertsteuer (MWSt)

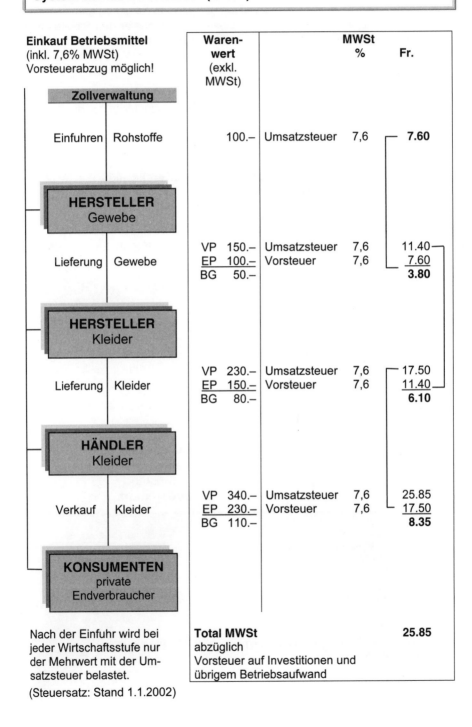

1 Allgemeines 23

Die nachfolgende Grafik zeigt die Überwälzung der MWSt bei einer steuerpflichtigen Person auf.

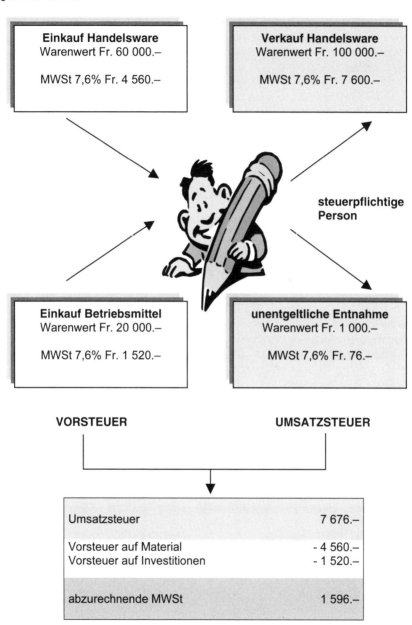

Quartalsweise Abrechnung	(normale Abrechnungsweise)
Halbjährliche Abrechnung	(bei Anwendung von Saldosteuersätzen, SB 03)
Monatliche Abrechnung	(Antrag an die ESTV bei laufendem Vorsteuerüberhang, Z 970)

1 Allgemeines

Die nachfolgende Grafik zeigt die verschiedenen Umsätze sowie die Vorsteuerabzugsberechtigung bei steuerpflichtigen Personen auf.

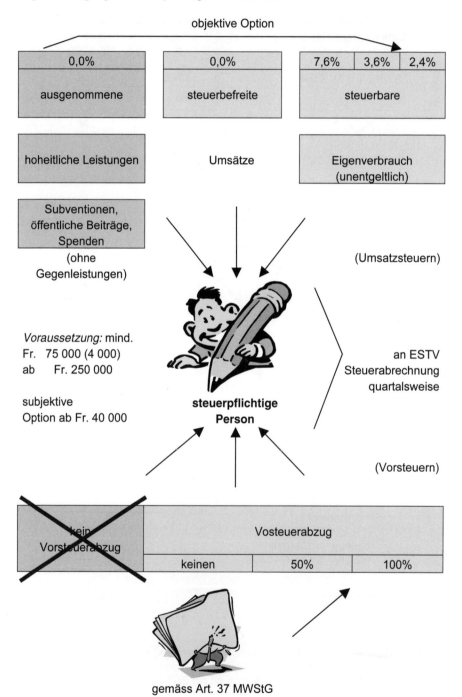

gemäss Art. 37 MWStG

2. STEUEROBJEKT — Art. 5 - 20 MWStG

Gliederung der Umsätze

- **abrechnungspflichtige** (Art. 5, 21 MWStG)
- **nicht abrechnungspflichtige** (Art. 21, 25 MWStG)

Aus abrechnungspflichtige:
- **nicht steuerbare** (Art. 18, 19 MWStG)
- **steuerbare** (Art. 5, 73 MWStG)

Aus nicht steuerbare:
- **von der Steuer ausgenommene** — (unechte) (Art. 18 MWStG) — **ohne** Vorsteuerabzug
- **von der Steuer befreite** — (echte) (Art. 19 MWStG) — **mit** Vorsteuerabzug

Aus steuerbare:
- **entgeltliche** (Art. 33 MWStG) — Lieferungen Dienstleistungen (im Inland)
- **unentgeltliche** (Art. 34 MWStG) — Eigenverbrauch
- **aufwandbezogene** (Art. 24, 76 MWStG) — Einfuhr von Gegenständen Bezug von Dienstleistungen aus dem Ausland

2 Steuerobjekt

BEURTEILUNG DER STEUERPFLICHTIGEN UMSÄTZE

(Steuersätze: Stand 1.1.2002)

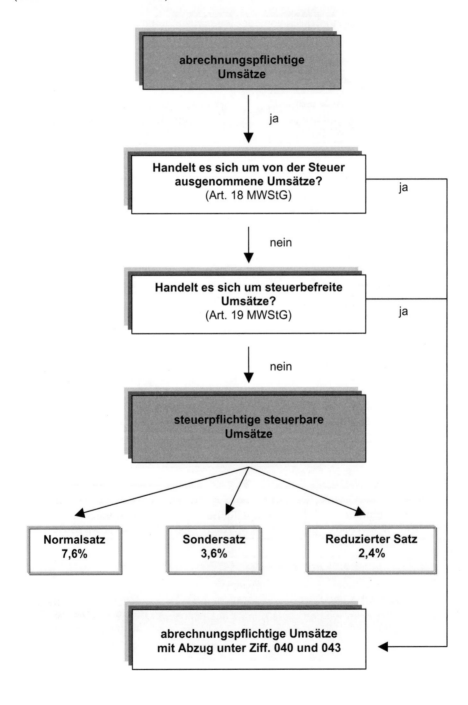

2 Steuerobjekt

2.1 STEUERBARE UMSÄTZE — Art. 5, 24, 73 MWStG

Der Steuer unterliegen folgende durch steuerpflichtige Personen getätigte Umsätze, sofern diese nicht ausdrücklich von der Steuer ausgenommen sind:

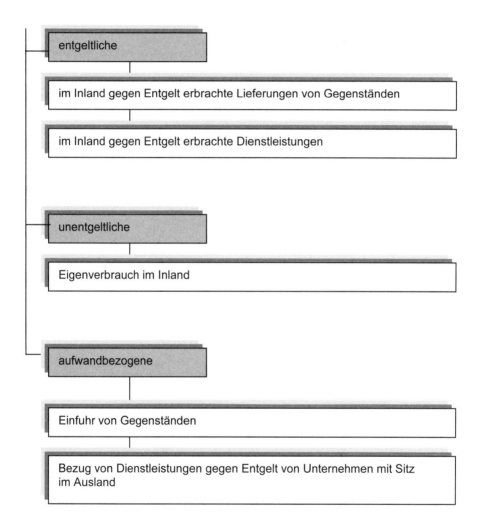

Auf den Aufwendungen und Investitionen für diese Umsätze kann der Vorsteuerabzug vorgenommen werden, sofern die Eingangsbelege dem Art. 37 MWStG entsprechen.

2 Steuerobjekt

Begriffe

| INLAND | Art. 3 MWStG |

Als Inland gelten (Z 367):

- das Gebiet der **Schweiz**

- ausländische Gebiete gemäss staatsvertraglichen Vereinbarungen:
    - **Fürstentum Liechtenstein** (erhebt die Steuern selbst)
    - deutsche Enklave **Büsingen**
    - italienische Enklave **Campione** (MB 16)

  aber ohne die Zollfreibezirke (Zollfreilager und Zollfreihäfen)

- **Talschaft Samnaun und Sampuoir**
  (Gemeinde Samnaun und Tschlin)

    - nur auf Dienstleistungen sowie
    - Leistungen des Hotel- und Gastgewerbes

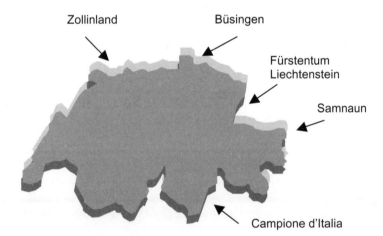

| ENTGELT | Art. 33 MWStG |

Zum Entgelt gehört alles, was der Empfänger oder an seiner Stelle ein Dritter als Gegenleistung für die Lieferung oder die Dienstleistung aufwendet (Z 206 ff.).

2 Steuerobjekt

ÜBERBLICK IMPORT-, EXPORT- UND AUSLANDLEISTUNGEN

USt	Umsatzsteuer	EUSt	Einfuhrumsatzsteuer
VOSt	Vorsteuer(abzug)	BvDA	Bezug von Dienstleistungen aus dem Ausland

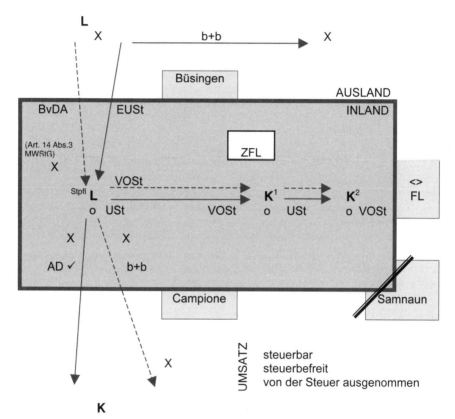

AD Ausfuhrdokumente gemäss Z 535 ff.
✓ Korrekte Angaben gemäss Z 552
b+b buch- und belegmässiger Nachweis
X Ort der Leistungserbringung

LIEFERUNG ⟶	DIENSTLEISTUNG --▶	EIGENVERBRAUCH o
Lieferung Gegenstände	Beratungen	Entnahmetatbestand
Arbeiten an Gegenständen	Immaterielle Rechte	Arbeiten an Bauwerken
Vermietung Gegenstände	Vermietung von Personal	

Ausfuhrdokumente	Buch- und belegmässig	Nachweis
(Auslandlieferung: b+b)		

2 Steuerobjekt

LIEFERUNG VON GEGENSTÄNDEN — Art. 6 MWStG

Eine Lieferung liegt vor bei Veräusserung und Vermietung von Gegenständen sowie bei ausgeführten Arbeiten an Gegenständen (Z 30 ff.).

Als Lieferungen gelten folgende Wirtschaftsvorgänge:

Veräusserungen von beweglichen und unbeweglichen Gegenständen

Übertragung der Befähigung, in eigenem Namen über einen Gegenstand wirtschaftlich zu verfügen (Verschaffung oder Übertragung der Verfügungsmacht über einen Gegenstand) (Z 36 ff.).

Beispiel: Kaufvertrag

u.a. Verkauf von Handelswaren, Verkauf von Betriebsmitteln

Arbeiten

Ablieferung eines für fremde Rechnung bearbeiteten beweglichen oder unbeweglichen Gegenstandes. Als Bearbeitung gelten alle Arbeiten an Gegenständen, auch wenn diese dadurch nicht verändert, sondern bloss geprüft, geeicht, reguliert, in der Funktion kontrolliert oder in anderer Weise behandelt werden (Z 43 ff.).

Beispiel: Werkvertrag, Auftrag

u.a. Baumeisterarbeiten, Service eines Liftes, Reparatur einer Heizung, Reinigungsarbeiten,
Landschaftsgärtner- und Gartenbauarbeiten

Vermietungen von Gegenständen

Überlassung eines Gegenstandes zum Gebrauch oder zur Nutzung (Z 49 ff.).

Beispiel: Miet-, Pacht- und Leasinggeschäfte

Gegenstände: Als Gegenstände gelten bewegliche und unbewegliche Sachen sowie Elektrizität, Gas, Wärme, Kälte, Druck, Vakuum, Dampf und Ähnliches.

– *bewegliche* Gegenstand eines Fahrniskaufes oder Energielieferung
– *unbewegliche* Liegenschaften, Gebäude und Teile davon

DIENSTLEISTUNGEN — Art. 7 MWStG

Als Dienstleistung gilt jede Leistung, die keine Lieferung eines Gegenstandes ist (Z 57 ff.).

Eine Dienstleistung liegt auch vor, wenn:

- immaterielle Werte und Rechte überlassen werden, auch wenn sie nicht in einer Urkunde verbrieft sind;
- eine Handlung unterlassen oder eine Handlung beziehungsweise ein Zustand geduldet wird.

Beispiele von steuerbaren Dienstleistungen:
u.a. Architektur- und Ingenieurleistungen
Aufbewahrung von Gegenständen in Werften, auf Lagerplätzen, in geschlossenen Depots von Banken
Beförderung von Personen und Gegenständen
Eingehen eines Konkurrenzverbotes usw.
Gastgewerbliche Leistungen durch Abgaben von Ess- und Trinkwaren oder Beherbergung
Pflege aller Tiere
Rechtsberatung
Treuhandleistungen
Urheberrechte, Marken, Muster, Modelle, Patente, Know-how usw.
Vermittlungsprovisionen (Vermittlung von Kunden, sog. finder's fees)
Werbeleistungen
Zurverfügungstellen von Arbeitskräften

STELLVERTRETUNG — Art. 11 MWStG

Als Vermittler gilt: Wer Lieferungen oder Dienstleistungen ausdrücklich im Namen und für Rechnung des Vertretenen tätigt, so dass das Umsatzgeschäft direkt zwischen dem Vertretenen und Dritten zustande kommt.

Wenn der Auktionator vor Beginn der Auktion einen schriftlichen Auftrag erhält, die betreffenden Gegenstände im Namen und für Rechnung eines Dritten zu veräussern und gegenüber den Kaufinteressenten schriftlich bekannt gibt, dass er die betreffenden Gegenstände in fremdem Namen und für fremde Rechnung anbietet, erbringt er ebenfalls eine Vermittlungstätigkeit.

Handelt bei einer Lieferung oder Dienstleistung der Vertreter zwar für fremde Rechnung, tritt er aber nicht ausdrücklich im Namen des Vertretenen auf, so liegt sowohl zwischen dem Vertretenen und dem Vertreter als auch zwischen dem Vertreter und dem Dritten eine Lieferung oder Dienstleistung vor. Beim Kommissionsgeschäft liegt zwischen dem Kommittenten und dem Kommissionär sowie zwischen dem Kommissionär und dem Dritten eine Lieferung vor (Z 190 ff.).

2 Steuerobjekt

EIGENVERBRAUCH — Art. 9 MWStG

Voraussetzung für einen Eigenverbrauch ist, dass die Bestandteile zum vollen oder teilweisen Vorsteuerabzug berechtigt haben.

Entnahme von Gegenständen (dauernd oder vorübergehend)

Eigenverbrauch liegt vor, wenn die steuerpflichtige Person aus ihrem Unternehmen Gegenstände dauernd oder vorübergehend entnimmt, die oder deren Bestandteile zum vollen oder teilweisen Vorsteuerabzug berechtigt haben, und die Gegenstände

- für unternehmensfremde Zwecke, insbesondere für den privaten Bedarf oder für den Bedarf des Personals
- für eine von der Steuer ausgenommene Tätigkeit
- für unentgeltliche Abgaben, ausgenommen sind Geschenke bis Fr. 300.– pro Empfänger und pro Jahr und Warenmuster zu Zwecken des Unternehmens, verwendet werden oder
- bei Wegfall der Steuerpflicht sich noch in der Verfügungsmacht befinden.

(Z 428 ff.) Ausnahme bei Anwendung der Saldosteuersatzmethode (SB 03 «Saldosteuersätze», Ziff. 10.1).

Arbeiten an Bauwerken, die zum Verkauf oder zur Vermietung bestimmt sind oder für eine von der Steuer ausgenommene Tätigkeit verwendet werden und nicht optiert wurde sowie für private Zwecke

Eigenverbrauch liegt vor, wenn die steuerpflichtige Person (Z 452 ff.):

- an bestehenden oder neu zu erstellenden Bauwerken, die zur entgeltlichen Veräusserung oder entgeltlichen Überlassung zum Gebrauch oder zur Nutzung bestimmt sind, Arbeiten vornimmt oder vornehmen lässt und hiefür nicht für die Versteuerung optiert.
  Ausgenommen sind die durch die steuerpflichtige Person oder durch deren Angestellte erbrachten ordentlichen Reinigungs-, Reparatur- und Unterhaltsarbeiten (Hauswartstätigkeit).

- Arbeiten der genannten Art für private Zwecke oder für eine von der Steuer ausgenommene Tätigkeit vornimmt, für deren Versteuerung nicht optiert wurde. Auf den Dienstleistungen ist kein Eigenverbrauch geschuldet, jedoch auf den dafür verwendeten beweglichen und unbeweglichen Gegenständen.

Gegenstände oder Dienstleistungen aus einem übernommenen Gesamt- oder Teilvermögen, die nicht für einen steuerbaren Zweck verwendet werden

Eigenverbrauch liegt vor, soweit der steuerpflichtige Lieferungs- oder Dienstleistungsempfänger bei der entgeltlichen oder unentgeltlichen Übertragung eines Gesamt- oder eines Teilvermögens die von ihm übernommenen Gegenstände oder Dienstleistungen nicht für einen steuerbaren Zweck verwendet (Z 464 ff.).

2 Steuerobjekt

Beispiele (Steuerpflichtige mit effektiver Abrechnungsmethode):

Ein Möbelhändler (Einzelfirma) scheidet eine für den Verkauf bezogene Polstergruppe zur Verwendung in seiner Wohnung aus.

Ein Bodenleger (Einzelfirma) verwendet seinen Lieferwagen auch für Privatfahrten und überlässt ihn ab und zu Freunden unentgeltlich zum Gebrauch.

Ein Musikgeschäft, welches nebst dem Instrumentenhandel noch Musikunterricht gegen Entgelt anbietet, stattet seinen Schulungsraum mit einem Klavier aus.

Ein Elektrofachgeschäft entnimmt seinem Lager eine Kaffeemaschine (Einstandspreis Fr. 400.–) und vergibt diese in die Tombola der ansässigen Musikgesellschaft.

Ein Modegeschäft schenkt seinen Angestellten ausnahmsweise auf Weihnachten ein Kleid mit einem Materialwert von über Fr. 300.–.

Ein Detaillist erfüllt die Voraussetzungen der Steuerpflicht wegen Umsatzrückgangs nicht mehr und lässt sich im Register der Steuerpflichtigen streichen. Das Warenlager und die Anlagegüter müssen im Eigenverbrauch abgerechnet werden.

Ein Maler (Einzelfirma) hat seinen Betrieb aufgegeben und seine Warenvorräte und die Betriebsmittel verkauft, aber ein Geschäftsfahrzeug und die Geschäftsräumlichkeiten (Lager- und Werkstattraum in seinem Wohnhaus) beibehalten. Gegenstand des Eigenverbrauchs bilden das Geschäftsfahrzeug und die Geschäftsräumlichkeiten.

Ein Bauunternehmer erstellt auf eigene Rechnung eine Überbauung mit sechs Einfamilienhäusern.

Eigenverbrauch von Dienstleistungen ist nicht steuerbar. Auf den dafür verwendeten beweglichen und unbeweglichen Gegenständen ist jedoch der Eigenverbrauch abzurechnen.

Vorbehalten bleibt die Besteuerung
- ♦ der übernommenen Dienstleistungen bei der entgeltlichen oder unentgeltlichen Übertragung eines Gesamt- oder eines Teilvermögens, sofern sie nicht für einen steuerbaren Zweck verwendet werden;
- ♦ der zum Zweck der Entnahme von Gegenständen verwendeten Dienstleistungen, deren Bezug zum vollen oder teilweisen Vorsteuerabzug berechtigt hat;
- ♦ der Dienstleistungen, die bei Arbeiten an Bauwerken, die zur entgeltlichen Veräusserung oder entgeltlichen Überlassung zum Gebrauch oder zur Nutzung (ohne Option) bestimmt sind, angefallen sind.

Beispiel: Der Architekt A (Einzelfirma) erstellt die Pläne für den Umbau an seinem Einfamilienhaus.

Die Planungsleistungen (Dienstleistungen) sind nicht im Eigenverbrauch abzurechnen. Hingegen muss auf der Benützung der Infrastruktur eine Eigenverbrauchssteuer entrichtet werden.

2 Steuerobjekt

EINFUHR VON GEGENSTÄNDEN — Art. 73 MWStG

Für die MWSt auf der Einfuhr von Gegenständen gilt die Zollgesetzgebung. Der MWSt unterliegt die Einfuhr von Gegenständen, selbst wenn diese zollfrei eingeführt werden können oder der Einfuhr kein Umsatz- oder Rechtsgeschäft anderer Natur zugrunde liegt (Z 709 ff.).

Als Gegenstände gelten:
- bewegliche Sachen, einschliesslich der darin enthaltenen Dienstleistungen und Rechte;
- Elektrizität, Gas, Wärme, Kälte und Ähnliches.

Lässt sich bei der Einfuhr von Datenträgern kein Marktwert feststellen, so wird der Wert des Datenträgers einschliesslich der darin enthaltenen Dienstleistungen mit der Inlandsteuer erfasst.

In die Bemessungsgrundlage sind einzubeziehen, soweit nicht bereits darin enthalten:
- die ausserhalb des Einfuhrlandes sowie auf Grund der Einfuhr geschuldeten Steuern, Zölle und sonstigen Abgaben, mit Ausnahme der zu erhebenden MWSt;
- die Nebenkosten, wie Provisions-, Verpackungs-, Beförderungs- und Versicherungskosten, die bis zum ersten inländischen Bestimmungsort entstehen. Unter erstem Bestimmungsort ist der Ort zu verstehen, an den der Gegenstand im Zeitpunkt, in dem der Steueranspruch entsteht, zu befördern ist. Ist dieser unbekannt, so gilt als erster Bestimmungsort der Ort, an dem die Umladung im Inland erfolgt. Zu berücksichtigen sind auch Arbeiten, die unter Verwendung von eingeführten Gegenständen für fremde Rechnung besorgt und von einer nicht steuerpflichtigen Person ausgeführt werden.

Der Bundesrat kann bestimmen, dass der Empfänger einer im Inland ausgeführten Lieferung oder Dienstleistung, die von einem im Inland zu Unrecht nicht als steuerpflichtige Person registrierten ausländischen Unternehmen erbracht wird, die Steuer im Namen und für Rechnung dieses Unternehmens zu entrichten hat (Art. 90 Abs. 2 Bst. g MWStG).

BEZUG VON DIENSTLEISTUNGEN A. D. AUSLAND Art. 10 MWStG

Ein Empfänger hat den Bezug einer Dienstleistung zu versteuern, wenn während eines Kalenderjahres für mehr als Fr. 10 000.– Dienstleistungen von Unternehmen mit Sitz im Ausland bezogen werden und
- es sich um eine unter Art. 14 Abs. 3 MWStG fallende Dienstleistung handelt, die ein im Inland nicht steuerpflichtiger Unternehmer mit Sitz im Ausland im Inland erbringt, der nicht nach Art. 27 MWStG für die Steuerpflicht optiert, oder
- es sich um eine unter Art. 14 Abs. 1 MWStG fallende steuerbare Dienstleistung handelt, die der Empfänger mit Sitz im Inland aus dem Ausland bezieht und zur Nutzung oder Auswertung im Inland verwendet.

Eine steuerpflichtige Person muss solche Dienstleistungen in jener Abrechnungsperiode deklarieren, in der sie den Bezug getätigt hat (Z 512 ff.).

2.2 ORT DES STEUERBAREN UMSATZES Art. 13 – 16 MWStG

Die Lieferungen und Dienstleistungen unterliegen nur der MWSt, wenn sich der Ort der Leistung im Zollinland befindet.

ORT DER LIEFERUNG Art. 13 MWStG

Als Ort einer Lieferung gilt der Ort (Z 368 ff.)

wo sich der Gegenstand zum Zeitpunkt der Verfügungsübertragung befindet

Als Ort einer Lieferung gilt der Ort, wo sich der Gegenstand zum Zeitpunkt der Verschaffung der Befähigung, über ihn wirtschaftlich zu verfügen, der Ablieferung oder der Überlassung zum Gebrauch oder zur Nutzung befindet.

Beispiel: Der Kunde A aus Zürich holt beim Lieferanten B in St. Gallen die bestellten Waschmaschinen ab.

Ort der Lieferung: St. Gallen (= steuerbare Inlandlieferung)

wo die Beförderung oder Versendung des Gegenstandes beginnt

Als Ort einer Lieferung gilt der Ort, wo die Beförderung oder Versendung des Gegenstandes zum Abnehmer oder in dessen Auftrag zu einem Dritten beginnt.

Beförderung: Transport des Gegenstandes durch den Lieferanten selbst

Versendung: der Lieferant lässt die Beförderung des Liefergegenstandes durch einen selbständigen Beauftragten ausführen

Lieferungen von Gegenständen, die der Lieferant selbst ins Ausland befördert oder versenden / verbringen lässt, gelten als Inlandlieferungen. Sofern der Ausfuhrnachweis vorhanden ist und die Verfügungsmacht des Gegenstandes nicht vor der Ausfuhr auf den Kunden übergeht, können solche Umsätze als steuerbefreite Exportumsätze behandelt werden.

Beispiel: Der Lieferant B in St. Gallen beauftragt seinen Spediteur, Holzwaren an seinen Kunden C nach Bregenz (A) zu spedieren.

Ort der Lieferung: St. Gallen (= Inlandlieferung)
Wenn der Ausfuhrnachweis vorhanden ist, kann die steuerbefreite Exportlieferung in der MWSt-Abrechnung unter Ziff. 040 in Abzug gebracht werden.

2 Steuerobjekt

ORT DER DIENSTLEISTUNG — Art. 14 MWStG

Liegt der Ort der erbrachten (steuerbaren) Dienstleistung im Inland, ist die MWSt abzurechnen. Die Definition des Ortes einer Dienstleistung ist im Art. 14 MWStG geregelt (Z 371 ff.).

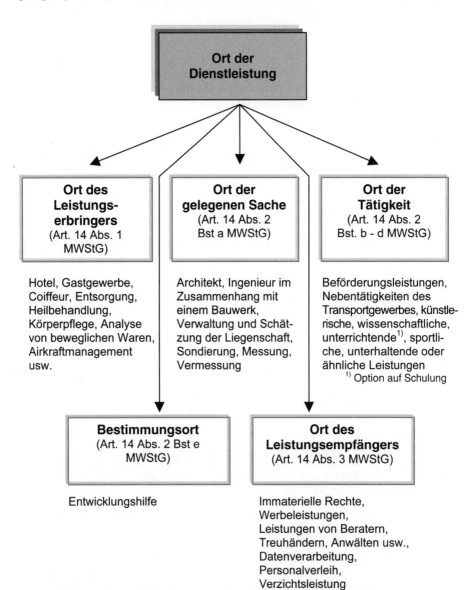

2 Steuerobjekt

Ort des Leistungserbringers

Als Ort einer Dienstleistung gilt der Ort, an dem die diese Dienstleistung erbringende Person den Sitz ihrer wirtschaftlichen Tätigkeit oder eine Betriebsstätte hat, von wo aus die Dienstleistung erbracht wird, oder in Ermangelung eines solchen Sitzes oder einer solchen Betriebsstätte ihr Wohnort oder der Ort, von dem aus sie tätig wird.

Beispiel: Der Kunde S von Berlin (D) übernachtet im Hotel B in Bern

Ort der Dienstleistung: Bern (= steuerbare Inlandleistung)

Ort der gelegenen Sache

Bei Dienstleistungen im Zusammenhang mit einem Grundstück (Verwaltung oder Schätzung des Grundstückes, Dienstleistungen im Zusammenhang mit dem Erwerb oder der Bestellung von dinglichen Rechten am Grundstück sowie Dienstleistungen im Zusammenhang mit der Vorbereitung oder Koordinierung von Bauleistungen wie Architektur- und Ingenieurarbeiten).

Beispiel: Der Architekt Z von Zürich führt die Planungsleistungen an der Überbauung Seehalde in Bregenz (A) aus. Auftraggeber ist das Baugeschäft S in St. Gallen.

Ort der Dienstleistung: Bregenz (A) (= steuerbefreite Auslandleistung)

Ort der Tätigkeit

- Bei **Beförderungsleistungen** gilt das Land, in dem eine zurückgelegte Strecke liegt. Der Bundesrat kann bestimmen, dass bei grenzüberschreitenden Beförderungen kurze inländische Strecken als ausländische und kurze ausländische Strecken als inländische Strecken gelten (Art. 6 + 7 MWStGV).

- Bei **Nebentätigkeiten des Transportgewerbes** (wie Beladen, Entladen, Umschlagen, Lagerung usw.) gilt als Ort, wo die eine Dienstleistung erbringende Person jeweils tatsächlich tätig wird.

- Bei **künstlerischen, wissenschaftlichen, unterrichtenden, sportlichen, unterhaltenden** Leistungen gilt als Ort, wo die eine Dienstleistung erbringende Person jeweils ausschliesslich oder zum wesentlichen Teil tätig ist.

Weitere Hinweise auf Seite 50 – 52.

Bestimmungsort

Bei Dienstleistungen im Bereich der internationalen Entwicklungszusammenarbeit und der humanitären Hilfe gilt als Ort, für den die Dienstleistung bestimmt ist.

Ort des Leistungsempfängers

Als Ort der nachfolgend aufgeführten Dienstleistungen gilt der Ort, an dem der Empfänger den Sitz seiner wirtschaftlichen Tätigkeit oder eine Betriebsstätte hat, für welche die Dienstleistungen erbracht werden, oder in Ermangelung eines solchen Sitzes oder einer solchen Betriebsstätte sein Wohnort oder der Ort, von dem aus er tätig wird:

- Abtretung und Einräumung von Immaterialgüter- und ähnlichen Rechten;
- Leistungen auf dem Gebiet der Werbung;
- Leistungen von Beratern, Vermögensverwaltern, Treuhändern, Inkassobüros, Ingenieuren, Studienbüros, Anwälten, Notaren, Buchprüfungen, Dolmetschern und Übersetzern, Managementdienstleistungen sowie sonstige ähnliche Leistungen;
- die Datenverarbeitung, die Überlassung von Informationen und ähnlichen Dienstleistungen;
- Telekommunikationsdienstleistungen;
- der gänzliche oder teilweise Verzicht, eine gewerbliche oder berufliche Tätigkeit auszuüben oder ein in dieser Aufzählung genanntes Recht wahrzunehmen;
- der Personalverleih;
- Bank-, Finanz- und Versicherungsumsätze, einschliesslich Rückversicherungsumsätze, ausgenommen die Vermietung von Schliessfächern.

Beispiel:

Das Werbebüro G in St. Gallen erstellt ein Werbekonzept für den Kunden D in Konstanz (D).

Ort der Dienstleistung: Konstanz (D) (= steuerbefreite Auslandleistung)

Die Baugesellschaft B in Bern stellt der Baugesellschaft S in Samnaun Personal zur Verfügung.

Ort der Dienstleistung: Samnaun (= steuerbare Inlandleistung)

2 Steuerobjekt

Die Werbeagentur B in Bregenz (A) erstellt ein Werbekonzept für den Kunden C in Zürich

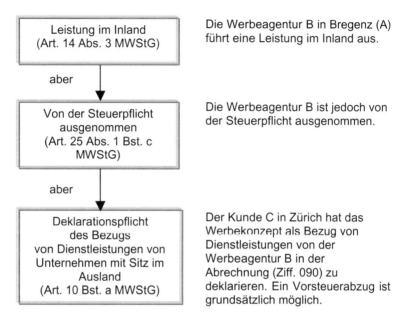

Die Werbeagentur B in Bregenz (A) führt eine Leistung im Inland aus.

Die Werbeagentur B ist jedoch von der Steuerpflicht ausgenommen.

Der Kunde C in Zürich hat das Werbekonzept als Bezug von Dienstleistungen von der Werbeagentur B in der Abrechnung (Ziff. 090) zu deklarieren. Ein Vorsteuerabzug ist grundsätzlich möglich.

Die Werbeagentur B in Bregenz (A) kann sich gemäss Art. 27 Abs. 1 MWStG der freiwilligen Steuerpflicht (Option) unterstellen.

2 Steuerobjekt

ORT DES EIGENVERBRAUCHS — Art. 15 MWStG

Als Ort des Eigenverbrauchs gilt (Z 499 ff.):

der Ort, an dem sich der Gegenstand im Zeitpunkt seiner Entnahme befindet

wenn die steuerpflichtige Person aus ihrem Unternehmen Gegenstände dauernd oder vorübergehend entnimmt für unternehmensfremde Zwecke, privaten Bedarf, Bedarf des Personals, von der Steuer ausgenommene Tätigkeit, unentgeltliche Abgabe (ausgenommen Geschenke bis Fr. 300.– pro Empfänger und pro Jahr und Warenmuster), Wegfall der Steuerpflicht, sofern die Gegenstände oder deren Bestandteile zum vollen oder teilweisen Vorsteuerabzug berechtigt haben.

der Ort, an dem das Bauwerk gelegen ist

wenn die steuerpflichtige Person an bestehenden oder neu zu erstellenden Bauwerken, die zur entgeltlichen Veräusserung oder entgeltlichen Überlassung zum Gebrauch oder zur Nutzung bestimmt sind, Arbeiten vornimmt oder vornehmen lässt und hiefür nicht für die Versteuerung optiert (ausgenommen sind die durch die steuerpflichtige Person oder durch deren Angestellte erbrachten ordentlichen Reinigungs-, Reparatur- und Unterhaltsarbeiten) sowie wenn die steuerpflichtige Person an bestehenden oder neu zu erstellenden Bauwerken für private Zwecke oder für eine von der Steuer ausgenommene Tätigkeit Arbeiten vornimmt, für deren Versteuerung nicht optiert wurde.

der Ort, an dem der Gegenstand oder die Dienstleistung den steuerbaren Unternehmensbereich verlässt

wenn der steuerpflichtige Lieferungs- oder Dienstleistungsempfänger bei der entgeltlichen oder unentgeltlichen Übertragung eines Gesamt- oder eines Teilvermögens die von ihm übernommenen Gegenstände oder Dienstleistungen nicht für einen steuerbaren Zweck verwendet.

der Ort, wo die Dienstleistung bzw. der betreffende Anteil der Dienstleistung genutzt wurde

Um Doppelbesteuerung, Nichtbesteuerungen oder Wettbewerbsverzerrungen zu vermeiden, kann der Bundesrat den Ort des steuerbaren Umsatzes abweichend bestimmen.

2 Steuerobjekt

2.3 VON DER STEUER AUSGENOMMENE UMSÄTZE

(Art. 18 MWStG)

objektive Option
mit Formular Nr. 760 und 762
(während 5 Jahren)

0,0%		7,6%	2,4%
Von der Steuer ausgenommene Umsätze (Deklaration Ziff. 010 und 043)	Umsätze	Steuerbare Umsätze im Inland (ohne Ziff. 18, 19, 24)	

(Art. 18 MWStG)   (Art. 26 MWStG)
(Z 580 ff.)   (Z 694 ff.)

Auf Leistungen ins resp. im Ausland kann nicht optiert werden (Z 694).

Bei einer Option müssen sämtliche Umsätze einer gewählten Ziffer des Art. 18 MWStG mit der MWSt abgerechnet werden. Ausnahme: bei der Vermietung, Verpachtung und dem Verkauf von Gebäuden kann jedes Objekt einzeln (oder Teile davon) optiert werden.

steuerpflichtige Person

~~kein Vorsteuerabzug~~	Vorsteuerabzug		
	keinen	50%	100%

gemäss Art. 37 MWStG

2 Steuerobjekt

| **LISTE DER STEUERAUSNAHMEN** | Art. 18 MWStG |

▪ Option möglich   N = Normalsatz 7,6%   R = Reduzierter Satz 2,4%

Von der Steuer sind ausgenommen:

1. die Beförderung von Gegenständen, die unter die reservierten Dienste im Sinne der Postgesetzgebung fallen. Steuerbar ist hingegen die Paketpost; **N**

2. die Spitalbehandlung und die ärztliche Heilbehandlung in Spitälern im Bereich der Humanmedizin einschliesslich der damit eng verbundenen Umsätze, die von Spitälern sowie Zentren für ärztliche Heilbehandlung und Diagnostik erbracht werden. Die Abgabe von selbst hergestellten oder zugekauften Prothesen und orthopädischen Apparaten gilt als steuerbare Lieferung; **N**   an Stpfl.

3. die von Ärzten, Zahnärzten, Psychotherapeuten, Chiropraktoren, Physiotherapeuten, Naturärzten, Hebammen, Krankenschwestern oder Angehörigen ähnlicher Heil- und Pflegeberufe erbrachten Heilbehandlungen im Bereich der Humanmedizin, sofern die Leistungserbringer über eine Berufsausübungsbewilligung verfügen; der Bundesrat bestimmt die Einzelheiten. Die Abgabe von selbst hergestellten oder zugekauften Prothesen und orthopädischen Apparaten gilt als steuerbare Lieferung; **N**   an Stpfl.

4. die von Krankenschwestern, Krankenpflegern, Krankenpflegerinnen, Organisationen der Krankenpflege und der Hilfe zu Hause (Spitex) oder in Heimen erbrachten Pflegeleistungen, sofern sie ärztlich verordnet sind; **N**   an Stpfl.

5. die Lieferungen von menschlichen Organen durch medizinisch anerkannte Institutionen und Spitäler sowie von menschlichem Vollblut durch Inhaber einer hiezu erforderlichen Bewilligung; **N**   an Stpfl.

6. die Dienstleistungen von Gemeinschaften, deren Mitglieder Angehörige der in Ziff. 3 aufgeführten Berufe sind, soweit diese Dienstleistungen anteilsmässig zu Selbstkosten an die Mitglieder für die unmittelbare Ausübung ihrer Tätigkeiten erbracht werden; **N**   an Stpfl.

7. die Beförderungen von kranken, verletzten oder invaliden Personen in dafür besonders eingerichteten Transportmitteln; **N**

8. Umsätze, die von Einrichtungen der Sozialfürsorge, der Sozialhilfe und der sozialen Sicherheit erzielt werden, Umsätze von gemeinnützigen Organisationen der Krankenpflege, der Hilfe zu Hause (Spitex) und von Alters-, Wohn- und Pflegeheimen; N

9. die mit der Kinder- und Jugendbetreuung verbundenen Umsätze durch dafür eingerichtete Institutionen; N

10. die mit der Kultur- und Bildungsförderung von Jugendlichen eng verbundenen Umsätze von gemeinnützigen Jugendaustauschorganisationen. Jugendliche im Sinne dieser Bestimmung sind alle Personen bis zum vollendeten 25. Altersjahr; N

11. die Umsätze im Bereich der Erziehung von Kindern und Jugendlichen, des Unterrichts, der Ausbildung, Fortbildung und der beruflichen Umschulung einschliesslich des von Privatlehrern oder Privatschulen erteilten Unterrichts sowie von Kursen, Vorträgen und anderen Veranstaltungen wissenschaftlicher oder bildender Art; steuerbar sind jedoch die in diesem Zusammenhang erbrachten gastgewerblichen und Beherbergungsleistungen. Die Referententätigkeit ist von der Steuer ausgenommen, unabhängig davon, ob das Honorar dem Unterrichtenden oder seinem Arbeitgeber ausgerichtet wird; N

12. das Zurverfügungstellen von Personal durch religiöse oder weltanschauliche, nicht gewinnstrebige Einrichtungen für Zwecke der Krankenbehandlung, der Sozialfürsorge und der sozialen Sicherheit, der Kinder- und Jugendbetreuung, der Erziehung und Bildung sowie für kirchliche, karitative und gemeinnützige Zwecke; N

13. die Umsätze, die nicht gewinnstrebige Einrichtungen mit politischer, gewerkschaftlicher, wirtschaftlicher, religiöser, patriotischer, weltanschaulicher, philanthropischer, kultureller oder staatsbürgerlicher Zielsetzung ihren Mitgliedern gegen einen statutarisch festgesetzten Beitrag erbringen; N

14. dem Publikum unmittelbar erbrachte kulturelle Dienstleistungen der nachstehend aufgeführten Arten, sofern hiefür ein besonderes Entgelt verlangt wird: R

   a. Theater-, musikalische und choreographische Aufführungen sowie Filmvorführungen,

   b. Darbietungen von Schauspielern, Musikern, Tänzern und anderen ausübenden Künstlerinnen und Künstlern sowie Schaustellern einschliesslich Geschicklichkeitsspiele,

   c. Besuche von Museen, Galerien, Denkmälern, historischen Stätten sowie botanischen und zoologischen Gärten,

2 Steuerobjekt

d. Dienstleistungen von Bibliotheken, Archiven und Dokumentationsstellen, namentlich die Einsichtnahme in Text-, Ton- und Bildträger in ihren Räumlichkeiten; steuerbar sind jedoch die Lieferungen von Gegenständen (einschliesslich Gebrauchsüberlassung) solcher Institutionen;

15. für sportliche Anlässe verlangte Entgelte einschliesslich derjenigen für die Zulassung zur Teilnahme an solchen Anlässen (z.B. Startgelder) samt den darin eingeschlossenen Nebenleistungen; R

16. kulturelle Dienstleistungen und Lieferungen von Gegenständen durch deren Urheberinnen und Urheber wie Schriftsteller, Komponisten, Filmschaffende, Kunstmaler, Bildhauer sowie von den Verlegern und den Verwertungsgesellschaften zur Verbreitung dieser Werke erbrachte Dienstleistungen; R

17. die Umsätze bei Veranstaltungen (wie Basare und Flohmärkte) von Einrichtungen, die von der Steuer ausgenommene Tätigkeiten auf dem Gebiete der Krankenbehandlung, der Sozialfürsorge, der Sozialhilfe und der sozialen Sicherheit, der Kinder- und Jugendbetreuung und des nicht gewinnstrebigen Sports ausüben, sowie von gemeinnützigen Organisationen der Krankenpflege und der Hilfe zu Hause (Spitex) und von Alters-, Wohn- und Pflegeheimen, sofern die Veranstaltungen dazu bestimmt sind, diesen Einrichtungen eine finanzielle Unterstützung zu verschaffen, und ausschliesslich zu ihrem Nutzen durchgeführt werden; Umsätze von Einrichtungen der Sozialfürsorge, der Sozialhilfe und der sozialen Sicherheit, welche diese mittels Brockenhäusern ausschliesslich zu ihrem Nutzen erzielen; N

18. die Versicherungs- und Rückversicherungsumsätze einschliesslich der Umsätze aus der Tätigkeit als Versicherungsvertreter oder Versicherungsmakler;

19. die folgenden Umsätze im Bereich des Geld- und Kapitalverkehrs:

    a. die Gewährung und Vermittlung von Krediten und die Verwaltung von Krediten durch die Kreditgeber,

    b. die Vermittlung und die Übernahme von Verbindlichkeiten, Bürgschaften und anderen Sicherheiten und Garantien sowie die Verwaltung von Kreditsicherheiten durch die Kreditgeber,

    c. die Umsätze, einschliesslich Vermittlung, im Einlagengeschäft und Kontokorrentverkehr, im Zahlungs- und Überweisungsverkehr, im Geschäft mit Geldforderungen, Checks und anderen Handelspapieren; steuerbar ist jedoch die Einziehung von Forderungen im Auftrag des Gläubigers (Inkassogeschäft),

d. die Umsätze, einschliesslich Vermittlung, die sich auf gesetzliche Zahlungsmittel (in- und ausländische Valuten wie Devisen, Banknoten, Münzen) beziehen; steuerbar sind jedoch Sammlerstücke (Banknoten und Münzen), die normalerweise nicht als gesetzliches Zahlungsmittel verwendet werden,

e. die Umsätze (Kassa- und Termingeschäfte), einschliesslich Vermittlung, von Wertpapieren, Wertrechten und Derivaten sowie von Anteilen an Gesellschaften und anderen Vereinigungen; steuerbar sind jedoch die Verwahrung und die Verwaltung von Wertpapieren, Wertrechten und Derivaten sowie von Anteilen (namentlich Depotgeschäft) einschliesslich Treuhandanlagen,

f. die Verwaltung von Anlagefonds und anderen Sondervermögen durch Fondsleitungen, Depotbanken und deren Beauftragte; als Beauftragte werden alle natürlichen oder juristischen Personen betrachtet, denen die Gesellschaft der Fondsleitung beziehungsweise die Depotbank gemäss dem Anlagefondsgesetz vom 18. März 1994 Aufgaben delegieren kann,

g. die Verwahrung von Lombardhinterlagen durch die Schweizerische Nationalbank;

20. die Übertragung und Bestellung von dinglichen Rechten an Grundstücken sowie die Leistungen von Stockwerkeigentümergemeinschaften an die Stockwerkeigentümer, soweit die Leistungen in der Überlassung des gemeinschaftlichen Eigentums zum Gebrauch, seinem Unterhalt, seiner Instandsetzung und sonstigen Verwaltung sowie der Lieferung von Wärme und ähnlichen Gegenständen bestehen; N an Stpfl.

21. die Überlassung von Grundstücken und Grundstücksteilen zum Gebrauch oder zur Nutzung; steuerbar sind jedoch: N an Stpfl.

   a. die Vermietung von Wohn- und Schlafräumen zur Beherbergung von Gästen sowie die Vermietung von Sälen im Hotel- und Gastgewerbe,

   b. die Vermietung von Campingplätzen,

   c. die Vermietung von nicht im Gemeingebrauch stehenden Plätzen für das Abstellen von Fahrzeugen, ausser es handle sich um eine unselbständige Nebenleistung zu einer von der Steuer ausgenommenen Immobilienvermietung,

   d. die Vermietung und Verpachtung von fest eingebauten Vorrichtungen und Maschinen, die zu einer Betriebsanlage, nicht jedoch zu einer Sportanlage gehören,

2 Steuerobjekt

    e.   die Vermietung von Schliessfächern,

    f.   die Vermietung von Messestandflächen und einzelnen Räumen in Messe- und Kongressgebäuden;

22. die Lieferungen von im Inland gültigen Postwertzeichen und sonstigen amtlichen Wertzeichen höchstens zum aufgedruckten Wert; **N**

23. die Umsätze bei Wetten, Lotterien und sonstigen Glücksspielen mit Geldeinsatz, soweit sie einer Sondersteuer oder sonstigen Abgaben unterliegen; **N**

24. die Lieferungen gebrauchter Gegenstände, die ausschliesslich für eine nach diesem Artikel von der Steuer ausgenommenen Tätigkeit verwendet wurden, sofern diese Gegenstände mit der Warenumsatzsteuer belastet sind oder deren Bezug nicht zum Vorsteuerabzug berechtigte, sowie die Lieferungen im Betrieb gebrauchter Gegenstände, deren Bezug vom Vorsteuerabzug ausgeschlossen war.

Viele der vorgenannten Unternehmen, Institutionen, Personen, Vereine sind für Teilbereiche trotzdem steuerpflichtig, sofern die Umsatzgrenzen erreicht sind.

Zur Wahrung der Wettbewerbsneutralität oder zur Vereinfachung der Steuererhebung kann die ESTV gemäss Art. 26 MWStG bewilligen:

- die Option für die Versteuerung der in Art. 18 Ziff. 1, 7 – 17, 22 – 23 genannten Umsätze;
- die Option für die Versteuerung der in Art. 18 Ziff. 2 – 6, 20 – 21 genannten Umsätze (bei Umsätzen nach Ziff. 20 – 21 ohne den Wert des Bodens), sofern sie nachweislich gegenüber inländischen steuerpflichtigen Personen erbracht werden.

Die ESTV hat dem Antrag zu entsprechen, wenn der Antragsteller Gewähr bietet, dass er seine Obliegenheit als steuerpflichtige Person erfüllt. Die ESTV kann die Bewilligung von der Leistung von Sicherheiten abhängig machen. Die freiwillige Unterstellung gilt für mindestens 5 Jahre. Die Option gilt für sämtliche Umsätze nach einer Ziff. des Art. 18 MWStG, die eine steuerpflichtige Person tätigt. Bei den Ziff. 20 und 21 (Vermietung und Verkauf von Liegenschaften) kann für jedes Objekt (oder Teile) einzeln optiert werden. Bei Beendigung der Option bleibt die Versteuerung des Eigenverbrauchs nach Art. 9 MWStG vorbehalten.

Auf den Umsätzen nach Ziff. 14 – 16 ist der reduzierte Steuersatz anzuwenden.

Weitere Hinweise und Beispiele können den Z 580 ff. entnommen werden.

2 Steuerobjekt

2.4 STEUERBEFREITE UMSÄTZE — Art. 19 MWStG

0,0%
Von der Steuer befreite Umsätze
(Deklaration Ziff. 010 und 040)

bei Leistungen ins resp. im Ausland ←

sofern Nachweis vorhanden

7,6%	2,4%
Steuerbare Umsätze	
(im Inland)	

(Art. 19 MWStG)
(Z 529 ff.)

Nachweis notwendig:
bei Exportlieferung
gemäss Z 535 ff.
bei Auslandlieferung
gemäss Z 579
bei Dienstleistungen
gemäss Z 388 ff.

sowie korrekte Angaben
gemäss Z 552

steuerpflichtige Person

Vorsteuerabzug		
keinen	50%	100%

gemäss Art. 37 MWStG

2 Steuerobjekt

LISTE DER STEUERBEFREIUNGEN Art. 19 MWStG

Von der Steuer sind befreit:

1. die Lieferungen von Gegenständen, die direkt ins Ausland befördert oder versendet werden. Diese Bestimmung findet keine Anwendung auf die Überlassung zum Gebrauch oder zur Nutzung von Beförderungsmitteln;

2. die Überlassung zum Gebrauch oder zur Nutzung, namentlich die Vermietung und Vercharterung, von Schienen- und Luftfahrzeugen, sofern diese vom Lieferungsempfänger überwiegend im Ausland genutzt werden;

3. die Inlandlieferungen von Gegenständen ausländischer Herkunft, die nachweislich unter Zollkontrolle standen;

4. das sonstige, nicht im Zusammenhang mit einer Ausfuhrlieferung stehende Befördern oder Versenden von Gegenständen ins Ausland, namentlich das Verbringen von Werkzeugen ins Ausland;

5. das im Zusammenhang mit einem Export oder Import von Gegenständen stehende Befördern oder Versenden von Gegenständen über die Grenze und alle damit zusammenhängenden sonstigen Leistungen;

6. das Befördern von Gegenständen im Inland und alle damit zusammenhängenden sonstigen Leistungen, wenn die Gegenstände unter Zollkontrolle stehen und zur Ausfuhr bestimmt sind (unverzollte Transitwaren);

7. Lieferungen, Umbauten, Instandsetzungen, Wartungen, Vercharterungen und Vermietungen von Luftfahrzeugen, die von Unternehmen verwendet werden, die gewerbsmässige Luftfahrt im Beförderungs- oder Charterverkehr betreiben und deren Umsätze aus internationalen Flügen jene aus dem Binnenluftverkehr überwiegen; Lieferungen, Vermietungen, Instandsetzungen und Wartungen der in diese Luftfahrzeuge eingebauten Gegenstände oder der Gegenstände für ihren Betrieb; Lieferungen von Gegenständen zur Versorgung dieser Luftfahrzeuge sowie Dienstleistungen, die für den unmittelbaren Bedarf dieser Luftfahrzeuge und ihrer Ladungen bestimmt sind;

8. die Dienstleistungen von ausdrücklich in fremdem Namen und für fremde Rechnung handelnden Vermittlern, wenn der vermittelte Umsatz entweder nach diesem Artikel steuerfrei ist oder ausschliesslich im Ausland bewirkt wird. Wird der vermittelte Umsatz sowohl im Inland als auch im Ausland bewirkt, so ist nur der Teil der Vermittlung von der Steuer befreit, der auf den Umsatz im Ausland entfällt;

9. in eigenem Namen erbrachte Dienstleistungen von Reisebüros, soweit sie Lieferungen und Dienstleistungen Dritter in Anspruch nehmen, die von diesen im Ausland bewirkt werden. Werden diese Umsätze sowohl im Inland als auch im Ausland getätigt, so ist nur der Teil der Dienstleistung des Reisebüros steuerfrei, der auf die Umsätze im Ausland entfällt.

Auf den Aufwendungen und Investitionen für die steuerbefreiten Umsätze kann der Vorsteuerabzug vorgenommen werden.

2 Steuerobjekt

DIREKTE AUSFUHR — Art. 19 Abs. 4 MWStG

Die Lieferungen von Gegenständen sind gemäss Art. 19 Abs. 2 Ziff. 1 MWStG von der Steuer befreit, wenn sie direkt ins Ausland befördert oder versandt werden. Eine direkte Ausfuhr liegt vor, wenn der Gegenstand der Lieferung:

- von der steuerpflichtigen Person selbst ins Ausland befördert oder versandt wird oder

- von ihrem nicht steuerpflichtigen Abnehmer ins Ausland befördert oder versandt wird, ohne dass dieser den Gegenstand vorher im Inland in Gebrauch genommen oder im Inland im Rahmen eines Lieferungsgeschäfts einem Dritten übergeben hat.
  Der Gegenstand der Lieferung kann vor der Ausfuhr durch Beauftragte des nicht steuerpflichtigen Abnehmers bearbeitet oder verarbeitet worden sein.

NACHWEIS DER AUSFUHR — Art. 20 MWStG

Die Ausfuhr von Gegenständen hat nur dann steuerbefreiende Wirkung, wenn sie zollamtlich nachgewiesen wird. Das Eidgenössische Finanzdepartement (EFD) bestimmt, wie die steuerpflichtige Person

- den Nachweis für die Ausfuhr von Gegenständen sowie
- die Anerkennung für das Erbringen von Dienstleistungen ins Ausland

zu führen hat.

Das EFD kann zudem anordnen, dass bei Missbräuchen einer steuerpflichtigen Person die Steuerbefreiung ihrer Ausfuhren inskünftig von der ordnungsgemässen Anmeldung im Einfuhrland abhängig gemacht werden kann.

Nachweis:

Die **Ausfuhr von Gegenständen** hat nur dann steuerbefreiende Wirkung, wenn sie zollamtlich nachgewiesen ist (Z 535 ff.).

Zu beachten gilt, dass die Steuerbefreiung der Ausfuhr von Gegenständen von der ordnungsgemässen Anmeldung im Einfuhrland abhängig gemacht werden kann, wenn Missbräuche festgestellt werden (Z 552).

Zudem darf die Verfügungsübertragung nicht im Inland erfolgen (MB 05 «Ort der Lieferung von Gegenständen»)

Bei **ins resp. im Ausland erbrachten Dienstleistungen** muss der Anspruch auf Steuerbefreiung buch- und belegmässig nachgewiesen sein (Z 388).

Bei Verkäufen an Personen mit Wohnsitz im Ausland im Reisenden- und Grenzverkehr müssen für die Steuerbefreiung zusätzliche Bedingungen (Z 558) erfüllt sein (z.B. Lieferpreis mind. Fr. 400.–, Abnehmer Wohnsitz im Ausland, Ausführung innert 30 Tagen usw.).

Nachweis für die Ausfuhr von Gegenständen — Z 535

Als Nachweis werden u.a. folgende zollamtlichen Dokumente anerkannt:

- das zollamtlich gestempelte Exemplar Nr. 3 des Einheitsdokuments (z.B. Form. Nr. 11.030);
- der Zollausweis Modell 90-Ausfuhr/M90-A (Form. Nr. 11.38);
- die zollamtlich gestempelte Ausfuhrliste für Ausfuhren nach der Vereinfachten Ausfuhrregelung (VAR), sofern mit der EZV eine entsprechende Vereinbarung getroffen wurde;
- das zollamtlich gestempelte Doppel der Ausfuhrdeklaration im Postverkehr (Form. Nr. 11.39);
- das zollamtlich gestempelte Doppel der Deklaration für die Ausfuhr im Reisenden- und Grenzverkehr (Form. Nr. 11.49 und 11.49 A);
- das zollamtlich gestempelte Doppel der Ausfuhrdeklaration für Rohtabak und Tabakfabrikate (Form. Nr. 11.44);
- der verfallene, ungelöschte Ausfuhrfreipass/-vormerkschein (Form. Nr. 11.63, Nr. 11.71 und 11.80);
- das zollamtlich gestempelte Doppel der Deklaration für die Freipasslöschung (Form. Nr. 11.86).

Sofern die Ausfuhrdokumente fehlen, wird die Lieferung von Gegenständen ins Ausland als Inlandlieferung besteuert. Das Bundesgericht hat in der Vergangenheit mehrmals diese Praxis der ESTV geschützt.
Bei fehlenden Ausfuhrdokumenten kann innert zwei Jahren seit der Ausfuhr gegen Gebühr bei der EZV eine Kopie angefordert werden.

Geht der Ausfuhrnachweis erst später ein, muss die Lieferung wie alle anderen Inlandlieferungen versteuert werden. Der Abzug darf erst in der MWSt-Abrechnung über jene Abrechnungsperiode vorgenommen werden, in der das Ausfuhrdokument eintrifft.

Nachweis für im / ins Ausland erbrachte Dienstleistungen — Z 388

Wenn der Ort einer Dienstleistung im Ausland liegt:
- handelt es sich um einen nicht der Steuerpflicht unterliegenden Umsatz (0%);
- ist auf diesen Umsätzen keine subjektive Steuerpflicht gegeben;
- besteht bei der Anwendung der Saldosteuersatzmethode keine Rückforderung der Vorsteuern;
- ist auf diesen Umsätzen eine freiwillige Besteuerung (Option) möglich.

Dokumente

Bei Überlassung zum Gebrauch oder zur Nutzung von Schienen- und Luftfahrzeugen ist der Nachweis der überwiegenden Nutzung im Ausland durch im Bahn- beziehungsweise Luftverkehrsrecht anerkannte Dokumente oder durch gleichwertige Beweismittel zu erbringen.

2 Steuerobjekt

Dienstleistungen (Beförderungen ins Ausland) (Z 571 ff.)

Warentransport (Art. 19 Abs. 2 Ziff. 5 MWStG, BB 09)	Die in- und ausländische Strecke ist bei Export- und Importlieferungen steuerbefreit (BB 09 «Transportwesen», Ziff. 3.2). Befreit sind auch gewisse im Inland erbrachte Dienstleistungen, wie Zusatzkosten, Nebentätigkeiten, Verzollungsleistungen usw.
Personentransport Bahn (Art. 14 Abs. 2 Bst. b MWStG, Art. 7 MWStGV)	Inländische Strecke steuerbar. Ausländische Strecke steuerbefreit. Ausnahme: Beförderungen im grenzüberschreitenden Eisenbahnverkehr mit internationalem Fahrausweis (Art. 7 MWStGV, BB 09 «Transportwesen», Ziff. 2.2.3, BB 12 «Reisebüros»).
Personentransport Bus / Car (Art. 14 Abs. 2 Bst. b MWStG)	Inländische Strecke steuerbar. Ausländische Strecke steuerbefreit. Bei grenzüberschreitenden Personenbeförderungsleistungen ist ein annäherungsweise Ermittlung möglich (1/3 resp. 1/6) (BB 09 «Transportwesen», Ziff. 2.2.2, BB 12 «Reisebüros»).
Personentransport Flugzeug (Art. 14 Abs. 2 Bst. b MWStG, Art. 6 MWStGV)	Wenn Abflug- oder Ankunftsort im Ausland liegt = steuerbefreit. Wenn Abflug- und Ankunftsort im Inland liegt = steuerbar. (Art. 6 MWStGV, BB 11 «Luftverkehr», Ziff. 1, BB 12 «Reisebüros»)

Beförderungen im grenzüberschreitenden Eisenbahnverkehr

Von der Steuer befreit sind gemäss Art. 7 MWStGV:

- Beförderungen auf Strecken, bei denen nur der Abgangs- oder der Ankunftsbahnhof im Inland liegt;
- Beförderungen auf inländischen Strecken, welche im Transit benutzt werden, um die im Ausland liegenden Abgangs- und Ankunftsbahnhöfe zu verbinden,

soweit es sich um Strecken handelt, wofür ein internationaler Fahrausweis besteht und der Fahrpreisanteil der ausländischen Strecke grösser ist als die wegen der Steuerbefreiung entfallende MWSt.

Beispiel:

Betrag in Fr. (exkl. MWSt)	Gesamtbetrag	inländische Strecke	ausländische Strecke
Billett (internationaler Fahrausweis)	150.–	70.–	80.–
MWSt 7,6%		5.30	

grösser als

2 Steuerobjekt 52

Für den Verkauf von Pauschalfahrausweisen (Generalabonnementen und Halbtaxabonnementen), welche ganz oder teilweise für steuerbefreite Beförderungen verwendet werden, wird gemäss Art. 7 Abs. 3 MWStGV keine Steuerbefreiung gewährt.

buch- und belegmässiger Nachweis

Bei ins Ausland erbrachten Dienstleistungen muss der Anspruch auf Steuerbefreiung buch- und belegmässig nachgewiesen sein (Z 388, MB 06 «Merkblatt über grenzüberschreitende Dienstleistungen, Abgrenzung Lieferung/Dienstleistung», Ziff. 2.1). Gelten Dienstleistungen als im Ausland erbracht, unterliegen sie dann nicht der MWSt, wenn sie anhand folgender Dokumente einwandfrei nachgewiesen werden können:

- Fakturakopien, Zahlungsbelegen und

- schriftlichen Vollmachten (Treuhänder, Rechtsanwälte, Notare usw.), Verträgen und Aufträgen, sofern solche erstellt oder abgeschlossen wurden.

Aus den Fakturakopien und/oder Verträgen oder Aufträgen muss Folgendes zweifelsfrei hervorgehen:

> Name/Firma, Adresse sowie Wohnsitz/Sitz des Abnehmers oder Kunden (Klienten), ferner detaillierte Angaben über die Art und Verwendung der erbrachten Leistungen.

Die ESTV kann zusätzliche Belege wie z.B. eine amtliche Bestätigung des ausländischen Ansässigkeitsstaates verlangen, wenn Zweifel daran bestehen, ob der Leistungsempfänger tatsächlich einen ausländischen Geschäftssitz oder Wohnsitz hat (Z 389).

Im Zusammenhang mit Export resp. Auslandleistungen sind folgende Publikationen zu beachten:

Art. 13, 14, 19 und 20 MWStG, Art. 6 und 7 MWStGV, MB 05 «Ort der Lieferung von Gegenständen», MB 06 «grenzüberschreitende Dienstleistungen, Abgrenzung Lieferung / Dienstleistung», MWSt-Info-Blatt Nr. 02 (EZV) «Einfuhr von Gegenständen – Welches Rechtsgeschäft führt zur Einfuhr und wer ist Importeur», MWSt-Info-Blatt Nr. 03 (EZV) «Besteuerung von Software-Einfuhren».

2 Steuerobjekt

Beispiele von Lieferungen von Gegenständen im / ins Ausland:
(u.a. von Reihengeschäften bei der Ausfuhr)

Legende: K = Kunde, L = steuerpflichtiger Lieferant, V = Veredelungsbetrieb,
Bestellung ◄----- Lieferung ◄——— x = Ort der Leistung

Der ausländische K1 bestellt beim L Waren. Die Waren werden direkt exportiert. Die zollamtlichen Dokumente (Z 535) liegen vor.

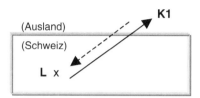

Steuerbefreite Exportlieferung von L an den ausländischen K1.

Der ausländische K1 bestellt beim L Waren zur Weiterleitung an den K2 im Inland.

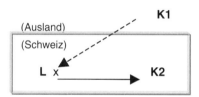

Weil der ausländische K1 die wirtschaftliche Verfügungsmacht der Ware im Inland übernimmt, handelt es sich um eine steuerbare Inlandlieferung von L an den ausländischen K1. K1 wird u.U. im Inland steuerpflichtig. Option ist möglich.

K1 (steuerpflichtig) bestellt beim L Waren. Im Auftrag von K1 wird die Ware durch L direkt an den nicht steuerpflichtigen ausländischen K2 geliefert (Beförderungs- resp. Versandlieferung, MB 05 «Ort der Lieferung von Gegenständen», Ziff. 4.3). Die zollamtlichen Dokumente (Z 535) liegen vor.

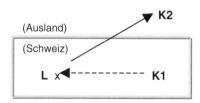

L führt eine Inlandlieferung aus. Für solche Lieferungen kann jedoch die Steuerbefreiung im Sinne einer Gleichstellung mit der Steuerbefreiung bei direkter Ausfuhr geltend gemacht werden, sofern bestimmte Voraussetzungen (MB 5) erfüllt werden.

K1 (steuerpflichtig) bestellt beim L Waren. Der nicht steuerpflichtige ausländische K2 lässt die Ware durch einen Spediteur beim L abholen (Abholreihengeschäft, MB 05 «Ort der Lieferung von Gegenständen», Ziff. 4.2).

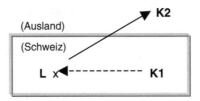

L führt eine steuerbare Inlandlieferung aus.

Der nicht steuerpflichtige ausländische K1 bestellt beim L Waren zur Weiterleitung an den ausl. K2 (Beförderungs- resp. Versandlieferung, MB 05 «Ort der Lieferung von Gegenständen», Ziff. 4.3). Die zollamtlichen Dokumente (Z 535) liegen vor.

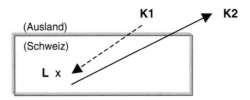

L führt grundsätzlich eine Inlandlieferung aus. Weil sein Abnehmer die Ware im Inland nicht einem Dritten übergibt, sondern durch den L ins Ausland befördern oder versenden lässt, ist die Lieferung jedoch steuerbefreit. Dieser Geschäftsfall löst bei K1 die subjektive Steuerpflicht nicht aus.

Der nicht steuerpflichtige ausländische K1 bestellt beim L Waren. K2 holt beim L die Ware ab (Abholreihengeschäft, MB 05 «Ort der Lieferung von Gegenständen», Ziff. 4.2).

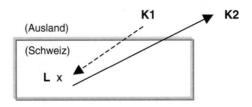

L führt eine steuerbare Inlandlieferung aus. Eine Steuerbefreiung wegen Ausfuhr kann er nicht erwirken, da er den Gegenstand nicht direkt ins Ausland befördert oder versendet, sondern im Inland dem letzten Abnehmer in der Reihe oder einem von diesem beauftragten Dritten übergibt. K1 hat keinen Anspruch auf MWSt-Rückerstattung im Sinne von Art. 90 Abs. 2 Bst. b MWStG und Art. 28 ff. MWStGV.

K1 (steuerpflichtig) bestellt beim L Waren. Im Auftrag von K1 wird die Ware von Deutschland nach Österreich geliefert.

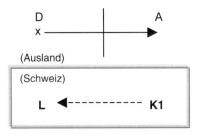

Steuerbefreite Auslandlieferung (Ausland/Ausland-Lieferung), sofern die Warenbewegung belegmässig nachgewiesen ist.

Der nicht steuerpflichtige ausländische K1 bestellt beim L Waren. Im Auftrag von K1 wird die Ware durch L an den inländischen Veredelungsbetrieb V (steuerpflichtig) geliefert. Die Ware wird im Inland zwar bearbeitet, jedoch weder gebraucht noch an einen Dritten übergeben. L und V stellen an K1 Rechnung.

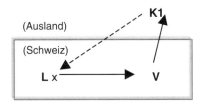

Die Lieferung von L an K1 ist steuerbefreit, weil K1 im Inland den Gegenstand nicht gebraucht oder einem Dritten übergibt, sondern nur verarbeiten lässt. L führt eine steuerbefreite Inlandlieferung zwecks Ausfuhr aus, sofern die abgestempelten Ausfuhrpapiere vorliegen. V führt eine steuerbefreite Exportlieferung aus, sofern die abgestempelten Ausfuhrpapiere vorliegen. Zudem haben L, K1 und V das Zirkularschreiben Nr. 1303/1304 auszufüllen.

K1 (steuerpflichtig) mietet beim L einen Messestand für eine Messe im Ausland. Der Messestand wird vom L mit Zwischenabfertigungsschein (Freipass, Vormerkschein, Carnet ATA usw.) ins Ausland geliefert.

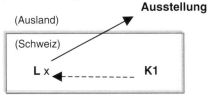

Steuerbare Inlandlieferung (MB 05, Ziff. 7.1.2).

2 Steuerobjekt

Beispiele von Dienstleistungen im / ins Ausland:

Legende: K = Kunde, DL = steuerpflichtiger Dienstleistungserbringer
Bestellung ◄----- Dienstleistung ◄——— x = Ort der Leistung

DL erbringt für den nicht steuerpflichtigen ausländischen K1 eine Beratungsleistung (Art. 14 Abs. 3 MWStG).

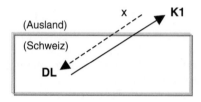

DL führt eine steuerbefreite Dienstleistung im Ausland aus (Ort des Leistungsempfängers), sofern die erbrachte Leistung buch- und belegmässig (Z 388) nachgewiesen wird. Wenn der DL nur solche steuerbefreite Leistungen erbringt, ist die subjektive Steuerpflicht nicht gegeben. Eine Option ist möglich.

K1 erteilt dem Architekten DL den Planungsauftrag (Art. 14 Abs. 2 Bst. a MWStG) am Bauwerk in Konstanz (D).

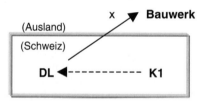

DL führt eine steuerbefreite Dienstleistung im Ausland aus (Ort des Bauwerkes), sofern die erbrachte Leistung buch- und belegmässig (Z 388) nachgewiesen wird.

Der ausländische K1 mietet vom DL Personal zu (Einsatzort K2).

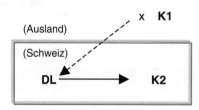

Steuerbefreite Dienstleistung im Ausland gemäss Art. 14 Abs. 3 MWStG.

DL erhält von L eine Provisionsentschädigung für eine vermittelte Exportlieferung an den ausländischen K XYZ. Die zollamtlichen Ausfuhrdokumente liegen vor.

Steuerbare Inlandleistung: (Art. 14 Abs. 3 MWStG)	wenn DL dem L den K XYZ lediglich vermittelt hat (finder's fees).
Steuerbefreite Leistung: (Art. 19 Abs. 2 Bst. 8 MWStG)	wenn DL im Namen und für Rechnung vom L mit dem K XYZ den Auftrag abgeschlossen hat.

DL (steuerpflichtige Offshoregesellschaft der ausländischen Holding) fakturiert der Holding Managementleistungen. Die Offshoregesellschaft hat kein Personal.

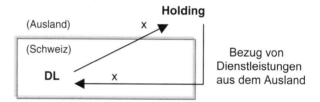

DL führt eine steuerbefreite Dienstleistung im Ausland aus (Ort des Leistungsempfängers), sofern die erbrachte Leistung buch- und belegmässig (Z 388) nachgewiesen wird. Wenn der DL nur solche steuerbefreite Leistungen erbringt, ist die subjektive Steuerpflicht vom DL nicht gegeben.

Es empfiehlt sich die freiwillige Steuerpflicht (Option) zu beantragen, weil gemäss Praxis der ESTV die «fifty-fifty»-Regelung zur Anwendung kommen kann. Die Offshoregesellschaft muss einen Aufwand von 50% ausweisen, was zu einem abrechnungspflichtigen Bezug von Dienstleistungen aus dem Ausland (Holding) führen kann. Es ist die effektive Abrechnungsmethode anzuwenden (nicht die Saldosteuersatzmethode), damit der effektive Vorsteuerabzug möglich ist.

2 Steuerobjekt

CHECKLISTE FÜR EXPORTE

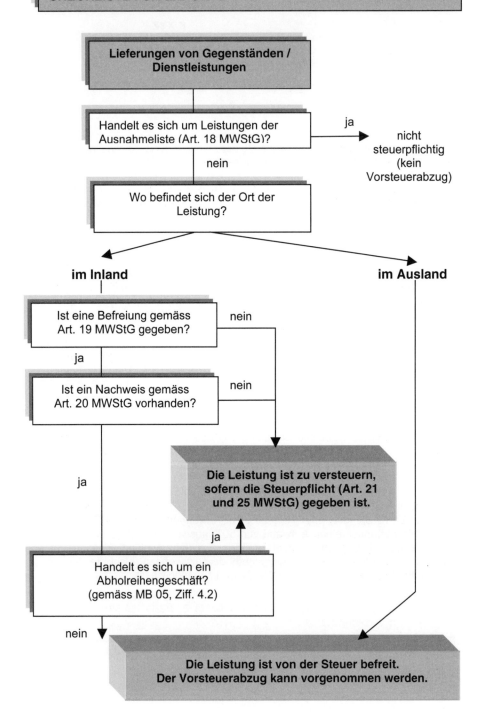

2 Steuerobjekt

2.5 FRAGEN

1. Ein Reinigungsinstitut in Buchs/SG (steuerpflichtig) putzt die Fenster am Gebäude einer im Fürstentum Liechtenstein domizilierten Versicherungsgesellschaft. Ist diese Arbeit zu versteuern?

2. Ein steuerpflichtiges Unternehmen liefert einem Kunden Kühlschränke für Fr. 15 000.–. Infolge Konkurs des Kunden wird der Betrag von Fr. 15 000.– nicht bezahlt. Was muss das steuerpflichtige Unternehmen versteuern?

3. Die Familie Meier mietet von der Mietag in Rorschach (steuerpflichtig) ein Wohnmobil für zwei Wochen. Das Ferienziel ist der Gardasee (I). Gefahren werden 1600 km.
   Wie hat die Mietag das Entgelt aus der Vermietung des Wohnmobils (immatrikuliert in der Schweiz) zu versteuern?

4. Eine Schreinerei (steuerpflichtig) bezieht aus dem Ausland Holzwaren. Die Speditionsfirma stellt der Schreinerei folgende Rechnung:
   * Fichtenholz   Fr. 25 000.–
   * Beförderungskosten   (bis zur Grenze)   Fr. 2 500.–
     (von der Grenze bis zur Schreinerei)   Fr. 1 200.–
   * Versicherungskosten   Fr. 1 000.–
                                                    Fr. 29 700.–

   Auf welchem Betrag wird an der Grenze die Mehrwertsteuer erhoben?

5. Die Kunststoff AG in Bern (steuerpflichtig) bezieht im Jahr 2001 von der Werbeagentur GmbH in Bregenz (A) Werbeleistungen von Fr. 20 000.–.
   Hat die Kunststoff AG diese Leistungen in der Quartalsabrechnung zu berücksichtigen?

6. Sind folgende Umsätze mehrwertsteuerpflichtig?

   a) Die Operation einer Katze durch den Tierarzt
   b) Weiterbildungskurse des Kaufmännischen Vereins
   c) Einnahmen aus Theatervorstellungen
   d) Prämien von Motorfahrzeugversicherungen
   e) Gewährung einer Festhypothek durch eine Bank
   f) Verkauf einer Eigentumswohnung durch ein Baugeschäft
   g) Referententätigkeit
   h) Startgeld eines Stadtlaufes

2 Steuerobjekt

7 Kann auf nachfolgenden Umsätzen das Optionsgesuch eingereicht werden?

   a) Die Behandlung eines Arztes
   b) Honorar für Weiterbildungskurs eines Berufsverbandes
   c) Eintrittsbillett für den Besuch eines Museums
   d) Prämien einer Versicherungsgesellschaft
   e) Vermietung von Büroräumlichkeiten

   Wenn ja, unter welchen Voraussetzungen und zu welchem Steuersatz?

8 Eine Softwarefirma (steuerpflichtig) exportiert ihr Buchhaltungsprogramm «Mix» für Fr. 5 000.– nach Deutschland. Ausfuhrpapiere sind nicht vorhanden. Das Buchhaltungsprogramm wird in Deutschland verwendet.

   Wie ist diese Leistung zu versteuern:
   ◆ wenn die Software auf Datenträgern exportiert wurde?
   ◆ wenn die Software über Datenfernleitung dem Kunden übermittelt wurde?

9 Die Handels AG in Zürich (steuerpflichtig) bestellt bei der Produktions AG in St. Gallen (steuerpflichtig) Maschinenteile. Die Maschinenteile werden im Auftrag der Handels AG von der Produktions AG nach Berlin (D) geliefert. Die zollamtlichen Ausfuhrdokumente liegen vor.
   Liegt bei der Produktions AG in St. Gallen eine Inland- oder eine Exportlieferung vor?

10 Ein Speditionsunternehmen (steuerpflichtig) liefert für eine Schweizer Firma Gegenstände für Fr. 12 000.– nach Frankreich.

   Wie sind die Transportkosten zu versteuern?

(Lösungen im Anhang, Seite 261 – 262)

3 Steuersubjekt

3. STEUERSUBJEKT — Art. 21 – 32, 75 MWStG

Steuerpflichtig sind

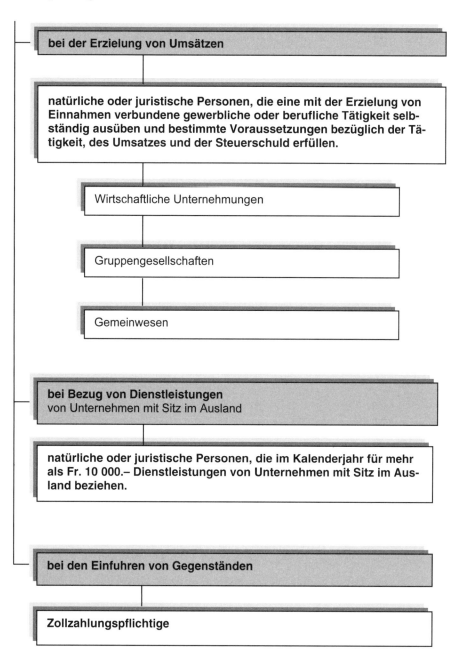

- **bei der Erzielung von Umsätzen**
  - natürliche oder juristische Personen, die eine mit der Erzielung von Einnahmen verbundene gewerbliche oder berufliche Tätigkeit selbständig ausüben und bestimmte Voraussetzungen bezüglich der Tätigkeit, des Umsatzes und der Steuerschuld erfüllen.
    - Wirtschaftliche Unternehmungen
    - Gruppengesellschaften
    - Gemeinwesen

- **bei Bezug von Dienstleistungen** von Unternehmen mit Sitz im Ausland
  - natürliche oder juristische Personen, die im Kalenderjahr für mehr als Fr. 10 000.– Dienstleistungen von Unternehmen mit Sitz im Ausland beziehen.

- **bei den Einfuhren von Gegenständen**
  - Zollzahlungspflichtige

3 Steuersubjekt

3.1 STEUERPFLICHT BEI DER ERZIELUNG VON UMSÄTZEN — Art. 21 MWStG

STEUERPFLICHTIG IST:

wer eine mit der Erzielung von Einnahmen verbundene gewerbliche oder berufliche Tätigkeit selbständig ausübt, auch wenn die Gewinnabsicht fehlt, sofern

- die Lieferungen,
- die Dienstleistungen und
- der Eigenverbrauch

im Inland jährlich gesamthaft Fr. 75 000.– übersteigen.

Beispiele:
- natürliche Personen (Einzelfirmen);
- Personengesellschaften (Kollektiv- und Kommanditgesellschaften);
- juristische Personen des privaten und öffentlichen Rechts (Aktiengesellschaften, GmbH, Genossenschaften usw.);
- unselbständige öffentliche Anstalten;
- Personengesamtheiten ohne Rechtsfähigkeit, die unter gemeinsamer Firma Umsätze tätigen (ARGE, Konsortium, Baugesellschaft usw.).

Als massgebender Jahresumsatz:

- gilt das Total der vereinnahmten Entgelte (Einnahmen) inkl. MWSt bei den der Steuer unterliegenden Lieferungen und Dienstleistungen zuzüglich

- Eigenverbrauch auf dem Wert der Arbeiten an den Bauwerken für Zwecke, die den Vorsteuerabzug ausschliessen.

Die Tätigkeit von Verwaltungsräten, Stiftungsräten oder ähnlichen Funktionsträgern gilt als unselbständige Erwerbstätigkeit und unterliegt nicht der MWSt. Weil es sich um eine unselbständige Erwerbstätigkeit handelt, ist eine Option nicht möglich.

Beim Handel mit gebrauchten Gegenständen sind die Gesamteinnahmen zu berücksichtigen, nicht nur die Differenz zwischen den Ankaufs- und den Verkaufspreisen.

3 Steuersubjekt

Betragsmässige Grenzen

Jahresumsatz (vereinnahmte Entgelte) Fr.	
0 10 000 20 000 30 000 40 000 50 000 60 000 70 000	Wer einen Jahresumsatz erzielt, der Fr. 75 000.– nicht übersteigt, ist **nicht obligatorisch steuerpflichtig.**
80 000 90 000 100 000 110 000 120 000 130 000 140 000 150 000 160 000 170 000 180 000 190 000 200 000 210 000 220 000 230 000 240 000 250 000	Wer einen Jahresumsatz bis zu Fr. 250 000.– erzielt, ist **nicht obligatorisch steuerpflichtig,** ►*) sofern die nach Abzug der Vorsteuer verbleibende Steuer regelmässig nicht mehr als Fr. 4 000.– im Jahr beträgt. (regelmässig = über mehrere Jahre hinweg)
260 000 270 000 280 000 290 000 300 000 usw.	Übersteigt der massgebende Umsatz Fr. 250 000.–, gilt die **obligatorische Steuerpflicht.**

*) Zur Wahrung der Wettbewerbsneutralität oder zur Vereinfachung der Steuererhebung können sich Unternehmen, welche die Voraussetzungen der Steuerpflicht nicht erfüllen, der freiwilligen Steuerpflicht unterstellen.

3 Steuersubjekt

Vereinfachte Berechnung der Steuerschuld < / > Fr. 4 000.–

Wer nicht von den Umsatzgrenzen ausgehen kann, hat die Möglichkeit, ein vereinfachtes Verfahren anzuwenden:

Bei Anwendung dieses Verfahrens wird angenommen, sowohl im Umsatz als auch im Aufwand sei eine MWSt zu den vorgesehenen Sätzen enthalten.

BEISPIELE: (aus SB 02 «Steuerpflicht bei der Mehrwertsteuer», Ziff. 2.4.1)

Steuersätze: Stand 1.1.2002

Detailhandelsbetrieb mit einem zu 7,6% steuerbaren Umsatz von Fr. 160 000.– (inkl. MWSt). Der Ankaufspreis der verkauften Waren beträgt Fr. 120 000.– (inkl. MWSt).

Berechnung der Steuer auf dem Jahresumsatz:
160 000 x 7,6 / 107,6   =   Fr. 11 301.–

Berechnung der Jahresvorsteuer:

auf dem Warenaufwand: 120 000 x 7,6 / 107,6   = Fr. 8 476.–

auf dem übrigen Aufwand, pauschal
0,7%* des Umsatzes von Fr. 160 000.–   =   Fr. 1 120.–   Fr. 9 596.–

Steuerzahllast   **Fr. 1 705.–**

Dieser Betrieb ist nicht obligatorisch steuerpflichtig.   (unter Fr. 4 000.–)

Handwerker mit einem zu 7,6% steuerbaren Umsatz von Fr. 110 000.– (inkl. MWSt). Der Waren- und Materialaufwand macht Fr. 20 000.– (inkl. MWSt) aus.

Berechnung der Steuer auf dem Jahresumsatz:
110 000 x 7,6 / 107,6   =   Fr. 7 770.–

Berechnung der Jahresvorsteuer:

auf dem Warenaufwand: 20 000 x 7,6 / 107,6   = Fr. 1 413.–

auf dem übrigen Aufwand, pauschal
0,7%* des Umsatzes von Fr. 110 000.–   =   Fr. 770.–   Fr. 2 183.–

Steuerzahllast   **Fr. 5 587.–**

Dieser Handwerker ist obligatorisch steuerpflichtig.   (über Fr. 4 000.–)

---

* annäherungsweise Ermittlung

3 Steuersubjekt 65

Detailhandelsbetrieb, der hauptsächlich dem reduzierten Satz (2,4%) unterliegende Erzeugnisse verkauft.

Umsatz zum reduzierten Satz (inkl. MWSt)	Fr. 180 000.–
Umsatz zum Normalsatz (inkl. MWSt)	Fr. 45 000.–
Gesamtumsatz	Fr. 225 000.–

Warenaufwand:
zum reduzierten Satz (inkl. MWSt)	Fr. 140 000.–
zum Normalsatz (inkl. MWSt)	Fr. 30 000.–
	Fr. 170 000.–

Berechnung der Steuer auf dem massgebenden Jahresumsatz:

zum reduzierten Satz	180 000 x 2,4 / 102,4 = Fr. 4 219.–	
zum Normalsatz	45 000 x 7,6 / 107,6 = Fr. 3 178.–	Fr. 7 397.–

Berechnung der Jahresvorsteuer:

auf dem Warenaufwand
zum reduzierten Satz   140 000 x 2,4 / 102,4 = Fr. 3 281.–

auf dem Warenaufwand
zum Normalsatz   30 000 x 7,6 / 107,6 = Fr. 2 119.–

auf dem übrigen Aufwand, pauschal 0,7%* des Umsatzes von Fr. 225 000.–	= Fr. 1 575.–	Fr. 6 975.–
Steuerzahllast		**Fr. 422.–**

Dieser Betrieb ist nicht obligatorisch steuerpflichtig.

* annäherungsweise Ermittlung

3 Steuersubjekt

AUSNAHMEN VON DER STEUERPFLICHT   Art. 25 MWStG

Von der Steuerpflicht sind ausgenommen:

- **Landwirte, Forstwirte und Gärtner** für die Lieferungen der im eigenen Betrieb gewonnenen Erzeugnisse der Landwirtschaft, der Forstwirtschaft und der Gärtnerei;
- **Viehhändler** für die Umsätze von Vieh (d.h. Pferde, Esel, Maultiere, Rindvieh, Schafe, Ziegen und Schweine) (Z 329);
- **Milchsammelstellen** für die Umsätze von Milch an Milchverarbeiter.

Den Landwirten gleichgestellt sind u.a. Hors-sol-Betriebe, Eierproduzenten, Baumschulen, Champignon- und Bienenzüchter, Züchter von Tieren, die für die menschliche Ernährung bestimmt sind (z.B. Vieh, Wild, Geflügel, Strausse, Kaninchen, Speisefische) und Rebbauern, welche die im eigenen Betrieb gewonnenen Trauben oder die daraus hergestellten unvergorenen Traubenmoste liefern (Z 819).

Die Ausnahme von der Steuerpflicht gilt auch, wenn daneben noch eine andere steuerbare Tätigkeit ausgeübt wird (z.B. Gastwirtschaft, Bodenbearbeitungs-, Spritz- oder Erntearbeiten für andere Landwirte, Sägerei, Steinbruch, Metzgerei, Grabsteingeschäft usw.). Die steuerbare Tätigkeit ist, sofern die Betragsgrenzen überschritten sind, mit der ESTV abzurechnen (BB 01 «Urproduktion und nahestehende Bereiche», Ziff. 5).

Unternehmen mit Sitz im Ausland, die im Inland ausschliesslich folgende Dienstleistungen erbringen:
- Abtretung und Einräumung von Immaterialgüter- und ähnlichen Rechten;
- Leistungen auf dem Gebiet der Werbung;
- Leistungen von Beratern, Vermögensverwaltern, Treuhändern, Inkassobüros, Ingenieuren, Studienbüros, Anwälten, Notaren, Buchprüfungen, Dolmetschern und Übersetzern, Managementdienstleistungen sowie sonstige ähnliche Leistungen;
- die Datenverarbeitung, die Überlassung von Informationen und ähnliche Dienstleistungen;
- Telekommunikationsdienstleistungen an steuerpflichtige Empfänger;
- der gänzliche oder teilweise Verzicht, eine gewerbliche oder berufliche Tätigkeit auszuüben oder ein in dieser Aufzählung genanntes Recht wahrzunehmen;
- der Personalverleih;
- Bank-, Finanz- und Versicherungsumsätze, einschliesslich Rückversicherungsumsätze, ausgenommen die Vermietung von Schliessfächern.

Nicht gewinnstrebige, ehrenamtlich geführte Sportvereine und gemeinnützige Institutionen, beide mit einem Jahresumsatz bis zu Fr. 150 000.–.

3 Steuersubjekt

ARTEN DER STEUERPFLICHT — Art. 22 – 23 MWStG

Wirtschaftliche Unternehmungen

Steuerpflichtig sind namentlich natürliche Personen, Personengesellschaften, juristische Personen des privaten und öffentlichen Rechts, unselbständige öffentliche Anstalten sowie Personengesamtheiten ohne Rechtsfähigkeit, die unter gemeinsamer Firma Umsätze tätigen.

Gruppengesellschaften — Art. 22 MWStG

Juristische Personen, Personengesellschaften sowie natürliche Personen mit Sitz oder Betriebsstätte in der Schweiz, welche eng miteinander verbunden sind, werden auf Antrag gemeinsam als eine einzige steuerpflichtige Person behandelt. Das Gesuch hat eine Voranmeldefrist von mindestens 90 Tagen (MB 01 «Gruppenbesteuerung»).

Eine enge Verbindung liegt vor: Stimmenmehrheit oder unter einheitlicher Leitung

Die Gruppe kann einheitlich unter einer MWSt-Nummer abrechnen. Die Innenumsätze unterliegen nicht der MWSt, sie sind jedoch buchmässig zu erfassen. Der Umsatzsteuer unterliegen die nach ausserhalb der Gruppe getätigten steuerbaren Umsätze. Die von der Steuer ausgenommenen Umsätze nach ausserhalb der Gruppe verursachen eine anteilmässige Vorsteuerkürzung der ausserhalb der Gruppe ausgeführten Aufwendungen und Investitionen.

Die Bildung einer oder mehrerer Subgruppen ist zulässig (z.B. Firmagruppe A), sofern alle unter einheitlicher Leitung zusammengefassten Subgruppengesellschaften in die Subgruppe einbezogen werden.

Die Gruppenbesteuerung ist während mindestens 5 Jahren beizubehalten. Ausgenommen sind Umstrukturierungsfälle.

Nicht zur Gruppenbesteuerung gehören:

- assoziierte Unternehmungen;
- Vorsorgeeinrichtungen;
- ausländische Gesellschaften;
- Gesellschaften im Fürstentum Liechtenstein;
- bei Joint ventures ist eine Gruppenbesteuerung nur in Ausnahmefällen möglich.

3 Steuersubjekt

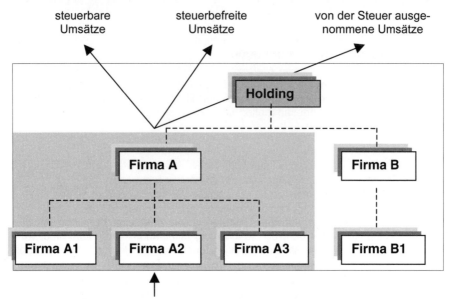

Administrative und buchhalterische Bedingungen:
(MB 01 «Gruppenbesteuerung», Ziff. 12)

- bei Lieferungen von Gegenständen innerhalb der Gruppe müssen detaillierte Belege erstellt werden;
- alle Gruppenunternehmen müssen den gleichen Bilanzstichtag haben;
- die internen Geschäftsumsätze sind auf separaten Konten zu erfassen;
- die MWSt darf auf gruppeninternen Transaktionen nicht ausgewiesen werden;
- jede Gruppenunternehmung hat eine (interne) MWSt-Abrechnung zu erstellen;
- gegenüber der ESTV wird nur eine kumulierte MWSt-Abrechnung eingereicht;
- alle Gruppenunternehmungen müssen die gleiche Abrechnungsperiode haben;
- alle Gruppenunternehmungen müssen nach der gleichen Abrechnungsart abrechnen;
- jede Unternehmung haftet solidarisch für die ganze Gruppe;
- bei gemischter Verwendung ist die Vorsteuer zu kürzen.

Gemeinwesen	Art. 23 MWStG

Die autonomen Dienststellen von Bund, Kantonen und Gemeinden sowie die übrigen Einrichtungen des öffentlichen Rechts und die mit öffentlich-rechtlichen Aufgaben betrauten Personen und Organisationen sind bei Überschreiten der massgebenden Mindestumsatzgrenze für ihre gewerblichen Leistungen steuerpflichtig, sofern die Umsätze aus steuerbaren Leistungen an Nichtgemeinwesen Fr. 25 000.– im Jahr übersteigen (BB 18 «Gemeinwesen»).

3 Steuersubjekt

STEUERPFLICHT VON GESELLSCHAFTEN

Übersicht «Einzelfirma»

Aus der nachfolgenden Grafik sind die mehrwertsteuerlichen Auswirkungen bei einer Einzelfirma ersichtlich.

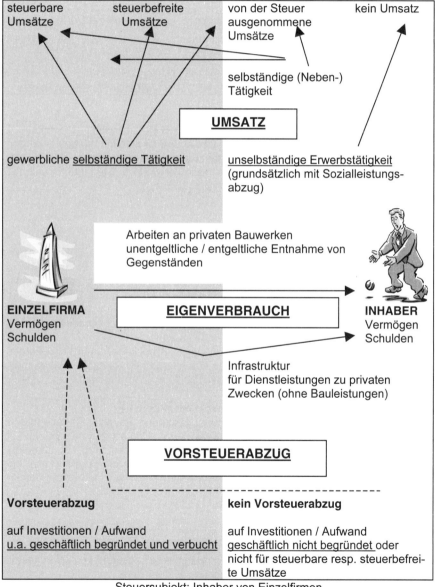

Steuersubjekt: Inhaber von Einzelfirmen
Art. 21 Abs. 2 MWStG, SB 02 «Steuerpflicht bei der Mehrwertsteuer», Ziff. 1.3

Steuerpflichtig ist gemäss Art. 21 MWStG, wer eine mit der Erzielung von Einnahmen verbundene **gewerbliche** oder berufliche Tätigkeit **selbständig** ausübt, auch wenn die Gewinnabsicht fehlt, sofern seine Lieferungen, seine Dienstleistungen und sein Eigenverbrauch im Inland jährlich gesamthaft Fr. 75 000.– übersteigen. Die Tätigkeit von Verwaltungsräten, Stiftungsräten oder ähnlichen Funktionsträgern gilt als unselbständige Erwerbstätigkeit. Steuerpflichtig sind namentlich **natürliche Personen**, Personengesellschaften, juristische Personen des privaten und öffentlichen Rechts, unselbständige öffentliche Anstalten sowie Personengesamtheiten ohne Rechtsfähigkeit, die unter gemeinsamer Firma Umsätze tätigen.

> Beispiel (SB 02 «Steuerpflicht bei der Mehrwertsteuer», Ziff. 1.3):
> Inhaber von Einzelfirmen

UNTERSCHEIDUNG STEUERBARE UND NICHT STEUERBARE EINNAHMEN

Lohnbezüger (mit Sozialleistungsabzug)

Eine steuerpflichtige Tätigkeit muss selbständig und gewerblich ausgeübt werden. Dies schliesst einerseits die reinen **Lohnbezüger** und anderseits die ausschliesslich hoheitliche Funktionen ausübenden Amtsstellen von der Steuerpflicht aus (SB 02 «Steuerpflicht bei der Mehrwertsteuer», Ziff. 1.3).

VR-Honorare usw.

Die Tätigkeiten von **Verwaltungsräten, Stiftungsräten oder ähnlichen Funktionsträgern** gelten als unselbständige Erwerbstätigkeiten. Wird das Honorar dem Unternehmen ausgerichtet, bei dem der Funktionsträger als Arbeitnehmer tätig ist, liegt ein steuerbarer Umsatz des Unternehmens vor (Art. 21 Abs. 1 MWStG, SB 02 «Steuerpflicht bei der Mehrwertsteuer», Ziff. 1.3).
Sofern das Honorar zwar an den Verwaltungs- oder Stiftungsrat ausgeschüttet wird, dieser aber
- einen Teil- oder den Gesamtbetrag an seinen Arbeitgeber (juristische Person, Gemeinwesen oder übrige Einrichtung des öffentlichen Rechts) abgeben muss (möglicherweise durch Lohnabzug) resp.
- als Einzelunternehmer oder
- als Gesellschafter in einer Personengesellschaft tätig ist,

unterliegt das Entgelt (Honorar) resp. der abgegebene Betrag beim Arbeitgeber nicht der MWSt; es handelt sich dabei nicht um einen Umsatz im Sinne der MWSt. Auf der andern Seite muss eine entsprechende Vorsteuerkürzung vorgenommen werden (Z 119, 120, MB 08a «Weitere Vereinfachungen für die Vorsteuerkorrektur bei nicht zum Vorsteuerabzug berechtigenden Umsätzen aus Nebentätigkeiten», Ziff. 3).

Provisionen

Durch Banken, Versicherungs- oder Leasinggesellschaften direkt an den Angestellten der steuerpflichtigen Person ausbezahlte «finder's fees» unterliegen solange nicht der Steuer, als dieser die Voraussetzungen für die subjektive Steuerpflicht nicht erfüllt (BB 05 «Motorfahrzeuggewerbe», Ziff. 3.9).

3 Steuersubjekt

Gewinnausschüttung einer einfachen Gesellschaft

Allfällige von der einfachen Gesellschaft an die Gesellschafter überwiesene Gewinnbeteiligungen stellen bei den Gesellschaftern keinen steuerbaren Umsatz dar. Der Erhalt einer solchen Gewinnbeteiligung führt beim Empfänger zu keiner Vorsteuerkürzung. Die einfache Gesellschaft kann für die Ausschüttung der Gewinnbeteiligung keinen Vorsteuerabzug vornehmen. Auf dem Beleg für die Gewinnausschüttung darf nicht auf die MWSt hingewiesen werden (BB 04 «Baugewerbe», Ziff. 1.2).

Referententätigkeit

Die Referententätigkeit ist von der MWSt ausgenommen (Art. 18 Ziff. 11 MWStG), und zwar unabhängig davon, ob das Honorar dem Unterrichtenden oder seinem Arbeitgeber ausgerichtet wird (Z 603).

UNTERSCHEIDUNG GESCHÄFTSVERMÖGEN / PRIVATVERMÖGEN

Geschäftsvermögen		Privatvermögen
Güter für geschäftliche Zwecke	Alternativgüter: betriebliche Nutzung (Einnahmen aus Gütern über Fr. 40 000.–); Betriebsreserve; Sicherheitsfunktion; buchmässige Behandlung; Finanzierung	privat genutzte Güter

Betrieblich genutzte Räumlichkeiten im Privatbesitz

Das Recht zum Abzug der Vorsteuer besteht gemäss Z 847 nur für Steuerbeträge, für welche die Erfordernisse in Bezug auf die Rechnungsstellung (Art. 37 MWStG) erfüllt sind und sofern sie nachgewiesen sind. Die Geschäftsbücher des Steuerpflichtigen sind der Eigenart und Bedeutung des Unternehmens anzupassen. Sie müssen über sämtliche ausgeführten Lieferungen und Dienstleistungen und die darauf entfallende MWSt sowie über den gesamten Aufwand und die abziehbare Vorsteuer lückenlos und detailliert Aufschluss geben (Z 882).

Voraussetzung für den Vorsteuerabzug: u.a. Verbuchung in den Geschäftsbüchern

3 Steuersubjekt

Ferienhäuser und -wohnungen

Bei Einzelfirmen sind Ferienhäuser und -wohnungen primär dem Privatvermögen zuzuordnen. Solche Vermögenswerte gelten für die Belange der MWSt jedoch insbesondere dann zwingend als Teil des Geschäftsvermögens einer Einzelfirma, wenn eine der folgenden Voraussetzungen erfüllt ist (BB 16 «Liegenschaftsverwaltung / Immobilien», Ziff. 5.1.2):

1. Die Vermietung von Ferienhäusern oder -wohnungen stellt einen eigenen Betrieb oder Betriebsteil dar. Werden aus der Vermietung von Ferienhäusern oder -wohnungen jährlich Einnahmen von mehr als Fr. 40 000.– erzielt, gelten diese Liegenschaften für die Belange der MWSt als Betriebsteil, der dem Geschäftsvermögen zuzuordnen ist.

2. Die Ferienhäuser oder -wohnungen bilden Gegenstand eines gewerbsmässigen Handels mit Liegenschaften oder stehen im Eigentum einer Bauunternehmung. Allerdings gehört beispielsweise ein Ferienhaus oder eine Ferienwohnung eines Bauunternehmers bei überwiegender privater Nutzung (d.h. zu mehr als 50%) nicht zum Geschäftsvermögen, sofern die Mieteinnahmen jährlich Fr. 40 000.– nicht überschreiten.

3. Die Ferienhäuser oder -wohnungen dienen dem Unternehmen als Betriebsreserve. Ein Hotelbetrieb besitzt z.B. Ferienwohnungen, die von ihm in Spitzenzeiten als Dependance für die Hotelgäste genutzt werden.

4. Die Ferienhäuser oder -wohnungen dienen dem Unternehmen als Sicherheit für die ihm gewährten Betriebskredite und werden vorwiegend geschäftlich genutzt. Eine vorwiegend geschäftliche Nutzung liegt vor, wenn die Ferienhäuser oder -wohnungen hauptsächlich (zu mehr als 50%) an Dritte vermietet werden, zumindest aber nachweislich ernsthafte Bemühungen für die Vermietung derselben unternommen wurden.

Ferienhäuser oder -wohnungen, die im Gesamteigentum des Steuerpflichtigen und seines Ehegatten stehen, sind als Teil des Geschäftsvermögens zu betrachten, sofern eine der vorstehend erwähnten Voraussetzungen erfüllt ist. Lediglich bei klarer Trennung der Eigentumsverhältnisse (z.B. im Grundbuch eingetragenes Stockwerkeigentum) sind die auf den Namen des nicht steuerpflichtigen Ehegatten lautenden Liegenschaften oder Liegenschaftsteile nicht zum Geschäftsvermögen des steuerpflichtigen Ehegatten zu rechnen, sofern der nicht steuerpflichtige Ehegatte den Mietern die Miete in eigenem Namen in Rechnung stellt.

Auswirkungen:

Privatvermögen:	Geschäftsvermögen:
Mieteinnahmen sind nicht zu versteuern	steuerbare Beherbergungsleistungen (3,6% MWSt)
kein Vorsteuerabzugsrecht	Vorsteuerabzugsrecht (sofern in den Geschäftsbüchern erfasst)

3 Steuersubjekt

Parkplätze (Plätze für das Abstellen von Fahrzeugen)

Bei Einzelfirmen sind Parkplätze (Plätze für das Abstellen von Fahrzeugen) primär dem Privatvermögen zuzuordnen. Unter bestimmten Voraussetzungen (analog Ferienhäuser und -wohnungen) sind jedoch solche Vermögenswerte für die Belange der MWSt zwingend Teil des Geschäftsvermögens einer Einzelfirma. Dies mit der Folge, dass die Umsätze aus der steuerbaren Vermietung von Parkplätzen der Steuer unterliegen können (MB 18 «Vermietung von Plätzen für das Abstellen von Fahrzeugen», Ziff. 8).

Die nachfolgende Grafik zeigt die Abrechnungspflicht der Umsätze sowie die Vorsteuerabzugsberechtigung bei einer Einzelfirma auf.

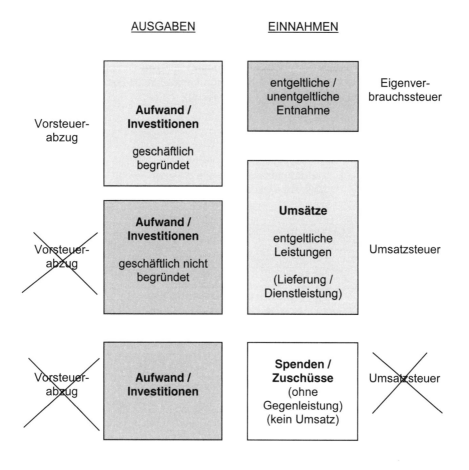

3 Steuersubjekt

Übersicht «Kapitalgesellschaft» resp. «Personengesellschaft»

Aus der nachfolgenden Grafik sind die mehrwertsteuerlichen Auswirkungen bei einer Kapitalgesellschaft oder einer Personengesellschaft ersichtlich.

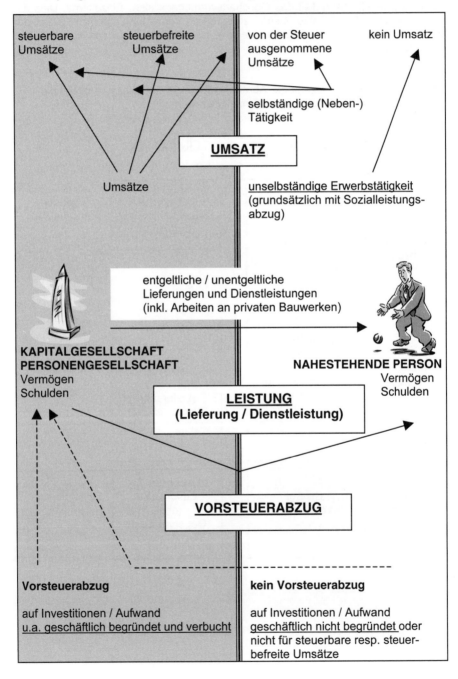

3 Steuersubjekt

Die nachfolgende Grafik zeigt die Abrechnungspflicht der Umsätze sowie die Vorsteuerabzugsberechtigung bei einer Kapitalgesellschaft sowie bei einer Personengesellschaft auf.

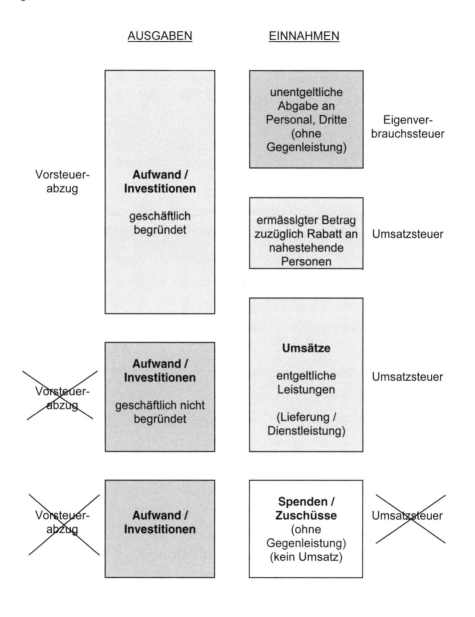

3 Steuersubjekt

Übersicht «einfache Gesellschaft»

Aus der nachfolgenden Grafik sind die mehrwertsteuerlichen Auswirkungen bei einer einfachen Gesellschaft ersichtlich.

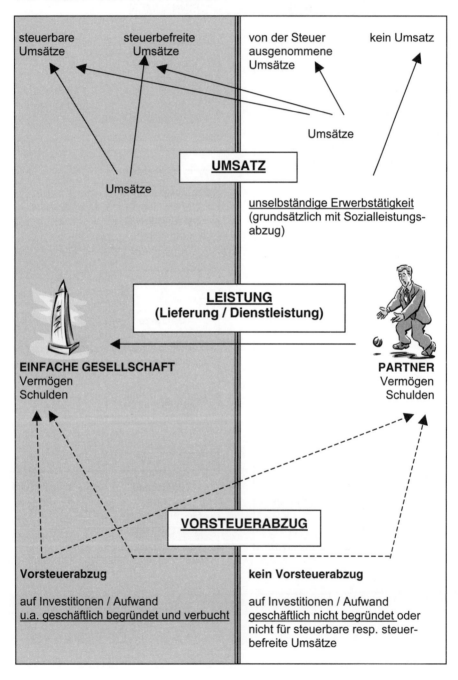

3 Steuersubjekt

Übersicht «Gemeinwesen»

Aus der nachfolgenden Grafik sind die mehrwertsteuerlichen Auswirkungen beim Gemeinwesen ersichtlich.

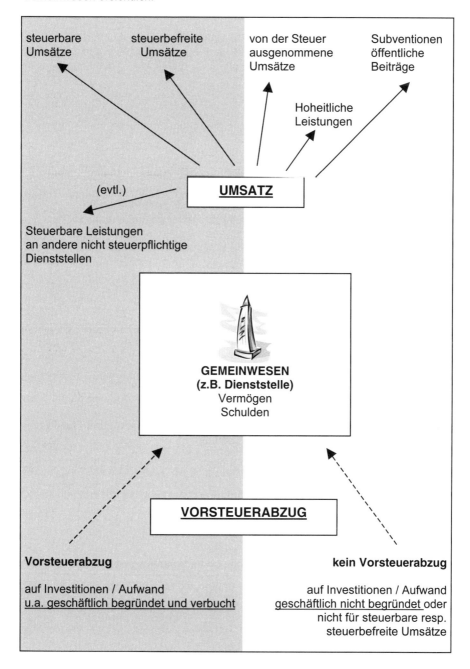

3 Steuersubjekt

Keine Steuerpflicht

Für Leistungen, die sie in Ausübung hoheitlicher Gewalt erbringen (z.B. Ausübung von Funktionen der Schiedsgerichtsbarkeit), sind die genannten Dienststellen, Einrichtungen, Personen und Organisationen nicht steuerpflichtig, auch dann nicht, wenn sie für solche Leistungen Gebühren, Beiträge oder sonstige Abgaben erhalten.

Die von Kur- und Verkehrsvereinen im Auftrag von Gemeinwesen zu Gunsten der Allgemeinheit erbrachten Leistungen sind nicht steuerbar, sofern das Entgelt für diese Leistungen ausschliesslich aus öffentlich-rechtlichen Tourismusabgaben stammt.

Steuerpflicht

Steuerpflichtig sind

- autonome Dienststellen von Bund, Kantonen und Gemeinden (z.B. Gemeindewerke, städtische Verkehrsbetriebe usw.),
- übrige Einrichtungen des öffentlichen Rechts (z.B. Kantonalbanken),
- mit öffentlich-rechtlichen Aufgaben betraute Personen und Organisationen,

sofern die Umsatzgrenzen von steuerbaren Umsätzen überschritten sind.

Steuerbar sind folgende Tätigkeiten (Art. 23 Abs. 2 MWStG):

a) Fernmeldewesen;
b) Lieferungen von Wasser, Gas, Elektrizität, thermischer Energie und ähnlichen Gegenständen;
c) Beförderung von Gegenständen und Personen;
d) Dienstleistungen in Häfen und auf Flughäfen;
e) Lieferungen von zum Verkauf bestimmten neuen Fertigwaren;
f) Lieferungen von landwirtschaftlichen Erzeugnissen durch landwirtschaftliche Interventionsstellen von Gemeinwesen;
g) Veranstaltungen von Messen und Ausstellungen mit gewerblichem Charakter;
h) Betrieb von Badeanstalten und Kunsteisbahnen;
i) Lagerhaltung;
j) Tätigkeiten gewerblicher Werbebüros;
k) Tätigkeiten der Reisebüros;
l) Umsätze von betrieblichen Kantinen, Personalrestaurants, Verkaufsstellen und ähnlichen Einrichtungen;
m) Tätigkeiten von Amtsnotarinnen und Amtsnotaren;
n) Tätigkeiten von Vermessungsbüros;
o) Tätigkeiten auf dem Gebiete der Entsorgung;
p) Tätigkeiten im Rahmen der Erstellung von Verkehrsanlagen.

3 Steuersubjekt

Beispiele von abrechnungspflichtigen Dienststellen:

Abfallbeseitigung
Abwasserbeseitigung
Energie
Forstwirtschaft
Grundbuchamt
Kranken- und Pflegeheime
Massenmedien
Spitäler
Sport
Verwaltungsliegenschaften (mit Option)
Wasserversorgung

Abrechnungsmöglichkeit

Die Gemeinwesen können mit Antrag <u>nach autonomen Dienststellen</u>, als <u>Einheit</u> oder nach <u>einzelnen Gruppen</u> abrechnen.

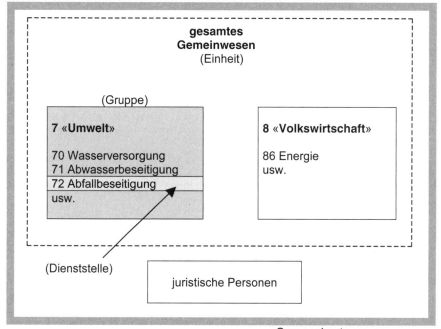

3 Steuersubjekt

Definition der Begriffe:

autonome Dienststellen:	Keine gesetzliche Regelung somit massgebend Gliederung der Rechnungslegung (nach Aufgabe oder nach Institutionen)
Einheit:	Alle Dienststellen einer Einheit (gesamtes Gemeinwesen) Die massgebenden Betragsgrenzen beim Gemeinwesen als Ganzes müssen überschritten sein. Für jede Leistung innerhalb der Einheit ist eine detaillierte Rechnung zu stellen (ohne MWSt-Hinweis). Jede Dienststelle muss eine interne MWSt-Abrechnung erstellen. Pauschalsteuersätze können nicht angewendet werden. → schriftlicher Antrag
Gruppen:	z.B. Gruppe 7 «Umwelt» bestehend aus: Wasserversorgung, Abwasserbeseitigung und Abfallbeseitigung Jede einzelne autonome Dienststelle der Gruppe muss die Betragsgrenzen überschreiten. Autonome Dienststelle einer Gruppe aufgrund ihrer funktionalen Gliederung. Bedingungen für die Aufnahme einer autonomen Dienststelle in eine Gruppe beachten (nachfolgende Seite). Für jede Leistung innerhalb der Einheit ist eine detaillierte Rechnung zu stellen (ohne MWSt-Hinweis). Jede Dienststelle muss eine interne MWSt-Abrechnung erstellen. Pauschalsteuersätze können nicht angewendet werden. → schriftlicher Antrag
Übrige Einrichtungen des öffentlichen Rechts:	z.B. Kantonalbanken, Zweckverbände von Gemeinwesen. Generell als ein Steuerpflichtiger betrachtet. Aufteilung nach Institutionen ist nicht möglich.
Gruppenbesteuerung:	Einheit (gesamtes Gemeinwesen) und eine oder mehrere beherrschte andere juristische Personen → schriftlicher Antrag

3 Steuersubjekt

Wechsel des Steuersubjekts:

Folgende Formvorschriften und Fristen sind einzuhalten:

- ein Wechsel ist frühestens nach 5 Kalenderjahren möglich,
- der Wechsel kann immer nur auf Ende Kalenderjahr erfolgen,
- der Antrag ist der ESTV in schriftlicher Form bis spätestens Ende Februar des Jahres einzureichen, ab dessen Beginn ein Wechsel vorgenommen werden soll.

Aufnahme einer Dienststelle in eine Gruppe
(BB 18 «Gemeinwesen», Anhang 4)

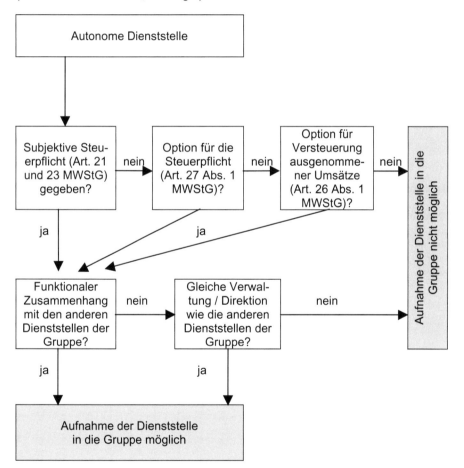

3 Steuersubjekt

Abklärung der Steuerpflicht

Bei einer Abklärung der Steuerpflicht einer autonomen Dienststelle, einer Gruppe oder der Einheit ist Folgendes zu beachten:

Nicht zum massgebenden Umsatz zählen:

- von der Steuer ausgenommene Umsätze
- hoheitliche Tätigkeit
- Verkauf von im eigenen Betrieb gewonnenen Erzeugnissen der Landwirtschaft, Forstwirtschaft und Gärtnerei
- Subventionen und andere Beiträge der öffentlichen Hand (inkl. Defizitabdeckung des eigenen Gemeinwesens)

Schritt 1:

Sofern die Umsätze aus <u>steuerbaren Leistungen an Nichtgemeinwesen Fr. 25 000.– im Jahr</u> nicht übersteigen, wird die Dienststelle (resp. Gruppe oder Einheit) nicht steuerpflichtig.

Schritt 2:

Wenn die steuerbaren Leistungen an Nichtgemeinwesen mehr als Fr. 25 000.– pro Jahr sind, ist die Steuerpflicht nur gegeben, wenn der steuerbare Gesamtumsatz die massgebenden Betragsgrenzen übersteigt.

Abzurechnen sind Umsätze aus <u>steuerbaren Leistungen</u> an:

- Nichtgemeinwesen
- Dienststellen (resp. Gruppen) innerhalb des gleichen Gemeinwesens (sofern mehr als 50% an Nichtgemeinwesen erbracht werden)

sowie Umsätze aus gleichartigen Leistungen an:

- andere Gemeinwesen
- Zweckverbände von Gemeinwesen

3 Steuersubjekt

Abklärung der Steuerpflicht
(BB 18 «Gemeinwesen», Anhang 3)

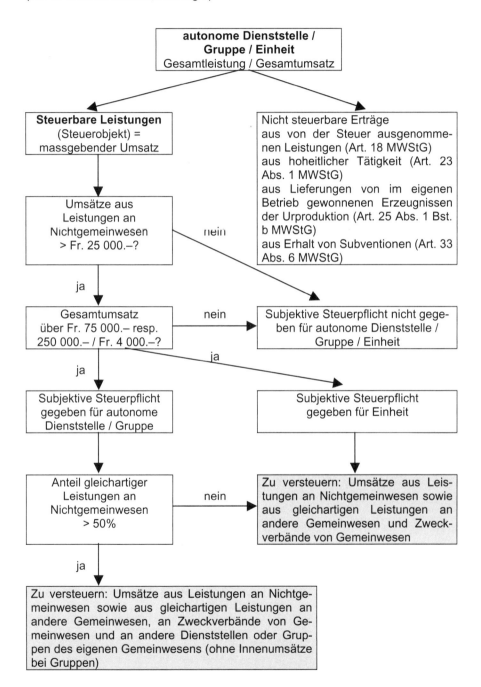

3 Steuersubjekt

Beispiel: Steuerpflicht von öffentlichen Verwaltungen

Die Dienststelle «Allgemeine Verwaltung» der Gemeinde W hat die Steuerpflicht wie folgt zu prüfen:

Führen einer Buchhaltung für:	Total Umsatz (gleichartig)	eigenes Gemeinwesen (andere Dienststellen)	anderes Gemeinwesen	Nichtgemeinwesen
die Gemeinde W (EW, Wasserwerk, Schulgemeinde)	50 000	50 000		
für die Kirchgemeinde S, Kehrichtzweckverband	40 000		40 000	
für die Genossenschaft Kunsteisbahn und die Musikgesellschaft	36 000			36 000
Total	126 000	50 000	40 000	36 000

PHASE I: steuerpflichtig, wenn über Fr. 25 000.–

PHASE II: steuerpflichtig, wenn gleichartige Leistungen an Nichtgemeinwesen erbracht werden →

PHASE III: steuerpflichtig, wenn gleichartige Leistungen zur Hauptsache an Nichtgemeinwesen erbracht werden

von ← ———— über 50%?

| steuerpflichtig sind: | 76 000.– | 0.– | 40 000.– | 36 000.– |

3 Steuersubjekt

Begriff der Gleichartigkeit

Der Begriff der Gleichartigkeit wird weit gefasst. Als gleichartig angesehen werden beispielsweise:

Bau, Unterhalt und Reinigung von Strassen, Trottoirs, Wegen, Plätzen usw.;

Forstarbeiten wie Bäume fällen, Bäume entrinden / entasten, Holz im Wald zuschneiden, Holzschnitzel aufbereiten;

Gartenpflege, Sträucher / Hecken schneiden, Gärtnerarbeiten u. dgl.;

Installation von elektrischen Leitungen in Häusern, im Boden, Errichten von Freileitungen usw.;

Buchführung, Fakturierung, Inkasso, Sekretariatsarbeiten u. dgl.;

Satz- und Druckarbeiten, Fotokopien usw.

(BB 18 «Gemeinwesen», Ziff. 3.1)

3 Steuersubjekt

3.2 STEUERPFLICHT BEI BEZUG VON DIENSTLEISTUNGEN AUS DEM AUSLAND — Art. 24 MWStG

Steuerpflichtig ist, wer im Kalenderjahr für mehr als Fr. 10 000.– Dienstleistungen von Unternehmen mit Sitz im Ausland bezieht. Dies gilt ungeachtet dessen, ob die Leistungen von einem einzigen oder von verschiedenen Dienstleistungserbringern erbracht wurden und ob der Empfänger ein Unternehmen oder eine Privatperson ist.

bisher nicht steuerpflichtige Person

Die Person hat sich bis spätestens 31. Januar des Folgejahres zu melden und die MWSt auf diesen Bezügen zu entrichten.

steuerpflichtige Person

Wenn der Bezüger als steuerpflichtige Person registriert ist, muss er solche Dienstleistungen in der Abrechnung für jene Abrechnungsperiode deklarieren und versteuern, in der er den Bezug getätigt hat. Die steuerpflichtige Person hat jeden Bezug zu deklarieren. Die Umsatzsteuer auf Bezügen bis Fr. 10 000.– im Kalenderjahr können in jedem Fall wieder als Vorsteuern in Abzug gebracht werden, höhere Beträge nur, wenn die Bezüge für steuerbare oder steuerbefreite Umsätze verwendet werden. Bei der Anwendung der Saldo- oder Pauschalsteuersätze sind derartige Bezüge erst über Fr. 10 000 pro Jahr zu deklarieren (nur einmal jährlich) (Z 512 ff.)

3.3 STEUERPFLICHT BEI DEN EINFUHREN VON GEGENSTÄNDEN — Art. 75 MWStG

Steuerpflichtig sind die Zollzahlungspflichtigen (Z 733).

3 Steuersubjekt

3.4 OPTIONEN — Art. 26 – 27 MWStG

Wer nicht obligatorisch steuerpflichtig ist, kann sich freiwillig der Steuer unterstellen, wenn dies zur Wahrung der Wettbewerbsneutralität oder zur Vereinfachung der Steuererhebung beiträgt (Z 683).

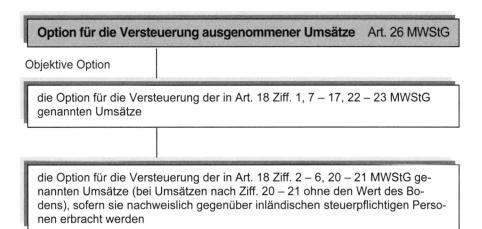

Die freiwillige Unterstellung gilt für mindestens 5 Jahre. Die Option gilt für sämtliche Umsätze nach einer Ziff. des Art. MWStG, die eine steuerpflichtige Person tätigt. Bei der Vermietung, Verpachtung und dem Verkauf von Gebäuden kann jedes Objekt einzeln (oder Teile davon) optiert werden. Bei Beendigung der Option bleibt die Versteuerung des Eigenverbrauchs nach Art. 9 MWStG vorbehalten.

Die ESTV hat dem Antrag zu entsprechen, wenn der Antragsteller Gewähr bietet, dass er seine Obliegenheiten als steuerpflichtige Person erfüllt. Die ESTV kann Sicherheiten verlangen.

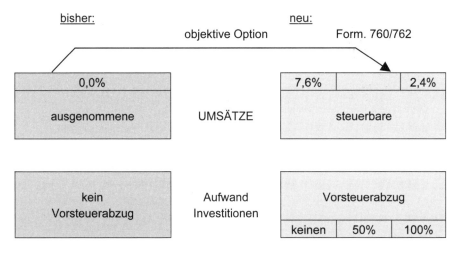

3 Steuersubjekt 88

Antragsformular Nr. 762 «Option für die Versteuerung ausgenommener Umsätze (ohne Immobilien) nach Art. 26 MWStG»

(Stand 1.1.2002)

Hauptabteilung Mehrwertsteuer

Eidgenössische Steuerverwaltung ESTV
Administration fédérale des contributions AFC
Amministrazione federale delle contribuzioni AFC
Administraziun federala da taglia AFT

Ihre Anschrift bitte in Blockschrift ausfüllen

Datum des Poststempels
MWST-Nr. _____
Ref.-Nr. _____

Option für die Versteuerung ausgenommener Umsätze (ohne Immobilien) nach Art. 26 MWSTG

Für welche Umsätze kann optiert werden?

Die Option (freiwillige Versteuerung) ist möglich für die gemäss Artikel 18 Ziffern 1 bis 17, 22 und 23 des Bundesgesetzes über die Mehrwertsteuer (MWSTG) von der Steuer ausgenommen, im Inland erbrachten Umsätze. Ausgeschlossen ist die Option für Versicherungs- und Bankendienstleistungen gemäss Art. 18 Ziffern 18 und 19 MWSTG.

Für Umsätze nach Artikel 18 Ziffer 2 bis 6 ist die Option nur möglich, wenn der Leistungsempfänger im Register der Steuerpflichtigen eingetragen ist und die Leistungen für einen geschäftlich begründeten Zweck, d.h. namentlich zur Erzielung von steuerbaren Leistungen bezieht. Siehe Z 696 in der Wegleitung 2001 zur Mehrwertsteuer.

Beginn der Option, zu erzielendes Umsatzvolumen und Dauer der Option

Eine Option ist jederzeit möglich, jedoch frühestens auf den Beginn des Quartals der Anmeldung, sofern die für die Option notwendige Mindestumsatzgrenze von mehr als 40'000 Franken jährlich erreicht wird. Beträgt das Total von Umsätzen aus ausgenommenen Leistungen zwar weniger als 40'000 Franken, ergeben diese aber zusammen mit allenfalls obligatorisch steuerbaren Umsätzen mehr als 40'000 Franken im Jahr, kann dennoch für die Steuerpflicht optiert werden. **Die Mindestdauer der Option beträgt fünf Jahre.** Nach Ablauf dieser Frist kann pro optierte Umsatzkategorie jährlich ein Widerruf auf den 31. Dezember erfolgen. Der Widerruf ist in schriftlicher Form bis spätestens Ende Februar des Folgejahres einzureichen.

Die Bewilligung für die Option wird davon abhängig gemacht, dass der Steuerpflichtige seine Obliegenheiten strikte erfüllt, insbesondere seine Steuerabrechnung regelmässig einsendet, die geschuldete MWST bezahlt und die verlangten Geschäftsbücher führt.

Option und Saldo-/Pauschalsteuersätze

Wer nach Saldo- oder Pauschalsteuersätzen abrechnet, kann für die von der Steuer ausgenommenen Umsätze nicht optieren.

Nutzungsänderungen, Einlageentsteuerung bzw. Eigenverbrauchsbesteuerung

In diesem Zusammenhang ist das gleichnamige Merkblatt Nr. 610.545.14 zu beachten.

D_MWST Nr. 762 G / 06.00
Schwarztorstrasse 50, CH-3003 Bern
http://www.estv.admin.ch

3 Steuersubjekt 89

Gesuch für die Versteuerung ausgenommener Umsätze (ohne Immobilien)

Für jede optierte Umsatzkategorie ist ein separates Gesuch zu stellen.

Name (Firma) des Antragstellers und Mehrwertsteuernummer:	
Die Option wird für folgende Umsatzkategorie nach Art. 18 MWSTG beantragt:	
Total Umsatz aus dieser Umsatzkategorie innerhalb der letzten 12 Monate:	
Auftragsbestand dieser Umsatzkategorie:	
Name und Mehrwertsteuernummer der/des Leistungsempfängers:	(nur im Falle der Option nach Art. 18 Ziffern 2 bis 6 anzugeben)
Beginn der Option:	Beginn laufendes Quartal Beginn nächstes Quartal

Wir haben davon Kenntnis genommen, dass die Option, sofern keine Aenderung der Verhältnisse eintritt, für mindestens 5 Jahre gilt; dass eine ordnungsgemässe Buchhaltung zu führen ist und dass bei Beendigung der Option infolge Wegfall der Steuerpflicht oder aber infolge Nutzungsänderung die Eigenverbrauchssteuer geschuldet ist.

Sobald die Gründe für die Option wegfallen, werden wir innert 30 Tagen die Löschung im Register der Steuerpflichtigen beantragen. Falls das Unternehmen aus anderen Gründen steuerpflichtig bleibt, melden wir der ESTV spätestens nach 30 Tagen den Wegfall der Option .

Ort und Datum   Stempel und rechtsverbindliche Unterschrift

....

Es werden nur vollständig ausgefüllte und unterzeichnete Gesuche bearbeitet.

Bewilligung

Die Option für oben genannte, von der Steuer ausgenommene Leistungen wird   bewilligt ab:
                                                                                 nicht bewilligt *
* Begründung siehe Beilage

Bern, den   ABTEILUNG REVISORAT
                                                 Sektion Eintragungen und Löschungen

Option (freiwillige Besteuerung) bei Liegenschaften

Die freiwillige Besteuerung (Option) bei Umsätzen aus der Vermietung, Verpachtung oder dem Verkauf von Liegenschaften ist mit Form. 760 zu beantragen. Ein Antrag ist jederzeit möglich, jedoch frühestens auf den Beginn des Quartals der Anmeldung. Ein entsprechendes Optionsgesuch müsste im Kalenderquartal der Vertragserstellung (Miet- oder Kaufvertrag) eingereicht werden. Auch bei Betriebsliegenschaften die verkauft oder vermietet werden ist das Optionsgesuch mit Formular Nr. 760 zu stellen. Eine Option ist nicht möglich auf Wohnliegenschaften, Bauland und Baurechtszinsen. Die freiwillige Besteuerung muss während mindestens 5 Jahren angewendet werden. Die Option wird nur bewilligt, wenn

- der Mieter resp. Käufer steuerpflichtig ist und
- die Räumlichkeiten voll oder teilweise für steuerbare Umsätze verwendet werden.

Besteuerung: bei Vermietung: 7,6% auf den Mieteinnahmen und Nebenkosten
bei Verkauf: 7,6% auf dem Verkaufspreis (ohne Boden)

Eine Option kann nicht beantragt werden, wenn nach Saldo- oder Pauschalsteuersätzen abgerechnet wird.

Begriff

Zur Wahrung der Wettbewerbsneutralität oder zur Vereinfachung der Steuererhebung kann die ESTV gemäss Art. 26 Abs. 1 Bst. b MWStG unter den von ihr festzusetzenden Bedingungen die Option für die Versteuerung der in Art. 18 Ziff. 20 und 21 MWStG erwähnten Umsätze (ohne den Wert des Bodens) zulassen, soweit sie nachweislich gegenüber Steuerpflichtigen erbracht werden.
Sie entspricht dem Antrag, wenn der Antragsteller Gewähr bietet, dass er seine Obliegenheiten als Steuerpflichtiger erfüllt. Sie kann die Zustimmung von einer Mindestdauer der Steuerpflicht und der Leistung von Sicherheiten abhängig machen. Sie hat ferner die Bedingungen so zu gestalten, dass sich aus der Bewilligung weder für den Gesuchsteller noch für dessen Abnehmer ungerechtfertigte Steuervorteile ergeben und Dritte dadurch nicht benachteiligt werden.

Unter Option versteht man die freiwillige Versteuerung der Umsätze aus dem Verkauf, der Vermietung oder Verpachtung von Bauwerken. Wird von der Option für die Versteuerung Gebrauch gemacht, handelt es sich nicht mehr um Eigenverbrauch, sondern um eine Lieferung; als solche gilt auch die Vermietung oder Verpachtung. Dies hat zur Folge, dass beim Verkauf der volle Lieferpreis (ohne Wert des Bodens) und bei der Vermietung / Verpachtung sämtliche Einnahmen (inkl. Nebenkosten) zu versteuern sind.

3 Steuersubjekt

Voraussetzung

Das Gesuch um Option hat schriftlich mit Formular Nr. 760 zu erfolgen. Dem Gesuch wird entsprochen, wenn für den Gesuchsteller ein offensichtliches und dauerndes Interesse besteht. Die Bewilligung für die Option wird ferner davon abhängig gemacht, dass der Steuerpflichtige seine Obliegenheiten strikte erfüllt, insbesondere seine Steuerabrechnung regelmässig einsendet, die geschuldete MWSt bezahlt und die verlangten Geschäftsbücher führt (Z 683).

Objekt:	Vermietung / Verpachtung von Gebäudeteilen Verkauf von Gebäuden (ohne Boden) Die Option kann auch für Teilbereiche eines Gebäudes gewählt werden.
Beginn:	Eine Option ist jederzeit möglich, jedoch frühestens auf den Beginn des Quartals, in dem sie schriftlich beantragt wird (Z 684). Beim Realisieren von Bauvorhaben kann dem nicht steuerpflichtigen Antragsteller die Option erst auf den Beginn der Erzielung von Umsätzen (Mieteinnahmen, Verkaufserlös) gewährt werden (Z 685). Beim Realisieren von Bauvorhaben kann dem steuerpflichtigen Antragsteller die Option bereits bei Baubeginn gewährt werden, sofern der Käufer resp. der Mieter bekannt ist.
Dauer:	Die Option muss mindestens fünf Jahre aufrecht erhalten werden, sofern die Bedingungen seitens der Mieter/STWE nicht wegfallen.
Voraussetzung:	Die Möglichkeit der Option für die Versteuerung der Umsätze aus dem Verkauf, der Vermietung oder Verpachtung von Bauwerken wird nur dann gewährt, wenn: ♦ der Käufer, der Mieter oder der Pächter der Immobilie ein Steuerpflichtiger ist ♦ das Objekt ganz oder teilweise zur Nutzung im Rahmen einer steuerbaren Tätigkeit bestimmt ist (z.B. als Büro, Lager).
Formular:	Die Option ist mit dem vollständig ausgefüllten und unterschriebenen Formular Nr. 760 bei der ESTV zu beantragen.
Ausnahme:	Keine Optionsmöglichkeit besteht für Bauland und Baurechtszinsen
Beendigung:	Bei Beendigung der Option ist die Eigenverbrauchssteuer zum aktuellen MWSt-Satz vom Zeitwert (ohne Wert des Bodens), höchstens aber vom Wert der Aufwendungen zu berechnen, der seinerzeit zum Vorsteuerabzug berechtigte. Die Abmeldung bei der ESTV hat schriftlich, spätestens nach 30 Tagen seit Wegfall oder Aufgabe der Option, zu erfolgen.

3 Steuersubjekt

Wenn einem steuerpflichtigen Mieter ein nicht steuerpflichtiger Mieter folgt, kann beim Vermieter eine Eigenverbrauchssteuer anfallen. Ändert die Nutzung nur vorübergehend, d.h. für höchstens 12 Monate, kann die Eigenverbrauchssteuer für diese Zeit von den Mieteinnahmen entrichtet werden. Die Steuer darf jedoch in den Rechnungen an den Mieter nicht offen ausgewiesen werden.

Lässt sich ein Immobilienteil nach Beendigung der Option während längerer Zeit nicht vermieten, so muss spätestens nach 12 Monaten Leerstand eine Eigenverbrauchsbesteuerung vorgenommen werden (SB 05 «Nutzungsänderungen», Ziff. 5.4.2.2).

Detaillierte Angaben sind in der BB 04 «Baugewerbe», Ziff. 17.9. und Ziff. 19.1 sowie in der BB 16 «Liegenschaftsverwaltung / Immobilien», Ziff. 4 aufgeführt.

Auf der Vermietung von Ferienwohnungen / -häusern ist kein Optionsgesuch notwendig, weil es sich um eine zu 3,6% steuerbare Beherbergungsleistung handelt (Z 152 ff.).

Um eine steuerbare Vermietung von Ferienwohnungen / -häusern handelt es sich, wenn die vermieteten Räumlichkeiten dem Mieter nicht als Wohnsitz im Sinne des Zivilrechts oder nicht als Wochenaufenthaltssitz dient (BB 08 «Hotel- und Gastgewerbe», Ziff. 7.1).

3 Steuersubjekt 93

Antragsformular Nr. 760 «Option für die Versteuerung von Immobilien»

(Stand 1.1.2002)

Hauptabteilung Mehrwertsteuer

Eidgenössische Steuerverwaltung ESTV
Administration fédérale des contributions AFC
Amministrazione federale delle contribuzioni AFC
Administraziun federala da taglia AFT

Ihre Anschrift bitte in Blockschrift ausfüllen

Datum des Poststempels
MWST-Nr. _____
Ref.-Nr. _____

Option für die Versteuerung von Immobilien

Für welche Umsätze kann optiert werden?

Die Option (freiwillige Versteuerung) ist möglich für die gemäss Artikel 18 Ziffern 20 und 21 des Bundesgesetzes über die Mehrwertsteuer (MWSTG) von der Steuer ausgenommenen Leistungen, namentlich für die Übertragung und Bestellung von dinglichen Rechten an Grundstücken sowie für die Überlassung von Grundstücken und Grundstücksteilen zum Gebrauch oder zur Nutzung. Voraussetzung ist allerdings, dass die Leistungen nachweislich gegenüber Steuerpflichtigen erbracht werden und diese das Objekt ganz oder teilweise für ihre steuerbare Geschäftstätigkeit verwenden. **Keine Optionsmöglichkeit besteht für Bauland und Baurechtszinsen.**

Optieren kann auch, wer als Untervermieter Miet- und Pachtzinseinnahmen erzielt von Steuerpflichtigen, die das Objekt ganz oder teilweise für ihre steuerbare Geschäftstätigkeit verwenden.

Beginn der Option, zu erzielendes Umsatzvolumen und Dauer der Option

Eine Option ist jederzeit möglich, jedoch frühestens auf den Beginn des Quartals der Anmeldung, sofern die für die Option notwendige Mindestumsatzgrenze von mehr als 40'000 Franken jährlich erreicht wird. Beträgt das Total von Umsätzen aus ausgenommenen Leistungen zwar weniger als 40'000 Franken, ergeben diese aber zusammen mit allenfalls obligatorisch steuerbaren Umsätzen mehr als 40'000 Franken im Jahr, kann dennoch für die Steuerpflicht optiert werden. Die **Mindestdauer der Option beträgt fünf Jahre.** Nach Ablauf dieser Frist kann jährlich ein Widerruf auf den 31. Dezember erfolgen. Der Widerruf ist in schriftlicher Form bis spätestens Ende Februar des Folgejahres einzureichen.

Die Bewilligung für die Option wird davon abhängig gemacht, dass der Steuerpflichtige seine Obliegenheiten strikte erfüllt, insbesondere seine Steuerabrechnung regelmässig einsendet, die geschuldete MWST bezahlt und die verlangten Geschäftsbücher führt.

Option und Saldo-/Pauschalsteuersätze

Wer nach Saldo- oder Pauschalsteuersätzen abrechnet, kann für die von der Steuer ausgenommenen Umsätze nicht optieren.

Nutzungsänderungen, Einlageentsteuerung bzw. Eigenverbrauchsbesteuerung

In diesem Zusammenhang ist das gleichnamige Merkblatt Nr. 610.545.14 zu beachten.

Schwarztorstrasse 50, CH-3003 Bern

3 Steuersubjekt

Gesuch für die Versteuerung ausgenommener Umsätze (Immobilien)

Für jedes Objekt (Liegenschaft oder Teil einer Liegenschaft) ist ein separates Gesuch zu stellen.

Der/Die Unterzeichnende optiert hiermit für folgendes Objekt:

Name des Antragstellers (Eigentümer der Liegenschaft oder Untervermieter)	
Strasse, PLZ und Ort des optierten Objektes	
Genaue Bezeichnung (ganze Liegenschaft, Stockwerk u.dgl.)	
Name, Adresse und MWST-Nr. des Mieters/Käufers/STWE	

Beginn der Option		Grundbuchblatt-Nummer	

Mutationsmeldung bei Mieterwechsel: Name, MWST-Nr., Beginn neues Mietverhältnis		Visum ESTV:
Mutationsmeldung bei Mieterwechsel: Name, MWST-Nr., Beginn neues Mietverhältnis		Visum ESTV:

Wir haben davon Kenntnis genommen, dass die Option, sofern keine Aenderung der Verhältnisse eintritt, für **mindestens 5 Jahre gilt;** dass eine ordnungsgemässe Buchhaltung zu führen ist und dass bei Beendigung der Option infolge Wegfall der Steuerpflicht oder aber infolge Nutzungsänderung die Eigenverbrauchssteuer geschuldet ist. Sobald die Gründe für die Option wegfallen, werden wir **innert 30 Tagen** die Löschung im Register der Steuerpflichtigen beantragen. Falls das Unternehmen aus anderen Gründen steuerpflichtig bleibt, melden wir der ESTV spätestens **nach 30 Tage den Wegfall der Option.** Allfällige Mieterwechsel werden wir der ESTV durch Ergänzung der entsprechenden Rubriken im vorliegenden Formular anzeigen.

Ort und Datum   Stempel und rechtsverbindliche Unterschrift

....

Haftungserklärung

Der/Die unterzeichnende Antragssteller(in) erklärt hiermit, die steuerlichen Konsequenzen betreffend Nutzungsänderung und Verkauf zur Kenntnis genommen zu haben und verpflichtet sich, die wegen Nutzungsänderung oder Verkauf geschuldete Steuer zu **bezahlen.**

Ort und Datum   Stempel und rechtsverbindliche Unterschrift

....

☐
Es werden nur vollständig ausgefüllte und unterzeichnete Gesuche bearbeitet.

Bewilligung

Die Option für vorstehend genannte(n) Liegenschaft/Liegenschaftsteil wird   bewilligt ab:
                                                                                   nicht bewilligt *

* Begründung siehe Beilage

Bern, den   ABTEILUNG REVISORAT
                                                       Sektion Eintragungen und Löschungen

3 Steuersubjekt

OPTION für die Versteuerung ausgenommener Umsätze (Art. 26 Abs. 1 MWStG)

generell möglich (Art. 26 Abs. 1 Bst. a MWStG)

Leistungen der Sozialfürsorge,
Kranken- und Invalidentransporte,
Kinder- und Jugendbetreuung,
Erziehung, Ausbildung, Fortbildung,
kulturelle Leistungen,
sportliche Anlässe,
Wetten, Lotterien, Glücksspiele
usw.

(Art. 18 Ziff. 1, 7, 8, 9, 10, 11, 12, 13, 14, 15, 16, 17, 22, 23 MWStG)

nur gegenüber steuerpflichtigen Personen möglich (Art. 26 Abs. 1 Bst. b MWStG)

Spitalbehandlung
Heilbehandlung im Bereich der Humanmedizin
Vermietung, Verpachtung, Verkauf von Liegenschaften (ohne den Wert des Bodens)

(Art. 18 Ziff. 2, 3, 4, 5, 6, 20, 21 MWStG)

nicht möglich

Versicherungsleistungen
Leistungen im Geld- und Kapitalverkehr

(Art. 18 Ziff. 18, 19 MWStG)

Bei einer Option müssen sämtliche Umsätze einer gewählten Ziffer des Art. 18 MWStG mit der MWSt abgerechnet werden. Ausnahme: Bei der Vermietung, Verpachtung und dem Verkauf von Gebäuden kann jedes Objekt einzeln (oder Teile davon) optiert werden.

3 Steuersubjekt

Option für die Steuerpflicht — Art. 27 MWStG

Subjektive Option

> **Eine freiwillige Unterstellung haben nicht steuerpflichtige Unternehmen, die Umsätze von mehr als Fr. 40 000.– pro Jahr erzielen aus (Z 688)**
> - steuerbaren Lieferungen und Dienstleistungen an Steuerpflichtige im Inland bzw. vergütungsberechtigte ausländische Unternehmen und/oder
> - Exporten oder Dienstleistungen / Lieferungen von inländischen Unternehmen im Ausland und/oder
> - Inlandleistungen von der Steuer ausgenommenen Umsätzen gemäss Z 695 und Z 696.

Wird für die Steuerpflicht optiert, muss über sämtliche steuerbaren Leistungen abgerechnet werden. Wird innerhalb der Mindestdauer für die Option (5 Jahre) die Mindestumsatzgrenze nicht mehr überschritten, muss sich die steuerpflichtige Person bei der ESTV schriftlich abmelden. Eine spätere erneute Option ist möglich, wenn die Bedingungen für die Option erneut erfüllt werden (Z 688 ff.).

> **Einen Rechtsanspruch auf freiwillige Unterstellung unter die Steuerpflicht haben insbesondere jene Unternehmen, die eine Tätigkeit aufgenommen haben, welche darauf ausgerichtet ist, spätestens innert 5 Jahren im Inland regelmässig steuerbare Jahresumsätze von mehr als Fr. 250 000.– zu erzielen.**

Die Steuerpflicht beginnt mit der Aufnahme der Tätigkeit. Der Nachweis der Umsätze ist durch Unterlagen wie Businessplan, Investitionsbudget, Werkverträge, Aufträge, Vereinbarungen, Mandatsnachweise u. dgl. zu erbringen (Z 692).

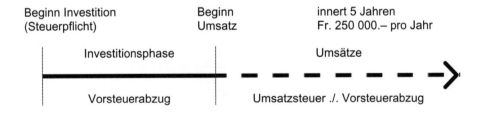

Im MB 17 «Optionen nach Art. 27 Abs. 2 MWStG» ist das Vorgehen geregelt, wenn die jährlichen Umsätze von Fr. 250 000.– nicht erreicht werden.

Gemäss Art. 27 Abs. 1 MWStG können Landwirte, Forstwirte, Gärtner, Viehhändler, Milchsammelstellen, Unternehmen mit Sitz im Ausland, nicht gewinnstrebige Sportvereine und gemeinnützige Institutionen sich der freiwilligen Steuerpflicht unterstellen.

3 Steuersubjekt

Vergleich Mehrwertsteuerbelastung bei steuerpflichtigen / nicht steuerpflichtigen Personen (Händler)

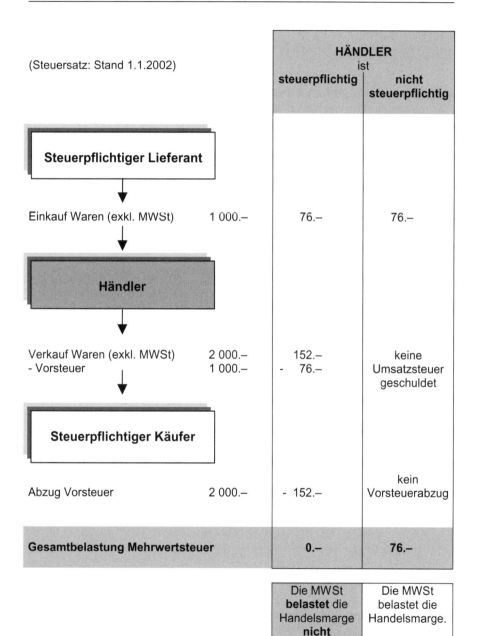

(Steuersatz: Stand 1.1.2002)		HÄNDLER ist	
		steuerpflichtig	nicht steuerpflichtig
Steuerpflichtiger Lieferant			
Einkauf Waren (exkl. MWSt)	1 000.–	76.–	76.–
Händler			
Verkauf Waren (exkl. MWSt)	2 000.–	152.–	keine Umsatzsteuer geschuldet
- Vorsteuer	1 000.–	- 76.–	
Steuerpflichtiger Käufer			
Abzug Vorsteuer	2 000.–	- 152.–	kein Vorsteuerabzug
Gesamtbelastung Mehrwertsteuer		0.–	76.–
		Die MWSt **belastet** die Handelsmarge **nicht** (Durchlaufposten).	Die MWSt belastet die Handelsmarge.

3.5 BEGINN UND ENDE DER STEUERPFLICHT Art. 28 ff. MWStG

Beginn der Steuerpflicht — Art. 28 MWStG

bei bestehenden Geschäften (ohne Erweiterung der Geschäftstätigkeit)

Die Steuerpflicht beginnt am 1. Januar, wenn im vorangegangenen Jahr die Voraussetzungen erfüllt worden sind. Wurde die für die Steuerpflicht massgebende Tätigkeit nicht während des ganzen Kalenderjahres ausgeübt, so ist der Umsatz auf ein volles Jahr umzurechnen.

bei Neuaufnahme einer steuerbaren Tätigkeit

Die Steuerpflicht beginnt mit der Aufnahme dieser Tätigkeit, wenn nach den Umständen anzunehmen ist, dass die Betragsgrenzen innert der nächsten zwölf Monate überschritten werden.

Bei einer Erweiterung der Tätigkeit wird die Person in dem Zeitpunkt steuerpflichtig, in dem zu erwarten ist, dass die Betragsgrenzen innerhalb der nächsten zwölf Monate überschritten werden.

Eine entsprechende Anmeldung hat unverzüglich zu erfolgen.

bei bestehenden Geschäften, die ihre steuerbare Tätigkeit erweitern

z.B.: Beginn einer neuen Tätigkeit oder Übernahme eines anderen Geschäftes.

Es gelten die Regeln wie bei Neuaufnahme einer steuerbaren Tätigkeit.

Die Steuerpflicht bei Bezug von Dienstleistungen aus dem Ausland besteht während jedes Kalenderjahres, in welchem für mehr als Fr. 10 000.– Dienstleistungen von Unternehmen mit Sitz im Ausland bezogen werden.

Neuaufnahme einer steuerbaren Tätigkeit oder Geschäftserweiterung (Geschäftsübernahme oder Eröffnung eines neuen Betriebszweiges)
(SB 02 «Steuerpflicht bei der Mehrwertsteuer», Ziff. 3.2)

Kann nicht zum Voraus angenommen werden, dass die Betragsgrenzen überschritten werden, muss spätestens **nach Ablauf von drei Monaten** der seit Beginn der Tätigkeit erzielte Umsatz auf ein volles Jahr umgerechnet werden, ebenso der Betrag der abziehbaren Vorsteuer. Wurden die Betragsgrenzen bezüglich Umsatz oder Steuerzahllast überschritten, muss umgehend eine Anmeldung erfolgen.

Wer nicht im Register der Steuerpflichtigen eingetragen ist, darf weder in Preisschriften, Preislisten und sonstigen Angeboten noch in Rechnungen auf die Steuer hinweisen. Wer seine Anmeldung zwecks Prüfung der Steuerpflicht an die ESTV eingereicht hat, ist dagegen befugt, in seinen Rechnungen den Vermerk anzubringen

«zur Registrierung bei der ESTV angemeldet,
MWSt wird gegebenenfalls separat in Rechnung gestellt»

Steuerpflichtige Leistungsempfänger sind berechtigt, aufgrund einer nachträglichen Rechnung den Vorsteuerabzug vorzunehmen.

Im Falle einer Neuaufnahme einer der Steuer unterliegenden Tätigkeit sind idR die in den ersten drei Monaten erzielten Einnahmen regelmässig tiefer als in künftigen Perioden. An Stelle der schematischen Umrechnung der in den ersten drei Monaten erzielten Einnahmen ist deshalb wie folgt vorzugehen:

Zahlungseingänge der ersten drei Monate ab Aufnahme der Tätigkeit (Einnahmen)
+ ausstehende Rechnung (offene Debitoren)
+ noch nicht fakturierte angefangene Arbeiten
= Endbetrag : 3 (Monate) x 12 (Monate) Massgebender Umsatz für die Steuerpflicht

Sind aufgrund dieser Umrechnung die Betragsgrenzen überschritten, ist die Steuerpflicht gegeben. Eine schriftliche Anmeldung bei der ESTV hat umgehend zu erfolgen.
Sind die Voraussetzungen für die Steuerpflicht bei Aufnahme der Tätigkeit respektive bei erneuter Prüfung nach Ablauf der ersten drei Monate nicht gegeben, sind die Betragsgrenzen (umgerechnet auf ein volles Jahr) immer am Ende des Kalenderjahres wiederum zu prüfen. Wurden diese überschritten, tritt die Steuerpflicht auf Beginn des Folgejahres ein und es muss innert 30 Tagen eine schriftliche Anmeldung erfolgen.

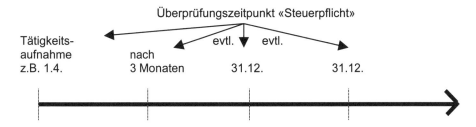

3 Steuersubjekt

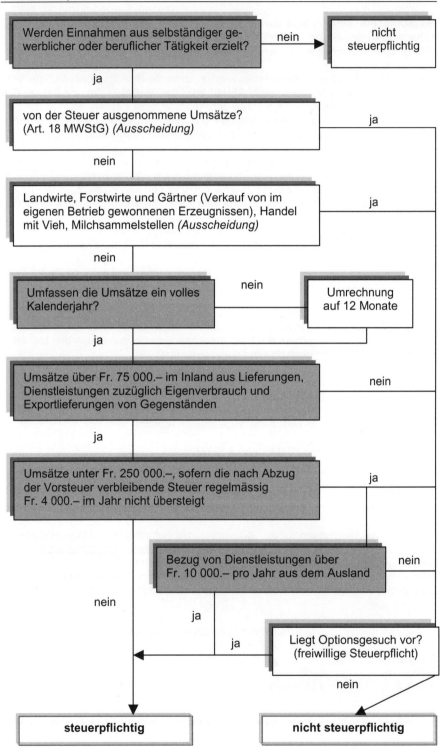

3 Steuersubjekt

Checkliste für die Eintragung ins Steuerregister

Wäre das Unternehmen bereits mehrwertsteuerpflichtig?
- ja → Fragebogen ausfüllen. *Es erfolgt ein rückwirkender Eintrag (bis 5 Jahre)*
- nein → Fragebogen ausfüllen

Ist der steuerbare Umsatz über Fr. 250 000.–?
- ja → steuerpflichtig
- nein ↓

Umsatz zwischen Fr. 75 001.– und Fr. 250 000.– und Differenzsteuer über Fr. 4 000.–?
- ja → steuerpflichtig
- nein → nicht steuerpflichtig
  - Streichung im Register
  - Option

Ist der steuerbare Umsatz unter Fr. 3 Mio. und die Steuerzahllast unter Fr. 60 000.–?
- ja → Saldosteuersatz beantragen?!
- nein → Normalsteuersatz

Abrechnungsart?
- wenn die Buchhaltung nach Zahlungen erfasst wird → nach vereinnahmten Entgelten (Antrag)
- wenn Debitorenbuchhaltung geführt wird → nach vereinbarten Entgelten

Abrechnungsperiode?
- normale Abrechnungsweise → quartalsweise
- Abrechnung mit Saldosteuersätzen → halbjährlich

3 Steuersubjekt

Fragebogen zur «Eintragung als Mehrwertsteuerpflichtiger»

(Stand 1.1.2002)

FRAGEBOGEN ZUR ABKLÄRUNG DER MEHRWERTSTEUERPFLICHT Ref.: /
(bitte zutreffende Felder ankreuzen)

1.	**Firmenname**	
2.	**Rechtsform**	☐ Einzelfirma ☐ AG ☐ Kollektivgesellsch. ☐ Verein * ☐ Einfache Gesellschaft ** ☐ Genossenschaft ☐ GmbH ☐ Kommanditgesell. ☐ Stiftung ☐ Übrige * Bitte Statuten beilegen ** Bitte unter 6 – 10 Angaben aller Beteiligten aufführen
3.	**Geschäftsadresse/Sitz**	
4.	**Telefonnummer**	5. **Handelsregistereintrag** ☐ Ja ☐ Nein (wenn ja, bitte **unbedingt** Kopie des HR-Auszuges beilegen)
	Die Fragen 6 - 10 sind nur von Inhabern von Einzelfirmen + allen Teilhabern einfacher Gesellschaften zu beantworten	
6.	**Familienname** a) b)	7. **Vorname/n** a) b)
8.	**Geburtsdatum** a) b)	9. **Heimatort** a) b)
10.	**Wohnadresse** (Strasse/Nr./PLZ/Ort/Tel.Nr.) a) (wenn nicht mit obiger Geschäftsadresse identisch) b)	
11.	**Art der Geschäftstätigkeit** (Bitte einen Kurzbeschrieb der gesamten Tätigkeiten, Haupt- und Nebenbetriebe, Filialen usw. angeben)	
12.	**Aufnahme der Geschäftstätigkeit** Datum erster Auftrag/Vertrag: Datum der Eröffnung: Datum der ersten Rechnungstellung:	
13.	**Sind Sie bereits für eine Tätigkeit im Register der MWST-Pflichtigen eingetragen ?** Wenn ja: MWST-Nummer	
14.	**Total Beschäftigte (Arbeitnehmer inkl. Geschäftsführung)** - fest beschäftigt: - Aushilfen:	
15.	**Vom Kalenderjahr abweichendes Geschäftsjahr** von bis	
16.	**Eigenes PC-Konto**	
	Name & Ort Ihrer Bank PC-Konto der Bank Ihre Konto-Nummer (Angaben für allfällige Steuerrückvergütungen; bitte vollständig ausfüllen oder Einzahlungsschein beilegen)	
17.	**Name, Adresse und Telefonnummer Ihrer Buchhaltungs-/Treuhandstelle**	
18.	**Besteht eine Bürogemeinschaft? Wenn ja, mit wem?** Firmenname: .... MWST-Nr.: .... (Bitte alle Bürogemeinschaftsmitglieder angeben)	

3 Steuersubjekt 103

20.0	Total erzielte Umsätze im **Jahr** (Bitte Bilanz + Erfolgsrechnung beilegen)	Fr. ....
	davon: - für Lieferungen von **steuerbaren** Gegenständen und Dienstleistungen im Inland	Fr. ....
	- für Lieferungen von Gegenständen ins Ausland (Exporte)	Fr. ....
	- für Dienstleistungen sofern der Empfänger im Ausland domiziliert ist resp. sofern der Ort der Dienstleistung im Ausland liegt	Fr. ....
	- für Leistungen im Ausland (Ausland-Ausland-Geschäfte)	Fr. ....
20.1	Total erzielte Umsätze seit Aufnahme der Geschäftstätigkeit	Fr. ....
	davon: - für Lieferungen von **steuerbaren** Gegenständen und Dienstleistungen im Inland	Fr. ....
	- für Lieferungen von Gegenständen ins Ausland (Exporte)	Fr. ....
	- für Dienstleistungen sofern der Empfänger im Ausland domiziliert ist resp. sofern der Ort der Dienstleistung im Ausland liegt	Fr. ....
	- für Leistungen im Ausland (Ausland-Ausland-Geschäfte)	Fr. ....
	Voraussichtliche Umsätze für die ersten 12 Monate (Schätzung) seit Geschäftsaufnahme	Fr. ....
	Gegenwärtiger Auftragsbestand (auszuführen bis...)	Fr. ....
20.2	Voraussichtliche Umsätze für die ersten 12 Monate seit Aufnahme der Geschäftstätigkeit	Fr. ....
	davon: - für Lieferungen von **steuerbaren** Gegenständen und Dienstleistungen im Inland	Fr. ....
	- für Lieferungen von Gegenständen ins Ausland (Exporte)	Fr. ....
	- für Dienstleistungen sofern der Empfänger im Ausland domiziliert ist resp. sofern der Ort der Dienstleistung im Ausland liegt	Fr. ....
	- für Leistungen im Ausland (Ausland-Ausland-Geschäfte)	Fr. ....
	Gegenwärtiger Auftragsbestand (auszuführen bis...)	Fr. ....
21.0	Total erzielte Umsätze im **Jahr** (Bitte Bilanz + Erfolgsrechnung beilegen)	Fr. ....
	davon: - Umsatz aus im eigenen Betrieb gewonnenen Erzeugnissen der Landwirtschaft, Forstwirtschaft und Gärtnerei	Fr. ....
	- Umsatz aus zugekauften Erzeugnissen der Landwirtschaft, Forstwirtschaft und Gärtnerei	Fr. ....
	- Umsatz aus anderen steuerbaren Tätigkeiten	Fr. ....
21.1	Total erzielte Umsätze seit Aufnahme der Geschäftstätigkeit	Fr. ....
	davon: - Umsatz aus im eigenen Betrieb gewonnenen Erzeugnissen der Landwirtschaft, Forstwirtschaft und Gärtnerei	Fr. ....
	- Umsatz aus zugekauften Erzeugnissen der Landwirtschaft, Forstwirtschaft und Gärtnerei	Fr. ....
	- Umsatz aus anderen steuerbaren Tätigkeiten	Fr. ....
	Voraussichtliche Umsätze für die ersten 12 Monate (Schätzung) seit Geschäftsaufnahme	Fr. ....
	Gegenwärtiger Auftragsbestand (auszuführen bis...)	Fr. ....
21.2	Voraussichtliche Umsätze für die ersten 12 Monate seit Aufnahme der Geschäftstätigkeit	Fr. ....
	davon: - Umsatz aus im eigenen Betrieb gewonnenen Erzeugnissen der Landwirtschaft, Forstwirtschaft und Gärtnerei	Fr. ....
	- Umsatz aus zugekauften Erzeugnissen der Landwirtschaft, Forstwirtschaft und Gärtnerei	Fr. ....
	- Umsatz aus anderen steuerbaren Tätigkeiten	Fr. ....
	Gegenwärtiger Auftragsbestand (auszuführen bis...)	Fr. ....
22.0	Eigenverbrauch im **Jahr** Arbeiten an bestehenden oder neu zu erstellenden Bauwerken, die für den Verkauf oder für die Vermietung bestimmt sind	Fr. ....
22.1	Eigenverbrauch seit Arbeitsaufnahme im laufenden Kalenderjahr: Arbeiten an bestehenden oder neu zu erstellenden Bauwerken, die für den Verkauf oder für die Vermietung bestimmt sind	Fr. ....

3 Steuersubjekt

22.2	Voraussichtlicher Eigenverbrauch für das laufenden Kalenderjahr: Arbeiten an bestehenden oder neu zu erstellenden Bauwerken, die für den Verkauf oder für die Vermietung bestimmt sind	Fr. ....
28.0	Vom Ausland direkt an Kunden in der Schweiz gelieferte Gegenstände im **Jahr**	Fr. ....
	Wird in der Schweiz eine Betriebsstätte oder ein Auslieferungslager geführt? ☐ Ja ☐ Nein	
	Im Inland (Schweiz) total erzielte Umsätze im **Jahr**	Fr. ....
	davon: - für steuerbare Lieferungen/Dienstleistungen im Inland (Schweiz)	Fr. ....
	- von der Schweiz aus getätigte Exporte von Gegenständen/Dienstleistungen)	Fr. ....
28.1	Vom Ausland direkt an Kunden in der Schweiz gelieferte Gegenstände seit Aufnahme der Geschäftstätigkeit	Fr. ....
	Wird in der Schweiz eine Betriebsstätte oder ein Auslieferungslager geführt? ☐ Ja ☐ Nein	
	Im Inland (Schweiz) total erzielte Umsätze seit Aufnahme der Geschäftstätigkeit:	Fr. ....
	davon: - für steuerbare Lieferungen/Dienstleistungen im Inland (Schweiz)	Fr. ....
	- von der Schweiz aus getätigte Exporte von Gegenständen/Dienstleistungen)	Fr. ....
	Voraussichtliche Umsätze im Inland (Schweiz) für die ersten 12 Monate (Schätzung) seit Geschäftsaufnahme	Fr. ....
	Gegenwärtiger Auftragsbestand (auszuführen bis...)	Fr. ....
29.	Bezeichnung der Gemeinschaftsunternehmung: .... Bezeichnung des Objektes: .... Adresse der kaufmännisch federführenden Firma: .... MWST-Nr.: .... Tel.Nr.: .... Mitglieder der Gesellschaft (Name, Vorname, Adresse der natürlichen Personen oder Firmenbezeichnung, Sitz und Adresse bei Gesellschaften): .... MWST-Nr.: .... MWST-Nr.: .... MWST-Nr.: .... MWST-Nr.: .... Beginn der Tätigkeit: .... Vorgesehene Dauer: .... Veranschlagte Bausumme/Umsatz: Fr. .... Haben Sie vor Beginn der Arbeiten Vorauszahlungen erhalten ? ☐ Ja ☐ Nein / wenn ja, Betrag Fr. .... Ort und Datum: Rechtsverbindliche Unterschrift:	

3 Steuersubjekt

31. Bemerkungen: Frühere Tätigkeit: ....

Haben Sie einen bestehenden Betrieb übernommen ?

☐ Ja ☐ Nein   wenn ja, welchen ? ....

Mit sämtlichen Aktiven und Passiven (Debitoren, Warenlager, Betriebseinrichtungen, laufende Arbeiten, Kreditoren etc.) ?

☐ Ja ☐ Nein

MWST-Nr. des Vorgängers: .... **(Diese Nummer hat für Sie keine Gültigkeit)**

Ort und Datum: Rechtsverbindliche Unterschrift:

....

32. Bemerkungen: Frühere Tätigkeit: ....

Haben Sie einen bestehenden Betrieb übernommen ?

☐ Ja ☐ Nein   wenn ja, welchen ? ....

Mit sämtlichen Aktiven und Passiven (Debitoren, Warenlager, Betriebseinrichtungen, laufende Arbeiten, Kreditoren etc.) ?

☐ Ja ☐ Nein

MWST-Nr. des Vorgängers: .... **(Diese Nummer hat für Sie keine Gültigkeit)**

Wir bitten Sie, nachfolgend die Unterschriften aller Gesellschafter anzubringen (mindestens 4, wenn es sich um eine grössere Anzahl handelt)

Ort und Datum: Rechtsverbindliche Unterschrift:

....

3 Steuersubjekt

STEUERPFLICHT BEI EINEM MASSGEBENDEN UMSATZ ZWISCHEN 75'000 FRANKEN UND 250'000 FRANKEN FÜR DAS JAHR ....
Ref.: /

Unternehmen mit einem Jahresumsatz bis zu 250'000 Franken sind nicht steuerpflichtig, sofern die nach Abzug der Vorsteuer verbleibende Steuer regelmässig 4'000 Franken jährlich nicht übersteigt. Kleineren Unternehmen bieten wir für die Abklärung der Steuerpflicht folgende vereinfachte Berechnung an:

VEREINFACHTE ERMITTLUNG DER STEUERZAHLLAST

Für die Ermittlung der jährlichen Steuerzahllast kann die nachstehende Tabelle verwendet werden (siehe Ziffer 2.4.1 der Broschüre "Steuerpflicht bei der Mehrwertsteuer"). **Lieferungen von Gegenständen, die der Steuerpflichtige aus dem Inland direkt ins Ausland versendet oder selber dorthin verbringt, gelten grundsätzlich als im Inland erbracht. Aus diesem Grunde werden die Exportlieferungen für die Ermittlung der Steuerzahllast als steuerbare Inlandlieferungen betrachtet.**

(Tabelle bei mehreren Jahren bitte kopieren)

Ermittlung des massgebenden Umsatzes für das Jahr ....

Total erzielte Entgelte für Lieferungen von Gegenständen und Dienstleistungen   Fr. ....

- abzüglich Dienstleistungen nach Art. 14 Abs. 2 Bst. a bis e MWSTG sofern der Ort der Dienstleistung im Ausland liegt und Art. 14 Abs 3 Bst. a bis h MWSTG sofern der Empfänger im Ausland domiziliert ist   Fr. ....

- abzüglich von der Steuer ausgenommene Umsätze nach Art. 18 MWSTG   Fr. ....

- abzüglich Leistungen im Ausland (Ausland-Ausland-Geschäfte)   Fr. ....

Für die Steuerpflicht **nicht** massgebender Umsatz   Fr. .... - Fr. ....

Total massgebender Jahresumsatz   (1)   **Fr. ....**

a) Berechnung der Steuer auf dem massgebenden Jahresumsatz

Lieferungen und Dienstleistungen im Inland	zu 7,6 % *	Fr.	Steuer	Fr. ....
Lieferungen im Inland	zu 2,4 % *	Fr.	Steuer	Fr. ....
Beherbergungsleistungen	zu 3,6 % *	Fr.	Steuer	Fr. ....
Exporte von Gegenständen	zu 7,6 % *	Fr.	Steuer	Fr. ....
Exporte von Gegenständen	zu 2,4 % *	Fr.	Steuer	Fr. ....
Total		Umsatz Fr.	**Steuer**	Fr. ....

b) Berechnung der Jahresvorsteuer

Waren- und Materialaufwand	zu 7,6 %*	Fr.	Vorsteuer	Fr. ....
	zu 2,4 %*	Fr.	Vorsteuer	Fr. ....

Übriger Aufwand
Gemeinkosten, Abschreibungen auf den Investitionen und Betriebsmittel
pauschal 0,7 % (0,6 % bis 31.12.1998) vom Total des massgebenden Jahresumsatzes **(1)**   Vorsteuer   Fr. ....

Total   Vorsteuer   Fr. ....

c) Steuerzahllast   Fr. ....
Total Steuer unter a) abzüglich Total Vorsteuer unter b)

* Ab dem 01. Januar 2001 gültige Steuersätze. Für die früheren Jahre sind die jeweils gültigen Steuersätze gemäss Broschüre „Steuerpflicht bei der Mehrwertsteuer" Ziffer 2.4.1 anzuwenden.

3 Steuersubjekt

Option für die Steuerpflicht nach Art. 27 Abs. 1 MWSTG   Ref.: /

Gemäss Art. 27 Abs. 1 des Bundesgesetzes über die Mehrwertsteuer (MWSTG) kann die Eidg. Steuerverwaltung unter den von ihr festgesetzten Bedingungen demjenigen, welcher die gesetzlich festgelegten Mindestumsatzgrenzen nicht erreicht (Jahresumsatz nicht mehr als 75'000 Franken oder Steuerzahllast regelmässig nicht mehr als 4'000 Franken jährlich bei einem Umsatz bis zu 250'000 Franken), gestatten, für die Steuerpflicht zu optieren (freiwillige Steuerpflicht).

Voraussetzung für eine freiwillige Unterstellung ist, dass pro Jahr **mehr als 40'000 Franken Umsatz** erzielt werden resp. wenn ein Auftragsbestand im gleichen Umfang nachgewiesen werden kann aus:
- steuerbaren Lieferungen und Dienstleistungen **an Steuerpflichtige** im Inland bzw. **vergütungsberechtigte ausländische Unternehmen** und/oder
- **Exporten** oder **Lieferungen/Dienstleistungen von inländischen Unternehmen im Ausland** für Umsätze, die steuerbar wären wenn sie im Inland erbracht würden und/oder
- Inlandleistungen die nach Artikel 18 MWSTG von der Steuer ausgenommen sind und für welche die Option zulässig ist.

Eine rückwirkende Eintragung ist nicht möglich. Sie kann frühestens auf Beginn des laufenden Kalendervierteljahres, in welchem das Gesuch gestellt wurde, erfolgen. Die Mindestdauer der Option beträgt **fünf** Jahre. Nach Ablauf dieser Frist kann ein Widerruf auf den 31. Dezember erfolgen. Der Widerruf ist in schriftlicher Form bis spätestens Ende Februar des Folgejahres einzureichen. Widerrufe, die ab dem 1. März der Post übergeben werden, entfalten ihre Wirkung erst im nachfolgenden Jahr. Wird innerhalb der Mindestdauer für die Option die Mindestumsatzgrenze nicht mehr überschritten, muss sich der Steuerpflichtige unverzüglich schriftlich abmelden.

ANTRAG FÜR DIE OPTION

Wir haben von den erwähnten Bedingungen Kenntnis genommen und stellen hiermit folgenden Antrag für die freiwillige Steuerpflicht:

Begründung des Antrages:
....

1. Total Umsatz innerhalb der letzten 12 Monate: Fr. ....

   davon entfallen auf:
   a. Lieferungen/Dienstleistungen **an Steuerpflichtige** im Inland bzw. **vergütungsberechtigte ausländische Unternehmen**   Fr. ....
   b. **Exporte** oder **Lieferungen/Dienstleistungen von inländischen Unternehmen im Ausland** für Umsätze, die steuerbar wären wenn sie im Inland erbracht würden   Fr. ....
   c. Inlandleistungen die nach Artikel 18 MWSTG von der Steuer ausgenommen sind und für welche die Option zulässig ist   Fr. ....

2. Auftragsbestand nach Bst. a - c: Fr. ....

Gewünschtes Eintragungsdatum auf Beginn: ☐ laufendes Quartal   ☐ nächstes Quartal

Ort und Datum: Firmastempel und Unterschrift:

....

(Es werden nur vollständig ausgefüllte und unterzeichnete Anträge bearbeitet)

3 Steuersubjekt

Antragsformular «Abrechnung nach vereinnahmten Entgelten»

(Stand 1.1.2002)

Hauptabteilung Mehrwertsteuer

Eidgenössische Steuerverwaltung ESTV
Administration fédérale des contributions AFC
Amministrazione federale delle contribuzioni AFC
Administraziun federala da taglia AFT

Ihre Anschrift bitte in Blockschrift ausfüllen

Datum des Poststempels
MWST-Nr. _____
Ref.-Nr. _____

Antrag auf Abrechnung nach vereinnahmten Entgelten

Ich/wir stelle/n hiermit den Antrag auf Abrechnung nach vereinnahmten Entgelten und erkläre/n mich/uns bereit, die nachstehend aufgeführten Bedingungen einzuhalten:

1. Die Buchhaltung wird nach dem Zahlungsverkehr (sowohl auf der Aufwand- als auch auf der Ertrags-Seite) geführt.

2. In unseren Abrechnungen werden alle im betreffenden Zeitraum eingegangenen Kunden-Zahlungen (auch Teilzahlungen, Vorauszahlungen und Verrechnungen) deklariert, unabhängig vom Zeitpunkt der Lieferungen.

3. Die Vorsteuer wird erst in der Abrechnung über den Zeitraum geltend gemacht, in welchem die Rechnungen an die Leistungserbringer bezahlt worden sind.

4. Eine allfällige nochmalige Änderung der Abrechnungsart wird bei der ESTV schriftlich beantragt. Die einmal gewählte Abrechnungsart wird während mindestens einem Jahr beibehalten.

5. Änderungen der Verhältnisse (z.B. Änderung der Verbuchungsart) werde/n ich/wir unaufgefordert an die ESTV, Hauptabteilung Mehrwertsteuer melden.

Ich/wir nehmen/n davon Kenntnis, dass die ESTV bei Nichteinhalten der erwähnten Bedingungen berechtigt ist, meine/unsere Abrechnungsart jederzeit - auch rückwirkend - auf die gesetzliche Regelung (vereinbarte Entgelte) umzustellen.

Datum: Firmenstempel und rechtsverbindliche Unterschrift:

(Es werden nur vollständig ausgefüllte und unterzeichnete Anträge bearbeitet)

Bewilligung

Die Abrechnung nach vereinnahmten Entgelten wird bewilligt: Eidg. Steuerverwaltung
                                                                  Hauptabteilung Mehrwertsteuer
                                                                  ABTEILUNG REVISORAT

Bern,

Schwarztorstrasse 50, CH-3003 Bern   D_MWST Nr. 1100 G / 06.00
                                                                  http://www.estv.admin.ch

3 Steuersubjekt 109

Unterstellungserklärung «Saldosteuersätze»

(Stand 1.1.2002)

Hauptabteilung Mehrwertsteuer

Eidgenössische Steuerverwaltung ESTV
Administration fédérale des contributions AFC
Amministrazione federale delle contribuzioni AFC
Administraziun federala da taglia AFT

Ihre Anschrift bitte in Blockschrift ausfüllen

MWST-Nr. _____
Ref.-Nr. _____

Saldosteuersätze

Unterstellungserklärung

Der unterzeichnete Steuerpflichtige ist tätig als:
(Nennung der Branche; bei verschiedenen Tätigkeiten alle aufzählen)

_____

_____

_____

Der anzuwendende Saldosteuersatz beträgt somit

_____ %

(_____ %; allfälliger 2. Saldosteuersatz)

Er verpflichtet sich, die im Mehrwertsteuergesetz (MWSTG; v.a. Artikel 59) sowie in der Broschüre "Saldosteuersätze" aufgestellten Bedingungen zu befolgen. Er nimmt insbesondere Kenntnis davon, dass frühestens nach **5 ganzen Kalenderjahren** zur effektiven Abrechnungsmethode gewechselt werden kann sowie dass bei Abrechnung mit Saldosteuersätzen weder eine Option nach Artikel 26 MWSTG noch die Gruppenbesteuerung nach Artikel 22 MWSTG möglich ist. Er erklärt, im laufenden und kommenden Jahr voraussichtlich pro Jahr folgenden Umsatz zu erzielen (zutreffendes bitte ankreuzen):

- ❑ bei anzuwendendem Saldosteuersatz von 0,6% oder 1,2%   bis max. 3 Mio. Franken
- ❑ bei anzuwendendem Saldosteuersatz von 2,3%   bis max. 2,61 Mio. Franken
- ❑ bei anzuwendendem Saldosteuersatz von 3,5%   bis max. 1,72 Mio. Franken
- ❑ bei anzuwendendem Saldosteuersatz von 4,6%   bis max. 1,31 Mio. Franken
- ❑ bei anzuwendendem Saldosteuersatz von 5,2%   bis max. 1,16 Mio. Franken
- ❑ bei anzuwendendem Saldosteuersatz von 6,0%   bis max. 1 Mio. Franken
- ❑ bei Anwendung von 2 Saldosteuersätzen beträgt der Gesamtumsatz nicht mehr als 3 Millionen Franken und die Steuerzahllast nicht mehr als 60'000 Franken, nämlich:

Umsatz   Fr. _____   zum Saldosteuersatz von _____ % =   Steuer   Fr. _____

Umsatz   Fr. _____   zum Saldosteuersatz von _____ % =   Steuer   Fr. _____

Total Umsatz   Fr. _____   Total Steuer   Fr. _____

Der unterzeichnete Steuerpflichtige unterstellt sich dieser Regelung mit Wirkung ab: _____

Datum: Stempel und rechtsverbindliche Unterschrift:

Dieses Formular ist spätestens **30 TAGE** nach Zustellung der MWST-Nummer einzureichen.
(Es werden nur vollständig ausgefüllte und unterzeichnete Erklärungen bearbeitet)

Bewilligung

Die Anwendung des/der oben aufgeführten Saldosteuersatzes/-sätze wird bewilligt.

Eidg. Steuerverwaltung

Bern,

Schwarztorstrasse 50, CH-3003 Bern

http://www.estv.admin.ch

3 Steuersubjekt   110

Unterstellungserklärung «Pauschalsteuersätze»

(Stand 1.1.2002)

Eidgenössische Steuerverwaltung ESTV
Administration fédérale des contributions AFC
Amministrazione federale delle contribuzioni AFC
Administraziun federala da taglia AFT

Hauptabteilung Mehrwertsteuer

MWST-NR
REF.-NR
BETREFF   X00/2050

Pauschalsteuersätze
für das Gemeinwesen und verwandte Bereiche

| Unterstellungserklärung |

Die unterzeichnete steuerpflichtige Person übt folgende steuerbare Tätigkeiten aus:

Tätigkeiten / Ertragsarten   **Pauschalsteuersatz**

_____   ☐
_____   ☐
_____   ☐
_____   ☐

Jede Ertragsart ist in der Buchhaltung separat auszuweisen.

Die steuerpflichtige Person verpflichtet sich, die in Ziffer 9 der Broschüre „Gemeinwesen" aufgestellten Bedingungen zu befolgen. Sie nimmt insbesondere Kenntnis davon, dass frühestens nach **5 ganzen Kalenderjahren** zur effektiven Abrechnungsmethode gewechselt werden kann und dass bei Abrechnung mit Pauschalsteuersätzen weder die Option nach Artikel 26 MWSTG noch die Gruppenbesteuerung nach Artikel 22 MWSTG oder die Abrechnung als Einheit nach Artikel 23 Absatz 4 MWSTG möglich ist.

Sie unterstellt sich dieser Regelung mit Wirkung ab 1. Januar 2001.

Datum: Stempel und rechtsverbindliche Unterschrift:

Dieses Formular ist bis spätestens 31. Januar 2001 einzureichen.
(Es werden nur vollständig ausgefüllte und unterzeichnete Erklärungen bearbeitet)

| Bewilligung |

Die Anwendung der oben aufgeführten Pauschalsteuersätze wird   ☐ bewilligt
                                                                  ☐ teilweise bewilligt *
* Begründung siehe Beilage   ☐ nicht bewilligt *

Bern, den   Eidg. Steuerverwaltung

D_MWST Nr. 759 / 06.00
http://www.estv.admin.ch

Schwarztorstrasse 50, CH-3003 Bern
Tel. 031

3 Steuersubjekt 111

Formular Nr. 764 «Meldung nach Art. 47 Abs. 3 MWStG»

(Stand 1.1.2002)

Hauptabteilung Mehrwertsteuer

Eidgenössische Steuerverwaltung ESTV
Administration fédérale des contributions AFC
Amministrazione federale delle contribuzioni AFC
Administraziun federala da taglia AFT

Formular zur Meldung nach Art. 47 Abs. 3 MWSTG[1] *(Form. 764)*

01

	Übertragender	Übernehmender
Name/Firma		
Adresse/Sitz		
Rechtsform		
MWST-Nummer		
Abrechnungsart	❑ vereinnahmt ❑ vereinbart	❑ vereinnahmt ❑ vereinbart
Name und der Kontaktperson		

02 Grund der Vermögensübertragung

beim Übertragenden:
❑ Geschäftsaufgabe
❑ Fusion, Zusammenschluss
❑ Umstrukturierung (z. B. Aufgabe eines Teilbereichs)

beim Übernehmenden:
❑ Neugründung
❑ Fusion, Zusammenschluss
❑ Umstrukturierung (z. B. Geschäftserweiterung)

03 Datum
der Übertragung:

des Vertragsabschlusses:

der Veröffentlichung im Handelsregister:

....

....

....

04a Abrechnungsmethode

beim Übertragenden:
❑ Saldosteuersatz
❑ effektive Methode

beim Übernehmenden:
❑ Saldosteuersatz
❑ effektive Methode

04b Wert aller übertragenen Vermögenswerte (Verkaufspreis)   Fr. ....

*(Diesem Formular ist eine **detaillierte Aufstellung** der übertragenen Gegenstände und Dienstleistungen gemäss Ziff. 3.1 des Merkblattes Übertragung mit Meldeverfahren beizulegen)*

[1] Bundesgesetz über die Mehrwertsteuer

3 Steuersubjekt

05 Sind im übertragenen Vermögen Liegenschaften oder Teile von Liegenschaften enthalten, für die der Übertragende optiert hat oder die er als Geschäftsliegenschaft nutzte?
❏ Ja / Wenn ja, welche ? ❏ Nein

Objekt	Grundbuchblatt Nr.
....	....
....	....
....	....
....	....

06 Wurden Gegenstände (Mobilien oder Liegenschaften), welche zum Vorsteuerabzug berechtigten, zurückbehalten?
❏ Ja / Wenn ja, welche ? ❏ Nein

....

....

07 Werden übertragene Vermögenswerte oder vom Übertragenden zurückbehaltene Gegenstände ganz oder teilweise nicht mehr für einen steuerbaren Zweck verwendet (z. B. für den privaten Bedarf oder für eine von der Steuer ausgenommene Tätigkeit)?

vom Übertragenden:
(zurückbehaltene Gegenstände)
❏ Ja / Wenn ja, welche ? ❏ Nein

vom Übernehmenden:
(übernommene Vermögenswerte)
❏ Ja / Wenn ja, welche ? ❏ Nein

Objekt	Wert (in Fr.)	Objekt	Wert (in Fr.)
....	....	....	....
....	....	....	....
....	....	....	....

Die Unterzeichnenden nehmen zur Kenntnis, dass
- auf Übertragungsbelegen (Rechnung, Vertrag u.ä.) keinerlei Hinweis auf die MWST enthalten sein darf;
- die Vermögensübertragung als Lieferung und/oder Dienstleistung versteuert werden muss, wenn das Meldeverfahren nicht zur Anwendung kommt.

Ort und Datum   Stempel und rechtsverbindliche Unterschriften aller Beteiligten

(Es werden nur vollständig ausgefüllte und allseitig unterzeichnete Formulare bearbeitet. Wer die Übertragung des Vermögens nicht innert 30 Tagen meldet oder das Formular nicht binnen der von der ESTV angesetzten Frist zurücksendet, kann deswegen nach Art. 86 Abs. 1 MWSTG gebüsst werden)

ESTV / MWST 2 / 2   D_MWST Nr. 764 G / 06.00
Schwarztorstrasse 50, CH-3003 Bern   http://www.estv.admin.ch

3 Steuersubjekt

Ende der Steuerpflicht — Art. 29 MWStG

bei Aufgabe der steuerbaren Tätigkeit

Die Steuerpflicht endet mit der Aufgabe der steuerbaren Tätigkeit. Bei freiwilliger resp. konkursamtlicher Liquidation oder beim Nachlassvertrag mit Liquidationsvergleich endet die Steuerpflicht mit dem Abschluss des Liquidationsverfahrens.

bei Ende der freiwilligen Steuerpflicht

Die Aufhebung der freiwilligen Steuerpflicht wird auf Antrag der steuerpflichtigen Person auf einen von der ESTV festzusetzenden Zeitpunkt vorgenommen. In der Regel ist dies das Ende des laufenden Kalenderjahres oder der laufenden Abrechnungsperiode.

bei zwangsweiser Streichung

Erfüllt der Steuerpflichtige seine Pflichten nicht, so kann ihn die ESTV auf einen von ihr festgelegten Zeitpunkt im Register streichen und ihm damit das Recht entziehen, den Vorsteuerabzug geltend zu machen und in seinen Rechnungen unter Angabe einer Reg.-Nr. auf die MWSt hinzuweisen.

bei übrigen Fällen

In allen übrigen Fällen endet die Steuerpflicht am Ende des Kalenderjahres, in welchem die für die Steuerpflicht massgebenden Beträge nicht mehr überschritten wurden und zu erwarten ist, dass diese Beträge auch im nachfolgenden Kalenderjahr nicht überschritten werden.

Unterbleibt die Abmeldung bei Ende der Steuerpflicht, so gilt der Betreffende als der freiwilligen Steuerpflicht unterstellt (Z 22).

3.6 STEUERNACHFOLGE, STEUERVERTRETUNG UND MITHAFTUNG Art. 30 – 32 MWStG

Steuernachfolge — Art. 30 MWStG

Vom Steuernachfolger kann nicht nur die Bezahlung geschuldeter Steuern verlangt werden, sondern der Steuernachfolger hat auch:
- das Erstellen von Steuerabrechnungen zu besorgen
- die nötigen buchhalterischen Aufzeichnungen zu führen
- Auskünfte zu erteilen

Zudem kann der Steuernachfolger auch Rechte wahrnehmen, die der ehemaligen steuerpflichtigen Person zugestanden hätten, wie z.B. ein gegebenes Rechtsmittel ergreifen.

Stirbt die steuerpflichtige Person, so treten ihre Erben in ihre Rechte und Pflichten ein. Sie haften solidarisch für die vom Erblasser oder von der Erblasserin geschuldeten Steuern bis zur Höhe ihrer Erbteile, mit Einschluss der Vorempfänge.

Wer ein Unternehmen mit Aktiven und Passiven übernimmt, tritt in die steuerlichen Rechte und Pflichten des übernommenen Unternehmens ein. Der bisherige Steuerschuldner haftet mit dem neuen noch während zwei Jahren seit der Mitteilung oder Auskündung der Übernahme solidarisch für die Steuerschulden, welche vor der Übernahme entstanden sind.

BEISPIELE:

Einzelfirma Vater	Einzelfirma Sohn
Einzelfirma	Kollektivgesellschaft
Einzelfirma	Aktiengesellschaft

Steuervertretung — Art. 31 MWStG

Im Gegensatz zur Steuernachfolge kann der Steuervertreter neben der immer noch belangbaren steuerpflichtigen Person zur Erfüllung der dieser obliegenden steuerlichen Pflichten herangezogen werden.

Dies betrifft die in der Schweiz wohnhaften unbeschränkt haftenden Teilhaber einer ausländischen Handelsgesellschaft und einer ausländischen Personengesamtheit ohne Rechtsfähigkeit.

3 Steuersubjekt

Mithaftung für die Steuer — Art. 32 MWStG

Mit der steuerpflichtigen Person haften solidarisch:

Teilhaber
an einer einfachen Gesellschaft, Kollektiv- oder Kommanditgesellschaft im Rahmen ihrer zivilrechtlichen Haftbarkeit

wer eine freiwillige Versteigerung durchführt oder durchführen lässt

mit der Liquidation betraute Personen [1]
bei Beendigung der Steuerpflicht einer aufgelösten juristischen Person, einer Handelsgesellschaft oder Personengesamtheit ohne Rechtsfähigkeit
bis zum Betrag des Liquidationsergebnisses

Geschäftsführende Organe [1]
Für die Steuer einer juristischen Person, die ihren Sitz ins Ausland verlegt
bis zum Betrag des reinen Vermögens der juristischen Person

Gruppengesellschaft
Jede an einer Gruppenbesteuerung beteiligte Person oder Personengesamtheit *für sämtliche von der Gruppe geschuldeten Steuern*

[1] Die Personen haften nur für Steuer-, Zins- und Kostenforderungen, die während ihrer Geschäftsführung entstehen oder fällig werden. Ihre Haftung entfällt, soweit sie nachweisen, dass sie alles ihnen Zumutbare zur Feststellung und Erfüllung der Steuerforderung getan haben.

Die mithaftende Person hat im Verfahren die gleichen Rechte und Pflichten wie die steuerpflichtige Person.

3 Steuersubjekt

3.7 FRAGEN

11 Eine Privatperson verkauft ihren Oldtimer für Fr. 100 000.–.
    Ist dieser Verkauf mehrwertsteuerpflichtig?

12 Welches Entgelt ist für die Beurteilung der Steuerpflicht massgebend?
    (Vereinnahmtes oder vereinbartes Entgelt)

13 Welche Unternehmen (Branchen) sind von der Steuerpflicht ausgenommen?

14 Hat die Gemeindeverwaltung folgende Umsätze mit der MWSt abzurechnen?
    - Steuereinnahmen
    - Eintrittsgebühren des Schwimmbades
    - Betreibungsgebühren
    - Stromverkauf durch das Elektrizitätswerk

15 Ein Landwirt erzielt folgende Umsätze:
    Einnahmen aus Landwirtschaft   Fr. 700 000.–
    Einnahmen aus Bodenbearbeitungsleistungen für
    andere Landwirte   Fr. 100 000.–

    Welcher Betrag ist mit der Mehrwertsteuer abzurechnen?

16 Die Maschinenfabrik A in Zürich (steuerpflichtig) liefert an ihre inländische Schwestergesellschaft B Halbfabrikate im Wert von Fr. 450 000.–. Wie ist diese Lieferung zu versteuern,
    - wenn die Gruppenbesteuerung angewendet wird?
    - wenn die Gruppenbesteuerung nicht angewendet wird?

17 Ein nicht steuerpflichtiger Florist mit einem Umsatz von jährlich Fr. 230 000.–, selbständig seit 1. März 2001, wird durch den Berater aufmerksam gemacht, dass er als steuerpflichtige Person (freiwillig) weniger Mehrwertsteuer bezahlen müsste. Welche Möglichkeiten hat der Florist?

18 Eine Arbeitsgemeinschaft übernimmt am 1. April 2001 die Ausführung von Bauarbeiten für Fr. 800 000.–. Ab wann ist die Arbeitsgemeinschaft steuerpflichtig?

19 Eine Versicherungsgesellschaft eröffnet ein Personalrestaurant mit einem voraussichtlichen Jahresumsatz von Fr. 300 000.–.
    Sind diese Umsätze steuerpflichtig? Wenn ja, ab wann?

3 Steuersubjekt

20 Der Maler X eröffnet sein Geschäft am 1. Juli 2001 und ist nicht sicher, ob die Umsatzgrenze von Fr. 250 000.– innert der nächsten 12 Monate überschritten wird. Muss sich der Maler X ins Register eintragen lassen?

21 Eine Versicherungsgesellschaft in Zürich lässt einen Werbefeldzug durch eine im Ausland niedergelassene Werbeagentur planen. Deren Honorar beträgt Fr. 50 000.–. Sind diese Honorarleistungen steuerpflichtig?

22 Beim Tod einer steuerpflichtigen Person (Einzelfirma) stellen die Erben fest, dass noch MWSt-Rechnungen von Fr. 150 000.– unbezahlt sind. Die Einzelfirma wird nicht weitergeführt. Die Erbschaft beträgt Fr. 50 000.–, zuzüglich Erbvorbezug Fr. 70 000.–. Sind die Erben verpflichtet, die MWSt zu bezahlen? Wenn ja, welchen Betrag?

23 Ein Sohn übernimmt auf den 1. Januar 2001 die Einzelfirma (mit Aktiven und Passiven) seines Vaters. Anlässlich einer Revision im Juni 2003 werden folgende Korrekturen vorgenommen:

1998 – 2000:	nicht deklarierte Umsätze	Fr. 200 000.–	Fr. 14 360.–
2001 – 2002:	nicht deklarierte Umsätze	Fr. 100 000.–	Fr. 7 600.–
		Fr. 300 000.–	Fr. 21 960.–

Welchen Betrag muss der Sohn bezahlen?

24 Anlässlich einer Revision wird festgestellt, dass bei Beendigung der Steuerpflicht der aufgelösten Bau AG die MWSt nicht korrekt abgerechnet wurde. Bei der Liquidation wurde ein Liquidationsergebnis von Fr. 30 000.– erzielt. Die anlässlich der Revision nachbelastete MWSt beträgt Fr. 50 000.–.

Welche Möglichkeit hat die ESTV? Wer muss die MWSt bezahlen?

(Lösungen im Anhang, Seite 262 – 263)

4 Berechnung und Überwälzung der Steuer

4. BERECHNUNG UND ÜBERWÄLZUNG DER STEUER — Art. 33 – 37 MWStG

Berechnung und Überwälzung

- **Bemessungsgrundlage**
  - **Lieferungen und Dienstleistungen**
    - Entgelt
    - Spezialfälle:
      - Leistungen an das Personal
      - Leistungen an nahestehende Personen
      - Tausch- und tauschähnliche Umsätze
  - **Eigenverbrauch**
    - Entnahme von Gegenständen
    - Arbeiten an Bauwerken
    - Dienstleistungen
- **Margenbesteuerung**
  auf für den Wiederverkauf bezogenen gebrauchten individualisierbaren beweglichen Gegenständen
- **Steuersätze**
  - Nullsatz, reduzierter Satz, Sondersatz, Normalsatz
- **Rechnungsstellung und Überwälzung der Steuer**

4 Berechnung und Überwälzung der Steuer

4.1 BEMESSUNGSGRUNDLAGE   Art. 33 – 35 MWStG

BEMESSUNGSGRUNDLAGE BEI LIEFERUNG UND DIENSTLEISTUNG   Art. 33 MWStG

Entgelt

Zum Entgelt gehören (Z 206 ff.)

- alles, was der Empfänger oder an seiner Stelle ein Dritter als Gegenleistung für die Lieferung oder die Dienstleistung aufwendet;
- Spenden, die unmittelbar den einzelnen Umsätzen des Empfängers als Gegenleistung zugeordnet werden können.
- öffentlich-rechtliche Abgaben, mit Ausnahme der auf der Lieferung oder Dienstleistung geschuldeten Steuer selbst.

Die Gegenleistung umfasst auch den Ersatz aller Kosten, selbst wenn diese gesondert in Rechnung gestellt werden.

Spezialfälle

Leistungen an das Personal   Z 303 ff.

(ohne das Personal, welches massgeblich an der Unternehmung beteiligt ist)

Bei Leistungen an das Personal gilt als Bemessungsgrundlage das vom Personal tatsächlich bezahlte Entgelt,

> jedoch mindestens der Steuerbetrag, der im Fall des Eigenverbrauchs geschuldet wäre.

Leistungen an nahestehende Personen (über 20% Stimmenanteil)   Z 433

(inkl. des Personals, welches massgeblich an der Unternehmung beteiligt ist)

Bei Leistungen an nahestehende Personen gilt als Entgelt der Wert, der unter unabhängigen Dritten vereinbart würde.

4 Berechnung und Überwälzung der Steuer

Tausch- und tauschähnliche Umsätze

Als Entgelt gilt bei (Z 206 ff.)

Tausch, tauschähnlichen Umsätzen	der Wert für die andere Lieferung oder die andere Dienstleistung (Z 788 ff.)
Zahlungs Statt	der Betrag, der dadurch ausgeglichen wird
Austauschreparaturen	lediglich der Werklohn für die ausgeführte Arbeit

Zum Entgelt gehört u.a.:

bei Gegenleistung von:	Entgelt:
Wechsel, Checks	Der dadurch ausgeglichene Rechnungsbetrag ohne Abzug von Diskont, Spesen und Gebühren.
WIR-Geld	Der dadurch ausgeglichene Rechnungsbetrag. Eine erlittene Einbusse kann nicht als Entgeltsminderung abgezogen werden.
Kreditkarten	Der dem Abnehmer berechnete Preis. Die Kommission der Kreditkartenorganisationen kann nicht als Entgeltsminderung abgezogen werden.
Wertschriften	Der dadurch ausgeglichene Rechnungsbetrag, ohne Rücksicht auf den Nominal- oder Kurswert und allfällige spätere Gewinne oder Verluste aus dem Verkauf.
Darlehen (Umbuchung Debitoren auf Darlehen)	Der dadurch ausgeglichene Rechnungsbetrag resp. umgebuchte Betrag. Eine erlittene Einbusse kann nicht als Entgeltsminderung abgezogen werden.

4 Berechnung und Überwälzung der Steuer

Nicht zum Entgelt gehören (Z 255 ff.):

- Verzugszinsen, Betreibungskosten;

- Beiträge für öffentlich-rechtliche Abgaben, welche die steuerpflichtige Person von ihren Abnehmern als Erstattung der in deren Namen und für deren Rechnung getätigten Auslagen erhält, sofern sie diese gesondert in Rechnung stellt;

- Subventionen und andere Beiträge der öffentlichen Hand, auch wenn sie gestützt auf einen Leistungsauftrag ausgerichtet werden;

- Spenden;

- Pfandgelder auf Gebinden; auf den Gebinden kann der Vorsteuerabzug vorgenommen werden. Pfandgelder führen nicht zu einer Vorsteuerkürzung. Der Verkauf von Gebinden ist steuerbar;

- Beiträge zur Unterstützung der wissenschaftlichen Forschung und Entwicklung, namentlich an Hochschulen und ähnlichen Forschungsinstitutionen, soweit der Beitragsempfänger die Forschung oder Entwicklung nicht im Auftrag und für die Bedürfnisse des Beitragszahlers betreibt. Die Nennung des Beitragszahlers in Verlautbarungen über die betriebene Forschung und Entwicklung stellt keine Gegenleistung dar;

- die im Preis für Entsorgungs- und Versorgungsleistungen eingeschlossenen kantonalen Abgaben an Wasser-, Abwasser- oder Abfallfonds, soweit diese Fonds daraus an Entsorgungsanstalten oder Wasserwerke Beiträge ausrichten. Der Bundesrat bestimmt die Einzelheiten;

- Schadenersatzleistungen (Z 403 ff., MB 04 «Schadenersatzleistungen»).

Skonti können grundsätzlich vom Brutto-Rechnungsbetrag inkl. MWSt abgezogen werden. Sie bewirken beim Leistungserbringer eine Minderung der MWSt auf dem Umsatz und beim Leistungsempfänger eine Minderung der Vorsteuer (Z 931).

Werden Entgelte fest abgetreten sind die Z 266 ff. zu beachten.

Die Z 357 ff. zeigt auf, wie Kombinationen (Mehrheit von Leistungen) steuerlich zu behandeln sind. Wenn mindestens 90% aller Leistungen steuerlich gleich sind, kann im Sinne einer Vereinfachung das Gesamtentgelt zum gleichen Steuersatz ausgewiesen werden.

Verpackungen und Transportleistungen sind steuerlich gleich zu behandeln wie die gelieferten Gegenstände.

Der Verkauf und die Vermietung von nicht abgabefreien eingeführten Gegenständen an Diplomaten, internationale Organisationen usw., sind gemäss Art. 90 Abs. 2 Bst. a MWStG von der Steuer befreit, wenn die vollständig ausgefüllten Form. A 1070 oder B 1079 vorliegen (BB 05 «Motorfahrzeuggewerbe», Ziff. 11.2).

4 Berechnung und Überwälzung der Steuer 122

BEMESSUNGSGRUNDLAGE BEIM EIGENVERBRAUCH
Art. 34 MWStG

Der Steuertatbestand des Eigenverbrauchs soll sicherstellen, dass Steuerpflichtige, die Gegenstände für einen nicht der Steuer unterliegenden Zweck verwenden, gegenüber Nichtsteuerpflichtigen steuerlich nicht bevorteilt werden (Z 428 ff., SB 04 «Eigenverbrauch»).

Abgrenzungskriterien für entgeltliche Leistungen / Eigenverbrauchstatbestände

Eine **entgeltliche Leistung** (Lieferung oder Dienstleistung) setzt eine Gegenleistung voraus (sogenannter Leistungsaustausch). Wird die Leistung an eine nahestehenden Person (Inhaber von juristischen Personen, Teilhaber von Personengesellschaften, Genossenschafter, liierte Unternehmen) erbracht und muss diese nicht den vollen Preis bezahlten, der im normalen Geschäftsverkehr unter gleichen Bedingungen von einem unbeteiligten Dritten verlangt würde, so gilt als Entgelt der Wert, der unter unabhängigen Dritten vereinbart würde. Gleich verhält es sich, wenn nahestehenden Personen direkt oder indirekt eine Leistung gratis erbracht wird, die einem unabhängigen Dritten nicht zugebilligt worden wäre (SB 04 «Eigenverbrauch», Ziff. 3).

Eigenverbrauch ist idR anzunehmen, wenn es an einer Gegenleistung und somit an einem Leistungsaustausch fehlt. Bei Gratisleistungen an das Personal spielt der Rechtsanspruch auf die Leistung (insbesondere laut Arbeitsvertrag, Personalreglement, Gesamtarbeitsvertrag oder Gewohnheitsrecht) eine Rolle. Hat das Personal Anspruch auf eine Gratisleistung, handelt es sich um einen Lohnbestandteil und damit um eine entgeltliche Leistung (SB 04 «Eigenverbrauch», Ziff. 3.2).

Entnahme von Gegenständen

Werden Gegenstände zum Eigenverbrauch nach Art. 9 Abs. 1 und 3 MWStG entnommen

- für unternehmensfremde Zwecke
- für den privaten Bedarf (des Einzelfirmainhabers)
- für den Bedarf des Personals
- für eine von der Steuer ausgenommene Tätigkeit
- für unentgeltliche Abgaben (ohne Geschenke bis Fr. 300.– pro Empfänger und pro Jahr und Warenmuster)

oder endet die Steuerpflicht,

ist die Eigenverbrauchssteuer geschuldet. Grundsätzlich ist beim Entnahmetatbestand kein Eigenverbrauch geschuldet, wenn die steuerpflichtige Person die Saldosteuersatzmethode anwendet (SB 03 «Saldosteuersätze», Ziff. 10.1).

4 Berechnung und Überwälzung der Steuer

Eigenverbrauch

Nachfolgende Aufstellung soll den Überblick über die Eigenverbrauchsbesteuerung vereinfachen. Detaillierte Informationen sind der SB 04 «Eigenverbrauch» zu entnehmen.

4 Berechnung und Überwälzung der Steuer

Der Eigenverbrauch setzt eine volle oder teilweise Vorsteuerabzugsberechtigung voraus.

Zu welchem Wert der Eigenverbrauch zu deklarieren ist, soll die nachfolgende Darstellung verdeutlichen. Die Aufstellung kann nicht die detaillierten Wertangaben wiedergeben. Für konkrete Angaben ist die SB 04 «Eigenverbrauch» heranzuziehen.

ENTNAHME / UMNUTZUNG für		unternehmensfremde Zwecke den privaten Bedarf den Bedarf des Personals von der Steuer ausgenommene Tätigkeit	
		bewegliche Gegenstände	**unbewegliche Gegenstände**
endgültige Entnahme / Ende der Steuerpflicht [1] *(höchstens zum vorsteuerabzugsberechtigten Betrag)*	zugekauft neu gebraucht	Einkaufspreis [1] Zeitwert Anschaffungswert[1] + wertvermehrende Aufwendungen[1] - Abschreibung linear (20% p.J.) = Zeitwert	Einkaufspreis (o. Wert des Bodens) Zeitwert (ohne Wert des Bodens), jedoch höchstens zum Wert, der seinerzeit zum Vorsteuerabzug berechtigte abzgl. Abschreibung linear (5% p. Jahr)
	selbst hergestellt neu gebraucht	Einkaufspreis der Bestandteile plus Infrastruktur 10% [1] Einkaufspreis der Bestandteile plus Infrastruktur 10%, abzüglich Abschreibung linear (20% pro Jahr)	erbrachte Bauarbeiten zu Drittpreisen (ohne Wert des Bodens) erbrachte Bauarbeiten zu Drittpreisen (ohne Wert des Bodens) abzgl. allf. Abschreibung linear (5% p. Jahr)
vorübergehende Entnahme		Mietpreis, wie für unabhängige Dritte (bis 6 Monate)	Mietpreis, wie für unabhängige Dritte (bis 12 Monate)

4 Berechnung und Überwälzung der Steuer

Privatanteile an Autokosten, Spesen, übrigem Aufwand

Der Privatanteil ist mindestens einmal jährlich mit der ESTV abzurechnen (im 4. resp. 1. Quartal).

Die Deklaration «Privatanteil» stellt eine nachträgliche Korrektur des Vorsteuerabzuges dar.

Nachfolgende Aufstellung gibt einen Überblick über die Anwendung der Privatanteile:

Investitionen / Aufwendungen

	Kauf mit Vorsteuerabzugsberechtigung (voll oder teilweise)	Kauf ohne Vorsteuerabzugsberechtigung
Privatanteile Fahrzeuge (SB 04, MB 03) pauschale Ermittlung oder Ermittlung aufgrund der tatsächlichen Kosten	1% pro Monat [1] vom Bezugspreis (exkl. MWSt) (mind. Fr. 150.– p. Mt.) 7,6%	0,5% pro Monat vom Bezugspreis bei vorsteuerabzugsberechtigten Unterhaltsleistungen (mind. Fr. 150.– p. Mt.)
Privatanteile Spesen Verpflegung / Getränke Unterkunft	Pauschale (1/2) [2] 7,6% Effektiv [1] 3,6%	
Privatanteile übrige Energie, Reinigung, Telefon, Büromaterial, übrige	Merkblatt N1 [2] 7,6%	keine MWSt geschuldet
Naturalbezüge aus dem eigenen Betrieb gemäss MB 03	Merkblatt N1 [2] 2,4% / 7,6%	
Privatentnahme von beweglichen Gegenständen (gebraucht) Sachwerte (zugekauft)	Zeitwert [1] * 7,6%	
* auch bei Kauf ohne Vorsteuerabzugsberechtigung, jedoch mit vorsteuerabzugsberechtigten Service- und Unterhaltsleistungen		

[1] Betrag exkl. MWSt
[2] Betrag inkl. MWSt

4 Berechnung und Überwälzung der Steuer

Privatanteil Fahrzeug

Pauschale Ermittlung des Privatanteils Fahrzeug

	Kauf mit Vorsteuerabzugsberechtigung (voll oder teilweise)	Kauf ohne Vorsteuerabzugsberechtigung
Privatanteile Fahrzeuge *(SB 04, MB 03)* pauschale Ermittlung oder Ermittlung aufgrund der tatsächlichen Kosten	1% pro Monat vom Bezugspreis (exkl. MWSt) (mind. Fr. 150.– p. Mt.)	z. B. Erwerb vom Autohändler margenbesteuert 0,5% pro Monat vom Bezugspreis bei vorsteuerabzugsberechtigten Unterhaltsleistungen (mind. Fr. 150.– p. Mt.)

Luxusfahrzeuge ab Kaufpreis von Fr. 100 000.– berechtigen gemäss MB 03 «Vereinfachungen bei Privatanteilen / Naturalbezügen / Personalverpflegung» nicht zum vollen Vorsteuerabzug.

Sportwagen der Luxusklasse, die geschäftlich nicht begründet sind, berechtigen gemäss Z 844 nicht zum Vorsteuerabzug.

FALLBEISPIEL

Der Malermeister Z (steuerpflichtig) besitzt einen gemischt genutzten Personenwagen. Das Fahrzeug wird vorwiegend geschäftlich verwendet. Folgende Daten sind bekannt (exkl. MWSt):

<u>Kauf 2001:</u>

Neuwagen	Fr. 40 000.–
Eintausch altes Fahrzeug	<u>Fr. 10 000.–</u>
Aufpreis	Fr. 30 000.–
Serviceleistungen 1999:	Fr. 230.–
Serviceleistungen 2000:	Fr. 1 450.–
Serviceleistungen 2001:	Fr. 4 670.–

Hat der Malermeister Z auf dem Privatanteil Fahrzeug 2001 die MWSt abzurechnen? Wenn ja, wie viel?

- wenn er die effektive Abrechnungsmethode anwendet?
- wenn er die Saldosteuersatzmethode anwendet?

Was ändert sich an der Besteuerung des Privatanteils, wenn der Malermeister Z eine Aktiengesellschaft ist?
Was ändert sich an der Besteuerung des Privatanteils Fahrzeug, wenn der Kaufpreis Fr. 140 000.– beträgt?
Was ändert sich an der Besteuerung des Privatanteils Fahrzeug, wenn es sich um einen Sportwagen von Fr. 350 000.– handelt?

4 Berechnung und Überwälzung der Steuer   127

Lösungsansätze:

Kaufpreis Fahrzeug	Gesellschaftsform	Vorsteuerabzug	effektive Abrechnungsmethode	Saldosteuersatzmethode
Fr. 40 000.–	Einzelfirma	ja [2]	(Eigenverbrauch) Fr. 4 800.– (12% auf Fr. 40 000.–) jährlich	(Eigenverbrauch) Fr. 0.–
	Aktiengesellschaft	ja [2]	(Lieferung) Fr. 4 800.– [1] (12% auf Fr. 40 000.–) quartalsweise	(Lieferung) nur das Verbuchte, Zeitpunkt der Verbuchung
Fr. 140 000.– (MB 03)	Einzelfirma	ja [2] (auf Fr. 100 000.–)	(Eigenverbrauch) Fr. 14 400.– (12% auf Fr. 100 000.–) (6% auf Fr. 40 000.–) jährlich	(Eigenverbrauch) Fr. 0.–
	Aktiengesellschaft	ja [2] (auf Fr. 100 000.–)	(Lieferung) Fr. 14 400.– [1] (12% auf Fr. 100 000.–) (6% auf Fr. 40 000.–) quartalsweise	(Lieferung) nur das Verbuchte, Zeitpunkt der Verbuchung
Fr. 350 000.– (Z 844)	Einzelfirma	nein	(Eigenverbrauch) Fr. 0.–	(Eigenverbrauch) Fr. 0.–
	Aktiengesellschaft	nein	(Lieferung) Fr. 0.– [1]	(Lieferung) nur das Verbuchte, Zeitpunkt der Verbuchung

[1] wurde ein höherer Betrag verbucht, ist auf dem höheren Betrag die Lieferungssteuer geschuldet.

[2] sofern die Belege formell dem Art. 37 MWStG entsprechen

4 Berechnung und Überwälzung der Steuer

Arbeiten an Bauwerken

Arbeiten an bestehenden oder neu zu erstellenden Bauwerken (selbst vorgenommen oder vornehmen lassen)

- die zur entgeltlichen Veräusserung oder entgeltlichen Überlassung zum Gebrauch oder zur Nutzung bestimmt sind und nicht für die Versteuerung optiert wurden oder
- für private Zwecke oder
- für eine von der Steuer ausgenommene Tätigkeit, für deren Versteuerung nicht optiert wurde.

sind gemäss Art. 9 MWStG im Eigenverbrauch abzurechnen. Die Eigenverbrauchssteuer ist vom Preis (ohne den Wert des Bodens) zu berechnen, wie er im Falle der Lieferung einem unabhängigen Dritten in Rechnung gestellt würde.

Nicht im Eigenverbrauch abzurechnen sind die durch die steuerpflichtige Person oder durch deren Angestellte erbrachten ordentlichen Reinigungs-, Reparatur- und Unterhaltsarbeiten.

Bei schlüsselfertigen Bauten ist für die Unterscheidung, ob diese als für fremde Rechnung (= Lieferung) oder aber für eigene Rechnung (= Eigenverbrauch) erstellt gelten, auf die Verhältnisse vor Baubeginn abzustellen (BB 04 «Baugewerbe», Ziff. 15; SB 04 «Eigenverbrauch», Ziff. 7, Praxispräzisierung zum Eigenverbrauchstatbestand nach Art. 9 Abs. 2 Bst. a MWStG vom 6. Dezember 2001):

Lieferung	Eigenverbrauch
Arbeiten für fremde Rechnung	**Arbeiten für eigene Rechnung**
bei Baubeginn besteht gegenüber Dritten eine Verpflichtung zur Übertragung des Eigentums am ganzen Bauwerk	bei Baubeginn besteht gegenüber Dritten keine Verpflichtung zur Übertragung des Eigentums am ganzen Bauwerk
Zum Entgelt gehört alles, was der Empfänger oder an seiner Stelle ein Dritter als Gegenleistung für die Lieferung erhält, exkl. Wert des Bodens	Preis (exkl. Wert des Bodens), wie er im Falle der Lieferung einem unabhängigen Dritten in Rechnung gestellt würde (Art. 34 Abs. 4 MWStG) Praxis: Anlagekosten (ohne Boden)

4 Berechnung und Überwälzung der Steuer

Um vorgenannte Angaben beurteilen zu können, müssen einige Begriffe definiert werden:

Vor Baubeginn
Vor Beginn der körperlichen Bautätigkeit (Abbruch Altliegenschaft, Beginn des Aushubes).

Eine Verpflichtung
Schriftliche Vereinbarung zwischen Verkäufer und Käufer (rechtsgültig abgeschlossene Kauf- oder Vorverträge und/oder Werkverträge).

Ganzes Bauwerk
Als Bauwerk gilt grundsätzlich das Objekt, für welches ein Projekt erstellt wurde. Sofern klare Verhältnisse bei Baubeginn hinsichtlich Eigentumsverhältnissen, Vertragsart, Zuordnung der Bezugsfakturen und buchmässiger Aufzeichnung bestehen, kann als Bauwerk auch das Objekt oder die Bauetappe betrachtet werden.

Lieferung

Auf dem Verkaufsdokument muss das Bauwerk sowie der Wert des Bodens separat aufgeführt werden. Der Wert des Bodens muss dem Marktwert entsprechen. Erfolgt keine Aufteilung, ist grundsätzlich der gesamte Betrag mit der MWSt abzurechnen. In der Praxis berücksichtigt die ESTV einen marktgerechten Bodenwert.

Vertrags- / Rechnungsgestaltung

Lieferungen / Dienstleistungen: (ohne Option)	In den Dokumenten ist das Gebäude und der Wert des Bodens getrennt aufzuführen und die MWSt darf nicht offen ausgewiesen werden.
Lieferungen / Dienstleistungen: (mit Option)	In den Dokumenten ist das Gebäude und der Boden getrennt aufzuführen und die MWSt ist offen auszuweisen. Zudem ist die MWSt-Nummer des Verkäufers anzugeben sowie die übrigen Bedingungen gemäss Art. 37 MWStG.

4 Berechnung und Überwälzung der Steuer 130

Eigenverbrauch

In der Praxis wird der Wert wie folgt berechnet:

Anlagekosten (ohne den Wert des Bodens)
Total Grundstücks-, Planungs- und Baukosten inkl. Aufwendungen für allfällige Abbrucharbeiten, Umgebungsarbeiten, Bauzinsen (Fremd- und Eigenkapitalzinsen), allgemeine Geschäftsunkosten wie z.B. der anteilmässige Verwaltungsaufwand sowie sämtliche Gebühren im Zusammenhang mit der Erstellung der Baute; abzüglich des Wertes des Bodens (inkl. darauf entfallende Zinsen) sowie die Roherschliessung.

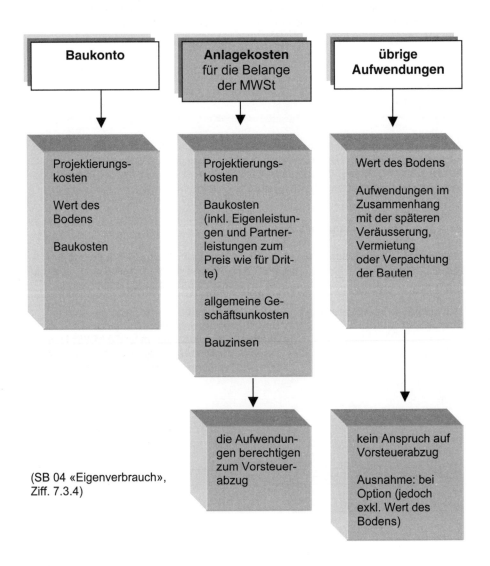

(SB 04 «Eigenverbrauch», Ziff. 7.3.4)

4 Berechnung und Überwälzung der Steuer

Die zu den Anlagekosten zählenden Bauzinsen können wie folgt annäherungsweise ermittelt werden:

```
1. QUARTAL                                                    Zinssatz
Fremdleistung 2)       300 000.–                              1,25% 1)
Eigenleistung          100 000.–
                       400 000.–
            Durchschnitt 200 000.–        200 000.–   2 500.–
2. QUARTAL                            Bestand 1.4. 400 000.–
Fremdleistung 2)       350 000.–
Eigenleistung          130 000.–
                       480 000.–
            Durchschnitt 240 000.–        240 000.–
                                          640 000.–   8 000.–
3. QUARTAL                            Bestand 1.7. 880 000.–
Fremdleistung 2)       120 000.–
Eigenleistung          100 000.–
                       220 000.–
            Durchschnitt 110 000.–        110 000.–
                                          990 000.–  12 375.–
```

[1] einheitliche Ansätze für die Verzinsung des Fremd- und Eigenkapitals (Baukreditzinssatz ohne Kreditkommissionen), z.B. Jahreszins 5%, Quartalszins 1,25%
[2] ohne die in den Anlagekosten verbuchten Fremdkapitalzinsen

Im Beispiel sind folgende Anlagekosten (100%) im Eigenverbrauch abzurechnen:
1. Quartal   Fr. 400 000.–   + Fr. 2 500.–   =   Fr.   402 500.–
2. Quartal   Fr. 480 000.–   + Fr. 8 000.–   =   Fr.   488 000.–
3. Quartal   Fr. 220 000.–   + Fr. 12 375.–   =   Fr.   232 375.–
TOTAL   Fr. 1 122 875.–

Bei den Anlagekosten sind kalkulatorische Zinsen zu berücksichtigen, weil sich die verbuchten Zinsen auf den Verkauf beziehen und für die Eigenverbrauchssteuer nicht relevant sind.
N.B.: Baugewerbliche Eigenleistungen an Betriebsliegenschaften, die für steuerbare Umsätze und Exportumsätze verwendet werden, unterliegen nicht der Eigenverbrauchsbesteuerung.
Aufwendungen, welche der späteren Verwendung des Bauwerkes (Veräusserung, Vermietung, Verpachtung) direkt oder nicht direkt zuzuordnen sind, wie z.B. Inserate, Gebühren Grundbuchamt für Grundpfand- resp. Schuldbrieferrichtung, Handänderungskosten, Verkaufsprovisionen, ferner allgemeine Geschäftsunkosten wie Telefon, Fahrt- und EDV-Kosten, müssen nicht in die Eigenverbrauchsberechnungen einbezogen werden, berechtigen aber auch nicht zum Vorsteuerabzug.

Abrechnungspflicht:

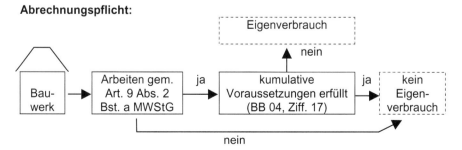

4 Berechnung und Überwälzung der Steuer

Der Eigenverbrauch gemäss Art. 9 Abs. 2 MWStG ist abzurechnen, wenn an bestehenden oder neu zu erstellenden Bauwerken, die zur entgeltlichen Veräusserung oder entgeltlichen Überlassung zum Gebrauch oder zur Nutzung bestimmt sind, Arbeiten vornimmt oder vornehmen lässt und hiefür nicht für die Versteuerung optiert.

Wenn folgende Voraussetzungen jedoch kumulativ erfüllt sind, ist in der Praxis die Eigenverbrauchssteuer nicht zu berücksichtigen (BB 04 «Baugewerbe», Ziff. 17; SB 04 «Eigenverbrauch», Ziff. 7.3):

- die im Geschäftsverkehr (z.B. auf Geschäftspapier, in Inseraten, Verträgen, Statuten oder in amtlichen Eintragungen, wie Handelsregistereintrag) genannte oder tatsächlich ausgeübte Geschäftstätigkeit hat nicht das Planen, Erstellen, Sanieren oder Renovieren von Bauwerken als Haupt- oder Nebentätigkeit zum Zwecke;
- nach aussen besteht keine Bereitschaft, an Bauwerken für fremde Rechnung Arbeiten vorzunehmen oder vornehmen zu lassen;
- es erfolgt kein Einkauf von Waren, die beauftragten Dritten zur Verfügung gestellt werden;
- weder der Inhaber noch einer oder mehrere Gesellschafter noch Aktionäre mit einer massgeblichen Beteiligung (mehr als 20% Stimmbeteiligung) sind aufgrund beruflicher Kenntnisse in der Lage, fachliche / technische Leistungen an Bauwerken zu erbringen oder sich dafür als Arbeitskraft gegenüber Dritten zur Verfügung zu stellen. Bei Aktionären ohne massgebliche Beteiligung und Angestellten stellt die ESTV darauf ab, ob diese tatsächlich fachliche / technische Leistungen (z.B. Bauaufsicht, Mitglied Leitungsorgan) für das betreffende Bauwerk oder die Überbauung erbringen;
- es werden keine Waren oder Materialien eingekauft, die beauftragten Dritten zur Verarbeitung zur Verfügung gestellt oder zugeliefert werden.

Dienstleistungen

Grundsätzlich ist der Eigenverbrauch von Dienstleistungen nicht steuerbar (Z 467 ff.). Ausnahmen sind:

- Übernahme von Dienstleistungen bei einer entgeltlichen oder unentgeltlichen Übertragung eines Gesamt- oder eines Teilvermögens, sofern die übernommenen Dienstleistungen nicht für einen steuerbaren Zweck verwendet werden.
- Verwendung von Dienstleistungen
    - für unternehmensfremde Zwecke
    - für den privaten Bedarf
    - für den Bedarf des Personals
    - für eine von der Steuer ausgenommene Tätigkeit
    - für unentgeltliche Abgaben (ohne Geschenke bis Fr. 300.– pro Empfänger und pro Jahr und Warenmuster)
    - bei Beendigung der Steuerpflicht

sofern der Bezug zum vollen oder teilweisen Vorsteuerabzug berechtigt hat.

Die Eigenverbrauchssteuer ist vom Wert der noch nicht genutzten Dienstleistungen zu berechnen.

4 Berechnung und Überwälzung der Steuer

4.2 MARGENBESTEUERUNG — Art. 35 MWStG

Definition Gebrauchtgegenstand

Gemäss Art. 10 Abs. 1 MWStGV gilt als gebrauchter, individualisierbarer, beweglicher Gegenstand (Gebrauchtgegenstand) ein Gegenstand, der nicht in Einzelteile zerlegt wird und in seinem derzeitigen Zustand oder nach seiner Instandsetzung erneut verwendbar ist. Nicht als Gebrauchtgegenstände gelten Edelmetalle der Zolltarifnummern 7106 bis 7112 und Edelsteine der Zolltarifnummern 7102 bis 7105.
Die Kunstgegenstände, Sammlungsstücke und Antiquitäten sind im Art. 11 MWStGV geregelt.

Die Gebrauchtgegenstände müssen für den Wiederverkauf bezogen worden sein. Der Verkauf von gebrauchten Betriebsmitteln fällt nicht unter die Margenbesteuerung (z.B. Verkauf einer Hobelmaschine (Occasion) durch den Schreinereibetrieb).

Bemessungsgrundlage

Die Margenbesteuerung wird auf der Differenz zwischen dem Ankaufs- und dem Verkaufspreis erhoben. Die steuerpflichtige Person kann neben der Margenbesteuerung auch die Besteuerung nach den allgemeinen Vorschriften anwenden. Sie kann für jeden Gebrauchtgegenstand die Besteuerungsart wählen (Ausnahme: Erwerb mehrerer Gegenstände zu einem Gesamtpreis):

Beispiel:

Verkauf eines Gebrauchtgegenstandes		**Fall 1** Fr.	**Fall 2** Fr.	**Fall 3** Fr.
Verkaufspreis	Entgelt nach Art. 33 Abs. 2 MWStG	10 000.–	8 000.–	13 000.–
Ankaufspreis	Art. 33 Abs. 2 MWStG [1]	10 000.–	10 000.–	10 000.–
Differenzbetrag		0.–	- 2 000.–	3 000.–
Der MWSt unterliegender Differenzbetrag		0.–	0.–	3 000.–

[1] werden Gebrauchtgegenstände, Kunstgegenstände, Sammlungsstücke oder Antiquitäten durch den Wiederverkäufer eingeführt, so gilt als Ankaufspreis jener Wert, auf dem die Einfuhrsteuer erhoben wurde (Art. 76 MWStG) zuzüglich der Einfuhrsteuer.

Übersteigt der Ankaufspreis den Verkaufspreis, so ist weder eine Steuer geschuldet, noch wird eine Steuer angerechnet. Der Differenzbetrag - Fr. 2 000.– im Fall 2 kann nicht mit dem Betrag von Fr. 3 000.– im Fall 3 verrechnet werden.

Wenn der Wiederverkäufer Gebrauchtgegenstände, Kunstgegenstände, Sammlungsstücke oder Antiquitäten zu einem Gesamtpreis erwirbt, hat er für den Verkauf auf sämtlichen zu diesem Gesamtpreis erworbenen Gegenständen die Margenbesteuerung anzuwenden.

4 Berechnung und Überwälzung der Steuer

Die Entgelte aus dem Wiederverkauf von Gegenständen, die zu einem Gesamtpreis erworben werden, sind in der Abrechnungsperiode in der sie erzielt werden zu deklarieren, aber soweit nicht zu versteuern, als sie diesen Gesamtpreis nicht übersteigen. Den Gesamtpreis übersteigende Entgelte aus dem Wiederverkauf solcher Gegenstände unterliegen der MWSt.

Beispiele:

Verkauf von Gebrauchtgegenständen, die zu einem Gesamtpreis erworben wurden	1/2001 Fr.	2/2001 Fr.	3/2001 Fr.
Verkaufspreis Entgelte	20 000.–	3 000.–	5 000.–
Ankaufspreis Gesamtpreis	– 25 000.–		
Differenzbetrag	– 5 000.–	3 000.–	5 000.–
	5 000.–	– 3 000.–	– 2 000.–
Der MWSt unterliegender Differenzbetrag	0.–	0.–	3 000.–

Die ESTV kann für Steuerpflichtige, deren steuerbarer Umsatz Fr. 500 000.– nicht übersteigt und die hauptsächlich (mehr als 50%) Umsätze tätigen, wofür die Margenbesteuerung zulässig ist, Vereinfachungen vorsehen. Bei der vereinfachten Methode entfällt die Berechnung der Marge auf den einzelnen Gegenständen. Bemessungsgrundlage ist die Differenz zwischen dem Erlös und dem Aufwand von sämtlichen gebrauchten Gegenständen. Beträgt der nicht unter die Margenbesteuerung fallende Umsatzanteil nicht mehr als 10% des steuerbaren Gesamtumsatzes, kann für sämtliche steuerbaren Umsätze die Margenbesteuerung angewendet werden. In diesem Fall darf auf dem Warenaufwand generell keine Vorsteuer geltend gemacht werden. Weitere Hinweise können der Z 292 ff., BB 07 «Auktionen, Handel mit Kunst- und gebrauchten Gegenständen», Ziff. 4.2.2, entnommen werden.

Formelle Beleggestaltung

Die Ankaufsbelege müssen gemäss Art. 14 MWStGV folgende Angaben enthalten:

- Name und Adresse des Verkäufers und des Käufer
- Kaufdatum
- genaue Bezeichnung der Gegenstände
- Ankaufspreis

Sind die vorgenannten Angaben nicht vollständig vorhanden oder wurde entgegen Art. 37 Abs. 4 MWStG in **Verkaufsbelegen** wie Verträgen, Rechnungen, Quittungen, Gutschriften und dgl. auf die MWSt hingewiesen, ist das volle Entgelt zu versteuern (BB 07 «Auktionen, Handel mit Kunst- und gebrauchten Gegenständen», Seite 18).

Buchführung

Wer die Margenbesteuerung anwendet, hat über die betreffenden Gegenstände gemäss Art. 15 MWStGV eine detaillierte Einkaufs-, Lager- und Verkaufskontrolle zu führen.

[1] bei zu einem Gesamtpreis erworbenen Gegenständen sind pro Gesamtheit separate Aufzeichnungen zu führen

Die ESTV kann nähere Bestimmungen erlassen.

Anwendung der Margenbesteuerung mit Saldosteuersätzen

Der Steuerpflichtige hat für die in seiner Steuerperiode verkauften Gegenstände, bei welchen er die Margenbesteuerung anwenden kann und will, den Gesamtumsatz und die Gesamtmarge zu ermitteln. Übersteigt der Ankaufspreis eines Gegenstandes den Verkaufspreis, so ist als Marge Fr. 0.00 einzusetzen. Dazu hat er alle diese Gegenstände auf einer Liste einzeln aufzuführen, welche er zusammen mit dem Doppel der Semesterabrechnung während mindestens 10 Jahren aufzubewahren hat. Wurden ihm zwei Saldosteuersätze bewilligt, hat er dies aufgeteilt nach den beiden Saldosteuersätzen vorzunehmen. Der Steuerpflichtige hat die Umsätze vollumfänglich unter Ziff. 010 aufzuführen und unter Ziff. 072 resp. 073 des Abrechnungsformulars mit dem bewilligten Saldosteuersatz zu versteuern.

Anschliessend hat der Steuerpflichtige das Formular Nr. 1055 vollständig auszufüllen und rechtsgültig zu unterzeichnen. Mit Hilfe dieses Formulars wird die Differenz zwischen der mit dem bewilligten Saldosteuersatz auf dem Umsatz abgerechneten Steuer und der mit dem Saldosteuersatz von 6,0% auf der Marge berechneten Steuer ermittelt. Dieser Differenzbetrag ist in der Abrechnung unter Ziff. 112 in Abzug zu bringen.

4 Berechnung und Überwälzung der Steuer

Margenbesteuerung im Autogewerbe

Die nachfolgende Grafik soll aufzeigen, wie die Margenbesteuerung angewendet werden kann (BB 05 «Motorfahrzeuggewerbe», Ziff. 5):

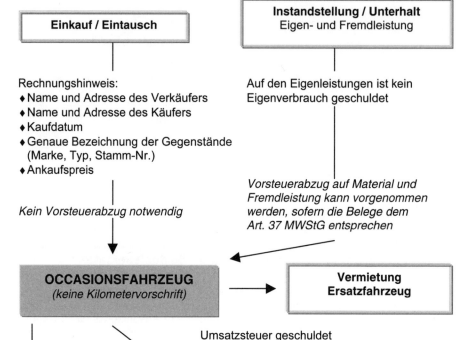

Einkauf / Eintausch

Rechnungshinweis:
- Name und Adresse des Verkäufers
- Name und Adresse des Käufers
- Kaufdatum
- Genaue Bezeichnung der Gegenstände (Marke, Typ, Stamm-Nr.)
- Ankaufspreis

Kein Vorsteuerabzug notwendig

Instandstellung / Unterhalt
Eigen- und Fremdleistung

Auf den Eigenleistungen ist kein Eigenverbrauch geschuldet

Vorsteuerabzug auf Material und Fremdleistung kann vorgenommen werden, sofern die Belege dem Art. 37 MWStG entsprechen

OCCASIONSFAHRZEUG
(keine Kilometervorschrift)

→ **Vermietung Ersatzfahrzeug**

Umsatzsteuer geschuldet oder Naturalrabatt

Margenbesteuerung

Voraussetzungen:
- für den Wiederverkauf bezogen (u.a. auch für Vorführzwecke oder als Ersatzfahrzeug gemäss Art. 9 ff. VVV [Verkehrsversicherungsverordnung])
- kein MWSt-Hinweis auf den Kundenrechnungen, Verträgen, Quittungen, Gutschriften, Preisanschriften, Preislisten (Vermerk: «Margenbesteuert» oder «Differenzbesteuert» ist erlaubt)
- nicht auf den Händler immatrikuliert
- nicht mit besonderen Vorrichtungen ausgestattet und entsprechend verwendet (Fahrschule, Abschleppwagen usw.)
- nicht für die mehrheitliche Vermietung verwendet (Kontrollschild für Mietwagen [V-Nr.] oder während der Mietdauer auf den Namen des Mieters immatrikuliert)

Umsatzsteuer geschuldet auf Marge (107,6%)

Normale Besteuerung

Umsatzsteuer auf Verkaufspreis

4 Berechnung und Überwälzung der Steuer

4.3 STEUERSÄTZE — Art. 36 MWStG

Das MWStG kennt folgende Steuersätze:

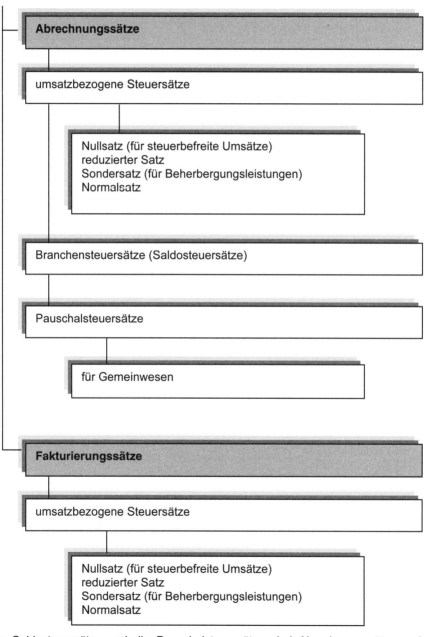

- **Abrechnungssätze**
  - umsatzbezogene Steuersätze
    - Nullsatz (für steuerbefreite Umsätze)
    - reduzierter Satz
    - Sondersatz (für Beherbergungsleistungen)
    - Normalsatz
  - Branchensteuersätze (Saldosteuersätze)
  - Pauschalsteuersätze
    - für Gemeinwesen
- **Fakturierungssätze**
  - umsatzbezogene Steuersätze
    - Nullsatz (für steuerbefreite Umsätze)
    - reduzierter Satz
    - Sondersatz (für Beherbergungsleistungen)
    - Normalsatz

Die Saldosteuersätze und die Pauschalsteuersätze sind Abrechnungssätze und dürfen nicht auf Rechnungen aufgeführt sein.

4 Berechnung und Überwälzung der Steuer

umsatzbezogene Steuersätze

0,0 % Nullsatz

auf nicht steuerbaren abrechnungspflichtigen Umsätzen

2,4 % reduzierter Satz

auf den Lieferungen und dem Eigenverbrauch folgender Gegenstände:
- Wasser in Leitungen,
- Ess- und Trinkwaren, ausgenommen alkoholische Getränke sowie Waren, die im Rahmen von gastgewerblichen Leistungen abgegeben werden,
- Vieh, Geflügel, Fische,
- Getreide,
- Sämereien, Setzknollen und -zwiebeln, lebende Pflanzen, Stecklinge, Pfropfreiser sowie Schnittblumen und Zweige, auch zu Arrangements, Sträussen, Kränzen und dergleichen veredelt. Auch zusammen mit einer zum Normalsatz steuerbaren Leistung, sofern separat in Rechnung gestellt,
- Futtermittel, Silagesäuren, Streumittel für Tiere, Düngstoffe,
- Pflanzenschutzstoffe, Mulch und anderes pflanzliches Abdeckmaterial,
- Medikamente,
- Zeitungen, Zeitschriften, Bücher und andere Druckerzeugnisse ohne Reklamecharakter. Die Abgrenzungskriterien sind der MWStGV (Art. 32 ff.) zu entnehmen.

auf den optierten Umsätzen nach Art. 18 Ziff. 14 - 16:
- dem Publikum unmittelbar erbrachte kulturelle Dienstleistungen der nachstehend aufgeführten Arten, sofern hiefür ein besonderes Entgelt verlangt wird;
  a. Theater-, musikalische und choreographische Aufführungen sowie Filmvorführungen,
  b. Darbietungen von Schauspielern, Musikern, Tänzern und anderen ausübenden Künstlerinnen und Künstlern sowie Schaustellern einschliesslich Geschicklichkeitsspiele,
  c. Besuche von Museen, Galerien, Denkmälern, historischen Stätten sowie botanischen und zoologischen Gärten,
  d. Dienstleistungen von Bibliotheken, Archiven und Dokumentationsstellen, namentlich die Einsichtnahme in Text-, Ton- und Bildträger in ihren Räumlichkeiten,
- für sportliche Anlässe verlangte Entgelte einschliesslich derjenigen für die Zulassung zur Teilnahme an solchen Anlässen (z.B. Startgelder) samt den darin eingeschlossenen Nebenleistungen,
- kulturelle Dienstleistungen und Lieferungen von Gegenständen durch deren Urheberinnen und Urheber wie Schriftsteller, Komponisten, Filmschaffende, Kunstmaler, Bildhauer sowie von den Verlegern und den Verwertungsgesellschaften zur Verbreitung dieser Werke erbrachte Dienstleistungen.

4 Berechnung und Überwälzung der Steuer

> **2,4 %** **reduzierter Satz**
> (Fortsetzung)
>
> Auf den Dienstleistungen der Radio- und Fernsehgesellschaften, mit Ausnahme der Dienstleistungen mit gewerblichem Charakter.
>
> Auf den Leistungen im Bereiche der Landwirtschaft, die in einer mit der Urproduktion in unmittelbarem Zusammenhang stehenden Bearbeitung des Bodens oder von mit dem Boden verbundenen Erzeugnissen der Urproduktion bestehen (Pflügen, Eggen, Ansäen, Ernten).

> **3,6 %** **Sondersatz**
>
> auf Beherbergungsleistungen, d.h. Unterkunft einschliesslich der Abgabe eines Frühstücks, selbst wenn dieses separat berechnet wird.
>
> Befristet bis zum 31.12.2003 (die Bundesversammlung kann diese Frist mit einem Bundesgesetz verlängern)

> **7.6 %** **Normalsatz**
>
> auf allen übrigen steuerbaren Umsätzen

Als **gastgewerbliche Leistung** gilt die Abgabe von Ess- und Trinkwaren, wenn die steuerpflichtige Person sie beim Kunden zubereitet resp. serviert oder wenn sie für deren Konsum an Ort und Stelle besondere Vorrichtungen bereithält (Z 130). Hauslieferungen von Pizzas sind zu 2,4% steuerbar.
Als steuerbare **Beherbergungsleistung** gilt die Gewährung von Unterkunft einschliesslich der Abgabe eines Frühstücks. Darunter fallen die Vermietung von Wohn- und Schlafräumen an Gäste (Zimmer, Appartements, Suiten u. dgl.), die Vermietung von Campingplätzen sowie die Vermietung von möblierten Ferienhäusern und -wohnungen, und zwar unabhängig von der Dauer der Vermietung, solange kein zivilrechtlicher Wohnsitz begründet wird. Bei Halb- und Vollpensionsarrangements sind die Anteile für die Beherbergung und für die Verpflegung separat in der Rechnung aufzuteilen (Z 152 ff., Z 340 ff., BB 08 «Hotel- und Gastgewerbe», Ziff. 6).

Leistungen, die wirtschaftlich eng zusammengehören und so ineinander greifen, dass sie als unteilbares Ganzes anzusehen sind, gelten als ein einheitlicher wirtschaftlicher Vorgang. Soweit das MWStG nichts anderes bestimmt, ist eine solche Gesamtleistung zum Normalsatz steuerbar. **Nebenleistungen** teilen dagegen das umsatzsteuerliche Schicksal der Hauptleistung (Z 357).
Umschliessungen, die der Lieferant mit dem Gegenstand abgibt, unterliegen dem gleichen Steuersatz wie die Lieferung des umschlossenen Gegenstandes.
Nicht zum Entgelt gehören Pfandgelder auf Gebinden (Z 231, Z 355).

4 Berechnung und Überwälzung der Steuer

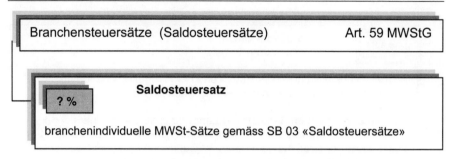

Mit der Anwendung des Saldosteuersatzes sind die Vorsteuern im Sinne einer Pauschale abgegolten. Dies vereinfacht die administrativen Arbeiten, weil die abziehbaren Vorsteuern nicht genau ermittelt werden müssen.

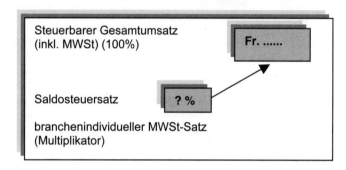

Saldosteuersätze

Zurzeit bestehen folgende Saldosteuersätze:

	Saldosteuersatz %	Umsatzgrenzen Fr.
normale Besteuerungsart	0,6%	3 000 000.–
	1,2%	3 000 000.–
	2,3%	2 610 000.–
	3,5%	1 720 000.–
	4,6%	1 310 000.–
	5,2%	1 160 000.–
	6,0%	1 000 000.–
Margenbesteuerung	6,0%	
(bei Büchern, Zeitungen, Zeitschriften)	(2,3%)	

4 Berechnung und Überwälzung der Steuer

> **Voraussetzung**

Für die Anwendung von Saldosteuersätzen müssen seit 1.1.2001 folgende beiden Bedingungen erfüllt sein:

- Der Jahresumsatz darf höchstens Fr. 3,0 Mio. betragen
- Die Steuerzahllast darf max. Fr. 60 000.– pro Jahr betragen

> **Antrag**

Betriebe oder Unternehmer, welche die oben erwähnten Bedingungen erfüllen, können einen Antrag auf Abrechnung nach der vereinfachten Methode mit Formular Nr. 1198 stellen (Seite 109).

Die Anwendung der Abrechnung nach Saldosteuersätzen muss während mindestens 5 Jahren beibehalten werden. Danach ist ein schriftlicher Widerruf bis spätestens Ende Februar des Folgejahres möglich. Eine erneute Unterstellung kann allerdings erst wieder nach 5 Kalenderjahren mit effektiver Abrechnungsweise beantragt werden.

Betriebe, die sich bis zum 31. Januar 2001 nicht für die Abrechnung nach Saldosteuersätzen entschlossen haben, müssen ebenfalls 5 Jahre lang nach effektiver Methode abrechnen, bevor sie einen Antrag auf Abrechnung nach Saldosteuersätzen stellen können.

> **Wichtige Hinweise**

Die ESTV bewilligt maximal zwei Saldo-Steuersätze die nebeneinander angewendet werden dürfen. Es müssen separate Umsatz- und Warenaufwandkonti geführt werden. Ein allfälliger Eigenverbrauch ist zum höheren Satz abzurechnen.

In den Abrechnungen sind immer die Umsätze (inkl. MWSt) zu deklarieren.

Steuerpflichtige, die nach Saldosteuersätzen abrechnen, haben halbjährlich abzurechnen.

Die Jahresumsatz-Limite von Fr. 3,0 Mio. versteht sich inklusive Exporte (jedoch ohne Auslandlieferungen resp. Dienstleistungen im Ausland).

Die Exportumsätze sind auch mit dem Saldosteuersatz abzurechnen. Sofern der Ausfuhrnachweis vorhanden ist, kann die Rückforderung von 7,6% MWSt mit separatem Formular Nr. 1050 unter Ziff. 110 in der MWSt-Abrechnung geltend gemacht werden.
Keine Vorsteueranrechnung besteht auf Leistungen im Ausland, z.B. Architekturleistungen am Bauwerk im Ausland, Vermögensberatung für Kunden mit Wohnsitz im Ausland, Lieferung von Gegenständen im Ausland (Ausland/Ausland-Lieferung).

4 Berechnung und Überwälzung der Steuer

Wird für die Versteuerung von Umsätzen gemäss Art. 18 MWStG optiert, kann die Saldosteuersatzmethode nicht angewendet werden.

In Samnaun und Sampuoir kann die Saldosteuersatzmethode nicht angewendet werden.

Die Margenbesteuerung kann auch bei der Anwendung der Saldosteuersatzmethode angewendet werden. Bei der vereinfachten Anwendung der Margenbesteuerung (bis zu einem Jahresumsatz von Fr. 500 000.–) kann die Saldosteuersatzmethode jedoch nicht angewendet werden.

Sofern während zwei aufeinanderfolgenden Kalenderjahren die jährliche Umsatzgrenze von Fr. 3,0 Mio. resp. die Steuerzahllast von Fr. 60 000.– überschritten wird, muss der Steuerpflichtige ab 1. Januar des dritten Jahres genau, d.h. nach gesetzlicher Regelung, abrechnen. Wird die Umsatz- und Steuerzahllastlimite in einem Kalenderjahr massiv, d.h. um mehr als 50% überschritten, so wird die Bewilligung zur Abrechnung mit Saldosteuersätzen entweder rückwirkend (wenn es sich um das erste Jahr der Unterstellung handelt) oder aber auf das Folgejahr hin entzogen.

Selbst ausgeführte Arbeiten an Bauwerken sind im Eigenverbrauch zum Saldosteuersatz (ohne Grundstück) abzurechnen.
Bei Entnahmen von Gegenständen ist unter bestimmten Voraussetzungen kein Eigenverbrauch abzurechnen.

Die Benützung von Geschäftsfahrzeugen durch Aktionäre, Gesellschafter u. dgl. ist mit der Anwendung der Saldosteuersätze abgegolten, sofern nichts dafür zu bezahlen ist.

Verkäufe von Betriebsmitteln sind zum Saldosteuersatz abzurechnen.

Beim Wechsel von der effektiven Methode zur Abrechnung mit Saldosteuersätzen erfolgt keine Steuerkorrektur, sofern der Steuerpflichtige nicht gestützt auf Art. 26 MWStG für die Versteuerung ausgenommener Umsätze optiert hatte und die Steuerpflicht vom Zeitpunkt des Wechsels an noch fünf ganze Kalenderjahre bestehen bleibt. Der Steuerpflichtige hat den Wert des Warenlagers, der Betriebsmittel und der Anlagegüter im Zeitpunkt des Wechsels anzugeben (idR. Bilanzwert). Bleibt die Steuerpflicht nicht mehr fünf ganze Kalenderjahre bestehen, erfolgt eine nachträgliche Steuerkorrektur (pro rata temporis).
Eine Steuerkorrektur entfällt wenn innert 5 Jahren die Umsatzlimiten überschritten werden und zur effektiven Methode gewechselt werden muss.

Der Bundesrat beabsichtigt in einem zweistufigen Vorgehen für KMU-Betriebe mit einem Jahresumsatz bis zu Fr. 2 Mio. (?) eine einjährige Abrechnungsperiode einzuführen.

Weitere Einzelheiten sind der SB 03 «Saldosteuersätze» zu entnehmen.

4 Berechnung und Überwälzung der Steuer

Nachfolgende Grafik soll die Entscheidung für die Unterstellung unter die Saldosteuersatzmethode erleichtern:

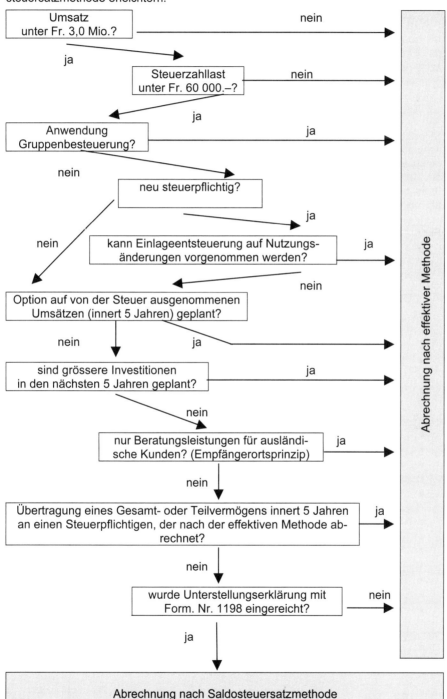

4 Berechnung und Überwälzung der Steuer

Pauschalsteuersätze

Pauschalsteuersatz
? %

umsatzbezogene pauschale MWSt-Sätze bei den Gemeinwesen

Steuerpflichtige Gemeinwesen oder autonome Teile davon können sich der Pauschalabrechnung unterstellen und die Berechnung der Nettosteuerschuld mittels entsprechendem Pauschalsteuersatz vornehmen. Gemeinwesen, öffentliche oder private Schule, Alters- oder Pflegeheim, Kurhaus, Kloster, karitative Organisation, Spital oder eine Anstalt, welche als autonome Abteilung in ihrer Gesamtheit steuerpflichtig ist, kann mehrere Pauschalsteuersätze nebeneinander anwenden.

Für folgende Tätigkeiten gibt es Pauschalsteuersätze:

Branche / Tätigkeit	Pauschal-steuersatz
♦ Abfall- / Kehrichtentsorgung / Deponie	3,5%
♦ Abwasserentsorgung / Kläranlage	3,5%
♦ Beurkundungen, Beglaubigungen	6,0%
♦ Blumenladen	1,2%
♦ Buchbinderei	1,2%
♦ Cafeteria, Personalkantine	5,2%
♦ Campingplätze (Vermietung)	2,3%
♦ Hoch- und Tiefbau, Strassenbau	4,6%
♦ Kiosk	0,6%
♦ Mechanische Werkstätten in Anstalten	3,5%
♦ Medikamentenverkauf (Spitäler an Personal usw.)	1,2%
♦ Parkhaus	5,2%
♦ Schneiderbetriebe in Anstalten	5,2%
♦ Schreinereibetriebe in Anstalten	4,6%
♦ Schwimmbad, Hallenbad, Kunsteisbahn	4,6%
♦ Treibstoffverkäufe ans Personal	0,6%
♦ Versand-/Verpackungsarbeiten in Behindertenwerkstätten	6,0%
♦ Vermessungsleistungen	6,0%
♦ Wäscherei	5,2%
♦ Wasserversorgung	0,1%
♦ Zurverfügungstellen von Arbeitskräften	6,0%

Weitere Einzelheiten sind der BB 18 «Gemeinwesen» zu entnehmen, Unterstellungserklärung auf Seite 110.

4 Berechnung und Überwälzung der Steuer

4.4 RECHNUNGSSTELLUNG UND ÜBERWÄLZUNG DER STEUER — Art. 37 MWStG

Belege für den Vorsteuerabzug (gemäss Art. 37 MWStG)

Damit der Rechnungsempfänger einen Vorsteuerabzug vornehmen kann, müssen die Verkaufs- resp. Einkaufsrechnungen folgende Formerfordernisse aufweisen:

Art. 37 MWStG formeller Inhalt einer Eingangsrechnung

Auf Verlangen des steuerpflichtigen Empfängers hat die steuerpflichtige Person über ihre Lieferung oder Dienstleistung eine Rechnung auszustellen, in der sie angeben muss:

a. den Namen und die Adresse,
   - unter denen sie im Register der steuerpflichtigen Personen eingetragen ist oder
   - die sie im Geschäftsverkehr[1] zulässigerweise verwendet,
   sowie die Nummer, unter der sie im Register der steuerpflichtigen Personen eingetragen ist;

b. den Namen und die Adresse des Empfängers der Lieferung oder der Dienstleistung, wie er im Geschäftsverkehr[1] zulässigerweise auftritt;

c. Datum oder Zeitraum der Lieferung oder der Dienstleistung;

d. Art, Gegenstand und Umfang der Lieferung oder der Dienstleistung;

e. das Entgelt für die Lieferung oder die Dienstleistung;

f. den Steuersatz und den vom Entgelt geschuldeten Steuerbetrag. Schliesst das Entgelt die Steuer ein, so genügt die Angabe des Steuersatzes. Art. 33 Abs. 6 Bst. a MWStG (gesondert in Rechnung gestellte öffentlich-rechtliche Abgaben, die im Namen und für Rechnung des Abnehmers vom Lieferanten bezahlt wurden) bleibt vorbehalten.

1) Geschäftsverkehr nach Art. 944 ff. OR sowie Art. 47 ff. HRegV (Z 759)

Auf Briefen, Bestellscheinen und Rechnungen sowie in Bekanntmachungen ist die im Handelsregister eingetragene Firma vollständig und unverändert anzugeben. Zusätzlich können Kurzbezeichnungen, Logos, Geschäftsbezeichnungen, Enseignes und ähnliche Angaben verwendet werden (Art. 47 HRegV).

4 Berechnung und Überwälzung der Steuer 146

Ausnahme: Bei Coupons von Registrierkassen und EDV-Anlagen pro Coupon bis zu einem Betrag von Fr. 200.– kann aus Gründen der Einfachheit auf die Angabe des Namens und der Adresse des Empfängers verzichtet werden (Z 785).

Enthält eine Rechnung nicht den vorgenannten Inhalt, ist ein Vorsteuerabzug nicht möglich.

In Rechnungen an steuerpflichtige Empfänger für Lieferungen oder Dienstleistungen, die unterschiedlichen Steuersätzen unterliegen, ist anzugeben, wie sich das Entgelt auf die unterschiedlich besteuerten Umsätze verteilt.

Auf den Rechnungen, Preisanschriften, Preislisten usw. darf kein MWSt-Hinweis aufgeführt sein:

- bei Lieferungen oder Dienstleistungen von nicht steuerpflichtigen Personen,
- bei Anwendung der Margenbesteuerung auf gebrauchten Gegenständen,
- bei Anwendung des Meldeverfahrens bei einer Umstrukturierung.

Zur Beurteilung von Streitigkeiten über die Steuerüberwälzung sind die Zivilgerichte zuständig.

Gemäss Preisbekanntgabe-Verordnung (PBV) vom 11.12.1978 ist gegenüber inländischen Konsumenten der tatsächlich zu bezahlende Betrag in «Fr.» bekannt zu geben. Als Ergänzung kann zusätzlich die fremde Währung angegeben werden. Die Bekanntgabe des zu bezahlenden Preises gegenüber inländischen Konsumenten alleine in fremder Währung ist nicht zulässig (MB 21 «Mehrwertsteuer und Fremdwährungen (z.B. Euro)», Ziff. 2).

4 Berechnung und Überwälzung der Steuer 147

Nachfolgend sind einige korrekt erstellte Musterbelege aufgeführt:

Rechnung mit blosser Angabe des MWSt-Satzes

```
Fritz Muster AG                    Zürich, 1. Februar 2001
Büroapparate
Hauptstrasse 1
8000 Zürich                        Hans Meier
                                   Eisenhandlung
MWSt-Nr. 100 001                   Bahnhofstrasse 2
                                   3000 Bern

RECHNUNG

Wir lieferten Ihnen am 15. Januar 2001

1 Kopierer Marke X, Typ A
Geräte-Nr. XXY 1234                     Fr.  5 918.–

                                        inkl. 7,6% MWSt
```

Rechnung mit offenem Ausweis des MWSt-Betrages

```
Fritz Muster AG                    Zürich, 1. Februar 2001
Büroapparate
Hauptstrasse 1
8000 Zürich                        Hans Meier
                                   Eisenhandlung
MWSt-Nr. 100 001                   Bahnhofstrasse 2
                                   3000 Bern

RECHNUNG

Wir lieferten Ihnen am 15. Januar 2001
                                             Fr.
1 Kopierer Marke X, Typ A
Geräte-Nr. XXY 1234                          5 500.–

7,6% MWSt                                      418.–

TOTAL                                        5 918.–
```

4 Berechnung und Überwälzung der Steuer

Quittung

```
Fritz Muster, Hotel Seehof,
Hauptstrasse, 3000 Bern

MWSt-Nr. 100 300    18.2.2001

QUITTUNG
                            Fr.
Kü                          22.—
Mi                          3.20
Total inkl. 7,6% MWSt       25.20
```

Rechnung mit verschiedenen MWSt-Sätzen

Fritz Muster AG   Zürich, 1. Februar 2001
Handelsprodukte
Hauptstrasse 1
8000 Zürich   Hans Meier
                                     Drogerie
MWSt-Nr. 100 001   Bahnhofstrasse 2
                                     3000 Bern

RECHNUNG

Wir lieferten Ihnen am 15. Januar 2001

Menge	Artikel	Preis je Einheit	Nettobeträge steuerbar zu		Brutto-betrag inkl.MWSt
			2,4%	7,6%	
100 D	Schmerztabletten	3.—	300.—		
100 T	Zahnpasta	6.—		600.—	
	Total Warenwert netto		300.—	600.—	
	Fracht und Verpackung:				
	(Total Fr. 30.00)		10.—	20.—	
			310.—	620.—	
	2,4% / 7,6% MWSt		7.45	47.10	
	TOTAL inkl. MWSt		317.45	667.10	984.55

4 Berechnung und Überwälzung der Steuer

Rechnung mit Hinweis auf den Lieferschein

```
Handels AG                              Zürich, 1. April 2001
Musterstrasse 1
8001 Zürich

MWSt-Nr. 100 101                        Hans Muster
                                        Garage Grünau
                                        Grünaustrasse 5
                                        8000 Zürich

RECHNUNG

Lieferschein Nr. 100                            Fr.

10 Ersatzteile, Typ 12                       1 200.—
./. Rabatt 10%                                 120.—
Gesamtbetrag netto                           1 080.—
+ 7,6% MWSt                                     82.10
Total Rechnungsbetrag                        1 162.10
```

Der Lieferschein Nr. 100 mit Vermerk des Lieferdatums ist aufzubewahren.

Handwerkerrechnung an eine einfache Gesellschaft

```
Bauspengler Müller AG                   Bern, 10. Januar 2001
Musterstrasse 1
3003 Bern

MWSt-Nr. 100 200                        Baugesellschaft Halde, Köniz
                                        c/o Muster AG
                                        Schreinerei
                                        Hauptstrasse 10
                                        3000 Bern

RECHNUNG

Unsere Bauspenglerarbeiten vom 5. – 7. Januar 2001
gemäss Devis vom 10.10.2000                     Fr.

Flachdachsanierung an der Liegenschaft
Hauptstrasse 10 Nord   350 m2 à Fr. 100.—    35 000.—
+ 7,6% MWSt                                   2 660.—
Total Rechnungsbetrag                        37 660.—
```

Muster Empfangsadressen (BB 16 «Liegenschaftsverwaltung / Immobilien», Ziff. 2.2 und 2.3)

4 Berechnung und Überwälzung der Steuer

Rechnung mit Eintauschgegenstand
(zwei steuerpflichtige Personen)

Auto Handels AG					Bern, 12. Januar 2001
Musterstrasse 1
3003 Bern

MWSt-Nr. 100 100				Hans Muster
						Eisenhandlung
						Bahnhofstrasse 1
						8000 Zürich

						MWSt-Nr. 200 200

RECHNUNG

Unsere Lieferung vom 10. Januar 2001	Fr.
1 PW neu Marke ZZ, Typ ZZ 10000, Stamm-Nr. 1001	20 000.—
./. Rabatt 5%	1 000.—
+ Abnahmegebühr *	50.—
Gesamtbetrag netto	19 050.—
+ 7,6% MWSt	1 447.80
	20 497.80
./. Eintausch	
1 PW Marke AA, Typ AA 10000, Stamm-Nr. 2002	10 000.—
+ 7,6% MWSt	760.—
Km-Stand 46 532	10 760.—
Aufpreis	9 737.80

---

* Die Abnahme erfolgte nicht im Namen und auf Rechnung des Kunden.

Beim Eintausch von Occasionsfahrzeugen ist die Angabe des Kilometerstandes fakultativ (BB 05 «Motorfahrzeuggewerbe», Ziff. 5.4).

Weitere Hinweise unter Z 790.

4 Berechnung und Überwälzung der Steuer

Rechnung mit Eintauschgegenstand
(Kunde ist eine Privatperson)

Auto Handels AG   Bern, 12. Januar 2001
Musterstrasse 1
3003 Bern

MWSt-Nr. 100 100   Fritz Meier
                                               Burg
                                               9000 St. Gallen

RECHNUNG

Unsere Lieferung vom 10. Januar 2001   Fr.

1 PW neu Marke ZZ, Typ ZZ 10000, Stamm-Nr. 1001   20 000.—
./. Rabatt 5%   1 000.—
+ Abnahmegebühr *   50.—
Gesamtbetrag netto   19 050.—
+ 7,6% MWSt   1 447.80
                                                    20 497.80

./. Eintausch
1 PW Marke AA, Typ AA 10000, Stamm-Nr. 2002   10 000.—
Km-Stand 46 532

Aufpreis   10 497.80

---

* Die Abnahme erfolgte nicht im Namen und auf Rechnung des Kunden.

Beim Eintausch von Occasionsfahrzeugen ist die Angabe des Kilometerstandes fakultativ (BB 05 «Motorfahrzeuggewerbe», Ziff. 5.4).

Beleg in Landeswährung (mit Angabe Belegtotal in Fremdwährung [z.B. Euro])
(MB 21 «Mehrwertsteuer und Fremdwährungen», Ziff. 3.1)

Hans Muster   Lebensmittel
Lindenstr. 1   8000 Zürich

18.2.2002   10.05   10145
Vollmilch   1.75   0
Bier   10.70   1
Total Fr.   12.45
Total Euro   1.52   8.19

Bargeld in Euro   10.00
zurück in Fr.   2.75

MWSt-Nr. 100 955
Code   MWSt %   Total   MWSt
 0   2,4%   1.75   0.04
 1   7,6%   10.70   0.76

4 Berechnung und Überwälzung der Steuer

Beleg in Landeswährung und Fremdwährung (z.B. Euro)
(MB 21 «Mehrwertsteuer und Fremdwährungen», Ziff. 3.1)

```
Hans Muster        Lebensmittel
Lindenstr. 1       8000 Zürich

18.2.2002        10.05    10145
                                Fr.         EUR
Vollmilch                       1.75    0   1.15
Bier                           10.70    1   7.04
Total                          12.45        8.19

Bargeld                                    10.00
zurück                                      1.81

      MWSt-Nr. 100 955
Code   MWSt    Total    MWSt    Total    MWSt
        %       Fr.      Fr.    EUR      EUR
 0     2,4%    1.75     0.04    1.15     0.03
 1     7,6%   10.70     0.76    7.04     0.50
```

Beleg in Fremdwährung (z.B. Euro)
(MB 21 «Mehrwertsteuer und Fremdwährungen», Ziff. 3.2)

```
Hans Muster       Lebensmittel
Lindenstr. 1      8000 Zürich

18.2.2002       10.05    10145
                          EUR
Vollmilch                 1.15    0
Bier                      7.04    1
Total                     8.19
Total Fr.                12.45

Bargeld in Euro          10.00
zurück in Fr.             2.75

MWSt-Nr. 100 955
Code    MWSt %    Total    MWSt
 0       2,4%     1.15     0.03
 1       7,6%     7.04     0.50
```

Die Behandlung von Belegen in Fremdwährung – mit wahlweiser Möglichkeit der Bezahlung in «Fr. » – richtet sich nach Z 208 ff. und Z 839 ff. (Umrechnung zum Monats-Durchschnittskurs oder Devisen-Tageskurs [Verkauf]). Die Kurse können auf «www.estv.admin.ch» abgefragt werden.

4 Berechnung und Überwälzung der Steuer 153

Leasingvertrag
(steuerpflichtiger Leasingnehmer)

LEASINGVERTRAG Nr. 1005 Leasinggegenstand:
vom 1. Januar 2001 Fräsmaschine, Typ 2000

Leasinggeber: Leasingnehmer:
Maschinen-Leasing AG Präzisionsprodukte AG
Mustergasse 10, 8002 Zürich Halde 1
 8000 Zürich

Preis Fräsmaschine, Typ 2000	Fr. 170 000.–
Zinsen	Fr. 6 800.–
Verwaltungskosten	Fr. 2 200.–
Kaution	Fr. 4 000.–
Total	Fr. 183 000.–
abzüglich:	
Kaution	Fr. 4 000.–
1. Leasingrate (inkl. 7,6% MWSt)	Fr. 7 000.–
Total	Fr. 172 000.–
monatliche Leasingraten (inkl. 7,6% MWSt)	Fr. 7 000.–

Nach Bezahlung von 24 Monatsraten kann der Leasinggegenstand der Leasinggesellschaft zurückgegeben werden oder zu einem Zeitwert von Fr. 11 000.– käuflich übernommen werden.

zahlbar: monatlich, jeweils am 30. je Monat
....

Weitere Vertragsbestimmungen:

Die Leasinggeberin ist im Register der steuerpflichtigen Personen unter der MWST-Nr. 120 450 eingetragen.

Die Beträge verstehen sich inkl. 7,6% MWSt.

Die Leasingraten werden bei einer Steuersatzerhöhung entsprechend angepasst und in einem Nachtrag zum Leasingvertrag dem Leasingnehmer 3 Monate vorher mitgeteilt.

4 Berechnung und Überwälzung der Steuer

Damit ein steuerpflichtiger Leasingnehmer einen Vorsteuerabzug vornehmen kann muss bei wiederkehrenden Zahlungen ein Vertrag gemäss Art. 37 MWStG sowie der «Empfangsschein» des Einzahlungsscheins mit mindestens folgenden Angaben vorliegen:

- Hinweis auf den entsprechenden Leasingvertrag (z.B. Leasingvertrag vom 1.1.2001)
- Hinweis Hinweis auf die MWSt und den angewandten Steuersatz (z.B. inkl. 7,6% MWSt)

Fehlen auf den Empfangsscheinen die vorstehend erwähnten Minimalangaben, ist die Vorsteuer nicht abziehbar.

Erteilt der Leistungsempfänger seiner Bank den Auftrag, periodisch seinem Konto einen bestimmten Betrag zu belasten (Dauerauftrag), berechtigt die Belastungsanzeige der Bank selbst dann nicht zum allfälligen Vorsteuerabzug, wenn darauf ein Vermerk wie z.B. «Leasingvertrag vom 1.1.2001 / MWSt 7,6%» angebracht wird. Unabdingbare Voraussetzung für die Zulässigkeit des Vorsteuerabzuges ist in einem solchen Fall eine vom Leistungserbringer selbst erstellte Rechnung oder obgenannte Empfangsscheine mit entsprechenden Angaben (Z 800, MB 09 «Anforderungen an die Belege bei wiederkehrenden Zahlungen aufgrund eines Vertrages ohne erneute Rechnungsstellung», Ziff. 6).

Quittung des Lieferanten an den Leasingnehmer
(steuerpflichtiger Leasingnehmer)

QUITTUNG
vom 1. Januar 2001

Leasinggegenstand:
Fräsmaschine, Typ 2000

Lieferant:
Maschinenfabrik AG
Seestrasse 20, 6000 Luzern

Leasingnehmer:
Präzisionsprodukte AG
Halde 1
8000 Zürich

Wir haben im Namen und für Rechnung der Maschinen-Leasing AG in Zürich von Ihnen erhalten:

Anzahlung gemäss Leasingvertrag Nr. 1005

Kaution	Fr. 4 000.–
1. Leasingrate	Fr. 7 000.–
Total	Fr. 11 000.–

Für den Vorsteuerabzug der 1. Leasingrate beim Leasingnehmer hat die Leasinggesellschaft dem Leasingnehmer einen formell korrekten Beleg (Art. 37 MWStG) zu erstellen.
(BB 05 «Motorfahrzeuggewerbe», Ziff. 6.1).

4 Berechnung und Überwälzung der Steuer

Mietvertrag (mit Option)

MIETVERTRAG vom 1. Januar 2001	Mietobjekt: Gewerbebau Lindenstrasse 1, Zürich 2. OG links
Vermieter: Liegenschaften AG Mustergasse 5, 8002 Zürich	Mieter: Werbeagentur AG Halde 5 8000 Zürich
Mietzins monatlich Nebenkosten Total Betrag (inkl. 7,6% MWSt)	Fr. 9 200.– <u>Fr. 600.–</u> Fr. 9 800.–
zahlbar:	monatlich, jeweils am 30. je Monat ....

Weitere Vertragsbestimmungen:

Die Vermieterin hat von der Möglichkeit der Option auf den Mieteinnahmen gemäss Art. 26 Abs. 1 Bst. b MWStG Gebrauch gemacht. Die Bewilligung der ESTV liegt vor.

Die Vermieterin ist im Register der steuerpflichtigen Personen unter der MWSt-Nr. 120 951 eingetragen.

Die Beträge verstehen sich inkl. 7,6% MWSt.

Der Mietzins wird bei einer Steuersatzerhöhung entsprechend angepasst und in einem Nachtrag zum Mietvertrag dem Mieter 6 Monate vorher mitgeteilt.

Auf den Einzahlungsscheinen müssen folgende Vermerke angebracht werden:

Hinweis auf den entsprechenden Mietvertrag (z.B. Mietvertrag vom 1.1.2001)
Steuersatz und Bezeichnung «inkl. MWSt» (z.B. inkl. 7,6% MWSt)

Können die vorgenannten Minimalangaben nicht angebracht werden, hat der Leistungserbringer einem steuerpflichtigen Leistungsempfänger für jede Teilleistung eine Rechnung gemäss Art. 37 MWStG auszustellen (MB 09, Ziff. 3).

4 Berechnung und Überwälzung der Steuer

Kaufvertrag (mit Option)

KAUFVERTRAG vom 10. Januar 2001	Kaufobjekt: Gewerbebau Musterstrasse 1, Bern
Verkäufer: Liegenschaften AG Mustergasse 5, 8002 Zürich	Käufer: Schreinerei Kurt AG Musterstrasse 3 3003 Bern
Kaufpreis: Gebäude inkl. Boden	Fr. 867 260.–
zahlbar bis 20. Januar 2001	....

Weitere Kaufbestimmungen:

Die Verkäuferin hat von der Möglichkeit, das Gebäude der MWSt zu unterstellen (Option gemäss Art. 26 Abs. 1 Bst. b MWStG), Gebrauch gemacht.
Die Verkäuferin ist im Register der steuerpflichtigen Personen unter der MWSt-Nr. 120 951 eingetragen.

Der Kaufpreis von Fr. 867 260.– setzt sich wie folgt zusammen:

Büro- und Gewerberäumlichkeiten	Fr. 635 000.–
+ 7,6% MWSt	Fr. 48 260.–
Gebäudewert inkl. 7,6% MWSt	Fr. 683 260.–
Boden	Fr. 184 000.–
Total Kaufpreis	Fr. 867 260.–

Die Verkäuferin bestätigt, dass die Bewilligung der ESTV zur Option (Formular Nr. 760) vorliegt.

Die Verkäuferin verpflichtet sich, die auf der Option anfallende Umsatzsteuer (gemäss obigen Angaben) fristgerecht der ESTV zu überweisen.

Die Käuferin nimmt zur Kenntnis, dass die überwälzte Umsatzsteuer bei einer späteren Umnutzung des Objektes voll resp. teilweise bei der Eigenverbrauchssteuer mitberücksichtigt wird.

4 Berechnung und Überwälzung der Steuer

Vertragmöglichkeit beim Verkauf von Betriebsliegenschaften

Erfahrungen haben gezeigt, dass beim Verkauf einer Betriebsliegenschaft im Vertrag die Auswirkungen der Mehrwertsteuer nicht festgehalten sind. Es sind drei Varianten möglich:

- Verkauf ohne Option
- Verkauf mit Option
- Verkauf mit Meldeverfahren

Im Vertrag sollten folgende Bemerkungen festgehalten werden:

☐[1)] Der Verkäufer hat von der Möglichkeit, das Gebäude der MWSt zu unterstellen (Option gemäss Art. 26 Abs. 1 Bst. b MWStG), keinen Gebrauch gemacht:

- Im Kaufpreis ist demzufolge keine MWSt eingerechnet;
- Eine durch die Umnutzung anfallende Eigenverbrauchssteuer ist durch den Verkäufer zu begleichen.

☐[1)] Der Verkäufer hat von der Möglichkeit, das Gebäude der MWSt zu unterstellen (Option gemäss Art. 26 Abs. 1 Bst. b MWStG), Gebrauch gemacht.

Der Verkäufer ist im Register der steuerpflichtigen Personen unter der MWSt-Nr. .... eingetragen.

Der Kaufpreis von Fr. .... setzt sich wie folgt zusammen:

Gebäude	Fr. ....
+ 7,6 % MWSt	Fr. ....
Gebäudewert inkl. 7,6 % MWSt	Fr. ....
Boden	Fr. ....
Total Kaufpreis	Fr. ....

Der Verkäufer bestätigt, dass die Bewilligung der ESTV zur Option auf Formular Nr. 760 vorliegt.

Der Verkäufer verpflichtet sich, die auf der Option anfallende Umsatzsteuer (gemäss obigen Angaben) fristgerecht der ESTV zu überweisen.

Der Käufer nimmt zur Kenntnis, dass die überwälzte Umsatzsteuer bei einer späteren Umnutzung des Objektes voll resp. teilweise bei der Eigenverbrauchssteuer mitberücksichtigt wird.

4 Berechnung und Überwälzung der Steuer

☐[1)] Der Verkäufer hat im Zusammenhang mit der Übertragung eines Gesamt- oder Teilvermögens von der Möglichkeit Gebrauch gemacht, das Gebäude im Meldeverfahren* zu übertragen (Meldeverfahren gemäss Art. 47 Abs. 3 MWStG).

Der Kaufpreis von Fr. .... setzt sich wie folgt zusammen:

Gebäude	Fr. ....
Boden	Fr. ....
Total Kaufpreis	Fr. ....

Der Verkäufer bestätigt, dass das Formular Nr. 764 (Fragebogen Meldeverfaren) von beiden Parteien unterzeichnet fristgerecht der ESTV zugestellt wurde resp. wird und dass seit der Einführung der Mehrwertsteuer auf den 1.1.1995:

☐[1)] keine Investitionen mit Bausumme über 5 % des Gebäudeversicherungswertes (vor dem Umbau / Ausbau) ausgeführt wurden (keine Grossrenovation);
☐[1)] Investitionen mit Bausumme über 5 % des Gebäudeversicherungswertes (vor dem Umbau / Ausbau) ausgeführt wurden (keine Grossrenovation);
☐[1)] keine wertvermehrenden Aufwendungen erworben wurden;
☐[1)] wertvermehrende Aufwendungen erworben wurden.

Wurde eine Grossrenovation (Bausumme über 5 % des Gebäudeversicherungswertes) ausgeführt oder wurden wertvermehrende Aufwendungen erworben, verpflichtet sich der Verkäufer, dem Käufer als Nachweis für eine allfällig spätere Eigenverbrauchsbesteuerung infolge Umnutzung folgende Unterlagen zu übergeben:

- Buchhaltungskontenblätter (Liegenschaften, Liegenschaftsunterhalt)
- Bauabrechnung
- Handwerksrechnungen

Die Parteien nehmen zur Kenntnis, dass auf den Übertragungsbelegen (Rechnungen, Verträgen) kein Hinweis auf die MWSt enthalten sein darf.

Der Käufer verpflichtet sich, wenn das Gebäude nicht für steuerbare oder steuerbefreite Umsätze verwendet wird, die Eigenverbrauchssteuer zu entrichten.

☐[1)] Der Verkäufer hat im Zusammenhang mit der Übertragung eines Gesamt- oder Teilvermögens von der Möglichkeit Gebrauch gemacht, das Gebäude nicht im Meldeverfahren zu übertragen (MB 11 «Übertragung mit Meldeverfahren», Ziff. 4.6). Der Verkäufer verpflichtet sich, die bei der Umnutzung anfallende Eigenverbrauchssteuer zu entrichten.

[1)] Zutreffendes ist anzukreuzen

* Bei Unsicherheiten empfiehlt es sich das Meldeverfahren von der ESTV bestätigen zu lassen.

4 Berechnung und Überwälzung der Steuer 159

Provisionsgutschrift
(zwei steuerpflichtige Personen)

Fritz Muster Produktions AG Grünaustrasse 10 8000 Zürich	Zürich, 20. März 2002
MWSt-Nr. 100 300	Vertriebs AG Bahnhofstrasse 8000 Zürich
PROVISIONS - GUTSCHRIFT	MWSt-Nr. 200 200
Verkauf 1 Präzisionsmaschine, Typ XXX, an Hans Müller, Mechanische Werkstätte, Wetzikon vom 5. Dezember 2001	Fr.
Provisionsentschädigung + 7,6% MWSt Total Gutschriftsbetrag	200.00 15.20 215.20

Weitere Hinweise unter Z 771 und Z 791.

Gutschriften und andere Dokumente, die im Geschäftsverkehr Rechnungen ersetzen, sind solchen Rechnungen gleichgestellt.

Werden Entgelte für unterschiedlich besteuerte Lieferungen und Dienstleistungen gemeinsam zurückerstattet (z.B. Jahresbonus, Jahresrückvergütung), so hat der steuerpflichtige Lieferant oder Dienstleistungserbringer dem steuerpflichtigen Empfänger einen Beleg abzugeben, aus dem ersichtlich ist, wie sich die Rückerstattung auf die unterschiedlich besteuerten Umsätze verteilt.

4 Berechnung und Überwälzung der Steuer

Beherbergungsleistung

Hotel Schönblick AG
Bachweg
3000 Davos

MWSt-Nr. 100 000

Davos, 18. Februar 2001

Fritz Müller
Seestrasse
9400 Rorschach

Rechnung Nr.: 34 678
Zimmer Nr.: 102
Anreise: 16.2.2001
Abreise: 18.2.2001

RECHNUNG

Bezeichnung	Datum	Debit Fr.	Kredit Fr.	MWSt
2 Nächte à Fr. 140.-- HP	18.2.	280.–		1 / 2
Minibar	17.2.	12.–		2
Telefon	16.2.	7.–		2
Kurtaxen	18.2.	15.–		3
Barzahlung	18.2.		314.–	
Total		**314.–**	**314.–**	

MWSt-Code:	1	3,6%	210.–	(75%)*	Steuer Fr. 7.30
	2	7,6%	70.–	(25%)*	Steuer Fr. 4.95
			19.–		Steuer Fr. 1.35
	3	0,0%	15.–		Steuer Fr. 0.00

---

* Nebst der effektiven Berechnung des Beherbergungs- und des Verpflegungsanteils kann auch eine pauschale Ermittlung vorgenommen werden (BB 08 «Hotel- und Gastgewerbe», Ziff. 6.3.2)

Halbpension:	75% des Arrangementpreises	3,6%
	25% des Arrangementpreises	7,6%
Vollpension:	65% des Arrangementpreises	3,6%
	35% des Arrangementpreises	7,6%

Der Beherbergungs- und der Verpflegungsanteil sind steuerlich getrennt auszuweisen.

4 Berechnung und Überwälzung der Steuer

> **Zusatzinformationen**

Um bei Buchprüfungen der ESTV keine Aufrechnungen von vorgenommenen Vorsteuerabzügen zu riskieren, sollten folgende Mindestregeln beachtet werden:

zu Bst. a)

Die MWSt-Nummer des Lieferanten ist zwingend anzugeben.

Der Name und die Adresse des Lieferanten sind auf der Rechnung anzugeben, wie sie im Steuerregister eingetragen sind. Der Steuerregistereintrag entspricht dem Handelsregistereintrag.

Es ist zu beachten, dass bei der Einzelfirma der Familienname aufzuführen ist, z.B.:

Fritz Muster, Hotel Seehof, Bern

Ist eine Betriebsstätte nicht im Handelsregister eingetragen, muss die Lieferantenadresse wie folgt lauten:

Muster AG, Bern
Zweigniederlassung Zürich
8000 Zürich

zu Bst. b)

Die Empfangsadresse muss auf das steuerpflichtige Unternehmen, das den Vorsteuerabzug vornehmen will, lauten. Bei Hotelrechnungen darf der Beleg nicht auf Mitarbeiter der Unternehmung ausgestellt werden.

Aus der Empfangsadresse muss eindeutig hervorgehen, welche steuerpflichtige Unternehmung angeschrieben wird. Deshalb muss der Familienname (wenn er in der Firmenbezeichnung vorkommt) sowie die Gesellschaftsform erwähnt sein.

zu Bst. c)

Datum oder Zeitraum der Leistung erhalten vor allem bei Steuersatzänderungen besondere Bedeutung. Folgende Varianten sind möglich:

> Unsere Lieferung vom ... / Rechnungsdatum = Lieferdatum / Wir lieferten Ihnen heute / unsere Lieferung im 4. Quartal 2001 / Lieferschein vom ... Wir lieferten Ihnen am ... ab unserem Lager in London

4 Berechnung und Überwälzung der Steuer

zu Bst. d)

Bei Dienstleistungen ist die Tätigkeit anzugeben, z.B.: unsere Beratung im Zusammenhang mit dem Jahresabschluss per 31.12.2001 im Monat Februar 2002.
Bei den Rechnungen kann auch auf andere Dokumente (Verträge, Devis) hingewiesen werden. Die entsprechenden Verträge sind jedoch aufzubewahren.

zu Bst. f)

Bei Leistungen an steuerpflichtige Personen ist auf der Rechnung der Steuersatz zwingend aufzuführen. Der Steuerbetrag ist hingegen fakultativ. Bei Rechnungen in Fremdwährungen ist das MB 21 «Mehrwertsteuer und Fremdwährungen» zu beachten.

Belege in Landeswährung (Fr.)	Belege in Fremdwährung
Preis je Produkt in Fr. angegeben (Preisbekanntgabeverordnung). Preis in fremder Währung kann zusätzlich angegeben werden (Z 809) ⇒ Beleg in Fr. und Belegtotal ebenfalls in Fremdwährung ⇒ Beleg in Fr. und Fremdwährung (Zweikolonnen-System)	Preis je Produkt ist in Fremdwährung angegeben. Der Rechnungsendbetrag ist zusätzlich noch in Landeswährung angegeben. ⇒ Beleg in Fremdwährung und Belegtotal ebenfalls in Fr. ⇒ Beleg nur in Fremdwährung
Bemessungsgrundlage: Der in Fr. ausgeglichene Betrag (keine Anwendung der Z 208 ff. und Z 839 ff.)	Bemessungsgrundlage: Umrechnung gemäss Z 208 ff. und Z 839 ff.)

Bei Gutschriften (Warenretouren, Jahresbonifikationen usw.), die sich auf eine Rechnung beziehen, sind die gleichen Formvorschriften anzuwenden wie bei der Rechnung.
Bei Provisionen (ausgestellt durch den zahlenden Steuerpflichtigen) und bei Eintauschgeschäften sind die MWSt-Nummern des Belegerstellers und -empfängers anzugeben.

Bei der Margenbesteuerung darf auf den Verträgen, Verkaufsrechnungen, Quittungen, Gutschriften und dergleichen kein Hinweis auf die MWSt aufgeführt sein. Erlaubt ist lediglich der Vermerk: Margenbesteuerung.

Bei mehreren Steuersätzen ist anzugeben, wie sich das Entgelt auf die unterschiedlich besteuerten Umsätze verteilt.

Zum Vorsteuerabzug berechtigt nur ein aktueller Steuersatz (7,6% / 3,6% / 2,4%).

Die steuerliche Behandlung beim Vorliegen einer Einheit oder einer Mehrheit von Leistungen richtet sich wie folgt (Z 357):

4 Berechnung und Überwälzung der Steuer

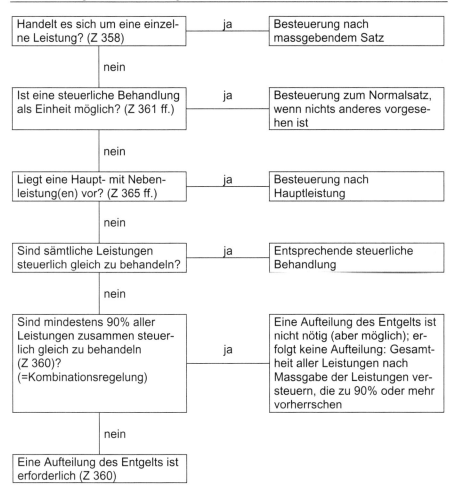

Eine einmal erstellte Rechnung, welche auch bezahlt wurde, darf nachträglich nicht geändert werden, da es sich um einen abgeschlossenen Geschäftsfall handelt. Eine Korrektur ist immer durch eine formell richtige Nachbelastung resp. Gutschrift der Steuersatzdifferenz möglich, welche einen neuen Zahlungsfluss resp. eine Verrechnung bewirkt und auf der auf den ursprünglichen Beleg hingewiesen wird. Sonstige Nachbelastungen / Gutschriften berechtigen nicht zur Korrektur auf den richtigen Steuersatz. Insbesondere auch nicht zulässig ist die Stornierung und Neuerstellung einer Rechnung ohne Zahlungsfluss.

Die ESTV hat in der bisherigen Praxis eine Bestätigung des Lieferanten anerkannt. Anlässlich von Buchprüfungen konnten mit Formular Nr. 1310 Korrekturen vorgenommen werden. Ob und in welcher Form nachträgliche Bestätigungen durch die Lieferanten auch inskünftig von der ESTV noch anerkannt werden, bleibt abzuwarten.

Nachfolgend ist ein Muster «Bestätigung des Leistungserbringers» aufgeführt.

4 Berechnung und Überwälzung der Steuer

MUSTER

Leistungserbringer, Adresse und
MWSt-Nummer (gemäss Steuerregister)

MWSt-Nr.

Leistungsempfänger / Auftraggeber
Adresse (gemäss Steuerregister)

**Bestätigung des Leistungserbringers
infolge formell ungenügender Rechnung gemäss Art. 37 MWStG**

Rechnungsdatum: _____

Rechnungsnummer: _____

Lieferdatum / -zeitraum: _____

Art der Ware oder Dienstleistung: _____

bezahlter Betrag (inkl. MWSt): _____ inkl. _____ MWSt

abgerechnet in Abrechnung: _____ eingereicht: _____

abgerechneter MWSt-Satz: _____ %

Datum: _____ Firmenstempel /
Unterschrift: _____

Der Leistungsempfänger hat diese Bestätigung der Originalrechnung beizuheften.

Eine formell ungenügende Rechnung berechtigt den Leistungsempfänger erst mit dieser ausgefüllten und unterzeichneten Bestätigung zum Vorsteuerabzug.

4 Berechnung und Überwälzung der Steuer

Belege für die Margenbesteuerung (gemäss Art. 14 MWStGV)

Damit die Margenbesteuerung angewendet werden kann, müssen Belege mit nachfolgendem Inhalt vorliegen (Z 802):

Ankaufsbeleg (gemäss Art. 14 MWStGV)

Name und Adresse des Verkäufers
Name und Adresse des Käufers
Kaufdatum
Genaue Bezeichnung der Gegenstände
Ankaufspreis

Verkaufsbeleg (gemäss Art. 14 MWStGV)

Name und Adresse des Verkäufers
Name und Adresse des Käufers
Verkaufsdatum
Genaue Bezeichnung der Gegenstände
Verkaufspreis

Kein MWSt-Hinweis (MWSt-Satz / Betrag)
(auf Kundenrechnungen, Verträgen, Quittungen, Gutschriften, Preisanschriften, Preislisten usw.)

erlaubt ist der Vermerk: Margenbesteuert oder Differenzbesteuert

---

Ein Hinweis «margenbesteuert inkl. MWSt», «Total inkl. MWSt», «Fakturabetrag inkl. MWSt» usw. gilt bereits als MWSt-Hinweis und verursacht die Besteuerung auf dem Gesamtverkaufspreis. Die Anwendung der Margenbesteuerung ist nicht möglich.

Auf den Ankaufs- und Verkaufsbelegen muss ersichtlich sein, dass es sich um einen gebrauchten Gegenstand handelt.

4 Berechnung und Überwälzung der Steuer

Rechnung mit Abrechnungsart «Margenbesteuerung» im Autogewerbe (Ankauf von Privatperson)

Heinz Kuster
Lindenstrasse 10
8000 Zürich

Zürich, 10. Januar 2001

Hans Muster
Garage Linden
Lindenstrasse 1
8000 Zürich

RECHNUNG

Unsere Lieferung vom 10. Januar 2001   Fr.

1 PW Marke AA, Typ AA 10000, Stamm-Nr. 2002   10 000.–
(Km-Stand 39 201) [1)]

[1)] die Kilometerangaben sind fakultativ

Rechnung mit Abrechnungsart «Margenbesteuerung» im Autogewerbe (Verkauf an Privatperson)

Hans Muster
Garage Linden
Lindenstrasse 1
8000 Zürich
MWSt-Nr. 100 100

Zürich, 20. Januar 2001

Rade Madlocic
Ungariastrasse
H-100 Budapest

RECHNUNG

Unsere Lieferung vom 20. Januar 2001   Fr.

1 PW Marke AA, Typ AA 10000, Stamm-Nr. 2002   11 000.–
(Km-Stand 40 356) [1)]

Margenbesteuert

[1)] die Kilometerangaben sind fakultativ

Ein Vermerk «Passant» anstelle des Kundennamens und der Adresse beim Verkauf des Occasionsfahrzeuges berechtigt nicht zur Anwendung der Margenbesteuerung.

4 Berechnung und Überwälzung der Steuer

Rechnung mit Abrechnungsart «Margenbesteuerung» im Autogewerbe
(Verkauf an Privatperson mit Zubehör und Ablieferungspauschale)

Hans Muster   Zürich, 20. Januar 2001
Garage Linden
Lindenstrasse 1
8000 Zürich
MWSt-Nr. 100 100
                                            Fritz Müller
                                            Bahnhofstrasse 122
                                            8000 Zürich

RECHNUNG

Unsere Lieferung vom 20. Januar 2001   Fr.

1 PW Marke AA, Typ ΛΛ 10000, Stamm-Nr. 2002, 47 356 km[1]   11 000.–
4 neue Winterpneus à Fr. 200.–   800.–
Ablieferungspauschale   150.–
                                                             11 950.–

                                            Margenbesteuert

---

[1] die Kilometerangaben sind fakultativ

Die Modalitäten über den Verkauf eines Occasions-Fahrzeuges werden in einem Vertrag ohne Hinweis auf die MWSt festgehalten.

Rechnung mit Abrechnungsart «Margenbesteuerung» allgemein

Fritz Muster AG   Zürich, 1. Februar 2001
Büroapparate
Hauptstrasse 1
8000 Zürich
                                            Hans Meier
                                            Eisenhandlung
MWSt-Nr. 100 001   Bahnhofstrasse 2
                                            3000 Bern

RECHNUNG

Wir lieferten Ihnen am 15. Januar 2001   Fr.

1 Kopierer Marke X, Typ A (Occasion)
Geräte-Nr. XXY 1234   2 670.–

                                            Margenbesteuerung

4 Berechnung und Überwälzung der Steuer

4.5 FRAGEN

25 Die Angestellten eines Modegeschäftes (steuerpflichtig) erhalten die Kleider mit einem Angestelltenrabatt von 25% auf dem Ladenpreis.
Auf welchem Wert muss beim Verkauf an das Personal die MWSt abgerechnet werden?

Einstandspreis	Fr. 120.–
Ladenpreis	Fr. 240.–
Bezugspreis für Mitarbeiter	Fr. 180.–

26 Der Aktionär der Haushaltsgeräte AG (steuerpflichtig) entnimmt für den privaten Bedarf folgende Gegenstände:

	Verkaufspreis	Einstandspreis
Kaffeemaschine	Fr. 180.–	Fr. 100.–
Mikrowellengerät	Fr. 1 480.–	Fr. 820.–

Auf welchem Betrag ist die MWSt geschuldet?

27 Sind folgende Positionen zum Entgelt hinzuzurechnen?

   a) Frachtkosten
   b) Entsorgungskosten
   c) Verpackungskosten
   d) Subventionen
   e) Verzugszinsen

28 Der Garagist A (steuerpflichtig) verkauft einem Privatkunden ein Occasionsfahrzeug Marke ABC für Fr. 25 000.–. Dieses Fahrzeug wurde von einem Privatkunden mit Fr. 23 000.– eingetauscht.
Wie viel MWSt hat der Garagist A mit der ESTV abzurechnen, wenn er die Margenbesteuerung anwendet?

29 Der Inhaber einer Computerfirma (Einzelfirma, steuerpflichtig) entnimmt dem Warenlager einen Laptop zu privaten Zwecken.

Einstandspreis	Fr. 1 200.–
Verkaufspreis	Fr. 1 970.–

Auf welchem Betrag hat der Einzelfirmainhaber die Eigenverbrauchssteuer abzurechnen?

4 Berechnung und Überwälzung der Steuer

30 Der Geschäftsinhaber der Einzelfirma Max Muster (steuerpflichtig) entnimmt am 1. Juli 2002 dem Unternehmen ein gebrauchtes Auto:
- Einstandspreis (1.7.2000) Fr. 25 000.–
- Buchwert Fr. 3 000.–
- Zeitwert per 1.7.2002 Fr. 15 000.–

Ist eine Mehrwertsteuer geschuldet? Wenn ja, auf welchem Betrag?

31 Ein Bauunternehmen erstellt ein Einfamilienhaus. Die Kosten setzen sich wie folgt zusammen:
- Kauf Grundstück Fr. 150 000.–
- Eigenleistungen (Maurer- und Gipserarbeiten) Fr. 170 000.–
- Drittleistungen Fr. 280 000.–

Ein gleiches Einfamilienhaus könnte das Bauunternehmen für Fr. 450 000.– (exkl. Grundstück) erwerben.

Das erbaute Einfamilienhaus wird an eine Privatperson vermietet, zum Jahreszins von Fr. 36 000.–.

Auf welchem Betrag ist die Mehrwertsteuer abzurechnen?

32 Ein Architekt (Einzelfirma, steuerpflichtig) plant einen Umbau an seinem Einfamilienhaus. Die Architekturleistungen würden einer Drittperson für Fr. 10 000.– in Rechnung gestellt.

Sind diese Leistungen mehrwertsteuerpflichtig?

33 Im Café Sonnenschein (steuerpflichtig) erhalten Sie für die Konsumation folgende Rechnung:

1 Kaffee	Fr. 2.80
2 Gipfeli	Fr. 1.60
	Fr. 4.40
plus MWSt .... %	....
Total Rechnungsbetrag	....

Die Rechnung ist zu ergänzen!

34 Eine Druckerei (steuerpflichtig) verkauft folgende Druckerzeugnisse:

a) Bücher «Mehrwertsteuer»
b) Visitenkarten
c) Zeitung «Die Schweiz»
d) Rechnungsgarnituren

Mit welchem Steuersatz sind diese Druckerzeugnisse zu versteuern?

4 Berechnung und Überwälzung der Steuer 170

35 Das Naturhistorische Museum in Bern hat gemäss Art. 26 MWStG die Optionsmöglichkeit beansprucht. Zu welchem MWSt-Satz sind die Eintrittseinnahmen abzurechnen?

36 Der Treuhänder Z wendet die Saldosteuersatzmethode an. Folgende Angaben sind bekannt:

        1. Semester 2001
        Vereinnahmter Umsatz   Fr. 100 000.–
        Aufwand (vorsteuerabzugsberechtigt) Fr. 40 000.–

Wie viel MWSt hat der Treuhänder mit der ESTV abzurechnen?
Wie lange muss der Treuhänder diese Saldosteuersatzmethode anwenden?

37 Ein Elektrofachgeschäft (steuerpflichtig) überwälzt dem privaten Kunden die Mehrwertsteuer offen. Ist dieses Vorgehen korrekt?

38 Ein Garagist (steuerpflichtig) erhält vom inländischen Generalimporteur ein Fahrzeug geliefert. Auf der Rechnung ist das Lieferdatum nicht aufgeführt. Kann der Vorsteuerabzug trotzdem vorgenommen werden?

39 Der Malermeister (steuerpflichtig) fakturiert seinem steuerpflichtigen Kunden die im Monat April 2001 ausgeführten Malerarbeiten mit folgendem Hinweis:

Zwischentotal	MWSt	Fakturabetrag
Fr. 10 000.–	Fr. 760.–	Fr. 10 760.–

Kann der steuerpflichtige Kunde den Vorsteuerabzug vornehmen?

(Lösungen im Anhang, Seite 263 – 264)

5. VORSTEUERABZUG — Art. 38 – 42 MWStG

5.1 ABZIEHBARE VORSTEUERN — Art. 38 MWStG

Verwendet die steuerpflichtige Person Gegenstände oder Dienstleistungen für einen **geschäftlich begründeten Zweck**, kann sie in ihrer Steuerabrechnung folgende Vorsteuern abziehen, die nachgewiesen werden müssen (Z 816 ff.):

- die von anderen steuerpflichtigen Personen in Rechnung gestellte Steuer für Lieferungen oder Dienstleistungen, sofern die Rechnungen dem Art. 37 MWStG entsprechen;
- die für den Bezug von Dienstleistungen von Unternehmen mit Sitz im Ausland deklarierte Steuer,
- die auf der Einfuhr von Gegenständen der EZV entrichtete oder zu entrichtende Steuer;
- die für die Einfuhr von Gegenständen deklarierte Steuer.

Der Vorsteuerabzug ist nur zulässig, wenn die bezogenen oder importierten Gegenstände resp. Dienstleistungen für:

- steuerbare Lieferungen;
- steuerbare Dienstleistungen;
- Umsätze, für deren Versteuerung optiert wird;
- Arbeiten an unbeweglichen Gegenständen, die im Eigenverbrauch zu versteuern sind;
- unentgeltliche Zuwendungen von Geschenken bis Fr. 300.– pro Empfänger und Jahr und von Warenmustern zu Zwecken des Unternehmens

verwendet werden.

Vorsteuerabzug

Eine steuerpflichtige Person kann bei Urproduktebezügen in ihrer Steuerabrechnung einen Vorsteuerabzug vornehmen auf Bezügen bei nicht steuerpflichtigen

- Landwirten,
- Forstwirten,
- Gärtnern,
- Viehhändlern,
- Milchsammelstellen

von 2,4% des ihr in Rechnung gestellten Betrages (100%) für die eigenen Erzeugnisse.

5 Vorsteuerabzug

Als Viehhandel gilt der gewerbsmässige An- und Verkauf sowie der Tausch von Vieh im Sinne von Art. 198 OR, d.h. von Pferden, Maultieren, Eseln, Rindvieh, Schafen, Ziegen und Schweinen (BB 01 «Urproduktion und nahestehende Bereiche», Ziff. 4.2.2).

Auf den Rechnungen (oder Gutschriften) darf die Registernummer sowie der Hinweis auf die MWSt fehlen. Die übrigen Anforderungen über den Rechnungsinhalt gemäss Art. 37 Abs. 1 MWStG müssen hingegen erfüllt sein.

Fritz Muster
Landwirt
Riethof
9443 Widnau

Zürich, 1. September 2001

Hans Meier
Restaurant Frohsinn
Bahnhofstrasse 10
9400 Rorschach

RECHNUNG

Wir lieferten Ihnen am 28. August 2001

		Fr.
100 Kg Kartoffeln	à Fr. 1.50 / kg	150.–
60 Kg Rüebli	à Fr. 1.20 / kg	72.–
Total Rechnungsbetrag		222.–

Ab 1.1.2001 berechtigen Aufwendungen für Betriebsanlässe wie z. B. das Weihnachtsessen oder gelegentliche ausserordentliche Anlässe wie z.B. einen Tagesausflug mit dem Personal zum 20-jährigen Betriebsjubiläum oder einen «Tag der offenen Tür» voll oder teilweise (50% auf Verpflegung / Getränke) zum Vorsteuerabzug.

5.2 AUSSCHLUSS VOM VORSTEUERABZUG Art. 39 MWStG

Kein Vorsteuerabzug

Kein Vorsteuerabzug darf vorgenommen werden, wenn die Gegenstände oder Dienstleistungen:

- für von der Steuer ausgenommene Umsätze verwendet werden;
- für nicht als Umsätze geltende oder private Tätigkeiten verwendet werden;
- für Umsätze in Ausübung hoheitlicher Gewalt verwendet werden;
- wenn die steuerpflichtige Person weiss oder hätte wissen können, dass derjenige, der ihr eine Rechnung nach Art. 37 Abs. 1 MWStG ausgestellt hat, nicht als steuerpflichtige Person eingetragen ist;
- wenn die steuerpflichtige Person für die Versteuerung von gebrauchten beweglichen Gegenständen die Margenbesteuerung nach Art. 35 MWStG anwendet.

Vom Vorsteuerabzug ausgeschlossen sind die Steuerbeträge auf geschäftlich nicht begründeten Aufwendungen. Es sind dies insbesondere bezogene resp. konsumierte Leistungen, die vorwiegend der Freude oder dem Amusement dienen. Darunter fallen u.a. auch gewisse Leistungen im Zusammenhang mit der Kundenbetreuung oder der Förderung des Betriebsklimas (Z 844):

- Mehrtägige Personalausflüge, wie z.B. Ski- oder Wanderwochenende, Kulturwoche im Tessin;
- Ausflüge der Aktionäre anlässlich der Generalversammlung;
- Kauf eines Motorbootes (zu Repräsentationszwecken);
- Kauf und Unterhalt eines Sportflugzeuges (sog. Freizeitgegenstand zu Kundenakquisitionen);
- Sportwagen der Luxusklasse;
- Schweres Motorrad;
- Orientteppiche im Büro;
- Kunstwerke, wie Bilder und Skulpturen im Büro

Vorsteuerabzug von 50%

Vom Vorsteuerabzugsrecht ausgeschlossen sind 50% der Steuerbeträge auf ausschliesslich geschäftsbedingten Ausgaben für Verpflegung und Getränke (ausgenommen für das Frühstück, das im Preis für die Beherbergung eingeschlossen ist oder zusammen mit dieser in Rechnung gestellt wird) (Z 845). Ebenfalls geschäftsbedingt sind derartige Auslagen, wenn sie im Rahmen rein geschäftlicher Anlässe getätigt werden, wie z.B. anlässlich von Betriebsbesichtigungen und Werbeveranstaltungen (Produkteausstellung).

5 Vorsteuerabzug

Der Ausschluss zu 50% vom Vorsteuerabzugsrecht ist ebenfalls zu berücksichtigen bei der Abgabe von Ess- und Trinkwaren in Form von Werbegeschenken und bei unentgeltlichen Zuwendungen bis Fr. 300.– pro Jahr und Empfänger. Nicht zu berücksichtigen ist der Ausschluss zu 50% hingegen bei Ess- und Trinkwaren, welche als Warenmuster gelten.

Das Bundesgericht hat in seinem Entscheid vom 14. März 1997 die Anwendung des reduzierten Vorsteuerabzugs bestätigt.

Nachfolgende Aufstellung soll die Anwendung des Vorsteuerabzugs verdeutlichen:

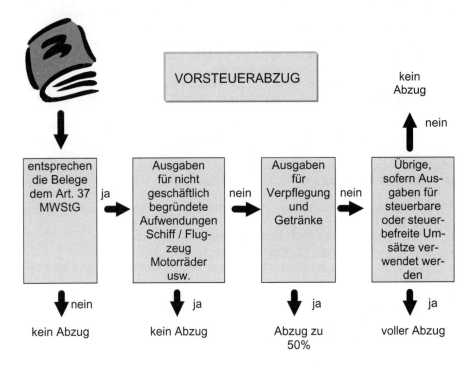

Sind die von der steuerpflichtigen Person aufgewendeten Entgelte niedriger als die vereinbarten oder sind ihr Entgelte zurückerstattet worden, so ist die Vorsteuer entweder nur vom tatsächlich geleisteten Entgelt zu berechnen oder in der Abrechnung über die Periode, in der die Entgeltsminderung eintritt, herabzusetzen.

5 Vorsteuerabzug

5.3 GEMISCHTE VERWENDUNG — Art. 41 MWStG

Verwendet die steuerpflichtige Person Gegenstände, Teile davon oder Dienstleistungen sowohl für Zwecke, die zum Vorsteuerabzug berechtigen, als auch für andere Zwecke, so ist der Vorsteuerabzug nach dem Verhältnis der Verwendung zu kürzen (Z 860 ff.).

Steuerbare oder steuerbefreite Umsätze, Eigenverbrauch, optierte Umsätze	Von der Steuer ausgenommene Umsätze, private Tätigkeiten, Umsätze in Ausübung hoheitlicher Gewalt, Anwendung der Margenbesteuerung, Spenden (ohne Gegenleistungen), Subventionen oder andere Beiträge der öffentlichen Hand
Vorsteuerabzug	**kein Vorsteuerabzug**

Die Kürzung kann nach folgenden Kriterien vorgenommen werden: Umsätze, Fläche (m^2), Volumen (m^3), verrechnete Arbeits-/Betriebszeit des Personals oder von Anlagen, Lohnsumme, Anzahl Angestellte, gefahrene Kilometer, Bruttogewinne, Materialverbrauch.

Wird der mit Vorsteuer belastete Gegenstand oder die Dienstleistung zu einem überwiegenden Teil für steuerbare Umsätze verwendet, so kann die Vorsteuer ungekürzt abgezogen und der Eigenverbrauch einmal jährlich versteuert werden.

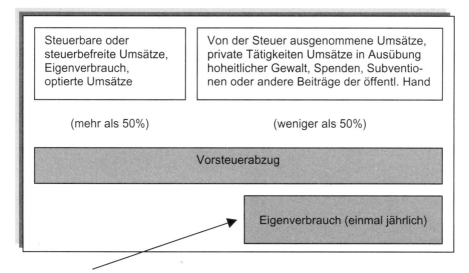

z.B.: Privatanteil Fahrzeug

5 Vorsteuerabzug

Dem Steuerpflichtigen ist es grundsätzlich freigestellt, welche Methode er zur Berechnung der Vorsteuerabzugskürzung anwenden will. Sie muss jedoch zu einem sachgerechten Ergebnis führen. Die gewählte Methode ist mindestens während eines vollen Jahres (Geschäfts- oder Kalenderjahr) anzuwenden. Ein Wechsel der Methode zur Kürzung des Vorsteuerabzugs ist auf Ende des Geschäfts- oder Kalenderjahres möglich. Dabei ist eine allfällige Nutzungsänderung (Einlageentsteuerung oder Eigenverbrauchsbesteuerung) infolge Änderung des Vorsteuerabzugskürzungsschlüssels zu berücksichtigen (SB 06 «Kürzung des Vorsteuerabzugs bei gemischter Verwendung»).

Methoden		SB 06
Effektive Methode	Kürzung entsprechend dem Verhältnis der effektiven Verwendung. Aufteilungsschlüssel: – Fläche (m^2), Volumen (m^3) – verrechnete Arbeits-/Betriebszeit des Personals oder von Anlagen – Lohnsumme, Anzahl Angestellte – gefahrene Kilometer – Materialverbrauch – Umsätze – Bruttogewinne	Ziff. 1.5.1
Pauschalvariante 1 [1)] *Teilzuordnung der Vorsteuer*	Vorsteuern auf Materialaufwand und Dienstleistungen können voll in Abzug gebracht werden, sofern diese Bezüge einer steuerbaren Tätigkeit zugeordnet werden können und für diese Tätigkeit keinerlei nicht der Steuer unterliegende Einnahmen (z.B. Subventionen und/oder Spenden) geleistet werden. Vorsteuern auf übrigen Betriebsaufwendungen und Investitionen sind entsprechend der Zusammensetzung des massgebenden Gesamtumsatzes zu kürzen. Vorsteuern auf ausschliesslich für von der Steuer ausgenommene Zwecke verwendete Aufwendungen und Investitionen werden nicht auf den Vorsteuerkonten verbucht und können nicht in Abzug gebracht werden.	Ziff. 1.5.2 Ziff. 4
Pauschalvariante 2 [1)] *Kürzung des Vorsteuerabzugs anhand des Gesamtumsatzes*	Kürzung des Vorsteuerabzugs auf allen Aufwendungen und Investitionen – unabhängig von der Verwendung der bezogenen Leistung – entsprechend der Zusammensetzung des massgebenden Gesamtumsatzes.	Ziff. 1.5.3 Ziff. 5

Alternativmethode Einheit der Leistung	Anwendung vorwiegend auf dem Gebiet des Sports und der Kultur.	Ziff. 1.5.4.1 Ziff. 6
Weitere Methoden	Kürzung des Vorsteuerabzugs bei:	Ziff. 1.5.4.2 Ziff. 8
	Wertpapierverkäufen, Zinserträgen aus Darlehen, Zinsen aus Anleihensobligationen	Ziff. 8.1
	Immobilienvermietung (mit /ohne Option)	Ziff. 8.2
	Immobilienverwaltung	Ziff. 8.3
	Anwendung der Gruppenbesteuerung (Industriebetrieb)	Ziff. 8.4
	Anwendung der Gruppenbesteuerung (Bankengruppe)	Ziff. 8.5
	gemischter Holding (Produktionsbetrieb und Beteiligungen)	Ziff. 8.6
	gemischter Holding (Managementdienstleistungen und Beteiligungen)	Ziff. 8.7
	Lehrwerkstätten	Ziff. 8.8
	Kurhäusern	Ziff. 8.9
	Verbänden	Ziff. 8.10
	Bau und Betrieb einer Eissporthalle	Ziff. 8.11
	Stiftungen mit Profit-Centern (z.B. Gutsbetrieb, Immobilien, Verlag usw.)	Ziff. 8.12
	Verbänden mit Mitgliederbeiträgen, Schulung, Verkauf von Fachliteratur	Ziff. 8.13

[1] sofern dadurch kein offensichtlicher Steuervorteil oder -nachteil für die steuerpflichtige Person resultiert

Den Steuerpflichtigen stehen Pauschalsätze (Vereinfachungen) zur Korrektur des Vorsteuerabzugs für die gemischte Verwendung aus Nebentätigkeiten zur Verfügung (Seite 16 – 17).

5 Vorsteuerabzug

Spenden, Subventionen oder andere Beiträge der öffentlichen Hand

Gemäss Art. 33 Abs. 6 Bst. b MWStG gehören Subventionen und andere Beiträge der öffentlichen Hand, auch wenn sie gestützt auf einen Leistungsauftrag ausgerichtet werden, nicht zum Entgelt. Subventionen und andere Beiträge der öffentlichen Hand können als

- Geldleistungen,
- Vorzugsbedingungen bei Darlehen,
- Erlass von Darlehen,
- Bürgschaften,
- unentgeltlichen oder verbilligten Dienst- und Sachleistungen

ausgerichtet oder geleistet werden (MB 15 «Subventionen und andere Beiträge der öffentlichen Hand», Ziff. 2).

Um eine Subvention oder einen anderen Beitrag der öffentlichen Hand handelt es sich, wenn es um das öffentliche Interesse geht und wenn durch die Leistung ein bestimmtes Verhalten des Subventionsempfängers hervorgerufen wird, das zur Erreichung des im öffentlichen Interesse liegenden Ziels geeignet ist. Gemäss Art. 38 Abs. 8 MWStG ist der Vorsteuerabzug verhältnismässig zu kürzen, wenn eine steuerpflichtige Person Subventionen oder andere Beiträge der öffentlichen Hand erhält.

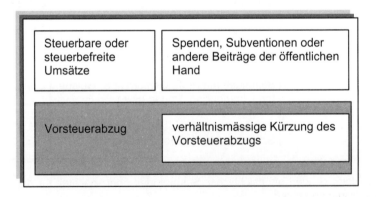

Beiträge und Beihilfen bei Lieferungen ins Ausland, deren Umsätze nach Art. 19 Abs. 2 Ziff. 1 MWStG von der Steuer befreit sind, gelten nicht als Subventionen oder Beiträge der öffentlichen Hand.

Weitere Einzelheiten sind dem MB 15 «Subventionen und andere Beiträge der öffentlichen Hand», SB 06 «Kürzung des Vorsteuerabzugs bei gemischter Verwendung», Ziff. 1.1.4 sowie Ziff. 1.2.3.5 oder SB 05 «Nutzungsänderungen», Ziff. 9.6. zu entnehmen.

5 Vorsteuerabzug

Gemäss Art. 33 Abs. 2 MWStG gehören Spenden nur zum Entgelt, wenn sie unmittelbar den einzelnen Umsätzen des Empfängers als Gegenleistung zugeordnet werden können. Soweit ein Steuerpflichtiger Zuwendungen (ohne Gegenleistung) erhält, ist der Vorsteuerabzug verhältnismässig zu kürzen (Art. 38 Abs. 8 MWStG). Das Bundesgericht (BGE 25.8.2000) bestätigt diese Verwaltungspraxis.

Spenden erfolgen freiwillig. Gemäss ESTV (bestätigt durch das Bundesgericht) dienen Spenden – wie Subventionen – der Leistungserstellung und wirken sich auf den Preis des Produkts aus, weshalb Spenden in die Kürzung des Vorsteuerabzugs einzubeziehen sind. Der Vorsteuerabzug darf nur auf Gegenständen und Dienstleistungen vorgenommen werden, die für steuerbare oder für von der Steuer befreite Umsätze verwendet werden.

In der Verwaltungspraxis werden Zuschüsse von Privatpersonen, Institutionen oder Unternehmen grundsätzlich den Spenden gleichgestellt, sofern sie nicht der Sanierung eines Unternehmens dienen. Die Vorsteuern sind verhältnismässig zu kürzen. Die steuerliche Beurteilung der Zuschüsse ist anhand der gesamten Situation vorzunehmen. Gemäss ESTV ist unter anderem ein Abgrenzungskriterium, ob die Zuschüsse nur von einer Minderzahl von Gesellschaftern oder von sämtlichen Gesellschaftern geleistet werden. Klare Abgrenzungskriterien sind im Jahr 2002 zu erwarten.

Es kann – gemäss Meinung des Autors – unterschieden werden zwischen «Sanierungszuschuss» und «freiwilligem Zuschuss». Ein Sanierungszuschuss führt zu keiner Vorsteuerkürzung.

Sanierungszuschuss (keine Spende)	
Beispiele:	Kapitalherabsetzung mit / ohne Aufstockung A-fonds-perdu-Leistungen der Gesellschafter Darlehensverzicht der Gesellschafter Verzicht auf Darlehenszinsen der Gesellschafter Darlehensverzicht Dritter im Zusammenhang mit einer Sanierung durch die Gesellschafter
Massnahmen:	keine Kürzung des Vorsteuerabzugs
Begründung:	Vergangenheitsbewältigung einer notleidenden oder sanierungsbedürftigen Gesellschaft (Sanierungsmassnahmen mit Verlustverrechnung der Vorjahre und / oder laufendes Jahres). Sämtliche Gesellschafter oder Gesellschafter die massgeblich an der Unternehmung beteiligt sind (ab 20% Stimmenanteil) leisten resp. müssen infolge schlechtem Geschäftsgang oder düsterer Zukunftsaussichten Finanzierungsbeiträge leisten, weil andere Kreditgeber diese Finanzierung nicht vornehmen resp. nicht vorgenommen haben.

5 Vorsteuerabzug

Freiwilliger Zuschuss (Spende)	
Beispiele:	Forderungsverzicht Dritter Zuschüsse von einzelnen Gesellschaftern
Massnahmen:	eine Kürzung des Vorsteuerabzugs (sofern keine Gegenleistung erbracht wurde resp. wird)
Begründung:	Freiwilligkeit; Empfänger muss inskünftig eine bestimmte Aufgabe erfüllen. Dient zur Erstellung von Leistungen (Umsätzen), was sich auf den Preis des Produkts auswirkt.

5.4 ZEITPUNKT DES ABZUGES

bei der von anderen steuerpflichtigen Personen überwälzten Steuer

am Ende der Abrechnungsperiode,
- in welcher die steuerpflichtige Person die Rechnung erhalten hat (Abrechnung nach vereinbarten Entgelten) oder
- in welcher sie die Rechnung bezahlt hat (Abrechnung nach vereinnahmten Entgelten);

bei der Steuer auf dem Bezug von Dienstleistungen von Unternehmen mit Sitz im Ausland

im Zeitpunkt, in welchem die steuerpflichtige Person über diese Steuer mit der ESTV abrechnet;

bei der Steuer auf der Einfuhr

am Ende der Abrechnungsperiode, in der die Zolldeklaration angenommen wurde und die steuerpflichtige Person über das Original der Einfuhrdokumente verfügt.

5 Vorsteuerabzug

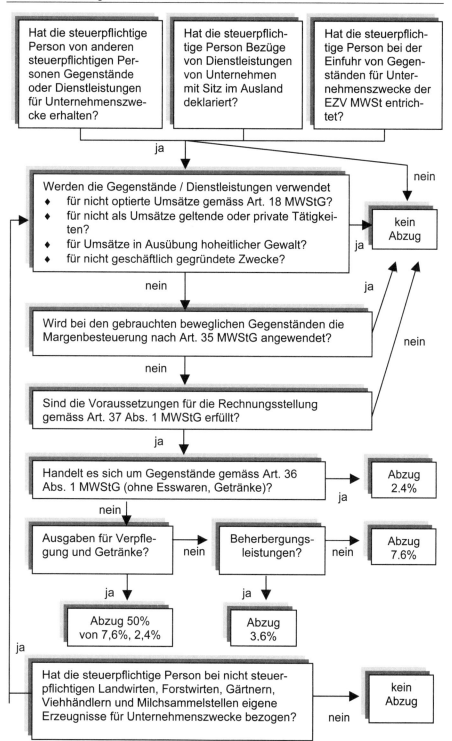

5 Vorsteuerabzug

5.5 SPÄTERE ENTSTEHUNG DES ANSPRUCHS AUF VORSTEUERABZUG — Art. 42 MWStG

Waren die Voraussetzungen des Vorsteuerabzugs beim Empfang der Lieferung, der Dienstleistung oder bei der Einfuhr nicht gegeben, treten sie jedoch später ein, so kann der Vorsteuerabzug unter Berücksichtigung einer Abschreibung in der Abrechnung über diejenige Steuerperiode vorgenommen werden, in welcher die Voraussetzungen hiefür eingetreten sind (SB 05 «Nutzungsänderungen»).

Ein späterer Anspruch auf Vorsteuerabzug auf früher bezahlten Steuern besteht auf:

- im Inland gegen Entgelt erbrachten Lieferungen von Gegenständen;
- im Inland gegen Entgelt erbrachten Dienstleistungen;
- Bezug von Dienstleistungen gegen Entgelt von Unternehmen mit Sitz im Ausland;
- Einfuhr von Gegenständen;
- Eigenverbrauch im Inland,

sofern der Abzug im Zusammenhang mit einem künftigen steuerbaren Zweck steht.

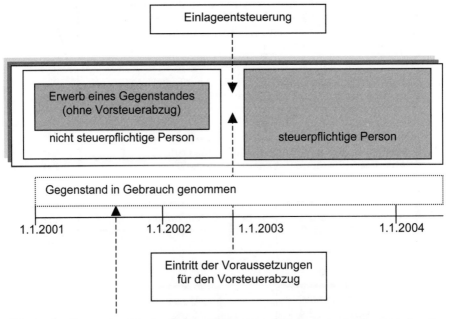

Wurde der Gegenstand in der Zeit zwischen dem Empfang der Lieferung oder der Einfuhr und dem Eintritt der Voraussetzungen für den Vorsteuerabzug in Gebrauch genommen, so vermindert sich die abziehbare Vorsteuer für jedes in dieser Zeitspanne abgelaufene Jahr (Details ab Seite 237):
- bei beweglichen Gegenständen: linear um $\frac{1}{5}$
- bei unbeweglichen Gegenständen: linear um $\frac{1}{20}$
- bei Dienstleistungen: Wert des noch nicht genutzten Teils

5.6 FRAGEN

40 Die Bank Rheintal kauft für ihren Kreditsachbearbeiter am 18. Februar 2001 einen Computer PC 2000 für Fr. 8 900.– (exkl. MWSt). Wie viel Vorsteuer kann in Abzug gebracht werden?

41 Der Gemüsehändler A (steuerpflichtig) bezieht vom Landwirt B (nicht steuerpflichtige Person) Gemüse für Fr. 25 000.–. Kann der Gemüsehändler A einen Vorsteuerabzug geltend machen? Wenn ja, wie viel?

42 Beim Personalhaus der Maschinenfabrik Z (steuerpflichtig) streichen einige Mitarbeiter die Aussenfassade neu. Benötigt werden Farben für Fr. 12 000.–. Kann der Vorsteuerabzug von Fr. 912.– vorgenommen werden?

43 Die Handels AG, Luzern (steuerpflichtig), importiert am 20. Juni 2001 Waren vom Lieferanten Y aus Wien für Fr. 30 000.–. Das Originaleinfuhrdokument wird der Handels AG am 20. Juli 2001 zugestellt, mit einem MWSt-Betrag von Fr. 2 420.–. In welcher Quartalsabrechnung kann die Vorsteuer geltend gemacht werden?

44 Wie viel Vorsteuer kann das Dachdeckergeschäft D (steuerpflichtig) bei folgenden Aufwendungen geltend machen?

		Fr.
Lieferant A	Ziegel	40 000.–
Gemeindekassieramt	Strom	2 000.–
Restaurant B	Essen mit Kunden	400.–
Swisscom	Telefongebühren	400.–
Baugeschäft C	Kranmiete	600.–
Versicherung D	Sachversicherung	800.–
Total (exkl. MWSt)		44 200.–

45 Das Gemeinwesen W saniert das Schwimmbad für Fr. 1 000 000.– (exkl. MWSt). Die Investition wird durch Erhöhung des Steuerfusses finanziert. Kann das Gemeinwesen W den Vorsteuerabzug vornehmen?

46 Die Immobilien AG vermietet bisher Büroräumlichkeiten an eine steuerpflichtige Person ohne Option. Auf den 1.1.2002 findet ein Mieterwechsel statt. Sie als Steuerberater werden angefragt, ob bei einer allfälligen Option auf der neuen Vermietung die bezahlten Vorsteuern ab 1.1.1995 geltend gemacht werden könnten. Was sagen Sie? Welche Voraussetzungen müssten erfüllt sein?

(Lösungen im Anhang, Seite 265)

6. VERANLAGUNG Art. 43 – 55 MWStG

6.1 ENTSTEHUNG DER STEUERFORDERUNG Art. 43 MWStG

Die Steuerforderung entsteht:

- **bei Lieferungen und Dienstleistungen**

  - **im Falle der Abrechnung nach vereinbarten Entgelten:**
    - mit der Rechnungsstellung, welche spätestens 3 Monate nach der Erbringung der Lieferung oder Dienstleistung zu erfolgen hat
    - bei Umsätzen, die zu aufeinander folgenden Teilrechnungen oder Teilzahlungen Anlass geben, mit der Ausgabe der Teilrechnung oder mit der Vereinnahmung der Teilzahlung
    - bei Vorauszahlungen sowie bei Lieferungen und Dienstleistungen ohne oder mit verspäteter Rechnungsstellung mit der Vereinnahmung des Entgelts

  - **im Falle der Abrechnung nach vereinnahmten Entgelten:**
    - mit der Vereinnahmung des Entgelts, dies gilt auch für Vorauszahlungen

- **beim Eigenverbrauch**
  - im Zeitpunkt, in welchem er eintritt

6 Entstehung der Steuerforderung, Veranlagung und Entrichtung

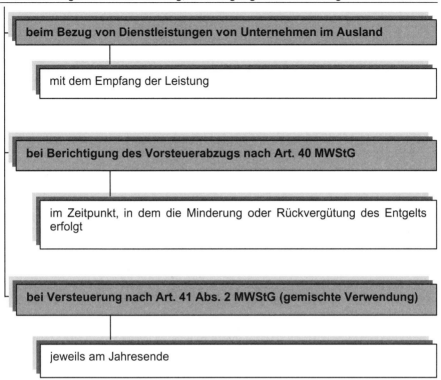

- beim Bezug von Dienstleistungen von Unternehmen im Ausland
  - mit dem Empfang der Leistung
- bei Berichtigung des Vorsteuerabzugs nach Art. 40 MWStG
  - im Zeitpunkt, in dem die Minderung oder Rückvergütung des Entgelts erfolgt
- bei Versteuerung nach Art. 41 Abs. 2 MWStG (gemischte Verwendung)
  - jeweils am Jahresende

Beispiel: Ein Baugeschäft führt für einen Bauherrn Gipserarbeiten aus. Die Arbeiten werden wie folgt fakturiert und vom Kunden bezahlt.

In welchem Quartal ist die MWSt abzurechnen? **Leistungserbringung am 20.3.2001**	**Abrechnungsart nach**	
	vereinbarten Entgelten	vereinnahmten Entgelten
Var. 1: Rechnungsstellung am 30.3.2001 und Bezahlung am 30.4.2001	1.Q.2001	2.Q.2001
Var. 2: Rechnungsstellung am 20.4.2001 und Bezahlung am 20.5.2001	2.Q.2001	2.Q.2001
Var. 3: Rechnungsstellung am 10.7.2001 und Akontozahlung am 30.6.2001	2.Q.2001	2.Q.2001
Var. 4: Vorauszahlung am 15.3.2001	1.Q.2001	1.Q.2001

6 Entstehung der Steuerforderung, Veranlagung und Entrichtung

6.2 ABRECHNUNGSART UND -PERIODE   Art. 44 – 45 MWStG

Abrechnungsart   Art. 44 MWStG

nach vereinbarten Entgelten (gesetzliche Variante)

Die Umsatz- und die Vorsteuer werden nach Rechnungsstellung abgerechnet.

Ist das vom Empfänger bezahlte Entgelt niedriger als das vereinbarte (namentlich Herabsetzung durch Skonto, Preisnachlass, Verlust) oder werden vereinnahmte Entgelte zurückerstattet (namentlich Rückerstattung wegen Rückgängigmachung der Lieferung, nachträglich gewährter Rabatte, Rückvergütungen), so kann hiefür in der Abrechnung über die Periode, in der die Entgeltsminderung verbucht oder die Rückvergütung ausgerichtet wurde, ein Abzug vom steuerbaren Umsatz vorgenommen werden.

Ist das vom Empfänger bezahlte Entgelt höher als das vereinbarte, so ist der Mehrbetrag in der Abrechnung über die Periode zu berücksichtigen, in welcher das Entgelt vereinnahmt wurde (Z 962 ff.).

nach vereinnahmten Entgelten

Die Umsatz- und die Vorsteuer werden nach Zahlungseingang abgerechnet.

es muss ein Antrag gestellt werden   (Seite 108)

Die ESTV gestattet der steuerpflichtigen Person auf Antrag, über die Steuer nach vereinnahmten Entgelten abzurechnen, sofern es für die steuerpflichtige Person aus Gründen ihres Rechnungswesens einfacher ist. Sie hat die Bedingungen so festzusetzen, dass die steuerpflichtige Person weder begünstigt noch benachteiligt wird.

Steuerpflichtige Personen, die zu einem erheblichen Teil Entgelte erhalten, bevor sie die Lieferung oder Dienstleistung ausführen oder darüber Rechnung stellen, können von der ESTV dazu verpflichtet werden, nach vereinnahmten Entgelten abzurechnen.

Wenn eine Debitorenbuchhaltung geführt wird, darf nicht nach vereinnahmten Entgelten abgerechnet werden (Z 964 ff.).

6 Entstehung der Steuerforderung, Veranlagung und Entrichtung

Abrechnungsperiode — Art. 45 MWStG

Über die Steuer wird abgerechnet:

| **vierteljährlich** | in der Regel vierteljährlich auch bei Abrechnung nach Pauschalsteuersätzen (Gemeinwesen) |

| **halbjährlich** | bei Abrechnung nach Saldosteuersätzen (Art. 59 MWStG) |

| **jährlich** | bei Bezug von Dienstleistungen von Unternehmen mit Sitz im Ausland (Art. 24 MWStG) |

Auf Antrag gestattet die ESTV in begründeten Fällen andere Abrechnungsperioden; sie setzt die Bedingungen dafür fest.

z.B.:

| **monatlich** | bei Exportunternehmen
bei Lebensmittelbetrieben |

Die ESTV kann auf Antrag hin die monatliche Abrechnungsperiode bewilligen, sofern die Vorsteuerüberschüsse regelmässig mehr als Fr. 20 000.– pro Monat und insgesamt mehr als Fr. 250 000.– pro Jahr betragen (Z 970).

6 Entstehung der Steuerforderung, Veranlagung und Entrichtung

Quartalsabrechnung (normale Abrechnungsmethode)

(Stand 1.1.2002)

Abrechnungsperiode:
Einzusenden und zu bezahlen bis:
Valuta (Verzugszins ab):
(Bei Korrespondenzen stets angeben)
MWST-Nr:
Ref.-Nr:

B STEZ REV

/ 1

Herrn, Frau, Firma

I. UMSATZ

	Ziffer	Umsatz Fr.		Umsatz Fr.
Total vereinbarte Entgelte (Rechnungsausgang) bzw. total vereinnahmte Entgelte (Zahlungseingang; gemäss schriftlicher Bewilligung)	010			Total Ziff. 010 und 020
Eigenverbrauch	020 +		=	030
Abzüge Exporte, Leistungen im Ausland und Leistungen nach Art. 90 Abs. 2 Bst. a. MWSTG	040			
Ankaufswerte von Gegenständen beim Vorgehen nach Art. 35 MWSTG (Margenbesteuerung)	042 +			
Von der Steuer ausgenommene Umsätze nach Art. 18 MWSTG	043 +			
Entgeltsminderungen bei Abrechnung nach vereinbarten Entgelten (z.B. Skonti, Rabatte, Verluste)	044 +			Total Ziff. 040 bis 045
Diverses	045 +		=	050
Steuerbarer Gesamtumsatz (Ziff. 030 abzüglich Ziff. 050)	060	=		

II. STEUERBERECHNUNG

Aufteilung Ziffer 060 nach Steuersatzkategorien

		Steuersatz		Umsatz Fr.		Steuer Fr. / Rp.
Lieferungen, Dienstleistungen und Eigenverbrauch	(Normalsatz)	7,6%	070			
Lieferungen, Dienstleistungen und Eigenverbrauch	(reduzierter Satz)	2,4%	071 +		+	
Beherbergungsleistungen	(Sondersatz)	3,6%	074 +		+	
Steuerbarer Gesamtumsatz (wie Ziff. 060)			080 =			
Bezug von Dienstleistungen von Unternehmen mit Sitz im Ausland nach Art. 10 MWSTG	(Wert ohne Steuer)	7,6%	090		+	
Total Steuer			100		=	

Steuer Fr. / Rp

Anrechenbare Vorsteuer auf				
Material- und Dienstleistungsaufwand	110			
Investitionen und übrigem Betriebsaufwand	111 +			
		+		Total Ziff. 110 und 111 abzügl. 130
Vorsteuerkürzungen (z.B. wegen gemischter Verwendung, Subventionen, Spenden)	130 –		=	140
		+		
An die Eidg. Steuerverwaltung zu zahlender Betrag	150		=	
Guthaben des Steuerpflichtigen	160	=		

Der/Die Unterzeichnete bestätigt die Richtigkeit seiner/ihrer Angaben:

Abrechnung erstellt durch (Name und Vorname / Buchhaltungsstelle)

Ort und Datum   Telefon   Rechtsverbindliche Unterschrift

6 Entstehung der Steuerforderung, Veranlagung und Entrichtung

Semesterabrechnung (Saldosteuersatzmethode)

(Stand 1.1.2002)

Abrechnungsperiode:	01.07.2001 - 31.12.2001
Einzusenden und zu bezahlen bis:	28.02.2002
Valuta (Verzugszins ab):	28.02.2002
(Bei Korrespondenzen stets angeben)	
MWST-Nr:	
Ref.-Nr:	/ 5
Herrn, Frau, Firma	

S12/2001

B STEZ REV

I. UMSATZ

	Ziffer	Umsatz Fr. (inkl. Steuer)	Umsatz Fr. (inkl. Steuer)
Total vereinbarte Entgelte (Rechnungsausgang) bzw. total vereinnahmte Entgelte (Zahlungseingang; gemäss schriftlicher Bewilligung) sowie Subventionen und Spenden	010		Total Ziff. 010 und 020
Eigenverbrauch	020	+	= 030
Abzüge			
Exporte, Leistungen im Ausland und Leistungen nach Art. 90 Abs. 2 Bst. a. MWSTG	040		
Von der Steuer ausgenommene Umsätze nach Art. 18 MWSTG, Subventionen nach Art. 33 Abs. 6 MWSTG und Spenden nach Art. 38 Abs. 8 MWSTG	043	+	
Entgeltsminderungen bei Abrechnung nach vereinbarten Entgelten (z.B. Skonti, Rabatte, Verluste)	044	+	Total Ziff. 040 bis 045
Diverses	045	+	– = 050
Steuerbarer Gesamtumsatz (Ziff. 030 abzüglich Ziff. 050)	060		=

II. STEUERBERECHNUNG
Aufteilung Ziffer 060 nach Steuersatzkategorien

	Steuersatz gemäss Bewilligung	Umsatz Fr.	Steuer Fr. / Rp.
Lieferungen, Dienstleistungen und Eigenverbrauch (1. Satz)		072	
Lieferungen, Dienstleistungen und Eigenverbrauch (2. Satz)		073 +	+
		+ . =	+ =
Steuerbarer Gesamtumsatz (wie Ziff. 060)		080	
Bezug von Dienstleistungen von Unternehmen mit Sitz im Ausland nach Art. 10 MWSTG	(Wert ohne Steuer) 7.6%	090	+
Total Steuer		100	=

Steueranrechnung

		Steuer Fr. / Rp.
		+
Steueranrechnung gemäss Formular Nr. 1050 / 1055	112	
		Ziff. 112
		– = 140
		+
		=

An die Eidg. Steuerverwaltung zu zahlender Betrag	150	=
Guthaben des Steuerpflichtigen	160	=

Der/Die Unterzeichnete bestätigt die Richtigkeit seiner/ihrer Angaben:

Abrechnung erstellt durch (Name und Vorname / Buchhaltungsstelle)

Ort und Datum   Telefon   Rechtsverbindliche Unterschrift   opp / D_MWST Nr. 0441 / 06.01

6 Entstehung der Steuerforderung, Veranlagung und Entrichtung

FALLBEISPIEL
*Erstellen der Quartalsabrechnung 1/2001
(mit Arbeiten an Inhaberwohnung, Option, Schulung, Provisionen, Einlageentsteuerung, Privatanteil Fahrzeug usw.)*

Die Abrechnung der Muster AG erfolgt nach vereinnahmten Entgelten. Die Rechnungen entsprechen den Formvorschriften gemäss Art. 37 MWStG. Folgende Angaben sind bekannt (Beträge exkl. MWSt):

vereinnahmte Entgelte 1.1. – 31.3.2001
- Entgelte steuerbar (abzurechnen mit 7,6% MWSt)   Fr. 696 000.–
- Entgelte Exporte (Ausfuhrnachweise vorhanden, Z 535 ff.)   Fr. 150 000.–

berechtigte Vorsteuerabzüge
- Material / Dienstleistungen   Steuer   Fr. 18 500.–
- Investitionen / Betriebsaufwand   Steuer   Fr. 22 700.–

<u>Zusatzangaben</u>   *(in obigen Beträgen nicht enthalten)*

Folgende Spesenauszahlungen sind am 31.3.2001 noch vorgenommen worden:

Pauschalspesen   Fr. 3 000.–   (ausbezahlt an Max Muster jun.)
Hotelrechnung   Fr. 423.–   (Übernachtung Fr. 300.–/Mittagessen Fr. 123.–)

Dem Architekten Muster in Bregenz (A) (nicht-MWSt-pflichtig) wurden am 25.2.2001 für Planungsleistungen Fr. 5 000.– (Objekt Umbau Werkhalle in St. Gallen) vergütet.

Das Restaurant Sonne sendet am 14.3.2001 die Rechnung eines Firmenessens über Fr. 1 450.–. Die Rechnung wird gleichentags bezahlt.

Am 15.3.2001 wird Material aus Deutschland eingeführt. Die Lieferantenrechnung beträgt Fr. 25 000.–. Die Einfuhrbelege (MWSt-Ausweis) werden der steuerpflichtigen Gesellschaft am 14.4.2001 zugestellt. Die Zahlung der Lieferantenrechnung erfolgte am 21.3.2001.

Der Dachdecker Z stellt für die Dachsanierung der Liegenschaft A Rechnung über Fr. 30 000.–. Die gemischt genutzte Liegenschaft teilt sich wie folgt auf: Betriebsgebäude 400 m^2 / Wohnung Betriebsinhaber 200 m^2. Die Rechnung wurde am 12.2.2001 bezahlt.

Die Wände in der Wohnung wurden im 1. Quartal 2001 von einem Angestellten der Muster AG neu gestrichen. Einem Dritten würden für diese Arbeitsleistung (inkl. Material) Fr. 6 000.– bezahlt. Die Farbe kostete Fr. 400.– und wurde am 15.3.2001 bar bezahlt.

6 Entstehung der Steuerforderung, Veranlagung und Entrichtung

Am 30.1.2001 wurde Büromaterial (gemäss Beleg) für Fr. 120.– bar eingekauft.

Bürohandels AG Hauptstrasse 12, 9000 St. Gallen MWSt-Nr. 200 200 Wir lieferten heute: Büromaterial (50 Ordner, 100 Schreibblöcke)	Quittung vom 30.1.2001 für Muster AG Seestr. 1, 9000 St. Gallen Total inkl. MWSt Fr. 120.–

Die Muster AG hat per 31.12.2000 baugewerbliche Leistungen im Inland von Fr. 80 000.– noch nicht fakturiert. Die Rechnungsstellung erfolgte im 1. Quartal 2001 (unter vereinnahmten Entgelten 1.1.– 31.3.2001 Fr. 696 000.– bereits enthalten).

Auf den 1.7.1999 wurden Büroräumlichkeiten der Liegenschaft B an den Grafiker S mit Option vermietet. Es handelt sich um eine ehemalige Wohnung. An der Wohnung wurden im Jahre 1998 Umbauarbeiten von Fr. 117 150.– (inkl. 6,5% MWSt) durch Dritte (Generalunternehmer Z) ausgeführt. Ein Vorsteuerabzug konnte nicht vorgenommen werden. Der Gebäudeversicherungswert betrug am 1.1.1998 Fr. 800 000.–.

Die Muster AG erhält im Monat Januar 2001 von der Baumeisterschule Sursee für die Schultätigkeit von Herrn Max Muster jun. Fr. 7 830.–. Der Betrag wird als Geschäftsumsatz verbucht. Eine Option auf der Lehrtätigkeit wurde nicht beantragt.

Im 1. Quartal 2001 bezahlt der Immobilienhändler K der Muster AG eine Provision von Fr. 5 000.– für die Vermittlung eines Liegenschaftskäufers. Zudem wurde der Versicherungsgesellschaft SW ein Kunde vermittelt, wofür die Muster AG Fr. 2 000.– erhält.

Am 13.2.2001 wurde ein Bagger (Occasion) für Fr. 18 000.– verkauft. Der Bagger wurde betrieblich genutzt und im Jahre 1992 für Fr. 28 000.– gekauft.

Im 1. Quartal 2001 ist der Privatanteil Fahrzeug für das Kalenderjahr 2000 noch zu deklarieren:

Kaufpreis 5.5.1998	Fr. 35 000.–
Unterhalt, Service 2000	Fr. 1 650.–
Kilometer Privat 2000	3 700 km
Kilometer Geschäft 2000	22 200 km
Verbuchter Privatanteil 2000	Fr. 8 000.–

In der Liegenschaft B werden seit 1995 Räumlichkeiten an den Verband Z vermietet (ohne Option). Der Verband Z wünscht ab 1.1.2001 eine optierte Vermietung. Der Mietzins beträgt Fr. 1 000.– pro Monat, zuzüglich 7,6% MWSt. Der monatlich bezahlte Mietzins ist noch zu berücksichtigen. Im Jahre 2000 hatte der Vermieter an den vermieteten Räumlichkeiten wertvermehrende Investitionen für Fr. 10 000.– (inkl. 7,5% MWSt) ausführen lassen.

6 Entstehung der Steuerforderung, Veranlagung und Entrichtung

LÖSUNGSBLÄTTER (Lösung im Anhang, Seite 268 ff.)

Abrechnung 1. Quartal 2001 nach vereinnahmten Entgelten

Beträge exkl. MWSt	Umsatz 7,6%	0,0%	Eigen-verbrauch	Vorsteuern Material / DL	übr. Aufwand
vereinnahmte Entgelte					
Vorsteuerabzüge					
Zusatzangaben:					
Spesenauszahlungen: Pauschalspesen Übernachtung Mittagessen					
Planungsaufwand:					
Firmenessen:					
Einfuhren:					
Dachsanierung:					
Eigenleistungen:					
Beleg Büromaterial:					
Honorareinnahmen Schule:					
Provisionen: aus Immobilienvermittlung aus Vermittlung Kunde					
Verkauf Bagger (Occasion):					
Privatanteil Fahrzeug:					
Mietzinsen: Mieter Verband Z (Option)					

Einlageentsteuerung: Nutzungsänderung 1.7.1999[1] Nutzungsänderung 1.1.2001[2]

6 Entstehung der Steuerforderung, Veranlagung und Entrichtung

Rekapitulation:

Beträge exkl. MWSt	Umsatz 7,6% 0,0%		Eigen- ver- brauch	Vorsteuern Material / DL	übr. Aufwand
TOTAL					
010					
020					
030					
040					
043					
060 / 070 / 080					
070 / 100					
110					
111					
130 [3)]					
142 [4)]					
150					

AUFSTELLUNGEN ([1)] + [2)] *der Quartalsabrechnung beilegen)*

[1)]

EINLAGEENTSTEUERUNG   per 1.1.2001   Abzug Ziff. 111   Fr. ....

Objekt: Liegenschaft B
                           Seestrasse 1 a, 9000 St. Gallen

Nutzungsänderung per: 1.7.1999

Grund: bisher: Vermietung Wohnung
                           neu: Vermietung Büroräumlichkeiten
                                    an Grafiker S (MWSt-Nr. 500 500)
                                    Bewilligung Form. 760 liegt vor

Wertvermehrende Aufwendungen, Grossrenovationen, nachgeholter Unterhalt:
(Belege gemäss Art. 28 MWStV / Art. 37 MWStG)
    1995:
    1996:   GVA-Wert
    1997:   1.1.1998
    1998:   Fr. ....%   Fr. ....   Fr. ....
    1999:
    2000:   _____
    TOTAL   Fr. ....

    Steuer   ...... % von (.......... %)   Fr. ....

6 Entstehung der Steuerforderung, Veranlagung und Entrichtung

---

2)

EINLAGEENTSTEUERUNG per 1.1.2001   Abzug Ziff. 111   Fr...............

Objekt: Liegenschaft B
                            Seestrasse 1 a, 9000 St. Gallen

Nutzungsänderung per: 1.1.2001

Grund: bisher: Vermietung Verband Z (ohne Option)
                            neu: Vermietung Verband Z (mit Option)
                                      (MWSt-Nr. 532 510)
                                      Bewilligung Form. 760 liegt vor

Wertvermehrende Aufwendungen, Grossrenovationen, nachgeholter Unterhalt:
(Belege gemäss Art. 28 MWStV / Art. 37 MWStG)
    1995:
    1996:
    1997:
    1998:
    1999:
    2000:   Fr...............   .... %   Fr.................
    TOTAL   Fr.................

    Steuer   .... %   von   (......... %)   Fr.................

---

3)

KÜRZUNG VORSTEUERABZUG (PAUSCHALVARIANTE 1)

	Total	ausgenommen	steuerbar / -befreit
Einnahmen	Fr...............	Fr.....................	Fr...............
	100,000%	..........%	..........%
Vorsteuer Material / DL			
	Fr...............		Fr.................
Vorsteuer Betriebsaufw.			
	Fr...............	Fr...................	Fr.................

---

4)

BERICHTIGUNG BEI STEUERSATZERHÖHUNG (FBST)
Pauschallösung gemäss SB 01«Übergang von der MWStV zum MWStG», Seite 81

Pauschalkorrektur 0,04% von   Ziff. 060   Fr................   =   Fr................

6 Entstehung der Steuerforderung, Veranlagung und Entrichtung

6.3 VERANLAGUNG UND ENTRICHTUNG RESP. RÜCKERSTATTUNG DER STEUER — Art. 46 – 48 MWStG

Selbstveranlagung und Entrichtung der Steuer Art. 46 + 47 MWStG

- innert 60 Tagen nach Ablauf der Abrechnungsperiode

Bei verspäteter Zahlung wird ohne Mahnung ein Verzugszins geschuldet.

- innert 30 Tagen nach Übertragung des Vermögens im Meldeverfahren

Bei der entgeltlichen oder der unentgeltlichen Übertragung eines Gesamt- oder eines Teilvermögens von einer steuerpflichtigen Person auf eine andere im Rahmen einer Gründung, einer Liquidation oder einer Umstrukturierung hat die steuerpflichtige Person ihre Steuerpflicht durch Meldung der steuerbaren Lieferung und Dienstleistung zu erfüllen (MB 11 «Übertragung mit Meldeverfahren»).

Rückerstattung der Steuer Art. 48 MWStG

- innert 60 Tagen nach Einreichung der Steuerabrechnung

Vorbehalten bleiben:
- die Verrechnung dieses Überschusses mit Einfuhrsteuerforderungen, selbst wenn diese noch nicht fällig sind,
- die Berichtigung der Selbstveranlagung und die Verwendung des Überschusses zur Steuersicherung nach Art. 71 Abs. 1 MWStG.

Erfolgt die Auszahlung des Überschusses an abziehbaren Vorsteuern beziehungsweise eines anderen Saldoguthabens zu Gunsten der steuerpflichtigen Person später als 60 Tage nach Eintreffen der Steuerabrechnung beziehungsweise der schriftlichen Geltendmachung des Saldos bei der ESTV, so wird für die Zeit vom 61. Tag bis zur Auszahlung ein Vergütungszins zum Zinssatz für den Verzugszins ausgerichtet. Ein solcher Vergütungszins wird auch dann ausgerichtet, wenn der steuerpflichtigen Person Steuern zurückzuerstatten sind, die zu Unrecht eingefordert wurden.

Der Verzugszinssatz beträgt (1.1.2002) 5%.

6 Entstehung der Steuerforderung, Veranlagung und Entrichtung

6.4 VERJÄHRUNG — Art. 49 – 50 MWStG

Verjährung der Steuerforderung — Art. 49 MWStG

Die Steuerforderung verjährt 5 Jahre nach Ablauf des Kalenderjahres, in dem sie entstanden ist. Die Verjährung wird durch jede Einforderungshandlung und durch jede Berichtigung durch die zuständige Behörde unterbrochen. Sie steht still, solange die pflichtige Person in der Schweiz nicht betrieben werden kann oder, bei Abrechnung nach vereinnahmten Entgelten, solange das Entgelt nicht vereinnahmt ist. Unterbrechung und Stillstand wirken gegenüber allen zahlungspflichtigen Personen. Die Steuerforderung verjährt in jedem Fall 15 Jahre nach Ablauf des Kalenderjahres, in dem sie entstanden ist.

Verjährung des Anspruchs auf Vorsteuerabzug — Art. 50 MWStG

Der Anspruch auf Vorsteuerabzug verjährt 5 Jahre nach Ablauf des Kalenderjahres, in dem er entstanden ist. Die Verjährung wird unterbrochen durch die Geltendmachung des Anspruches gegenüber der ESTV. Die Verjährung steht still, solange über den geltend gemachten Anspruch ein Entscheid-, Einsprache- oder Rechtsmittelverfahren hängig ist. Der Anspruch auf Vorsteuerabzug verjährt in jedem Fall 15 Jahre nach Ablauf des Kalenderjahres, in dem er entstanden ist.

Aus der nachfolgenden Tabelle kann die Verjährungsfrist herausgelesen werden:

Verjährungszeitpunkt											
31.12.2002				31.12.2003				31.12.2004			
MWSt-Quartalsabrechnungen											
1/97	2/97	3/97	4/97							
				1/98	2/98	3/98	4/98			
								1/99	2/99	3/99	4/99

Verjährungszeitpunkt											
31.12.2005				31.12.2006				31.12.2007			
MWSt-Quartalsabrechnungen											
1/00	2/00	3/00	4/00							
				1/01	2/01	3/01	4/01			
								1/02	2/02	3/02	4/02

Im Rahmen eines gerichtlichen Nachlassverfahrens kann die ESTV einem Erlass der Steuer zustimmen (Art. 51 MWStG).

6 Entstehung der Steuerforderung, Veranlagung und Entrichtung

6.5 FRAGEN

47 Die Heizungsfirma Z (steuerpflichtig) fakturiert am 5. Dezember 2001 dem Kunden X die neu installierte Ölfeuerung für Fr. 20 000.– (exkl. MWSt). Der Kunde begleicht diese Rechnung am 5. Januar 2002, unter Abzug von Fr. 430.– (inkl. MWSt). Die Heizungsfirma rechnet die MWSt nach vereinbarten Entgelten ab.

Wann ist wie viel MWSt abzurechnen resp. abzuziehen?

48 Eine steuerpflichtige Person erstellt die Steuerabrechnung 2/2001 (1.4. – 30.6.2001) am 15. Juli 2001 und sendet sie der ESTV zu. Der ausstehende Steuerbetrag wurde am 1. Oktober 2001 beglichen.

Wurde die Zahlung verspätet geleistet? Wenn ja, für welche Periode ist nachträglich Verzugszins zu entrichten?

49 Ein Exporthandelsunternehmen reicht die Steuerabrechnung 2/2001 (1.4. – 30.6.2001) mit einem Vorsteuerüberschuss von Fr. 50 000.– am 20. August 2001 der ESTV ein.

Bis wann muss die ESTV die Steuerrückzahlung vornehmen?

50 Eine steuerpflichtige Person stellt am 30. November 2006 fest, dass sie in der Steuerabrechnung 1/2001 (1.1. – 31.3.2001) zu viel Umsatzsteuer abgerechnet hat.

Kann die steuerpflichtige Person noch eine Korrektur in der Steuerabrechnung 1/2001 vornehmen?

(Lösungen im Anhang, Seite 265 – 266)

7. VERFAHREN — Art. 56 – 71 MWStG

7.1 AN- UND ABMELDUNG — Art. 56 + 57 MWStG

Anmeldung

Wer Umsätze nach Art. 5 MWStG tätigt und die Steuerpflicht gemäss Art. 21 und 25 MWStG erfüllt, hat sich innert 30 Tagen nach Beginn der Steuerpflicht bei der ESTV schriftlich anzumelden.

Wer Dienstleistungen von Unternehmen mit Sitz im Ausland bezogen hat, hat sich innert 60 Tagen nach Ablauf des Kalenderjahres, für das er steuerpflichtig ist, schriftlich bei der ESTV anzumelden.

Abmeldung

Endet die Steuerpflicht, so ist die ESTV unverzüglich schriftlich zu benachrichtigen.

Wenn die Voraussetzungen einer Option für die Steuerpflicht wegfallen, ist die ESTV unverzüglich schriftlich zu benachrichtigen.

Unterlässt es die Person, welche die für die Steuerpflicht massgebliche Umsatzgrenze nicht mehr erreicht, sich abzumelden, so wird angenommen, dass sie für die Steuerpflicht optiert.

Die steuerpflichtige Person hat der ESTV über alle Tatsachen, die für die Steuerpflicht oder für die Steuerbemessung von Bedeutung sein können, nach bestem Wissen und Gewissen Auskunft zu erteilen. Das gesetzlich geschützte Berufsgeheimnis bleibt vorbehalten. TrägerInnen des Berufsgeheimnisses sind zur Vorlage der Bücher oder Aufzeichnungen verpflichtet, dürfen aber die Namen der Klienten abdecken oder durch Codes ersetzen.

7 Verfahren

7.2 BUCHFÜHRUNG — Art. 58 MWStG

Die steuerpflichtige Person hat ihre Geschäftsbücher ordnungsgemäss zu führen und so einzurichten, dass sich aus ihnen die für die Feststellung der Steuerpflicht sowie für die Berechnung der Steuer und der abziehbaren Vorsteuern massgebenden Tatsachen leicht und zuverlässig ermitteln lassen. Die ESTV kann hierüber nähere Bestimmungen erlassen. Diese dürfen nur dann über die handelsrechtlich vorgeschriebenen Bestimmungen hinausgehen, wenn dies für die ordnungsgemässe Erhebung der Mehrwertsteuer unerlässlich ist (Z 878 ff.)

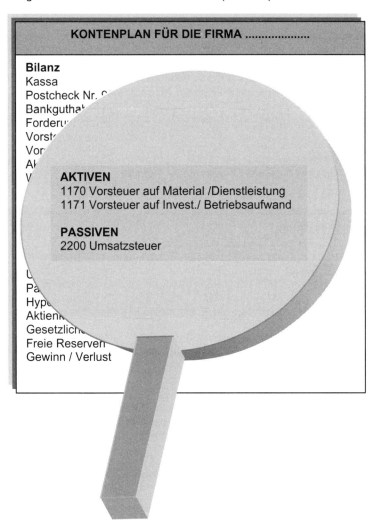

KONTENPLAN FÜR DIE FIRMA ....

Bilanz
Kassa
Postcheck Nr. ...
Bankgutha...
Forderu...
Vorst...
Vor...
A...
...

AKTIVEN
1170 Vorsteuer auf Material /Dienstleistung
1171 Vorsteuer auf Invest./ Betriebsaufwand

PASSIVEN
2200 Umsatzsteuer

...
Pa...
Hyp...
Aktien...
Gesetzlich...
Freie Reserven
Gewinn / Verlust

Bemerkung: Je nach Situation können weitere Vorsteuer- und Umsatzsteuerkonti gebildet werden.

Die Mehrwertsteuer kann nach drei Varianten verbucht werden (Z 914 ff.):

Nettoverbuchung

Bei der Nettoverbuchung wird die auf den Umsätzen geschuldete Steuer auf einem separaten Konto «Umsatzsteuer» (Passivkonto) und die beim Einkauf an steuerpflichtige Lieferanten oder Dienstleistungserbringer zu bezahlende Steuer auf separate Konti «Vorsteuer» (Aktivkonti) verbucht.

    Konti: Vorsteuer auf Materialaufwand und Dienstleistungen
                  Vorsteuer auf Investitionen und übrigem Betriebsaufwand

Die Nettoverbuchung entspricht am besten dem besonderen Charakter der Mehrwertsteuer (durchlaufender Posten). Aufwand und Ertrag sowie die Kostenrechnung werden ohne Mehrwertsteuer ausgewiesen.

Aus den Konti «Umsatzsteuer» und «Vorsteuer» ist jederzeit der genaue Stand der Schuld oder des Guthabens gegenüber der ESTV ersichtlich.

Die Ertrags- und Aufwandkonti müssen nicht nach den einzelnen Steuersätzen geführt werden.

In der EDV-mässigen Debitoren- und Kreditorenbuchhaltung wird die Mehrwertsteuer meistens nach der Nettomethode verbucht.

Bruttoverbuchung

Bei der Bruttoverbuchung werden auf den Ertrags- und Aufwandkonti die Bruttobeträge inklusive Steuer verbucht. Die Steuern werden periodisch herausgerechnet und auf die separaten Konti «Umsatzsteuer» und «Vorsteuer» übertragen.

Bei der Bruttomethode werden die Konti nach den verschiedenen Steuersätzen geführt, z.B.:

        3200   Verkauf Weine   7,6% MWSt
        3201   Verkauf Mineralwasser   2,4% MWSt
        3202   Verkauf Export   0,0% MWSt

Bei der Definition der Konti können die Steuersätze EDV-mässig fix zugeteilt werden. In der EDV-Finanzbuchhaltung ist sowohl die Brutto- wie auch die Nettomethode möglich. Dabei kann auf dem Kontenstamm definiert werden, ob für das entsprechende Konto die Brutto- oder die Nettoverbuchung anzuwenden ist.

Gemischte Verbuchung

Brutto- und Nettomethode werden nebeneinander angewendet., z.B. Ertrag brutto, Aufwand netto.

Geeignet für manuell geführte Buchhaltungen von kleineren Gewerbebetrieben, die nach vereinnahmten Entgelten abrechnen.

Beispiel eines Grundbuches (Bruttoerfassung)

KASSABUCH

Datum	Text	Konto	Steuersatz	Einnahmen	Ausgaben	Saldo
2001						
1.1.	Anfangssaldo					5 128.—
3.1.	Kauf PC	1521	7,6%		3 766.—	1 362.—
3.1.	Barverkäufe	3200	7,6%	860.80		2 222.80
3.1.	Barverkäufe	3201	2,4%	102.40		2 325.20
3.1.	Kauf Büromaterial	6500	7,6%		53.80	2 271.40
3.1.	Privatbezug	2850			200.—	2 071.40
4.1.	Barverkäufe	3200	7,6%	538.—		2 609.40
4.1.	Barbezug Bank	1020		600.—		3 209.40
4.1.	Bareinkauf Waren	4200	7,6%		645.60	2 563.80
4.1.	Bareinkauf Waren[1)]	4201	0,0%		322.80	2 241.—
4.1.	Kauf Packmaterial	4205	7,6%		86.10	2 154.90
4.1.	Prämie Feuervers.	6300			90.—	2 064.90
5.1.	Bareinkauf Waren	4202	0,0%		1 500.—	564.90
5.1.	Barverkäufe	3202	0,0%	2 000.—		2 564.90
......	....	....	....	....	....	....

[1)] auf der Quittung fehlt die Empfangsadresse

Rekapitulation Kassa Januar 2001

Konto	Einnahmen	Konto	Ausgaben
1020	Bank	1521	Anlagen
3200	Warenverkauf	2850	Privatbezüge
3201	Warenverkauf Lebensmittel	4200	Wareneinkauf
3202	Warenverkauf (Ausland)	4201	Wareneinkauf Lebensmittel
		4202	Wareneinkauf (Ausland)
		6300	Geschäftsversicherungen
		4205	Verpackungsmaterial
		6500	Büromaterial

(Schweizer Kontenrahmen für kleine und mittlere Unternehmen in Produktion, Handel und Dienstleistung, Walter Sterchi, Schweizerischer Gewerbeverband)

7 Verfahren

Beispiel eines Journals (Kundenguthaben)

JOURNAL KUNDENGUTHABEN (unter Verwendung von Codes)

Dat.	Text	Fakt. Nr.	Kto	SOLL	Kto	HABEN	MWSt-Code
2001							
3.1.	A. Meier, Basel	1025	1100	204.80	3201	200.—	2
					2200	4.80	
4.1.	W. Plüss, Bern	1026	1100	430.40	3200	400.—	1
					2200	30.40	
......	....	....	....	....	....	....	....
......	....	....	....	....	....	....	....
	TOTAL			9 075.—		9 075.—	

MWSt-Code: 1 = USt 7,6%   3 = Export
                    2 = USt 2,4%   4 = nicht MWSt-pflichtig

Beispiel eines Journals (Lieferantenverpflichtungen)

JOURNAL LIEFERANTENVERPFLICHTUNGEN (unter Verwendung von Codes)

Dat.	Text	Fakt. Nr.	Kto	HABEN	Netto-aufw.	Vor-steuer	C
2001							
3.1.	Gerber, W'einkauf	2115	4200	645.60	600.—	45.60	11
4.1.	Suter, W'einkauf	A017	4201	256.—	250.—	6.—	11
7.1.	Druck AG, Bürom.	7333	6500	161.40	150.—	11.40	12
10.1.	Müller, Maschinen	0167	1500	5 380.—	5 000.—	380.—	12
11.1.	Verk.amt, Steuer		6230	520.—	520.—	0.—	10
12.1.	Felder, Autorep.	1455	6200	430.40	400.—	30.40	12
14.1.	Gastro AG, Verpfl.	0345	6640	107.60	103.80	3.80	13
15.1.	Suter, W'einkauf[1]	A055	4201	256.—	256.—	0.—	10
......	....	....	....	....	....	....	....
......	....	....	....	....	....	....	....
	TOTAL			9 675.—	9 000.—	675.—	

[1] auf der Quittung fehlt die Empfangsadresse

MWSt-Code: 10 = Vorsteuer ohne
                      11 = Vorsteuer auf Material- und Dienstleistungsaufwand
                      12 = Vorsteuer auf Investitionen und Betriebsaufwand
                      13 = Vorsteuer auf Investitionen und Betriebsaufwand
                            (50% von 7,6%)

7 Verfahren

Die deklarierten Umsätze und die geltend gemachten Vorsteuern sind periodisch (mindestens einmal jährlich) mit der Buchhaltung abzustimmen (Z 968).

Umsatzabstimmung (Mustervorlage)

Verbuchte Jahresumsätze gemäss Erfolgsrechnung (Saldobilanz)   20……

                                                                           Fr.   Fr.

Kto. ……..   Ertrag aus Lieferungen und Leistungen ……….
Kto. ……..   ……………………………………………… +……….
Kto. ……..   ……………………………………………… +……….
Kto. ……..   Naturalverpfl. / Privatanteil u. -bezug +……….
+ Forderungen (Debitoren) per 01.01. [1)]   +……….
./. Forderungen (Debitoren) per 31.12. [1)]   −……….
+ Verkäufe Sachwerte   +……….
+ Weiterverrechnungen Aufwandkosten   +……….

und evtl. (wenn in obigen Beträgen bereits enthalten)
  + angefangene Arbeiten per 01.01.   +……….
  ./. angefangene Arbeiten per 31.12.   −……….
  ./. Wertberichtigung (Delkredere) per 01.01.   −……….
  + Wertberichtigung (Delkredere) per 31.12.   +……………………………

Total verbuchter Jahresumsatz   ……………

Deklarierte Umsätze gemäss MWSt-Abrechnungen

1. Quartal   (deklariert unter Ziff. 010)   ……….
2. Quartal   (deklariert unter Ziff. 010)   +……….
3. Quartal   (deklariert unter Ziff. 010)   +……….
4. Quartal   (deklariert unter Ziff. 010)   +……….

Eigenverbrauch   (deklariert unter Ziff. 020)   +……………………………

Total deklarierter Umsatz   ……………

Umsatzdifferenz   + / −   ……………

Korrektur erfolgte im …… Quartal 20……
Erledigt durch ………………… am …………….

Bemerkungen:
………………………………………………………………………………………………
………………………………………………………………………………………………

[1)] zu berücksichtigen bei Abrechnung nach vereinnahmten Entgelten

7 Verfahren

Vorsteuerabstimmung (Mustervorlage)

*Verbuchte Investitionen und Jahresaufwendungen
gemäss Erfolgsrechnung (Saldobilanz)   20..........*

		Fr.	Fr.
Materialaufwand			
Kto.		....	
Kto.		+	
+ Verbindlichkeiten (Kreditoren) per 01.01. [1]		+	
./. Verbindlichkeiten (Kreditoren) per 31.12. [1]		−	
+ Passive Rechnungsabgrenzung per 01.01.		+	
./. Passive Rechnungsabgrenzung per 31.12.		−	
Total verbuchter Materialaufwand		....	
MWSt 7,6%			....

Deklarierte Vorsteuern gemäss MWSt-Abrechnungen

1. Quartal (deklariert unter Ziff. 110)	....	
2. Quartal (deklariert unter Ziff. 110)	+	
3. Quartal (deklariert unter Ziff. 110)	+	
4. Quartal (deklariert unter Ziff. 110)	+	
Total deklarierte Vorsteuern auf Material- und Dienstleistungsaufwand		....

Vorsteuerdifferenz   + / − ....

Korrektur erfolgte im ...... Quartal 20......
Erledigt durch .... am ....

Bemerkungen:
Differenz Einfuhren usw. ....
....

[1] zu berücksichtigen bei Abrechnung nach vereinnahmten Entgelten

*Investitionen (Aktiven / Sollbuchungen)
(Verbuchung nach Zahlungseingang)   20.......*

	Fr.	Fr.
Kto.	....	
Kto.	+	
./. Verbindlichkeiten (Kreditoren) per 31.12. [1]	−	
./. Passive Rechnungsabgrenzung per 31.12.	−	
	....	....

7 Verfahren

übriger Aufwand
Kto. ....
Kto. .... + ...
+ Verbindlichkeiten (Kreditoren) per 01.01. [1)] + ...
./. Verbindlichkeiten (Kreditoren) per 31.12. [1)] – ....
+ Passive Rechnungsabgrenzung per 01.01. + ...
./. Passive Rechnungsabgrenzung per 31.12. – ....
Total verbuchter übriger Aufwand ....
Gesamttotal ....

abzüglich:
nicht vorsteuerabzugsberechtigte Aufwandkonti
(Löhne, Sozialleistungen, Abschreibungen usw.)
Kto. .... – ....
Kto. .... – ....

nicht vorsteuerabzugsberechtigte Aufwendungen
(formell falsche Belege, Pauschalspesen,
Bezug von Privat usw.)
Kto. .... – ....
Kto. .... –...............

zuzüglich:
Passivsaldi (Weiterverrechnungen Aufwandkosten) + ...
 ....
Total Investitionen und übriger Betriebsaufwand ....

MWSt 7,6%   von Investitionen / Aufwand   ....
MWSt 3,6%   von Investitionen / Aufwand   ....
MWSt 2,4%   von Investitionen / Aufwand   ....
MWSt 3,8%   von Investitionen / Aufwand   ....
Total MWSt ....

Deklarierte Vorsteuern gemäss MWSt-Abrechnungen

1. Quartal   (deklariert unter Ziff. 111)   ....
2. Quartal   (deklariert unter Ziff. 111)   + ...
3. Quartal   (deklariert unter Ziff. 111)   + ...
4. Quartal   (deklariert unter Ziff. 111)   + ...
Total deklarierte Vorsteuern auf Investitionen und
übrigem Betriebsaufwand ....

Vorsteuerdifferenz   + / – ....

Korrektur erfolgte im ...... Quartal 20......
Erledigt durch .... am ....

Bemerkungen:
....

[1)] zu berücksichtigen bei Abrechnung nach vereinnahmten Entgelten

7 Verfahren

Aufbewahrung der Geschäftsbücher — Art. 58 Abs. 2 MWStG

Die steuerpflichtige Person hat ihre Geschäftsbücher, Belege, Geschäftspapiere und sonstigen Aufzeichnungen

während 10 Jahren
(Art. 962 Abs. 2 OR bleibt vorbehalten)

während 20 Jahren
die mit unbeweglichen Gegenständen zusammenhängenden Geschäftsunterlagen
zuzüglich 5 Jahre Verjährungsfrist

ordnungsgemäss aufzubewahren.

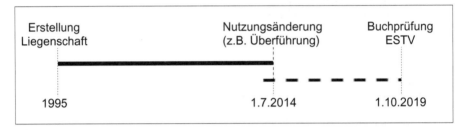

Ist nach Ablauf der Aufbewahrungsfrist die Verjährung der Steuerforderung, auf welche sich die Geschäftsbücher, Belege, Geschäftspapiere und sonstigen Aufzeichnungen beziehen, noch nicht eingetreten, so dauert die Aufbewahrungspflicht bis zum Eintritt dieser Verjährung.

Annäherungsweise Ermittlung der Steuern — Art. 58 Abs. 3 MWStG

Erwachsen der steuerpflichtigen Person aus der genauen Feststellung einzelner für die Bemessung der Steuer wesentlicher Tatsachen übermässige Umtriebe, so gewährt die ESTV Erleichterungen und lässt zu, dass die Steuer annäherungsweise ermittelt wird, sofern sich dadurch kein namhafter Steuerausfall oder -mehrertrag, keine beachtenswerte Verzerrung der Wettbewerbsverhältnisse und keine übermässige Erschwerung der Steuerabrechnung für andere steuerpflichtige Personen und der Steuerkontrolle ergeben.

Ermessenseinschätzung — Art. 60 MWStG

Liegen keine oder nur unvollständige Aufzeichnungen vor oder stimmen die ausgewiesenen Ergebnisse mit dem wirklichen Sachverhalt offensichtlich nicht überein, so nimmt die ESTV eine Schätzung nach pflichtgemässem Ermessen vor (Z 892).

7 Verfahren

| Behörden | Art. 52 + 82 MWStG |

Die Steuer auf den Umsätzen im Inland wird durch die ESTV erhoben. Die Steuer auf der Einfuhr wird durch die EZV erhoben. Erhebungen bei steuerpflichtigen Personen können im Einvernehmen mit der ESTV diesen übertragen werden.

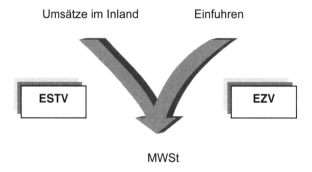

| Amtshilfe, Geheimhaltung | Art. 54 + 55 MWStG |

Die Steuerbehörden der Kantone, Bezirke, Kreise und Gemeinden sowie die ESTV unterstützen sich gegenseitig in der Erfüllung ihrer Aufgaben; sie haben sich kostenlos die zweckdienlichen Meldungen zu erstatten, die benötigten Auskünfte zu erteilen und Akteneinsicht zu gewähren.

Die EZV teilt der ESTV unaufgefordert Wahrnehmungen mit, die für die Steuererhebung von Bedeutung sein können.

Gemäss Art. 55 MWStG erteilt die ESTV auf Anfrage die Auskunft, ob jemand im Register der steuerpflichtigen Personen eingetragen ist oder nicht. Weitere Angaben darf die ESTV infolge Geheimhaltungspflicht nicht erteilen. Keine Geheimhaltungspflicht besteht:
- bei Leistungen von Amtshilfe oder bei Erfüllung einer Pflicht zur Anzeige strafbarer Handlungen;
- gegenüber Organen der Rechtspflege oder der Verwaltung mit Vollmacht des EFD;
- gegenüber den Schuldbetreibungs- und Konkursbehörden (im Einzelfall).

| Erlass der Steuer | Art. 51 MWStG |

Im Rahmen eines gerichtlichen Nachlassverfahrens kann die ESTV einem Erlass der Steuer zustimmen.

7 Verfahren

Auskunftspflicht Dritter — Art. 61 MWStG

Die ESTV ist befugt, von auskunftspflichtigen Dritten kostenlos alle Auskünfte zu verlangen, die für die Feststellung der Steuerpflicht oder für die Berechnung der Steuer und der abziehbaren Vorsteuer erforderlich sind, ebenso die Vorlage oder Einreichung der Geschäftsbücher, Belege, Geschäftspapiere und sonstiger Aufzeichnungen.

Zur Auskunft verpflichtet sind:
- die steuerpflichtigen Personen;
- Personen, die für eine steuerpflichtige Person haften;
- Personen, die Lieferungen oder Dienstleistungen erhalten oder erbracht haben;
- Personen, die an einer Gesellschaft, die der Gruppenbesteuerung unterliegen, massgebend beteiligt sind.

Das gesetzlich geschützte Berufsgeheimnis bleibt vorbehalten.

Überprüfung — Art. 57 + 62 MWStG

Die steuerpflichtige Person hat der ESTV über alle Tatsachen, die für die Steuerpflicht oder für die Steuerbemessung von Bedeutung sein können, nach bestem Wissen und Gewissen Auskunft zu erteilen. Das gesetzlich geschützte Berufsgeheimnis bleibt vorbehalten.

Überprüfung durch die ESTV

Die ESTV überprüft:
- die Erfüllung der Pflicht zur Anmeldung als steuerpflichtige Person
- die Steuerabrechnungen und -ablieferungen

Buchprüfung durch die ESTV

Zwecks Abklärung des Sachverhalts hat die steuerpflichtige Person der ESTV Zugang zu ihrer:
- Finanzbuchhaltung
- Betriebsbuchhaltung
- dazugehörigen Belegen

zu gewähren.

Das Gleiche gilt für auskunftspflichtige Dritte. Die Vornahme von Kontrollen braucht nicht im Voraus angezeigt zu werden, wenn Kollusionsgefahr besteht. Allfällige Abweichungen werden in einer Ergänzungsabrechnung oder in einer Gutschriftsanzeige festgehalten.

Die anlässlich einer Prüfung bei einem Bankinstitut gemachten Feststellungen betreffend Dritte dürfen ausschliesslich für die Durchführung der Mehrwertsteuer verwendet werden. Das Bankgeheimnis ist jedoch zu wahren.

7 Verfahren

7.3 RECHTSMITTEL — Art. 63 – 68 MWStG

Die ESTV trifft von Amtes wegen oder auf Verlangen der steuerpflichtigen Person alle Entscheide zur Steuererhebung, insbesondere:

- wenn der Bestand oder Umfang der Steuerpflicht bestritten wird;
- wenn die Eintragung oder Löschung im Register der steuerpflichtigen Personen bestritten wird;
- wenn der Bestand oder Umfang der Steuerforderung oder der Mithaftung, des Vorsteuerabzugs oder des Anspruchs auf Rückerstattung von Steuern streitig ist;
- wenn die steuerpflichtige Person oder ein Mithaftender die Steuer nicht entrichtet;
- wenn sonstige Pflichten, die sich aus dem MWStG oder aus gestützt darauf ergangenen Verordnungen oder Weisungen ergeben, nicht anerkannt oder nicht erfüllt werden;
- wenn für einen bestimmten Fall vorsorglich die amtliche Feststellung der Steuerpflicht, der Steuerschuld, des Anspruchs auf Vorsteuerabzug, der Grundlagen der Steuerbemessung, des anwendbaren Steuersatzes oder der Mithaftung beantragt wird oder als geboten erscheint.

Die Rechtsmittel sind auf der nächsten Seite ersichtlich. Die Rechtsmittelfrist von 30 Tagen ist eine gesetzliche Frist und kann nicht erstreckt werden.

Richtet sich die Einsprache gegen einen einlässlich begründeten Entscheid der ESTV, so kann diese auf Antrag oder mit Zustimmung des Einsprechers die Einsprache als Beschwerde an die Eidg. Steuerrekurskommission weiterleiten.

Im Veranlagungs- und im Einspracheverfahren werden in der Regel keine Kosten erhoben und keine Parteientschädigungen ausgerichtet.
Ohne Rücksicht auf den Ausgang des Verfahrens können die Kosten von Untersuchungshandlungen derjenigen Person auferlegt werden, die sie schuldhaft verursacht hat.

Die Revision und die Erläuterung von Entscheiden richten sich nach folgenden Gesetzen:

Entscheide und Einsprachentscheide der ESTV	Verwaltungsverfahrensgesetz Art. 66 ff.
Entscheide der Eidg. Steuerrekurskommission	Verwaltungsverfahrensgesetz Art. 66 ff.
Entscheide des Bundesgerichtes	Bundesrechtspflegegesetz Art. 136 ff.

7 Verfahren

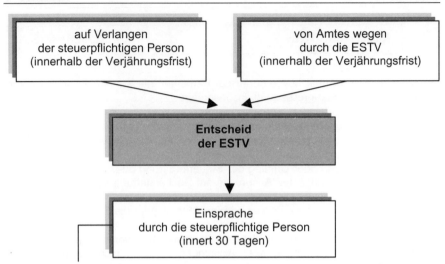

Die Einsprache ist schriftlich bei der Eidgenössischen Steuerverwaltung, Hauptabteilung Mehrwertsteuer, Bern eingeschrieben einzureichen, mit Begehren, Begründung, Angabe der Beweismittel, Unterschrift des Einsprechers oder seines Vertreters (Vertreter benötigt schriftliche Vollmacht). Die Beweismittel sollen in der Einspracheschrift bezeichnet und ihr beigelegt werden. Die ESTV kann eine Nachfrist zur Verbesserung anordnen.

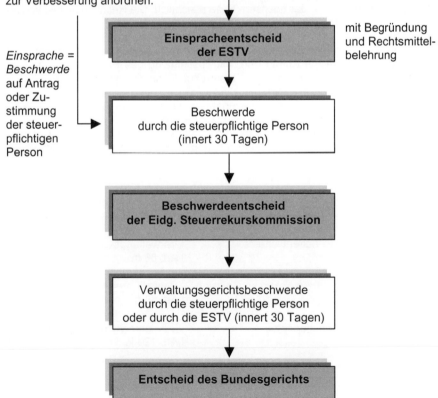

7 Verfahren

Betreibung — Art. 69 MWStG

Die Betreibung wird eingeleitet, wenn der Anspruch auf Steuern, Zinsen, Kosten und Bussen auf Mahnung hin nicht befriedigt wurde. Ist die Steuerforderung oder die Busse noch nicht rechtskräftig festgesetzt und wird sie bestritten, so unterbleibt ihre endgültige Kollokation bis ein rechtskräftiger Entscheid vorliegt.
Ein rechtskräftiger Entscheid gilt als Rechtsöffnungstitel.

Sicherstellung — Art. 70 MWStG

Die ESTV kann Steuern, Zinsen und Kosten, auch wenn sie weder rechtskräftig festgesetzt noch fällig sind, sicherstellen lassen, wenn:
- deren Bezahlung als gefährdet erscheint;
- die zahlungspflichtige Person Anstalten trifft, ihren Wohn- oder Geschäftssitz oder ihre Betriebsstätte in der Schweiz aufzugeben oder sich im Schweizerischen Handelsregister löschen zu lassen;
- die zahlungspflichtige Person mit der Zahlung der Steuer in Verzug ist;
- die steuerpflichtige Person den Geschäftsbetrieb einer Unternehmung, über die der Konkurs eröffnet worden ist, ganz oder teilweise übernimmt.

Die Sicherstellung muss durch Hinterlegung sicherer, marktgängiger Wertschriften oder durch Bankbürgschaft geleistet werden.

Andere Sicherungsmassnahmen — Art. 71 MWStG

Der Überschuss der abziehbaren Vorsteuern über die geschuldete Steuer kann mit Schulden für frühere Perioden verrechnet werden oder zur Verrechnung mit zu erwartenden Schulden für nachfolgende Perioden gutgeschrieben werden, sofern die steuerpflichtige Person mit der Steuerentrichtung regelmässig im Rückstand ist oder andere Gründe eine akute Gefährdung der Steuerforderung wahrscheinlich erscheinen lassen.

Steuerpflichtige Personen ohne Wohn- oder Geschäftssitz im Inland haben für die Erfüllung ihrer Pflichten einen Beauftragten zu bestimmen, der im Inland Wohn- oder Geschäftssitz hat. Die ESTV kann ausserdem Sicherstellung der voraussichtlichen Schulden durch Hinterlegung sicherer, marktgängiger Wertschriften oder durch Bankbürgschaft verlangen.

Bei wiederholtem Zahlungsverzug kann die ESTV die pflichtige Person dazu anhalten, über die Steuer künftig monatlich oder halbmonatlich abzurechnen und diese gleichzeitig zu entrichten.

Eine juristische Person oder eine Betriebsstätte eines ausländischen Unternehmens darf im Schweizerischen Handelsregister erst dann gelöscht werden, wenn die ESTV dem für die Führung des Registers zuständigen Amt angezeigt hat, dass die Ansprüche aus dem MWStG getilgt oder sichergestellt sind.

7 Verfahren

7.4 STRAFBESTIMMUNGEN — Art. 85 – 89 MWStG

Steuerhinterziehung — Art. 85 MWStG

Wer vorsätzlich sich oder einem andern einen unrechtmässigen Steuervorteil verschafft, namentlich die Steuer hinterzieht, auch indem er für sich eine unrechtmässige Befreiung, Vergütung, Rückerstattung oder einen unrechtmässigen Abzug von Steuern erwirkt, wird mit

> **Busse bis zum Fünffachen der hinterzogenen Steuer oder des unrechtmässigen Vorteils bestraft.**

Versuch und Gehilfenschaft sind strafbar.

Wer durch fahrlässiges Verhalten sich oder einem andern einen unrechtmässigen Steuervorteil verschafft, wird mit

> **Busse bis zum Einfachen des unrechtmässigen Vorteils bestraft.**

Steuergefährdung — Art. 86 MWStG

Wer vorsätzlich oder fahrlässig
- sich gesetzwidrig nicht als steuerpflichtige Person anmeldet;
- trotz Mahnung der Pflicht zur Einreichung der Steuerabrechnung oder zur Erteilung der gesetzlich vorgeschriebenen Auskünfte nicht nachkommt;
- Geschäftsbücher, Belege, Geschäftspapiere und sonstige Aufzeichnungen nicht ordnungsgemäss führt, ausfertigt, aufbewahrt oder vorlegt;
- einer Steuerabrechnung, einem Antrag auf Befreiung, Vergütung, Rückerstattung oder Abzug von Steuern oder als auskunftspflichtige Drittperson unwahre Angaben macht, erhebliche Tatsachen verschweigt oder über solche Tatsachen unwahre Belege vorlegt;
- durch Angabe einer Registernummer den Anschein erweckt, er sei im Register der steuerpflichtigen Personen eingetragen;
- die ordnungsgemässe Durchführung einer Kontrolle erschwert, behindert oder verunmöglicht;
- für die Steuererhebung massgebende Daten und Gegenstände nicht oder unrichtig deklariert, wird mit

> **Busse bis zu Fr. 10 000.– bestraft**
> **(bei schweren Fällen oder bei Rückfall bis zu Fr. 30 000.–)**

oder einer Busse bis zum Einfachen der gefährdeten Steuer oder des unrechtmässigen Vorteils, sofern dies einen höheren Betrag ergibt.

7 Verfahren

Widerhandlungen in Geschäftsbetrieben	Art. 87 MWStG

Fällt eine Busse von höchstens Fr. 100 000.– in Betracht und würde die Ermittlung der strafbaren Personen Untersuchungsmassnahmen bedingen, welche im Hinblick auf die verwirkte Strafe unverhältnismässig wären, so kann von einer Verfolgung dieser Personen Umgang genommen und an ihrer Stelle der Geschäftsbetrieb zur Bezahlung der Busse verurteilt werden.

Die Strafverfolgung obliegt:

        bei der Inlandsteuer   der ESTV
        bei der Einfuhrsteuer   der EZV

Erfüllt eine Handlung sowohl den Tatbestand einer Hinterziehung oder Gefährdung der Steuer auf der Einfuhr als auch einer durch die EZV zu verfolgenden Widerhandlung gegen andere Abgabenerlasse des Bundes, so wird die für die schwerste Widerhandlung verwirkte Strafe verhängt. Diese kann angemessen erhöht werden.

7 Verfahren

7.5 FRAGEN

51 Bis wann hat sich eine Gesellschaft bei folgenden Ereignissen anzumelden:
- wenn die Umsatzgrenzen erreicht sind und die Steuerpflicht gegeben ist?
- wenn Dienstleistungen von Unternehmen mit Sitz im Ausland von über Fr. 10 000.– bezogen werden?

52 Bis wann muss eine steuerpflichtige Person die ESTV benachrichtigen, wenn die Voraussetzungen einer Option für die Steuerpflicht wegfallen?

53 Nehmen Sie folgende Umsatzabstimmung vor (Abrechnung nach vereinnahmten Entgelten)!
Saldo Ertragskonto 2001 Fr. 1 250 600.–, Kundenguthaben per 1.1.2001 Fr. 52 000.–, Kundenguthaben per 31.12.2001 Fr. 38 000.–, Verkauf PC-Anlage (Barzahlung) Fr. 6 000.–, Deklaration vereinnahmtes Entgelt 1. – 4. Quartal 2001 Fr. 1 264 600.–.

54 Im Oktober 2001 teilt die ESTV einem Steuerpflichtigen schriftlich mit, dass sie in nächster Zeit eine Buchprüfung des Kalenderjahres 1996 durchführen werde und deshalb die Geschäftsbücher und Belege weiterhin aufzubewahren seien. Die Buchprüfung erfolge, weil der Eigenverbrauch nicht abgerechnet worden sei. Auf Mitte 2002 meldet sich die ESTV zur Buchprüfung an. Müssen die Geschäftsbücher und Belege noch beigebracht werden?

55 Im Jahre 2015 wird die Betriebsliegenschaft zur Hälfte vermietet (ohne Option). Die ESTV nimmt eine Prüfung vor. Müssen für die Überprüfung der abgerechneten Eigenverbrauchssteuer infolge Umnutzung der im Jahr 1998 erstellten Liegenschaft die Handwerksrechnungen beigebracht werden?

56 Eine steuerpflichtige Person ist mit der Ergänzungsabrechnung, die anlässlich einer Buchprüfung erstellt wurde, nicht einverstanden.
Welche Rechtsmittel stehen der steuerpflichtigen Person zur Verfügung?

57 Aufgrund eines Entscheides der ESTV wird ein Steuerberater beauftragt, eine Einsprache für seinen Kunden zu erstellen.
In welcher Frist muss die Einsprache eingereicht werden, und welche formalen Voraussetzungen müssen erfüllt sein?

(Lösungen im Anhang, Seite 266 – 267)

8. STEUER AUF DEN EINFUHREN — Art. 72 – 84 MWStG

8.1 STEUERPFLICHT BEI DER EINFUHR — Art. 75 MWStG

Für die Steuer auf der Einfuhr von Gegenständen gilt die Zollgesetzgebung, soweit Bestimmungen des MWStG nichts anderes anordnen (Art. 72 MWStG).

Steuerpflichtig sind die Zollzahlungspflichtigen (Z 733 ff.).

Die Solidarhaftung ist für den gewerbsmässigen Zolldeklaranten aufgehoben, wenn der Importeur:
- zum Vorsteuerabzug berechtigt ist;
- für die Steuerbeträge bei der EZV Sicherheit geleistet hat;
- die Steuer von der EZV in Rechnung gestellt erhält;
- dem gewerbsmässigen Zolldeklaranten einen Auftrag zur direkten Stellvertretung erteilt hat.

Die EZV kann vom Deklaranten den Nachweis für seine Vertretungsbefugnis verlangen.

Grafische Darstellung der Einfuhrbesteuerung

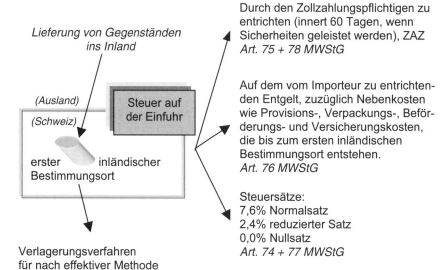

8 Steuer auf den Einfuhren

8.2 STEUEROBJEKT — Art. 73 + 74 MWStG

Steuerbare Einfuhren — Art. 73 MWStG

Der Steuer unterliegt die Einfuhr von Gegenständen, auch derjenigen, die zollfrei ins Inland eingeführt werden können (Z 709 ff.).

Als Gegenstände gelten:

- Bewegliche Sachen einschliesslich darin enthaltene Dienstleistungen und Rechte
- Elektrizität, Gas, Wärme, Kälte und Ähnliches

Lässt sich bei der Einfuhr von Datenträgern kein Marktwert feststellen, so wird der Wert des Datenträgers einschliesslich der darin enthaltenen Dienstleistungen mit der Inlandsteuer erfasst. Die Deklaration erfolgt unter der Ziff. 090 «Bezug von Dienstleistungen aus dem Ausland».

Steuerbefreite Einfuhren — Art. 74 MWStG

Von der Steuer befreit ist die Einfuhr von (Z 710 ff.):

1. Gegenständen in kleinen Mengen, von unbedeutendem Wert oder mit geringfügigem Steuerbetrag (nicht mehr als Fr. 5.–) nach den vom EFD zu erlassenden näheren Bestimmungen;

2. gesetzlichen Zahlungsmitteln (in- und ausländischen Banknoten und Münzen), mit Ausnahme der Sammlerstücke, die normalerweise nicht als gesetzliches Zahlungsmittel verwendet werden, z.B. Wertpapiere, Manuskripte (auch von Autoren, Schriftstellern und Komponisten) und Urkunden ohne Sammlerwert, von im Inland gültigen Postwertzeichen und sonstigen amtlichen Wertzeichen höchstens zum aufgedruckten Wert sowie von Fahrscheinen ausländischer öffentlicher Transportanstalten;

3. Münz- und Feingold (Z 577)

4. menschlichen Organen durch medizinisch anerkannte Institutionen und Spitäler sowie von menschlichem Vollblut durch Inhaber einer hiezu erforderlichen Bewilligung;

5. Kunstwerken, die von Kunstmalern und Bildhauern persönlich bearbeitet und von ihnen selbst oder in ihrem Auftrag ins Inland verbracht wurden, mit Ausnahme des Entgelts nach Art. 76 Abs. 1 Bst. d MWStG;

6. Gegenständen, die nach Art. 14 Ziff. 4 – 16 und 18 – 24 des Zollgesetzes (ZG) zollfrei sind oder nach Ziff. 24 zu einem ermässigten Zollansatz zugelassen werden (Ausstattungs-, Übersiedlungs- und Erbschaftsgut), mit Ausnahme der in Ziff. 14 genannten Gegenstände für Unterricht und Forschung, der zur Untersuchung und Behandlung von Patienten dienenden Instrumente und Apparate sowie der in Ziff. 11 genannten Motorfahrzeuge für Invalide;

7. Gegenständen, die mit Freipass zur vorübergehenden Ausfuhr abgefertigt wurden, mit Ausnahme des Entgelts nach Art. 76 Abs. 1 Bst. e MWStG (im Ausland vorgenommene Arbeiten / Reparaturen, Veredlung, Umbau);

8. Gegenständen, die nachweislich aus dem freien inländischen Verkehr zur Instandsetzung oder zur Lohnveredlung im Rahmen eines Werkvertrages vorübergehend ausgeführt und an den Absender in der Schweiz zurückgesandt werden, mit Ausnahme des Entgelts nach Art. 76 Abs. 1 Bst. f MWStG;

9. Gegenständen, die mit Freipass zur vorübergehenden Einfuhr abgefertigt werden, mit Ausnahme des Entgelts nach Art. 76 Abs. 1 Bst. g MWStG;

10. Retourgegenständen schweizerischer Herkunft, die aus dem freien inländischen Verkehr ausgeführt und unverändert an den Absender im Inland zurückgesandt werden, sofern sie nicht wegen der Ausfuhr von der Steuer befreit worden sind (z.B. ein für eine von der Steuer ausgenommene Tätigkeit verwendetes Betriebsmittel). Ist die Steuer beachtlich, so erfolgt die Steuerbefreiung durch Rückerstattung; die Bestimmungen des Art. 80 MWStG gelten sinngemäss;

11. Gegenständen im Sinne von Art. 17 Abs. 1 des ZG, die von einer steuerpflichtigen Person zur Instandsetzung oder Lohnveredlung im Rahmen eines Werkvertrages vorübergehend eingeführt werden;

12. Gegenständen, deren Umsätze im Inland nach Art. 19 Abs. 2 Ziff. 7 MWStG (Z 567 ff.) von der Steuer befreit sind.

Behörde	Art. 82 MWStG

Die Steuer auf der Einfuhr wird durch die EZV erhoben. Diese trifft die erforderlichen Anordnungen und Entscheide.

Die EZV ist befugt, zur Prüfung der für die Steuerveranlagung wesentlichen Tatsachen alle erforderlichen Erhebungen vorzunehmen. Erhebungen bei steuerpflichtigen Personen können im Einvernehmen mit der ESTV dieser übertragen werden.

8 Steuer auf den Einfuhren 218

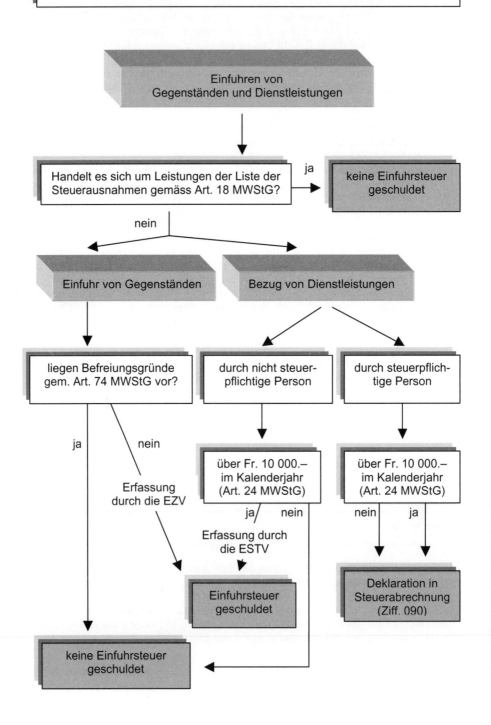

8.3 BERECHNUNG, ENTSTEHUNG UND VERANLAGUNG DER STEUER — Art. 76 – 84 MWStG

Steuerbemessungsgrundlage — Art. 76 MWStG

Die Steuer wird erhoben (Art. 76 Abs. 1 MWStG):

a. auf dem Entgelt, wenn der Gegenstand in Erfüllung eines Veräusserungs- oder Kommissionsgeschäfts eingeführt wird;

b. auf dem Marktwert in den übrigen Fällen. Als Marktwert gilt, was ein Importeur auf der Stufe, auf der die Einfuhr bewirkt wird, an einen selbständigen Lieferanten im Herkunftsland des Gegenstandes zum Zeitpunkt der Entstehung des Steueranspruchs unter den Bedingungen des freien Wettbewerbs zahlen müsste, um den gleichen Gegenstand zu erhalten;

c. auf dem Entgelt für Arbeiten im Sinne von Art. 6 Abs. 2 Bst. a MWStG, die unter Verwendung von eingeführten Gegenständen für fremde Rechnung besorgt und von einer nicht steuerpflichtigen Person nach den Art. 21 und 26 MWStG ausgeführt werden;

d. auf dem Entgelt für die im Auftrag von Kunstmalern und Bildhauern an ihren Kunstwerken im Ausland besorgten Arbeiten (Art. 6 Abs. 2 Bst. a MWStG), sofern die Kunstwerke von den Künstlern persönlich bearbeitet und von ihnen selbst oder in ihrem Auftrag ins Inland verbracht wurden;

e. auf dem Entgelt für die im Ausland besorgten Arbeiten an Gegenständen (Art. 6 Abs. 2 Bst. a MWStG), die mit Freipass zur vorübergehenden Ausfuhr abgefertigt wurden;

f. auf dem Entgelt für die im Ausland besorgten Arbeiten an Gegenständen (Art. 6 Abs. 2 Bst. a MWStG), sofern diese nachweislich aus dem freien inländischen Verkehr zur Instandsetzung oder zur Lohnveredlung im Rahmen eines Werkvertrages vorübergehend ausgeführt worden sind und an den Absender in der Schweiz zurückgesandt werden;

g. auf dem Entgelt für den Gebrauch von Gegenständen, die mit Freipass zur vorübergehenden Einfuhr abgefertigt wurden, sofern die Steuer auf diesem Entgelt beachtlich ist. Wird für den vorübergehenden Gebrauch keine oder eine ermässigte Entschädigung gefordert, so ist das Entgelt massgebend, das einem unabhängigen Dritten berechnet würde.

In die Bemessungsgrundlage sind einzubeziehen, soweit nicht bereits enthalten:
- die ausserhalb des Einfuhrlandes sowie aufgrund der Einfuhr geschuldeten Steuern, Zölle und sonstigen Abgaben, mit Ausnahme der zu erhebenden MWSt;
- die Nebenkosten, wie Provisions-, Verpackungs-, Beförderungs- und Versicherungskosten, die bis zum ersten inländischen Bestimmungsort entstehen. Unter erstem Bestimmungsort ist der Ort zu verstehen, an den der Gegenstand im Zeitpunkt, in dem der Steueranspruch entsteht, zu befördern ist. Ist dieser unbekannt, so gilt als erster Bestimmungsort der Ort, an dem die Umladung im Inland erfolgt.

8 Steuer auf den Einfuhren

Steuerbemessungsgrundlage bei Preis- oder Wertangaben in ausländischer Währung:

Wertangabe in Fremdwährung	X	Devisenkurs (Verkauf)	=	Wertangabe in SFr.
		am letzten Börsentag vor der Entstehung der Steuerzahlungspflicht		

Entstehung und Fälligkeit des Steueranspruchs — Art. 78 MWStG

Der Steueranspruch entsteht zur gleichen Zeit wie die Zollzahlungspflicht. Wenn eine steuerpflichtige Person Sicherheiten geleistet hat (z.B. ZAZ-Konto), wird für die Bezahlung eine Frist von 60 Tagen nach Rechnungsstellung durch die EZV gewährt. Ausgenommen sind Sendungen im Postverkehr sowie Einfuhren, die mündlich zur Zollbehandlung angemeldet werden.

Verjährung — Art. 79 + 80 MWStG

	Steuerforderung	Anspruch auf Rückvergütung
Verjährung:	5 Jahre nach Ablauf des Kalenderjahres, in dem sie fällig geworden ist (in jedem Fall 15 Jahre)	5 Jahre nach Ablauf des Kalenderjahres, in dem er entstanden ist (in jedem Fall 15 Jahre)
Unterbrechung:	durch jede Einforderungshandlung und durch jede Berichtigung durch die zuständige Behörde	durch die Geltendmachung des Anspruchs gegenüber der EZV
Stillstand:	solange die zahlungspflichtige Person in der Schweiz nicht betrieben werden kann oder die Forderung Gegenstand eines Rechtsmittelverfahrens ist	solange über den geltend gemachten Anspruch ein Rechtsmittelverfahren hängig ist

Rückerstattung wegen Wiederausfuhr — Art. 81 MWStG

Die bei der Einfuhr erhobene Steuer wird auf Antrag zurückerstattet,

wenn die Voraussetzungen für den Vorsteuerabzug (Art. 38 MWStG) fehlen

- und der Gegenstand ohne vorherige Übergabe an einen Dritten im Rahmen eines Lieferungsgeschäfts im Inland und ohne vorherige Ingebrauchnahme unverändert wieder ausgeführt wird
- oder der Gegenstand im Inland in Gebrauch genommen wurde, aber wegen Rückgängigmachung der Lieferung wieder ausgeführt wird,

und

wenn die Wiederausfuhr innert 5 Jahren nach Ablauf des Kalenderjahres erfolgt, in dem die Steuer erhoben worden ist, und die Identität nachgewiesen ist.

Verlagerung der Steuerentrichtung — Art. 83 MWStG

Das MWStG sieht vor, dass unter bestimmten Voraussetzungen die Einfuhrsteuer im Verlagerungsverfahren deklariert werden kann. Die Deklaration erfolgt in der periodischen Steuerabrechnung mit der ESTV (Art. 38 ff. MWStGV).

Wer?	steuerpflichtige Personen, die nach der effektiven Methode abrechnen
Voraussetzung?	sofern regelmässig Gegenstände importiert und exportiert werden und sich daraus regelmässig beachtliche Vorsteuerüberschüsse ergeben (über Fr. 50 000.– pro Jahr)
Bewilligung?	mit Bewilligung der ESTV können die nach der Einfuhr im Inland noch bearbeiteten oder verarbeiteten Gegenstände ohne Berechnung der MWSt an andere steuerpflichtige Personen geliefert werden

Über die Gegenstände sind detaillierte Einfuhr-, Lager- und Ausfuhrkontrollen zu führen.

Erlass — Art. 84 MWStG

Die Steuer auf der Einfuhr von Gegenständen kann ganz oder teilweise erlassen werden. Die OZD entscheidet über den Steuererlass. Die Frist für die Einreichung von Steuererlassgesuchen beträgt ein Jahr seit der Abgabefestsetzung.

8 Steuer auf den Einfuhren

8.4 FRAGEN

58 Die Maschinenfabrik A (steuerpflichtig) importiert eine Schleifmaschine. Die Kosten für die Einfuhr belaufen sich wie folgt:

1 Schleifmaschine (DM 800 000,–; Devisenkurs 83,–)	Fr. 664 000.–
Transportkosten bis zur Schweizer Grenze (DM 2 600,–)	Fr. 2 158.–
Transportkosten bis zum inländischen Bestimmungsort	Fr. 2 000.–
Weitere Kosten (Versicherung, Abladen usw.)	Fr. 1 000.–
Total	Fr. 669 158.–

Welcher Betrag wird durch die EZV besteuert?

59 Ein Gewebehändler (steuerpflichtig) importiert Stoffe mit Freipass zur vorübergehenden Einfuhr von Fr. 100 000.–. Nach 10 Tagen werden diese eingeführten Stoffe für Fr. 110 000.– wieder exportiert.

Wie viel MWSt ist bei der Einfuhr zu entrichten?

Welche Anwendungsmöglichkeit hat der Gewebehändler, wenn die Stoffe nicht mit Freipass eingeführt werden?

60 Die Handels AG, Luzern (steuerpflichtig), importiert am 20. Mai 2001 Waren von einem ausländischen Lieferanten für Fr. 30 000.–. Die EZV belastet der Handels AG, Luzern, mit dem Originaleinfuhrdokument am 25. Mai 2001 eine MWSt von Fr. 2 584.–. Die Zollrechnung wird am 25. Juli 2001 durch die Handels AG beglichen, die Lieferantenrechnung am 7. Oktober 2001.

In der Steuerabrechnung 4. Quartal 2001 nimmt die Handels AG einen Vorsteuerabzug von Fr. 2 280.– vor. Ist dieses Vorgehen richtig?

(Lösungen im Anhang, Seite 267)

9. AUSFÜHRUNGS- UND ÜBERGANGSBESTIMMUNGEN
Art. 90 – 97 MWStG

9.1 AUSFÜHRUNGSBESTIMMUNGEN
Art. 90 MWStG

Vollzugsverordnung des Bundesrates

Der Bundesrat erlässt die Vollzugsvorschriften. In der Verordnung zum Bundesgesetz über die Mehrwertsteuer (MWStGV) werden u.a. geregelt:

- Telekommunikationsdienstleistungen;
- Von der Steuer ausgenommene Heilbehandlungen;
- Von der Steuer befreite Beförderungsleistungen;
- Kantonale Abgaben an Wasser-, Abwasser- oder Abfallfonds;
- Margenbesteuerung;
- Automatisierte Registratur und Dokumentation;
- Entlastung von der MWSt für diplomatische Missionen, ständige Missionen, konsularische Posten und internationale Organisationen sowie bestimmte Kategorien von Personen;
- Erstattung der MWSt an Abnehmer mit Wohn- oder Geschäftssitz im Ausland;
- Umschreibung der zum reduzierten Satz besteuerten Druckerzeugnisse und Medikamente;
- Besteuerung der Umsätze und der Einfuhr von Münz- und Feingold;
- Verlagerung der Steuerentrichtung (Art. 83 MWStG);
- Steuerentrichtungspflicht des inländischen Leistungsempfängers;
- Papierlose Übermittlung und Aufbewahrung von Daten und Informationen;
- Schlussbestimmungen.

Der Art. 90 Abs. 2 Bst. g MWStG hält fest, dass der Bundesrat erlassen kann, dass der Empfänger einer im Inland ausgeführten Lieferung oder Dienstleistung, die von einem im Inland zu Unrecht nicht als steuerpflichtige Person registrierten Unternehmen mit Sitz im Ausland erbracht wird und wobei anlässlich der Einfuhr nicht das gesamte Entgelt deklariert wurde, die Steuer im Namen und für Rechnung dieses Unternehmens zu entrichten hat.

Die Verordnung zum Bundesgesetz über die Mehrwertsteuer (MWStGV) ist im Anhang abgedruckt.

Vollzugsverordnung des EFD

Das EFD ist zuständig für:

- die Steuerbefreiung der Inlandlieferungen zwecks Ausfuhr im Reisenden- und Grenzverkehr (unter bestimmten Voraussetzungen);
- Festlegung der Verzugs- und Vergütungszinssätze (Stand 1.1.2002: 5%)

9 Ausführungs- und Übergangsbestimmungen

9.2 ÜBERGANGSBESTIMMUNGEN — Art. 93 – 96 MWStG

Anwendung des bisherigen Rechts — Art. 93 MWStG

Die aufgehobenen Bestimmungen und Vorschriften bleiben, unter Vorbehalt von Art. 94 MWStG, weiterhin auf alle während deren Geltungsdauer eingetretenen Tatsachen und entstandenen Rechtsverhältnisse anwendbar.

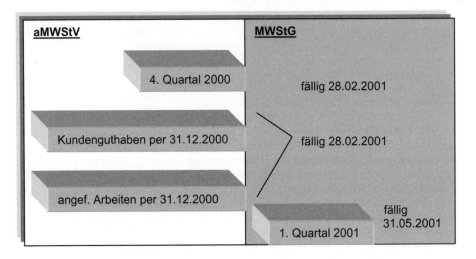

Eine vor dem 1.1.2001 ausgeführte Lieferung oder Dienstleistung, die nach diesem Datum vereinnahmt wird, ist noch nach den Bestimmungen der Verordnung abzurechnen. Die Steuerschuld entsteht jedoch auf den 1.1.2001 (Inkraftsetzung des MWStG) und ist 60 Tage nach diesem Zeitpunkt fällig. Allfällige Minderungen oder Rückerstattungen können in der Periode geltend gemacht werden, in denen sie entstehen (SB 01 «Übergang von der MWStV zum MWStG»).

Für die Übergangsbestimmung ist der Zeitpunkt der Leistungserbringung massgebend und nicht das Datum der Rechnungsstellung oder der (Voraus-)Zahlung.

Übergangsbestimmungen aMWStV / MWStG			
Rechnungs-stellung	Zahlung	Lieferung / Dienstleistung 2000	Lieferung / Dienstleistung 2001
2000	2000	aMWStV	MWStG
2000	2001	aMWStV	MWStG
2001	2000	aMWStV	MWStG
2001	2001	aMWStV	MWStG

9 Ausführungs- und Übergangsbestimmungen

| Anwendung des neuen Rechts | Art. 94 MWStG |

Das Mehrwertsteuergesetz (MWStG) gilt
- für Umsätze, die ab 1.1.2001 getätigt werden oder
- für Einfuhren von Gegenständen, die ab 1.1.2001 zur Einfuhr abgefertigt werden.

Beurteilung der Steuerpflicht ab 1.1.2001

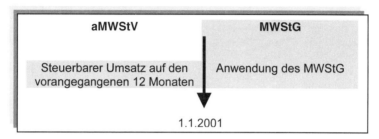

Für die Feststellung, ob die Steuerpflicht mit dem Inkrafttreten des MWStG besteht, ist das neue Recht auf die in den vorangegangenen 12 Monaten erzielten, nach diesem Gesetz steuerbaren Umsätze anzuwenden.

Die Bestimmungen über die spätere Entstehung des Anspruchs auf Vorsteuerabzug nach Art. 42 MWStG gelten auch dann, wenn nach bisherigem Recht die Voraussetzungen des Vorsteuerabzugs nicht gegeben waren.

| Änderung der Steuersätze | Art. 95 MWStG |

Die vorgenannten Übergangsbestimmungen gelten auch bei Änderung der Steuersätze.

Der Art. 95 MWStG verlangt, dass die ESTV den steuerpflichtigen Personen für die Abrechnung der Steuerbeträge mit den bisherigen Sätzen eine genügend lange Frist einräumt. Die Frist hat sich nach der Natur der Liefer- und Dienstleistungsverträge zu richten. Aus praktikablen Gründen wäre es sinnvoll, wenn die erste Quartalsabrechnung nach einer Steuersatzänderung noch gemischt abgerechnet werden könnte zusammen mit dem Berichtigungsformular (FBSt) per Ende des 1. Quartals. Dieses Vorgehen würde vor allem bei der Abrechnung nach vereinbarten Entgelten administrativ einfacher.

9 Ausführungs- und Übergangsbestimmungen

Fristen — Art. 96 MWStG

Die steuerpflichtigen Personen können auf den 1.1.2001 von folgenden Wahlmöglichkeiten erneut Gebrauch machen:

> Optionen für die Versteuerung ausgenommener Umsätze gemäss Art. 26 MWStG

z.B.: auf der Vermietung von Gewerberäumen an steuerpflichtige Personen usw.

> Anwendung der Saldosteuersatzmethode gemäss Art. 59 MWStG

Zu beachten ist die Änderung der Anwendungsfristen:

bisher (aMWStV): Ende der Unterstellung auf Ende Kalenderjahr möglich. Eine erneute Unterstellung ist frühestens nach 6 Kalenderjahren mit effektiver Abrechnungsmethode wieder möglich.

neu (MWStG): Ende der Unterstellung erst nach 5 Jahren möglich.

> Anwendung der Pauschalsteuersätze

> Anwendung der Vorsteuerpauschale Banken

Allfällige Fristen beginnen ab 1.1.2001 neu zu laufen. Es müssen neue Anträge bei der ESTV gestellt werden.

Inkrafttreten — Art. 97 MWStG

Der Bundesrat setzt das Inkrafttreten des MWStG auf den 1.1.2001 fest.

10. LIEGENSCHAFTEN

10.1 KAUF, ERSTELLUNG

Beim Erwerb einer Liegenschaft muss beurteilt werden, ob auf dem Kauf optiert werden soll. Es sind folgende Grundsätze zu beachten:

Bei einer optiert zugekauften Liegenschaft muss der Kaufpreis bei einer späteren Umnutzung im Eigenverbrauch mitberücksichtigt werden.

Der Zukauf im Meldeverfahren ist sinnvoll und sollte angestrebt werden. Gemäss Art. 47 Abs. 3 MWStG und der Z 397 – 401 muss bei Veräusserung einer Betriebsliegenschaft mit einem Betriebsteil (Warenlager, Einrichtungen, Kundschaft, evtl. Personal) das Meldeverfahren angewendet werden. <u>Hinweis bei der Anwendung des Meldeverfahrens:</u> Hatte der Verkäufer ab 1.1.1995 eine Grossrenovation (Investitionen über 5% des Gebäudeversicherungswertes (vor dem Umbau / Ausbau)) oder wertvermehrende Aufwendungen getätigt, sind die Liegenschaftsbelege an den Käufer zu übergeben (als Nachweis für eine spätere Eigenverbrauchssteuer), ansonsten wird der Kaufpreis bei einem späteren Eigenverbrauch mitberücksichtigt. Werden die Belege nicht übergeben, ist die Liegenschaft nicht ins Meldeverfahren einzubeziehen.

Zu beachten gilt, dass ein späterer Eigenverbrauch zum aktuellen MWSt-Satz abzurechnen ist (evtl. 15% – 20% MWSt).

Die Belege von Liegenschaftskäufen, Investitionen (Umbau, Sanierung, Anbau, usw.) und Aufwendungen müssen während 20 Jahren (resp. 25 Jahren) aufbewahrt werden.

Eine Liegenschaft soll wie folgt erworben werden:

ohne Option

Vorteil: Bei einer späteren Umnutzung des Käufers wird der Kaufpreis nicht im Eigenverbrauch mitberücksichtigt
Nachteil: Der Verkäufer nimmt (evtl.) eine Umnutzung der Liegenschaft vor und schuldet die Eigenverbrauchssteuer

mit Option

(Optionsgesuch muss mit Formular Nr. 760 im Quartal der Vertragserstellung vom Verkäufer beantragt werden).

Ist nur anzuwenden, wenn ab 1.1.1995 grössere Investitionen (Umbau, Sanierung, Anbau, Neubau) an der Liegenschaft ausgeführt wurden und eine spätere Umnutzung (in den nächsten 10 – 15 Jahren) eher unwahrscheinlich ist

oder ohne steuerliche Auswirkungen

10 Liegenschaften

| im Meldeverfahren |

(sofern Betriebsteil veräussert wird und die Belege des Verkäufers über Investitionen und Liegenschaftsaufwendungen sowie Grossrenovationen ab 1.1.1995 dem Käufer übergeben werden) (MB 11 «Meldeverfahren»).

Vorteil: *Der Verkäufer muss keine Eigenverbrauchssteuer abrechnen. Bei einer späteren Umnutzung des Käufers wird der Kaufpreis nicht im Eigenverbrauch mitberücksichtigt, sondern nur die vorsteuerabzugsberechtigten Investitionen, wertvermehrenden Aufwendungen sowie Grossrenovationen ab 1.1.1995*

Bei der Erstellung einer Liegenschaft kann der Vorsteuerabzug vorgenommen werden, wenn die Räumlichkeiten für steuerbare oder steuerbefreite Umsätze verwendet werden.

Bei der Erstellung einer gemischt genutzten Liegenschaft ist grundsätzlich nur jener Teil als Vorsteuer abzuziehen, der auf die zum Abzug berechtigende Verwendung entfällt. Die vorsteuerbelasteten allgemeinen Planungs-, Bau- und Baunebenkosten sind nach Fläche (m²), in begründeten Fällen auch nach dem Rauminhalt (m³), aufzuteilen (Z 868 ff.).

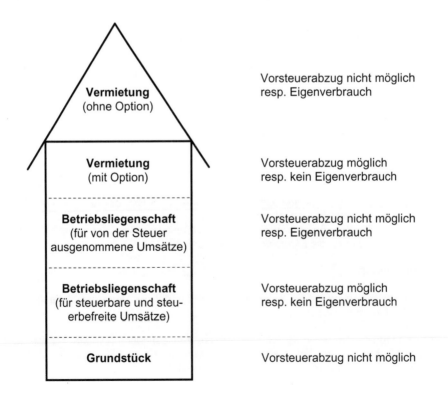

10 Liegenschaften

Auswirkungen beim Kauf (**ohne Option**) je nach Verwendung bei Liegenschaften einer steuerpflichtigen Person
(EESt = Einlageentsteuerung, EV = Eigenverbrauch, USt = Umsatzsteuer)

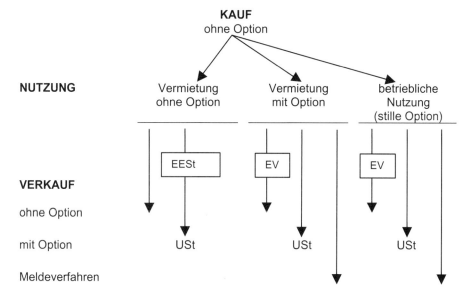

Auswirkungen beim Kauf (**mit Option / Meldeverfahren**) je nach Verwendung der Liegenschaft einer steuerpflichtigen Person
(EESt = Einlageentsteuerung, EV = Eigenverbrauch, USt = Umsatzsteuer)

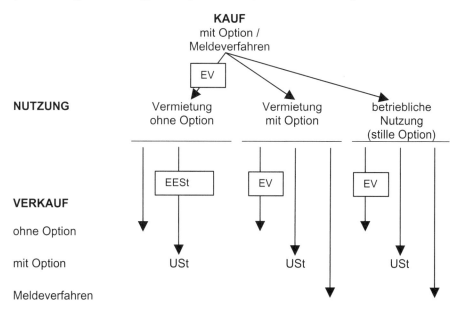

10.2 UNTERHALT

Bei gemischt genutzten Liegenschaften sind die Aufwendungen und Investitionen direkt zuzuordnen. Nur die nicht zuteilbaren Aufwendungen und Investitionen sind grundsätzlich nach der Fläche (m²) aufzuteilen.

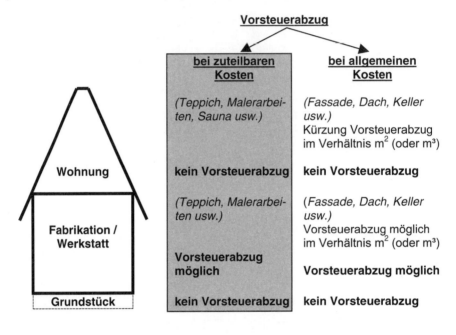

Bei Einzelfirmen kann der Vorsteuerabzug auch vorgenommen werden, wenn die betrieblich genutzten Räumlichkeiten im Privatbesitz sind. Voraussetzung ist jedoch die buchmässige Erfassung.

Hauswartsarbeiten

Gemäss Art. 9 Abs. 2 Bst. a MWStG liegt kein Eigenverbrauch vor, wenn an bestehenden oder neu zu erstellenden Bauwerken, die zur entgeltlichen Veräusserung oder entgeltlichen Überlassung zum Gebrauch oder zur Nutzung bestimmt sind, durch die steuerpflichtige Person oder durch deren Angestellte ordentliche Reinigungs-, Reparatur- und Unterhaltsarbeiten erbracht werden.

Ordentliche Reinigungs-, Reparatur- und Unterhaltsarbeiten sind:
(BB 16 «Liegenschaftsverwaltung / Immobilien», Ziff. 3.2.1)
Reinigungen von:
Treppenhäusern inkl. Eingängen und Vorplätzen;
Treppenhausfenstern und -geländern;
Liftanlagen inkl. Schächten;
Fassaden inkl. Aussenfensterflächen und Sonnen- / Wetterstoren, z.B. bei klimatisierten Gebäuden, Hochhäusern;

10 Liegenschaften

Heizräumen und Anlagen;
Waschküchen und Trockenräumen;
Einstellhallen und Parkplätzen inkl. Nebenräumen und Waschplätzen;
Wegen, Plätzen, Treppen inkl. Garagerinnen und Schächten;
Andere allgemeine und technische Anlagen und Räume zur Aufrechterhaltung des störungsfreien Betriebs (z.b. Siphons, Ableitungen).

Behebung von Betriebsstörungen bei Heizungs-, Lüftungs- und Klimaanlagen, Anlagen der Waschküchen und Trockenräume sowie der andern Anlagen in den allgemeinen und technischen Räumen;
Auswechseln von Rollladengurten; Ersetzen von Glühbirnen und Leuchtröhren;
Türscharniere schmieren;
Türschlösser regulieren;
Reparieren von Wasserhähnen und Batterien;
Behebung von Verstopfungen an Siphons und Ableitungen;
Pflege von Rasenflächen und Pflanzenrabatten (z.b. Wässern, Mähen, Düngen, Vertikulieren, Jäten);
Schneeräumung und Salzen von Wegen, Plätzen, Treppen und Parkflächen

Überwachungstätigkeiten (z.b. die Überwachung der allgemeinen Beleuchtung und der Funktionstüchtigkeit der Heizungen und sonstigen Anlagen.

Nicht als Hauswartstätigkeiten gelten:

Maler-, Zimmer-, Schreiner-, Maurer-, Gipser- und Bodenbelagsarbeiten
Sanitär-, Elektro- und Heizungsinstallationen, Spenglerarbeiten

Platzwarttätigkeiten im Zusammenhang mit Sportanlagen

Weitere Einzelheiten sind der BB 16 «Liegenschaftsverwaltung / Immobilien» zu entnehmen.

Buchführung

Für jede optierte Liegenschaft ist ein Verzeichnis zu erstellen, aus dem die anzuwendenden Vorsteuerschlüssel für Unterhalt und Nebenkosten ersichtlich sind. Diese Verzeichnisse müssen bei jeder Änderung den neuen Verhältnissen angepasst und zu Kontrollzwecken aufbewahrt werden.

Für die Ermittlung einer allfälligen Nutzungsänderung und der sich daraus ergebenden steuerlichen Auswirkungen (Eigenverbrauchssteuer / Einlageentsteuerung) müssen umfangreiche Unterlagen zur Verfügung stehen. Es empfiehlt sich daher, die Ausscheidung soweit möglich bereits in der Buchhaltung vorzunehmen. Eine Aufteilung auf einzelne Buchhaltungskonten kann beispielsweise wie folgt vorgenommen werden:

- Anschaffungswert der Immobilien
- Wertberichtigung auf Immobilien
- Wertvermehrende Aufwendungen
- Nachgeholter Unterhalt

10 Liegenschaften

- Werterhaltende Aufwendungen (Unterhalt zL des Vermieters)
- Nebenkosten (je nach Abrechnungsart aufgeteilt in Heizkosten/übrige Nebenkosten

Diese Konten sind für jede Liegenschaft getrennt zu führen. Zudem ist es dienlich, die vorsteuerbelasteten Liegenschaftsaufwendungen auf den Konten mit speziellen Codes zu versehen oder auf separaten Konten (getrennt nach Steuersätzen) zu verbuchen.

Wird diese Gliederung nicht bereits in der Buchhaltung vorgenommen, müssen entsprechende – leicht überprüfbare – Aufzeichnungen ausserhalb der Buchhaltung geführt werden (z.B. in Form von Listen und Anlagekarteien) (BB 16 «Liegenschaftsverwaltung / Immobilien», Ziff. 4.14).

Werden bei einer Überbauung mit verschiedenen Eigentümern zentrale Leistungen (z.B. Heizzentrale, Hauswart, Tiefgarage usw.) durch einen oder mehrere Eigentümer zusammen erbracht und den übrigen Eigentümern fakturiert, so kann der Vorsteuerabzug durch die Empfänger der Leistungen nur dann geltend gemacht werden, wenn der Leistungserbringer (z.B. der betreffende Eigentümer bzw. die Gemeinschaft verschiedener Eigentümer) steuerpflichtig ist. Zudem müssen die Fakturen die Formerfordernisse gemäss Art. 37 MWStG erfüllen (BB 16 «Liegenschaftsverwaltung / Immobilien», Ziff. 4.8.2).

10.3 VERKAUF, VERMIETUNG, UMNUTZUNG ODER ÜBERFÜHRUNG

Wird bei einer Betriebsliegenschaft bei einer späteren Vermietung oder einem Verkauf optiert, ist keine Eigenverbrauchssteuer geschuldet, weil keine Umnutzung stattfindet. Zu beachten gilt, dass auch bei einer Betriebsliegenschaft ein Optionsgesuch (Formular Nr. 760) im Quartal der Vertragsausstellung eingereicht werden muss.
Der Verkaufs- resp. Mietvertrag muss den formellen Erfordernissen gemäss Art. 37 MWStG entsprechen.

Die Option wird nur bewilligt, wenn der Mieter resp. Käufer steuerpflichtig ist und die Räumlichkeiten voll oder teilweise für steuerbare Umsätze verwendet werden.

Kann bei einer späteren Vermietung, einem Verkauf nicht optiert werden oder erfolgt eine Überführung ins Privatvermögen ist bei effektiver Abrechnungsmethode die Eigenverbrauchssteuer geschuldet.

Der Eigenverbrauch bemisst sich wie folgt:

gemäss Art. 34 Abs. 2 MWStG:	Zeitwert (ohne Wert des Bodens) **höchstens vom Wert der Aufwendungen, der seinerzeit zum Vorsteuerabzug berechtigte**

Wenn die zum Vorsteuerabzug berechtigten Aufwendungen nicht nachgewiesen werden können, bemisst sich der Eigenverbrauch auf dem Marktwert, wie er durch einen neutralen, anerkannten Sachverständigen festgelegt wird.

10 Liegenschaften

Beim vorübergehendem Leerstand (bis 12 Monate) nach einer optimierten Vermietung ist keine Nutzungsänderung eingetreten. Bei Leerstand über 12 Monaten ist jedoch der Eigenverbrauch abzurechnen (BB 16, Ziff. 4.7).

Folgt nach einer optierten Vermietung für höchstens 12 Monate ein nicht steuerpflichtiger Mieter und nachher wieder ein steuerpflichtiger Mieter (mit Option), kann der Eigenverbrauch auf den nicht optierten Mieteinnahmen abgerechnet werden (BB 16, Ziff. 4.11).

Nebenkosten

Nach dem Grundsatz «Miete und Nebenkosten = eine Einheit» hat der optierende Eigentümer auf den (gesamten) Mieteinnahmen und auf den Nebenkosten die MWSt zum Normalsatz zu entrichten, auch wenn in den Nebenkosten einzelne Komponenten (z.B. Versicherungsprämien, Wasserverbrauch) enthalten sind, die – für sich allein betrachtet – nicht oder nur zum reduzierten Satz steuerbar wären.

Nebenkosten	
bei nicht optierten Mieten kein Hinweis MWSt (Bruttobetrag inkl. MWSt)	bei optierten Mieten (Gesuch Form. 760) Hinweis MWSt
kein Vorsteuerabzug	Vorsteuerabzug
Aufteilung nach Nebenkosten-Schlüssel Variante: (Heizkosten verbrauchsabhängig in Rechnung gestellt) Vorsteuerabzug auf den betreffenden Aufwendungen für steuerpflichtige Mieter im Verlauf des Jahres gemäss Vorjahr Ende Jahr Korrektur des Vorsteuerabzuges aufgrund des effektiven Verbrauchs	

Variante I
Nebenkostenabrechnung mit laufender Vorsteuerkürzung

Variante II
Nebenkostenabrechnung mit vollem Vorsteuerabzug und nachträglicher Vorsteuerkorrektur
Im Sinne einer Vereinfachung (Art. 58 Abs. 3 MWStG) dürfen diejenigen Liegenschaftsverwaltungen, die über keine leistungsfähige Software für eine laufende Vorsteuerkürzung auf dem Einkauf aufgrund mehrerer Nebenkosten-Schlüssel verfügen, vorerst die vollen Vorsteuern geltend machen. Am Jahresende bzw. am Ende der Nebenkostenperiode sind die Vorsteuern alsdann zu kürzen.

10 Liegenschaften

Untervermietung

Ungeachtet, ob der Hauseigentümer optiert hat, kann jeder Untervermieter für eine allfällige Weitervermietung optieren.

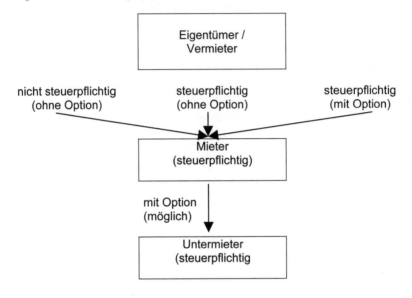

Vermietung von Parkplätzen

Gemäss Art. 18 Ziff. 21 Bst. c MWStG ist die Vermietung von nicht im Gemeingebrauch stehenden Plätzen für das Abstellen von Fahrzeugen, ausser es handle sich um eine unselbständige Nebenleistung zu einer von der Steuer ausgenommenen Immobilienvermietung, steuerbar zu 7,6%.

Voraussetzung: fest zugeteilte Plätze für das Abstellen von Fahrzeugen

Grafik: mögliche Auswirkungen bei der MWSt

Hauptleistung	Nebenleistung	Leistungsart
Vermietung einer Wohnung *keine Umsatzsteuer kein Vorsteuerabzug = keine Steuerpflicht*	Vermietung eines Parkplatzes, einer Garage *keine Umsatzsteuer kein Vorsteuerabzug = keine Steuerpflicht*	Unselbständige Nebenleistung zu einer von der Steuer ausgenommenen Immobilienvermietung VARIANTE I

10 Liegenschaften

Hauptleistung	Nebenleistung	Leistungsart
Vermietung eines Büro- und Gewerberaumes *Umsatzsteuer* *Vorsteuerabzug* *= Steuerpflicht* *(Option)*	Vermietung eines Parkplatzes, einer Garage *Umsatzsteuer* *Vorsteuerabzug* *= Steuerpflicht* [1]	Unselbständige Nebenleistung einer steuerbaren (optierten) Immobilienvermietung VARIANTE II
keine	Vermietung eines Parkplatzes, einer Garage *Umsatzsteuer* *Vorsteuerabzug* *= Steuerpflicht* [1]	Selbständige (Haupt-) Leistung (z.B. entgeltliche Vermietung an das Personal) VARIANTE III
Vermietung einer Wohnung durch Dritte *keine Umsatzsteuer* *kein Vorsteuerabzug* *= keine Steuerpflicht*	Vermietung eines Parkplatzes, einer Garage *Umsatzsteuer* *Vorsteuerabzug* *= Steuerpflicht* [1] ???	Selbständige Nebenleistung (z.B. Vermieter der Wohnung und des Parkplatzes ist nicht identisch; Eigentümergemeinschaft Einstellhalle, Stellvertretung durch Liegenschaftsverwaltung) VARIANTE IV

[1] Voraussetzung ist, dass die Umsatzgrenzen Fr. 75 000.– (Steuerzahllast von Fr. 4 000.–) resp. Fr. 250 000.– pro Kalenderjahr überschritten sind
Weitere Hinweise sind dem MB 18 «Vermietung von Plätzen für das Abstellen von Fahrzeugen» zu entnehmen.

Aufbewahrungsfrist der Belege

Die Aufbewahrungsfrist der notwendigen Unterlagen (Bilanz/ER, Buha-Konten Liegenschaften, Bauabrechnung, Rechnungen) beträgt 20 Jahre zuzüglich 5 Jahre Verjährungsfrist.

10 Liegenschaften

Behandlung von Betriebsliegenschaften

höchstens vom Wert der Aufwendungen, der seinerzeit zum Vorsteuerabzug berechtigte (abzüglich Abschreibung 5% p.J.)

wenn die Belege als Nachweis vorhanden sind

EINLAGEENTSTEUERUNG
Umnutzung (evtl.)

Verkauf an Steuerpflichtige (mit Option)

Vermietung an Steuerpflichtige (mit Option)

NÄ

(BETRIEBS-)LIEGENSCHAFT

Erstellung

Kauf (mit Option)

Unterhalt

Überführung ins Privatvermögen

Vermietung an Nichtsteuerpflichtige, Steuerpflichtige mit Saldosteuersatz (ohne Option)

NÄ

Verkauf an Nichtsteuerpflichtige, Steuerpflichtige mit Saldosteuersatz (ohne Option)

EIGENVERBRAUCH
Umnutzung (evtl.)

höchstens vom Wert der Aufwendungen, der seinerzeit zum Vorsteuerabzug berechtigte (abzüglich Abschreibung 5% p.J.)

wenn die Belege als Nachweis vorhanden sind

Zeitwert (ohne Grundstück)

wenn die Belege als Nachweis nicht mehr (nicht vollständig) vorhanden sind

Kauf (ohne Option)
Kauf (im Meldeverfahren)

10 Liegenschaften

10.4 NUTZUNGSÄNDERUNGEN

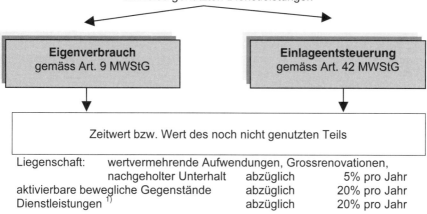

Liegenschaft:	wertvermehrende Aufwendungen, Grossrenovationen, nachgeholter Unterhalt	abzüglich	5% pro Jahr
aktivierbare bewegliche Gegenstände		abzüglich	20% pro Jahr
Dienstleistungen [1]		abzüglich	20% pro Jahr

[1] bei Anwendung der Einlageentsteuerung müssen die Dienstleistungen aktiviert worden sein

| aktueller Steuersatz | ursprünglicher Steuersatz |

Voraussetzungen:
Die Belege müssen den formellen Voraussetzungen gemäss Art. 37 MWStG entsprechen und aufbewahrt werden.

Beispiel:

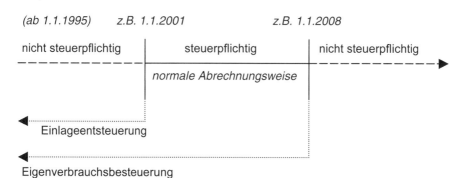

10 Liegenschaften

Ermittlungsart bei Nutzungsänderungen

Folgende Ermittlungen können angewendet werden (SB 05 «Nutzungsänderung»):

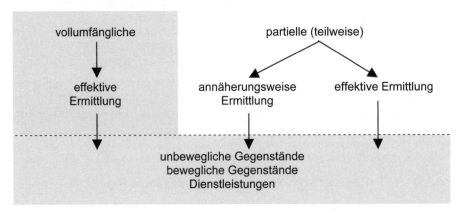

Grundvoraussetzung bei der Einlageentsteuerung

Aufwand unter Regime MWSt
Konformer Vorsteuer-Beleg (Art. 37 MWStG)
Verwendung für künftigen steuerbaren Zweck
Wertverzehr berücksichtigen

Grundvoraussetzung beim Eigenverbrauch

Steuerpflichtiger muss zum Vorsteuerabzug berechtigt sein (unterlassene Einlageentsteuerung entbindet demnach nicht von einer späteren Eigenverbrauchsbesteuerung). Nachholung Einlageentsteuerung innerhalb Verjährungsfrist möglich.

Einlageentsteuerung bzw. Eigenverbrauchsbesteuerung bei Liegenschaften

Neuerstellung und Erwerb von Liegenschaften
wertvermehrenden Aufwendungen
Grossrenovationen > 5% des GVA-Wertes
Nachgeholter Unterhalt > 5% des Erwerbspreises innert 24 Monaten nach Erwerb

Keine Einlageentsteuerung bzw. Eigenverbrauchsbesteuerung auf werterhaltenden Aufwendungen, Betriebskosten (Betriebsstoffe, Hauswartstätigkeit, Verwaltungskosten), Wert des Bodens.

10 Liegenschaften

Bemessungsgrundlage: Zeitwert
Einkaufspreis bzw. Preis wie für Dritte bei eigener Herstellung, ohne Bodenwert, höchstens Wert der Aufwendungen, der zum Vorsteuerabzug berechtigte
abzüglich: Abschreibung 5% pro Kalenderjahr (Jahr der Ingebrauchnahme: volle Abschreibung, Jahr der Entnahme/Nutzungsänderung: keine Abschreibung)

Einlageentsteuerung bzw. Eigenverbrauchsbesteuerung bei beweglichen Gegenständen

---

Waren- und Materialvorräten (ungebraucht)
aktivierbaren Produktions- und Betriebsmitteln (inkl. wertvermehrende Aufwendungen)

Keine Einlageentsteuerung bzw. Eigenverbrauchsbesteuerung auf Service-, Unterhalts- und Reparaturarbeiten, Instandstellungskosten sowie auf in Gebrauch genommenen Verbrauchsmaterialien und Werkzeugen.

Bemessungsgrundlage: Zeitwert eingekaufte Gegenstände
Einkaufspreis des Gegenstandes (Waren- und Materialvorräte [ungebraucht] sowie aktivierbare Produktions- und Betriebsmittel [inkl. wertvermehrende Aufwendungen])
abzüglich: Abschreibung 20% pro Kalenderjahr (Jahr der Ingebrauchnahme: volle Abschreibung, Jahr der Entnahme/Nutzungsänderung: keine Abschreibung)

Bemessungsgrundlage: Zeitwert selbst hergestellte Gegenstände
Einkaufspreis des Gegenstandes zuzüglich Ingebrauchnahme Infrastruktur (10% der Bestandteile)
abzüglich: Abschreibung 20% pro Kalenderjahr (Jahr der Ingebrauchnahme: volle Abschreibung, Jahr der Entnahme/Nutzungsänderung: keine Abschreibung)

Einlageentsteuerung bzw. Eigenverbrauchsbesteuerung bei Dienstleistungen

---

Einlageentsteuerung auf aktivierten Dienstleistungen
Eigenverbrauchsbesteuerung auf Dienstleistungen unabhängig von Bilanzierung

Bemessungsgrundlage: auf dem Wert des noch nicht genutzten Teils der Dienstleistung
Bezugspreis der Dienstleistungen
abzüglich: Abschreibung pro rata temporis (vollumfängliche Abschreibung spätestens nach Ablauf von 5 Jahren)

10 Liegenschaften

Firma:	**FISKAL**
....	**PRÜFUNGSLISTE**
....	**Nutzungsänderung**
....	**Einlageentsteuerung**
	Liegenschaft

PRÜFUNGSHANDLUNG

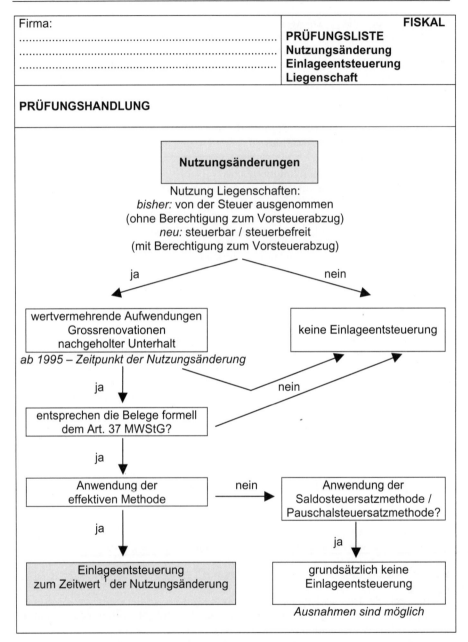

[1] Zeitwert der wertvermehrenden Aufwendungen, Grossrenovationen und dem nachgeholten Unterhalt

Grossrenovationen: über 5% des Gebäudeversicherungswertes
Nachgeholter Unterhalt: über 5% des Erwerbspreises innert 2 Jahren nach Erwerb

10 Liegenschaften

Firma:	FISKAL PRÜFUNGSLISTE Nutzungsänderung Eigenverbrauchsbesteuerung Liegenschaft
PRÜFUNGSHANDLUNG	

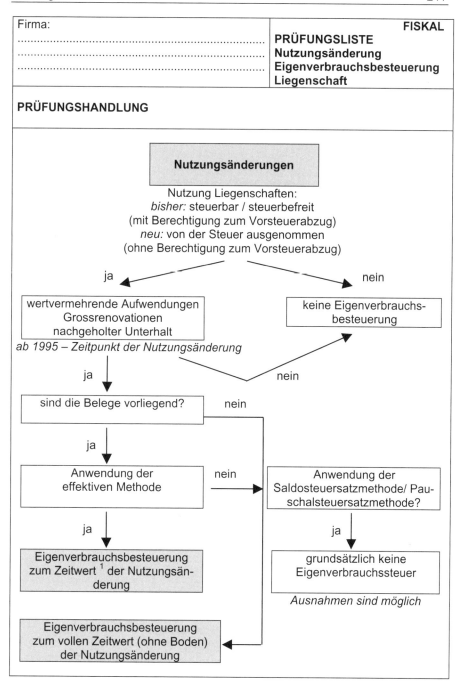

[1] Zeitwert der wertvermehrenden Aufwendungen, Grossrenovationen und dem nachgeholten Unterhalt

10 Liegenschaften   242

FISKAL- für Anschaffungs- oder Erstellungskosten,
RESTWERTTABELLE Grossrenovationen und nachgeholter Unterhalt
mit Vorsteuerabzugsberechtigung

Lineare Abschreibungssätze:

unbewegliche Gegenstände	5%
bewegliche Gegenstände	20%

Abschreibung **5%**

%	[2]) Umnutzung									
Kauf / Erstellung / Investition		2010	2009	2008	2007	2006	2005	2004	2003	2002	2001
[1])	2010	100									
	2009	95	100								
	2008	90	95	100							
	2007	85	90	95	100						
	2006	80	85	90	95	100					
	2005	75	80	85	90	95	100				
	2004	70	75	80	85	90	95	100			
	2003	65	70	75	80	85	90	95	100		
	2002	60	65	70	75	80	85	90	95	100	
	2001	55	60	65	70	75	80	85	90	95	100
	2000	50	55	60	65	70	75	80	85	90	95
	1999	45	50	55	60	65	70	75	80	85	90
	1998	40	45	50	55	60	65	70	75	80	85
	1997	35	40	45	50	55	60	65	70	75	80
	1996	30	35	40	45	50	55	60	65	70	75
	1995	25	30	35	40	45	50	55	60	65	70
	1994 und älter	0	0	0	0	0	0	0	0	0	0

Restwert in % bei Anschaffungs- oder Erstellungskosten, Grossrenovationen und nachgeholtem Unterhalt mit Vorsteuerabzugsberechtigung

[1]) im Jahr der Ingebrauchnahme: volle Abschreibung
[2]) im Jahr der Entnahme / Nutzungsänderung: keine Abschreibung
 (Ausnahme: bei Entnahme am 31.12. ist die Abschreibung vorzunehmen)

10 Liegenschaften 243

FISKAL- für aktivierbare Anschaffungs- oder Erstellungs-
RESTWERTTABELLE kosten, wertvermehrende Aufwendungen
mit Vorsteuerabzugsberechtigung

Lineare Abschreibungssätze:

unbewegliche Gegenstände	5%
bewegliche Gegenstände	20%

Abschreibung   20%

%	[2])	Umnutzung								
		2010	2009	2008	2007	2006	2005	2004	2003	2002	2001
[1])	2010	100									
	2009	80	100								
	2008	60	80	100							
	2007	40	60	80	100						
	2006	20	40	60	80	100					
Kauf / Erstellung / Investition	2005	0	20	40	60	80	100				
	2004	0	0	20	40	60	80	100			
	2003	0	0	0	20	40	60	80	100		
	2002	0	0	0	0	20	40	60	80	100	
	2001	0	0	0	0	0	20	40	60	80	100
	2000	0	0	0	0	0	0	20	40	60	80
	1999	0	0	0	0	0	0	0	20	40	60
	1998	0	0	0	0	0	0	0	0	20	40
	1997	0	0	0	0	0	0	0	0	0	20
	1996	0	0	0	0	0	0	0	0	0	0
	1995	0	0	0	0	0	0	0	0	0	0
	1994 und älter	0	0	0	0	0	0	0	0	0	0

Restwert in % bei aktivierbaren Anschaffungs- oder Erstellungskosten, wertvermehrenden Aufwendungen mit Vorsteuerabzugsberechtigung

[1]) im Jahr der Ingebrauchnahme: volle Abschreibung
[2]) im Jahr der Entnahme / Nutzungsänderung: keine Abschreibung
   (Ausnahme: bei Entnahme am 31.12. ist die Abschreibung vorzunehmen)

10 Liegenschaften

10.5 STEUERLICHE BEHANDLUNG VON LIEGENSCHAFTEN

Wohnliegenschaft

Vermietung / Verkauf
Von der Steuer ausgenommene Umsätze ohne Vorsteuerabzugsberechtigung

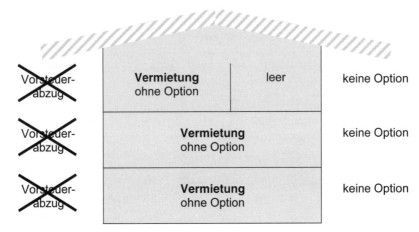

Verkauf (ohne Option)
von der Steuer ausgenommener Umsatz

Steuerpflicht:	*nein*
Abrechnungspflicht:	*nein*
Vermietung:	*von der Steuer ausgenommene Umsätze*
Verkauf:	*von der Steuer ausgenommene Umsätze*
Liegenschaftsunterhalt:	*keine Vorsteuerabzugsberechtigung*
Buchführung:	*keine MWSt-lichen Vorschriften, jedoch Aufstellungen empfehlenswert / Belege müssen formell dem Art. 37 MWStG entsprechen (für allf. spätere Nutzungsänderung)*
Nebenkosten:	*keine Umsatzsteuer geschuldet* *keine Vorsteuerabzugsberechtigung*
Mieterwechsel:	*keine Nutzungsänderungen* *keine MWSt-lichen Auswirkungen*
Eigenleistungen:	*ordentl. Hauswartstätigkeit: keine Abrechnungspflicht* *a.o. Hauswartstätigkeit: Abrechnungspflicht* [1] *Erstellung Bauwerk: Abrechnungspflicht* [1]

[1] sofern steuerpflichtig (SB 04 «Eigenverbrauch», Ziff. 7.3)

10 Liegenschaften

Betriebsliegenschaft

Betriebliche Nutzung
Vorsteuerabzugsberechtigung

Vorsteuerabzug (Art. 38 MWStG)	**Betrieb** für steuerbare/ steuerbefreite Umsätze	Lagerraum	stille Option
Vorsteuerabzug (Art. 38 MWStG)	**Betrieb** für steuerbare / steuerbefreite Umsätze		stille Option
Vorsteuerabzug (Art. 38 MWStG)	**Betrieb** für steuerbare / steuerbefreite Umsätze		stille Option

Verkauf (ohne Option)
von der Steuer ausgenommener Umsatz
Nutzungsänderung (Eigenverbrauch)

Verkauf (mit Option möglich)
steuerbarer Umsatz / keine Nutzungsänderung

Steuerpflicht:	*ja (betriebliche Umsätze)*
Abrechnungspflicht:	*ja*
Vermietung:	–
Verkauf:	*von der Steuer ausgenommene Umsätze* *steuerbare Umsätze (mit Option) / Gesuch notwendig*
Liegenschaftsunterhalt:	*Vorsteuerabzugsberechtigung*
Buchführung:	*Aufstellungen erstellen oder separate Buha-Konten, Belege müssen formell dem Art. 37 MWStG entsprechen,* *Gebäude und Boden evtl. separat verbuchen*
Nebenkosten:	*Vorsteuerabzugsberechtigung*
Mieterwechsel:	–
Eigenleistungen:	*Hauswartstätigkeit sowie Erstellung von Bauwerken: keine Abrechnungspflicht*

10 Liegenschaften

Wohn- und Gewerbeliegenschaft

gemischte Nutzung
Vorsteuerabzugskürzung

Vorsteuerabzug (durchgestrichen)	**Vermietung** ohne Option	Leerstand ?	keine Option
Vorsteuerabzug (Art. 38 MWStG)	**Vermietung** mit Option (Form. 760)		offene (Teil-) Option
Vorsteuerabzug (Art. 38 MWStG)	**Betrieb** für steuerbare / steuerbefreite Umsätze		stille Option

Verkauf (ohne Option)
von der Steuer ausgenommener Umsatz
Nutzungsänderung (Eigenverbrauch) *(EG/1.OG)*

Verkauf (mit Option möglich)
steuerbarer Umsatz / keine Nutzungsänderung
(EG/1.OG)

Steuerpflicht:	*ja (betriebliche Umsätze, optierte Umsätze)*
Abrechnungspflicht:	*ja*
Vermietung:	*von der Steuer ausgenommene Umsätze (ohne Option) steuerbare Umsätze (mit Option) / Gesuch notwendig*
Verkauf:	*von der Steuer ausgenommene Umsätze (ohne Option) steuerbare Umsätze (mit Option) / Gesuch notwendig*
Liegenschaftsunterhalt:	*Vorsteuerabzugsberechtigung mit Kürzung (für 2.OG)*
Buchführung:	*Aufstellungen erstellen oder separate Buha-Konten, Belege müssen formell dem Art. 37 MWStG entsprechen, Gebäude und Boden evtl. separat verbuchen*
Nebenkosten:	*Vorsteuerabzugsberechtigung mit Kürzung (für 2.OG) Umsatzsteuer geschuldet (beim offenen optierten Bereich)*
Mieterwechsel:	*kann Nutzungsänderungen verursachen (gemäss nachfolgender Aufstellung)*
Eigenleistungen:	*gemäss nachfolgender Aufstellung*

10 Liegenschaften

	betriebliche Nutzung [1]	Vermietung (mit Option)	Vermietung (ohne Option)

[1] für steuerbare und steuerbefreite Umsätze

Nutzungsänderungen:			
Nutzungsänderung (Eigenverbrauch) (Löschung Option)		→	
Nutzungsänderung (Einlageentsteuerung) (Optionsgesuch notwendig)		←	

Hauswartstätigkeiten:			
ordentliche Hauswartstätigkeit (BB 16, Ziff. 3.2.1)	keine Abrechnungspflicht	keine Abrechnungspflicht	keine Abrechnungspflicht
a.o. Hauswartstätigkeit	keine Abrechnungspflicht	keine Abrechnungspflicht	Abrechnungspflicht (sofern steuerpflichtig)

Eigenleistungen:			
Arbeiten an Bauwerken	keine Abrechnungspflicht	keine Abrechnungspflicht	Abrechnungspflicht (sofern steuerpflichtig)

Vorsteuerkürzung (BB 16 «Liegenschaftsverwaltung / Immobilien», Ziff. 4.7):
Aufwendungen direkt zuordnen
Rest nach betrieblich objektiven Kriterien (grundsätzlich: Fläche [m^2])

10 Liegenschaften

Bei Änderungen der Nutzung von Räumlichkeiten werden MWSt-liche Korrekturen notwendig (SB 05 «Nutzungsänderungen»).

(ab 1.1.1995)	z.B. 1.1.2001	z.B. 1.1.2008
nicht steuerpflichtig	**steuerpflichtig** (normale Abrechnungsweise)	**nicht steuerpflichtig**

◀ **Einlageentsteuerung**

◀ **Eigenverbrauchsbesteuerung**

	betriebliche Nutzung [1]	Vermietung (mit Option)	Vermietung (ohne Option)
keine Nutzungsänderung (Optionsgesuch notwendig)		▶	
Nutzungsänderung (Eigenverbrauch)			▶
Nutzungsänderung (Eigenverbrauch) (Löschung Option)		▶	
Nutzungsänderung (Einlageentsteuerung) (Optionsgesuch notwendig)		◀	
Nutzungsänderung (Einlageentsteuerung)	◀		
keine Nutzungsänderung (Löschung Option)	◀		

[1] für steuerbare und steuerbefreite Umsätze

11. ANHANG

11.1 CHECKLISTEN

Checkliste für den Jahresabschluss

Die Checkliste soll dem Anwender beim Jahresabschluss oder bei der Buchprüfung wertvolle Informationen bieten. Sie ist nicht abschliessend. Zudem sind die Detailangaben nur Grundsatzinformationen. Weitere Einzelheiten sind der Wegleitung, den Broschüren oder Merkblättern der ESTV zu entnehmen. Änderungen sind vorbehalten.

	TÄTIGKEIT:	DETAIL:	ERL.:
B1	Abrechnungsart (korrekte Anwendung)	Wird bei der Anwendung einer Debitorenbuchhaltung die Abrechnungsart «nach vereinbarten Entgelten» angewendet?	
B2	Aufbewahrungspflicht	Werden die Geschäftsbücher und Belege geordnet, lückenlos und systematisch klassiert während 10 Jahren im Inland aufbewahrt (Z 943)? Werden die Geschäftsunterlagen im Zusammenhang mit Liegenschaften während 20 (resp. 25) Jahren aufbewahrt (Z 944)?	
B3	Fristen für die Einreichung der Abrechnung und Bezahlung der Steuern	Einreichung der Abrechnung und Bezahlung des geschuldeten Steuerbetrages innert 60 Tagen nach Ablauf der Steuerperiode. Wurden die Abrechnungen innerhalb der Frist eingereicht und die Steuern bezahlt? Achtung: strafbare Handlung. Inskünftig muss bei Nichteinreichen der Abrechnungen mit Bussen von Fr. 300.– und Fr. 500.–, im Wiederholungsfall bis zu Fr. 5 000.– gerechnet werden.	
B4	Partner von einfachen Gesellschaften	Ist die einfache Gesellschaft im MWSt-Register eingetragen? Achtung: solidarische Haftung sämtlicher Partner.	

B5	Steuerpflicht	Sind die Voraussetzungen für die Steuerpflicht noch erfüllt? Die Voraussetzungen sind der SB 02 zu entnehmen.	
B6	Umsatzabstimmung	Sind die deklarierten Umsätze und die geltend gemachten Vorsteuern periodisch (mindestens einmal jährlich) mit der Buchhaltung abgestimmt worden (Z 968)? Allfällige Differenzen sind in der nächstfolgenden Abrechnung entsprechend zu korrigieren.	
B7	Zeitpunkt der Versteuerung	Wird bei der Abrechnungsart nach vereinbarten Entgelten die Teil- oder Vorauszahlung bereits bei Erhalt des Entgeltes abgerechnet?	
B8	Gruppenbesteuerung	Wurden die internen Geschäftsumsätze auf separaten Konten erfasst? Wurde auf den gruppeninternen Umsätzen keine MWSt überwälzt? Wurde die cost-plus Methode (z.B. plus 5% oder 15%) berücksichtigt?	
B9	Inländische Domizil- und Fakturierungsgesellschaften (ohne Personal)	Wurde bei Domizil- und Fakturierungsgesellschaften die «fifty-fifty»-Regelung beachtet? D.h. 50% des Bruttogewinnes werden als geschäftsmässig begründete Aufwendungen anerkannt (evtl. Bezug von Dienstleistungen aus dem Ausland).	
E1	Eigenverbrauch	Privatanteil Ist der Privatanteil mindestens einmal jährlich mit der ESTV abgerechnet worden (z.B. jeweils im 4. Quartal)? Privatanteil Fahrzeuge Ermittlung: effektiv oder annäherungsweise gemäss MB 03. Ist der verbuchte Privatanteil höher als der ermittelte Wert, wird u.U. der verbuchte Wert besteuert. Auf Luxusfahrzeugen ab Fr. 100 000.– kann nur teilweise oder kein Vorsteuerabzug vorgenommen werden.	

11 Anhang

E1	Eigenverbrauch	**Privatanteil Spesen** Ermittlung gemäss MB 03. Die im Merkblatt N1/2001 angegebenen Ansätze verstehen sich inkl. MWSt. Achtung: Privatanteile auf Pauschalspesen unterliegen nicht der MWSt, weil keine Vorsteuerabzugsberechtigung bestand. **Privatanteil übrige** Ermittlung gemäss MB 03. Die im Merkblatt N1/2001 angegebenen Ansätze verstehen sich inkl. MWSt. **Nutzungsänderung Liegenschaft inkl. Überführung ins Privatvermögen** z.B.: bisher Betriebsliegenschaft (für steuerbare Umsätze verwendet) neu vermietet / verkauft (ohne Option) Verwendung für von der Steuer ausgenommene Umsätze, private Nutzung Ist bei Nutzungsänderung der Eigenverbrauch abgerechnet worden? Ermittlung gemäss SB 05 und SB 06. Die notwendigen Unterlagen sind aufzubewahren (s. Rubrik Aufbewahrungspflicht). **Unentgeltliche Zuwendung** Sind unentgeltliche Zuwendungen ab Fr. 300.– (Bezugspreis des Gegenstandes) pro Jahr und Empfänger im Eigenverbrauch abgerechnet worden? D.h. Gegenstände, die nicht Warenmuster oder Werbegeschenke sind (z.B. für Tombola, für Geburtstag Kunde, für Firmenjubiläum, für Wettbewerb, für Glücksrad).
E2	Eigenverbrauch	Sind die Arbeiten an Bauwerken (selber oder durch Dritte), die zur Veräusserung oder Vermietung/Verpachtung bestimmt sind (ohne Option) oder für private oder von der Steuer ausgenommene Zwecke, mit der MWSt abgerechnet worden? Weitere Einzelheiten sind der SB 04 zu entnehmen.

U1	Saldosteuersatzmethode	Sind die Voraussetzungen (Umsatzlimiten) noch erfüllt?	
		Wurde auf Exportlieferungen (mit Ausfuhrnachweis) ebenfalls der Saldosteuersatz abgerechnet und die Vorsteuer mit Form. 1050 separat geltend gemacht?	
		Wurden die Betriebsmittel-Verkäufe auch zum Saldosteuersatz abgerechnet?	
U2	Bezug von Dienstleistungen aus dem Ausland	Wurden die Bezüge von Dienstleistungen aus dem Ausland unter Ziff. 090 in der Abrechnung deklariert (Z 516 ff.)?	
U3	Einnahmen übrige beim Einzelfirmainhaber	Sind die privaten steuerbaren Umsätze des Einzelfirmainhabers in den Abrechnungen mitberücksichtigt worden (z.B. Provisionen usw.)? Bei vermieteten Ferienwohnungen und -häusern ist die BB 04 zu beachten. Bei Vermietung von Parkplätzen ist das MB 18 zu beachten.	
U4	Erlösminderungen	Sind nur die den Kunden gewährten Entgeltsminderungen sowie die erlittenen Debitorenverluste berücksichtigt? Transitorische Abgrenzungen dürfen nicht abgezogen werden.	
U5	Kundenrechnungen	Sind die formellen Vorschriften gemäss Art. 37 MWStG erfüllt (Z 759 ff.)?	
U6	Meldeverfahren	Im Rahmen einer Gründung, einer Umstrukturierung oder eines Unternehmenszusammenschlusses ist ein Gesamt- oder ein Teilvermögen entgeltlich oder unentgeltlich einem andern Steuerpflichtigen übertragen worden. Ist das Meldeverfahren (mit Formular Nr. 764) innert 30 Tagen beantragt worden? Wenn nicht, muss es noch beantragt werden? Weitere Einzelheiten sind dem MB 11 zu entnehmen.	

U7	Nachweis der Ausfuhr	Sind die Nachweise (zollamtliches Dokument bei Exportlieferungen, buch- und belegmässiger Nachweis bei Dienstleistungen und Lieferungen im Ausland) für den Abzug in der Abrechnung unter Ziff. 040 vorhanden (Z 535 ff., Z 388)?	
U8	Optionsgesuch bei Vermietung / Verkauf von Gebäudeteilen	Wurde bei der Vermietung oder dem Verkauf von Gebäudeteilen das Optionsgesuch (Form. 760) eingereicht (Z 694)?	
U9	Provisionseinnahmen	Sind bei blossem Zuführen von potentiellen Kunden die Vermittlungsleistungen als steuerbare Werbeleistungen mit 7,6% abgerechnet worden?	
U10	Steuersätze	Wurden die korrekten Steuersätze angewendet? 0,0% steuerbefreite und von der Steuer ausgenommene Umsätze, 2,4% Waren des täglichen Bedarfs (Z 327ff.), 3,6% Beherbergungsleistungen Übernachtung mit Frühstück (Z 340), 7,6% übrige (Z 341)	
U11	Verkauf von Sachwerten	Sind die Verkäufe von Sachwerten mit der MWSt abgerechnet worden? <u>Ausnahme:</u> vor dem 1.1.1995 eingekaufte Gegenstände, die nach dem 31.12.1994 nicht bearbeitet wurden oder die ohne Anspruch auf einen Vorsteuerabzug sind.	
U12	Vermietung von beweglichen Gegenständen	Sind die Mieteinnahmen mit der MWSt abgerechnet worden?	
U13	Verrechnungsgeschäfte	Wurde bei Lieferungen oder Dienstleistungen in Verrechnung mit Gegenleistungen der volle Wert der eigenen Leistung abgerechnet (Z 788 ff., Z 936)?	
U14	Weiterfakturierung von Aufwandpositionen	Sind weiterfakturierte Aufwandpositionen (z.B. Werbeleistungen, EDV-Leistungen, Verwaltungsaufwand, usw.) mit der MWSt abgerechnet worden?	

11 Anhang

U15	Margenbesteuerung	Entsprechen die Belege formell dem Art. 14 MWStGV und werden detaillierte Einkaufs-, Lager- und Verkaufskontrollen geführt?	
U16	Verrechnungspreise an nahestehende Gesellschaften	Wurde die Cost-plus-Methode (z.B. plus 5% oder 15%) angewendet? Wurden administrative Leistungen für Holdinggesellschaften, Pensionskassen (ohne Personal) erbracht und mit der MWSt abgerechnet (SB 6, Ziff. 7.6.3, Ziff. 8.7.2) ?	
U17	Entgeltliche Lieferungen von Gegenständen an Mitarbeiter	Wurde bei Leistungen an das Personal das vom Personal tatsächlich bezahlte Entgelt (mindestens der Steuerbetrag, der im Fall des Eigenverbrauchs geschuldet wäre) mit der MWSt abgerechnet? Die Leistungen an das Personal (inkl. mitarbeitende Familienangehörige) sind wie folgt abzurechnen: *ohne massgebliche Beteiligung:* tatsächlich bezahltes Entgelt, mind. aber auf dem Eigenverbrauchswert *mit massgeblicher Beteiligung (bei mehr als 20% Stimmenanteil):* Preis wie für unabhängige Dritte	

V1	Belegkontrolle formelle Vorschriften gemäss Art. 37 MWStG	Entsprechen die Eingangsrechnungen den Formvorschriften gemäss Art. 37 MWStG, die für den Vorsteuerabzug notwendig sind?	
V2	Einfuhrbelege	Sind die für den Vorsteuerabzug notwendigen MWSt-Ausweise (gelb) lückenlos vorhanden? Ist der auf den Einfuhrbelegen aufgeführte Importeur mit dem Vorsteuerabzugsnehmer identisch?	
V3	Einlageentsteuerung	Konnten bei Nutzungsänderungen von unbeweglichen oder beweglichen Gegenständen sowie Dienstleistungen Vorsteuern zum Zeitwert geltend gemacht werden?	

V4	Korrektur des Vorsteuerabzugs bei gemischt genutzter Liegenschaft	Wurde bei einer gemischt genutzten Liegenschaft (z.B. Werkstatt / Wohnung) eine Kürzung des Vorsteuerabzugs vorgenommen? Bei den <u>Nebenkosten</u> kann der Vorsteuerabzug voll vorgenommen und einmal jährlich im Eigenverbrauch korrigiert werden, sofern die Liegenschaft mehrheitlich (mehr als 50%) für steuerbare Zwecke verwendet wird (Z 863). Für die <u>übrigen Aufwendungen</u> ist der Vorsteuerabzug gemäss Z 862 anteilmässig zu kürzen. Die SB 06 und das MB 08 sind zu beachten.	
V5	Subventionen / Beiträge der öffentlichen Hand Spenden	Wurde bei Erhalt von Subventionen und Beiträgen der öffentlichen Hand sowie bei Spenden eine anteilmässige Vorsteuerkorrektur vorgenommen (Z 850ff.)?	
V6	Vorsteuerabzug bei geschäftlich nicht begründetem Aufwand Verpflegung und Getränken	Wurde auf <u>geschäftlich nicht begründetem Aufwand</u> kein Vorsteuerabzug vorgenommen (Z 841 ff.)? z.B.: mehrtägige Personalausflüge, Ausflüge der Aktionäre anlässlich der Generalversammlung, Kauf eines Motorbootes, Kauf/Unterhalt eines Sportflugzeuges, Sportwagen der Luxusklasse, schweres Motorrad, Orientteppiche, Kunstwerke (Z 844). <u>Verpflegung und Getränke</u> Wurde lediglich ein Vorsteuerabzug von 50% der Steuerbeträge auf ausschliesslich geschäftsbedingten Ausgaben für Verpflegung und Getränke vorgenommen (Z 845)?	
V7	Vorsteuerabzug auf im Privatbesitz befindlichem Betriebsgebäude	Wurden beim Einzelfirmainhaber die Vorsteuern geltend gemacht, sofern die Liegenschaft buchmässig erfasst ist? Beim Gesellschafter einer Kapitalgesellschaft ist die optierte Vermietung Voraussetzung.	

11 Anhang

V8	Vorsteuerkürzung bei von der Steuer ausgenommenen Umsätzen	Wurde bei von der Steuer ausgenommenen Umsätzen eine Vorsteuerkürzung vorgenommen.	
V9	Vorsteuerkorrektur auf von der Steuer ausgenommenen Umsätzen aus Nebentätigkeiten	Ist eine jährliche pauschale Vorsteuerkorrektur vorgenommen worden auf: Zinseinnahmen, Verkauf von Wertpapieren? (über Fr. 10 000.– und wenn der Betrag 5% des jährlichen Gesamtumsatzes überschreitet) Pauschalsatz 0,02% Vermietung von Immobilien (nicht optiert)? Pauschalsatz 0,07% Unselbständige VR-Honorare? Pauschalsatz 1% Referentenhonorare? Pauschalsatz 1% Nicht eingelöste ausgebuchte Gutscheine? Pauschalsatz 0,02% Weitere Einzelheiten sind dem MB 08 und 8a zu entnehmen.	
V10	Vorsteuerabzug auf Leasingraten	Entspricht der Leasingvertrag formell dem Art. 37 MWStG? Sind zusätzlich Empfangsscheine des Einzahlungsscheines mit Hinweis auf den Leasingvertrag und den Steuersatz vorhanden? Oder sind zusätzliche Rechnungen der Leasinggesellschaft vorhanden? (MB 09, Ziff. 6)	

Überprüfung der verbuchten Umsatz- und Vorsteuern mit der MWSt-Abrechnung

2200	Umsatzsteuer per 31.12.	....
1170	Vorsteuer auf Material / Dienstleistung per 31.12.	- ....
1171	Vorsteuer auf Investition / Betriebsaufwand per 31.12.	- ....
	Verbuchte MWSt per 31.12.	....
	Deklarierte MWSt im 1. Quartal	....
	Abweichungen z.B. abgerechnete und nicht verbuchte Privatanteile z.B. pauschale Korrekturen bei Steuersatzerhöhungen	....

11 Anhang

Checkliste Buchprüfung

Benötigte Unterlagen für die Buchprüfung
(Auszug aus «www.estv.admin.ch»)

Bilanz- und Erfolgsrechnungen *der zu kontrollierenden Periode sowie vom Vorjahr der Kontrollperiode*	X
Kontrollstellen- und Jahresberichte *je Geschäftsjahr (sofern aus aktien- und anderen rechtlichen Bestimmungen ein solcher zu erstellen ist)*	X
Buchhaltungen *Hauptbücher oder Hauptbuchkonti je Geschäftsjahr (inkl. laufendes)*	X
Debitoren- und Kreditorenbuchhaltungen *und weitere Hilfsbuchhaltungen*	X
Grundbücher je Geschäftsjahr *Originale, idR mit Vermerk der Kontierung, d.h. Kassabücher, Postbücher und Bankbücher (inkl. WIR-Bank)*	X
Buchungsbelege aller Geldkonti *Kassabelege, Belastungs- und Vergütungsanzeigen sowie Auszüge aller Postcheck- und Bankkonti (inkl. WIR-Bank)*	X
Übrige Buchungsbelege *z.B. Abschreibungen, Umbuchungen, Belege über Sammelbuchungen, Zinsen auf Darlehen von Aktionären*	X
Liste der angefangenen Arbeiten *per Ende jedes Geschäftsjahres sowie des Vorjahres der Kontrollperiode*	
Debitoren- und Kreditorenlisten *per Ende jedes Geschäftsjahres sowie des Vorjahres der Kontrollperiode*	X
Wareninventare *per Ende jedes Geschäftsjahres sowie des Vorjahres der Kontrollperiode*	
Doppel der MWSt-Abrechnungen *zusammen mit den Detailaufzeichnungen über erzielte Umsätze, Handel mit gebrauchten Gegenständen (Umsatzregister bei Anwendung der Margenbesteuerung sowie Einkaufs-, Lager- und Verkaufskontrollen) und Vorsteuerabzügen (Vorsteuerjournale); Berechnungen von Vorsteuerabzugskürzungen, Eigenverbrauch, Bezug von Dienstleistungen von Unternehmen mit Sitz im Ausland und Umsatzabstimmungen.*	X
Kundenrechnungskopien *auch Kopien von Barquittungen sowie Belege für Gutschriften, Rechnungskorrekturen und Rückvergütungen usw.*	X

11 Anhang

Rechnungen von Lieferanten und Dienstleistenden (Originalbelege) *Quittungen, Barzahlungsbelege, Kreditorenbelege, Belege für Gutschriften, Rechnungskorrekturen und Rückvergütungen*	X
Lohnbücher sowie Abrechnungen mit Versicherungen (z.B. AHV, SUVA usw.)	
Steuererklärungen *der direkten Steuern zusammen mit Veranlagungsverfügungen*	
Nachweise für Leistungen ins Ausland resp. im Ausland *Zollamtlich gestempelte Ausfuhrdeklarationen bei Lieferungen von Gegenständen ins Ausland* *Aufzeichnungen bei Lieferungen im Ausland (z.B. von Frankreich nach Schweden), ergänzend zu Fakturakopien und Zahlungsbelegen z.B. Verträge, Lieferscheine, Zahlungsanweisungen, Verzollungsnachweise von Drittstaaten, Speditionsaufträge* *Aufzeichnungen im Falle von Dienstleistungen, welche als im Ausland erbracht gelten (ergänzend zu Fakturakopien und Zahlungsbelegen z.B. Verträge und Aufträge, Korrespondenz aller Art und schriftliche Vollmachten*	X
Einfuhrdokumente (Original-) *für den Nachweis der Wareneinfuhr sowie als Nachweis des Vorsteuerabzugs für die von der EZV erhobene Einfuhr-MWSt*	X
Kauf- und Verkaufsverträge, Leasingverträge, Werkverträge	X
Weitere Unterlagen *Korrespondenz, Fahrtenschreiber, EDV-Protokolle*	
Kassarollenstreifen und/oder Belege von EDV-Kassasystemen	
Betriebsbuchhaltung, Betriebsabrechnungsbogen (BAB)	
Aufzeichnungen in Verzeichnis- oder Karteiform für Handelsgegenstände *Fahrzeugkontrollen für neue und / oder gebrauchte Motorfahrzeuge bei Garagen / Autohändlern*	
Abrechnungen über erhaltene Subventionen	

X Unterlagen, die bei jeder Buchprüfung der ESTV verlangt werden

11 Anhang

Prüfungsablauf

	Prüfungsbereich	Periode (z.B.)	Vorgehen
1	Information		Geschäftstätigkeit, Besonderheiten, Spezialitäten, zuständige Personen, Anzahl Beschäftigte
2	Umsatzabstimmung	sämtliche Jahre	Abstimmung Buchhaltung mit Quartalsabrechnung Überprüfung Quartalsabrechnung
3	Geschäftsbücher	sämtliche Jahre	Prüfung formelle und materielle Richtigkeit und Vollständigkeit der Buchhaltung
4	Kundenrechnungen	2001	Prüfung Inlandrechnungen: *korrekter Steuersatz (steuerbar, von der Steuer ausgenommener Umsatz)* *formelle Vorschriften* Prüfung Exportrechnungen: *Exportnachweis* Abstimmung: *Belege mit Eintragungen in Hauptbuchkonti, Umsatzregister, andere Aufzeichnungen*
5	Eingangsrechnungen	2001	Prüfung formelle Korrektheit der Originalbelege, Vorsteuerabzug (Vorsteuerjournale, Vorsteuerabzugskürzungen) MWSt-Ausweis (gelb) bei der Einfuhr Spesenbelege Bezug von Dienstleistungen von Unternehmen mit Sitz im Ausland
6	Spezialfälle	2001	Eigenverbrauch: – *Aktionäre (Privatanteile)* – *Privatanteil Autokosten* – *Naturalbezüge* – *Personalverkauf / -verpflegung* – *Warenmuster* – *Werbegeschenke* – *andere unentgeltliche Zuwendungen* – *Arbeiten an Bauwerken*

11 Anhang

	Spezialfälle (Fortsetzung)	2001	Nutzungsänderungen Kommissionsgeschäfte Verrechnungen an nahestehende Gesellschaften Vermietung von beweglichen Gegenständen Bezug von Dienstleistungen aus dem Ausland Subventionen / öffentliche Beiträge / Spenden / Zuschüsse
7	Miet- / Leasingverträge	sämtliche Jahre	formelle Vorschriften (aktuelle Verträge, Einzahlungsscheinabschnitte, Rechnungen)
8	Betriebsliegenschaft	sämtliche Jahre	Vorsteuerabzug - formelle Korrektheit der Belege gemäss Art. 37 MWStG - gemischte Verwendung Optionen auf Vermietung (Form. 760) Nutzungsänderungen (Vermietung, Verkauf, Überführung)
9	Steuersatzerhöhung	1/2001	Formular FBST (Pauschallösung, Anpassung Passivkonto «Umsatzsteuer»)

Abklärungen	(Bemerkungen)
♦ Wer bereitet die Unterlagen vor? ♦ Wo findet die Buchprüfung statt (steuerpflichtige Person / Treuhänder)? ♦ Wer nimmt die Begrüssung vor? ♦ Notwendige Infrastruktur? ♦ Termin Zwischenbesprechung? ♦ Termin Schlussbesprechung?	

11.2 LÖSUNGEN ZU DEN FRAGEN

1. Reinigung = steuerbare Bearbeitung eines Gegenstandes (Art. 6 MWStG)
   Fürstentum Liechtenstein = Inland «ausländisches Gebiet mit staatsvertraglicher Vereinbarung» Art. 3 Abs. 1 Bst. b MWStG
   Ja, steuerbar zu 7,6% MWSt

2. Nichts, weil kein Entgelt vereinnahmt wurde (Art. 5, 33 MWStG)

3. Die Mietag hat die Vermietung des Wohnmobils als Inlandlieferung (7,6%) zu versteuern (Art. 19 MWStG).

4. Die EZV erhebt auf dem Wert inkl. Nebenkosten bis zum ersten inländischen Bestimmungsort die Steuer. Die EZV hat die MWSt gemäss Art. 76 MWStG auf dem gesamten Betrag von Fr. 29 700.– zu erheben.

5. Ja, die Kunststoff AG in Bern muss gemäss Art. 10 MWStG die Werbeleistungen als Bezug von Dienstleistungen von Unternehmen mit Sitz im Ausland unter Ziff. 090 deklarieren. Sofern die Werbeleistungen für steuerbare oder steuerbefreite Umsätze verwendet werden, ist ein Vorsteuerabzug unter der Ziff. 111 möglich.

6. a) steuerbar zu 7,6%
   b) von der Steuer ausgenommener Umsatz   Option möglich (7,6%)
   c) von der Steuer ausgenommener Umsatz   Option möglich (2,4%)
   d) von der Steuer ausgenommener Umsatz
   e) von der Steuer ausgenommener Umsatz
   f) von der Steuer ausgenommener Umsatz
   g) von der Steuer ausgenommener Umsatz   Option möglich (7,6%)
   h) von der Steuer ausgenommener Umsatz   Option möglich (2,4%)

7. a) ja (Normalsatz)   Voraussetzung: Leistung für eine steuerpfl. Person
   b) ja (Normalsatz)
   c) ja (reduzierter Satz)
   d) nein
   e) ja (Normalsatz)   Voraussetzung: Leistung für eine steuerpfl. Person

8. Beim Buchhaltungsprogramm auf Datenträgern handelt es sich um eine Lieferung von Gegenständen. Die Lieferung ist zum Normalsteuersatz zu versteuern, weil das zollamtliche Dokument fehlt.
   Bei Softwareleistungen über Datenfernleitungen, die an Empfänger mit Sitz im Ausland erbracht werden, handelt es sich um steuerbefreite Umsätze, sofern sie buch- und belegmässig nachgewiesen sind.

9. Die Produktions AG in St. Gallen führt eine Inlandlieferung aus. Für solche Lieferungen kann jedoch die Steuerbefreiung im Sinne einer Gleichstellung mit der Steuerbefreiung bei direkter Ausfuhr geltend gemacht werden, sofern bestimmte Voraussetzungen gemäss MB 05 erfüllt werden.

10 Gemäss Art. 19 Abs. 2 Ziff. 5 MWStG ist das im Zusammenhang mit einem Export oder Import von Gegenständen stehende Befördern oder Versenden von Gegenständen über die Grenze und alle damit zusammenhängenden sonstigen Leistungen von der Steuer befreit.

11 Nein, wer nur gelegentlich, z.B. bloss einmalig, also nicht nachhaltig im Sinne von gewerblich oder beruflich, aus einem Umsatz Einnahmen von mehr als Fr. 75 000.– erzielt, wird dadurch nicht steuerpflichtig.

12 Für die Beurteilung der Steuerpflicht gilt das Total der vereinnahmten Entgelte innerhalb eines Kalenderjahres (Art. 21 Abs. 3 MWStG).

13 Von der Steuerpflicht ausgenommen sind:
- Unternehmen mit einem Jahresumsatz bis zu Fr. 250 000.–, sofern die nach Abzug der Vorsteuer verbleibende Steuer regelmässig nicht mehr als Fr. 4 000.– im Jahr beträgt
- Landwirt, Forstwirte und Gärtner
für den Verkauf der im eigenen Betrieb gewonnenen Produkte
- Viehhändler
für die Umsätze von Vieh
- Milchsammelstellen
für die Umsätze von Milch an Milchverarbeiter
- Unternehmen mit Sitz im Ausland, die im Inland ausschliesslich Dienstleistungen nach Art. 14 Abs. 3 MWStG (Werbung, Beratungsleistung usw.) erbringen (ohne Telekommunikationsdienstleistungen im Inland an nicht steuerpflichtige Empfänger)
- Nicht gewinnstrebige, ehrenamtlich geführte Sportvereine und gemeinnützige Institutionen mit einem Jahresumsatz bis zu Fr. 150 000.–.

14 Die Gemeindeverwaltung hat die Umsätze wie folgt abzurechnen:
Steuereinnahmen: nein, hoheitliche Leistungen (Steuerabgaben)
Eintrittsgebühren: ja (Normalsatz)
Betreibungsgebühren: hoheitliche Leistungen
Stromverkauf ja (Normalsatz)

15 Mit der MWSt sind die Einnahmen aus Bodenbearbeitungsleistungen für andere Landwirte von Fr. 100 000.– zu 2,4% abzurechnen (Art. 36 Abs. 1 Bst. d MWStG).
Die Einnahmen aus der Landwirtschaft unterliegen hingegen nicht der MWSt. Gemäss Art. 27 Abs. 1 MWStG können jedoch solche Umsätze der freiwilligen Steuerpflicht (Option) unterstellt werden.

16 Bei Anwendung der Gruppenbesteuerung unterliegt die Lieferung der Halbfabrikate von der Maschinenfabrik an ihre inländische Schwestergesellschaft als Innenumsatz nicht der MWSt. Die Innenumsätze sind buchmässig zu erfassen. Auf den Belegen darf kein MWSt-Hinweis aufgeführt sein.
Wenn die Gruppenbesteuerung nicht angewendet wird, ist die Lieferung der Halbfabrikate als Inlandlieferung mit der MWSt abzurechnen. Die Schwestergesellschaft kann den Vorsteuerabzug geltend machen, sofern der Eingangsbeleg dem Art. 37 MWStG entspricht und die Halbfabrikate für steuerbare oder steuerbefreite Umsätze verwendet werden.

11 Anhang 263

17 Er kann sich gemäss Art. 27 MWStG zur Wahrung der Wettbewerbsneutralität der freiwilligen Steuerpflicht (Option) unterstellen.

18 Die einfache Gesellschaft ist von Beginn ihrer Tätigkeit an steuerpflichtig, d.h. ab 1. April 2001. Gemäss Art. 28 MWStG ist die Steuerpflicht mit der Aufnahme der Tätigkeit gegeben, wenn innerhalb der nächsten 12 Monate die Umsatzgrenzen überschritten werden.

19 Ja, das Personalrestaurant erzielt gastgewerbliche Leistungen (7,6%) und ist ab Eröffnung des Personalrestaurants steuerpflichtig. Die Versicherungsleistungen sind gemäss Art. 18 Ziff. 18 MWStG von der Steuer ausgenommene Umsätze, jedoch nicht gastgewerbliche Leistungen.

20 Der Maler X muss nach 3 Monaten nochmals prüfen, ob umgerechnet auf 12 Monate die Umsatzgrenzen erreicht sind. Wenn ja, ist die Steuerpflicht gegeben. Wenn nein, muss am 31.12.2001 aufgrund der erzielten Umsätze im Jahr 2001 – umgerechnet auf 12 Monate – überprüft werden, ob die subjektive Steuerpflicht erfüllt ist. Wenn ja, ist die Steuerpflicht auf 1.1.2002 gegeben.

21 Ja, die Versicherungsgesellschaft hat den Bezug von Dienstleistungen von Unternehmen mit Sitz im Ausland gemäss Art. 24 MWStG mit der MWSt abzurechnen.

22 Ja, die Erben haften gemäss Art. 30 MWStG für die vom ErblasserIn geschuldeten Steuern solidarisch bis zur Höhe ihrer Erbteile, wobei die Vorempfänge der Erben mitgerechnet werden. Sie haften somit für Steuerrechnungen bis zu Fr. 120 000.–.

23 Die Übernahme einer Unternehmung mit Aktiven und Passiven bewirkt in allen Fällen eine Steuernachfolge. Der Sohn muss daher die Steuer von Fr. 21 960.– bezahlen. Der Vater haftet zusammen mit dem Sohn nur während zwei Jahren seit der Übergabe solidarisch für die Steuerschulden.

24 Gemäss Art. 32 Abs. 1 Bst. c MWStG haftet der Liquidator solidarisch mit der liquidierten Gesellschaft bis zur Liquidationssumme von Fr. 30 000.–. Die ESTV kann beim Liquidator MWSt von Fr. 30 000.– einfordern.

25 Der Verkauf der Kleider an die Angestellten ist zum tatsächlichen bezahlten Entgelt mit der ESTV abzurechnen, jedoch mindestens zum Einstandspreis (Art. 33 Abs. 3 MWStG). Auf dem Bezugspreis von Fr. 180.– ist die MWSt von 7,6% abzurechnen.

26 Bei Lieferungen oder Dienstleistungen an eine nahestehende Person (mehr als 20% Stimmenanteil) gilt als Entgelt der Wert, der unter unabhängigen Dritten vereinbart würde (Art. 33 Abs. 2 MWStG). Die MWSt von 7,6% ist auf dem Wert von Fr. 1 660.– zu entrichten.

27 Zum Entgelt gehören: Frachtkosten, Entsorgungskosten, Verpackungskosten. Nicht zum Entgelt gehören: Subventionen, Verzugszinsen.

28 Bei der Margenbesteuerung kann der Garagist A vom Verkaufspreis den Ankaufspreis abziehen. Der Garagist A hat 7,6% auf (107,6%) Fr. 2 000.– = Fr. 141.25 mit der ESTV abzurechnen (Art. 35 MWStG).

11 Anhang

29 Der Einzelfirmeninhaber hat bei Entnahme von ungebrauchten Gegenständen zu privaten Zwecken die Eigenverbrauchssteuer auf dem Einkaufspreis abzurechnen. Die EV-Steuer ist auf dem Betrag von Fr. 1 200.– geschuldet.

30 Ja, Eigenverbrauchssteuer gemäss Art. 9 Abs. 1 MWStG. Gemäss Art. 34 Abs. 1 MWStG ist bei gebrauchten Gegenständen der Eigenverbrauch vom Zeitwert von Fr. 15 000.– zu berechnen.

31 Die MWSt ist auf folgendem Betrag abzurechnen:
Der Eigenverbrauch ist gemäss Art. 9 Abs. 2 MWStG und Art. 34 Abs. 4 MWStG zum Preis (ohne den Wert des Bodens) zu berechnen, wie er im Falle der Lieferung einem unabhängigen Dritten in Rechnung gestellt würde.
Die Eigenverbrauchssteuer ist auf Fr. 450 000.– abzurechnen.
Auf den Drittleistungen kann der Vorsteuerabzug vorgenommen werden, sofern die Belege dem Art. 37 MWStG entsprechen.
Gemäss Art. 18 Ziff. 21 MWStG ist die Vermietung des Einfamilienhauses ein von der Steuer ausgenommener Umsatz. Eine freiwillige Versteuerung (Option) kann nicht beantragt werden.

32 Bei Dienstleistungen für eigene Rechnung ist die Eigenverbrauchssteuer nur auf den dafür verwendeten beweglichen und unbeweglichen Gegenständen geschuldet, nicht auf der Dienstleistung selbst.

33
1 Kaffee	Fr. 2.80	
2 Gipfeli	Fr. 1.60	Fr. 4.40
+ 7,6% MWSt		Fr. 0.35
Total Rechnungsbetrag		Fr. 4.75

34
Bücher «Mehrwertsteuer»	2,4%	Zeitung «Die Schweiz»	2,4%
Visitenkarten	7,6%	Rechnungsgarnituren	7,6%

35 Eintrittsbillette bei Museen sind gemäss Art. 18 Ziff. 14 MWStG von der Steuer ausgenommene Umsätze. Bei der freiwilligen Besteuerung der Eintrittsbillette ist die MWSt mit 2,4% abzurechnen (Art. 26 MWStG und Art. 36 Abs. 1 Bst. c MWStG).

36 Der Treuhänder Z hat im 1. Sem. 2001 6,0% MWSt von (100%) Fr. 100 000.– = Fr. 6 000.– zu entrichten. Die Saldosteuersatzmethode ist während 5 Jahren anzuwenden (Art. 59 MWStG).

37 Ja, Rechnungen an nicht steuerpflichtige Kunden müssen keine besonderen Formvorschriften erfüllen. Der MWSt-Betrag darf auch gesondert ausgewiesen werden.

38 Nein, weil auf der Einkaufsrechnung nicht sämtliche formellen Angaben gemäss Art. 37 Abs. 1 MWStG aufgeführt sind (Datum oder Zeitraum der Lieferung) kann der Garagist den Vorsteuerabzug nicht vornehmen. Der Garagist hat beim Importeur vor der Bezahlung eine korrekte Rechnung zu verlangen.

39 Nein, weil in der Rechnung des Malermeisters nur der MWSt-Betrag aufgeführt ist. Der MWSt-Satz auf der Rechnung ist für die Vornahme eines Vorsteuerabzuges zwingend. Der MWSt-Betrag kann auf der Rechnung erwähnt sein.

40 Keine! Vom Vorsteuerabzug ausgeschlossen sind Gegenstände, die für Zwecke, welche von der Steuer ausgenommen sind, verwendet werden, z.B. Bereich des Geld- und Kapitalverkehrs (Art. 38 Abs. 4 MWStG). In der Praxis haben Banken Vorsteuerpauschalen.

41 Ja, gemäss Art. 38 Abs. 6 MWStG kann der Gemüsehändler A auf den beim nicht steuerpflichtigen Landwirt B bezogenen Erzeugnissen der Landwirtschaft 2,4% des ihm in Rechnung gestellten Betrages als Vorsteuern abziehen. Gilt als Teileliminierung der taxe occulte. Vorsteuer: 2,4% von (100%) Fr. 25 000.– = Fr. 600.–.

42 Ja, der Vorsteuerabzug von Fr. 912.– kann auf dem Einkauf der Farbe vorgenommen werden, weil Malerarbeiten an Gebäuden, die vermietet werden (ohne Option), im Eigenverbrauch (Art. 9 Abs. 2 MWStG) abzurechnen sind.

43 Die Handels AG kann im 3. Quartal 2001 den Vorsteuerabzug von Fr. 2 420.– vornehmen, d.h. im Quartal des Eingangs der Einfuhrdokumente (Art. 38 Abs. 7 Bst. c MWStG).

44 Das Dachdeckergeschäft D kann folgende Vorsteuern abziehen:

Ziegel		Fr. 40 000.–	
Strom		Fr. 2 000.–	
Telefongebühren		Fr. 400.–	
Kranmiete		Fr. 600.–	
Vorsteuern	7,6%	Fr. 43 000.–	3 268.—
Essen mit Kunden	3,8%	400.–	15.20
Total Vorsteuern			3 283.20

Prämien von Sachversicherungen sind von der Steuer ausgenommen.

45 Das Schwimmbad ist ein steuerpflichtiger Bereich. Weil die Investitionen jedoch vollumfänglich durch öffentliche Beiträge (Steuern) finanziert werden, ist ein Vorsteuerabzug durch das Gemeinwesen W nicht möglich (Art. 38 Abs. 8 MWStG).

46 Ja, gemäss Art. 42 MWStG kann auf den 1.1.2002 infolge Umnutzung der Räumlichkeiten (inskünftig optierte Vermietung) eine Einlageentsteuerung vorgenommen werden. Die abziehbaren Vorsteuern vom 1.1.1995 bis 31.12.2001 vermindern sich für jedes abgelaufene Jahr
- bei beweglichen Gegenständen linear um 20%
- bei unbeweglichen Gegenständen linear um 5%.

Die Belege müssen dem Art. 37 Abs. 1 MWStG entsprechen. Inskünftig kann auf dem Liegenschaftsaufwand der Vorsteuerabzug vorgenommen werden, sofern die Belege formell dem Art. 37 MWStG entsprechen.

47 Die Heizungsfirma Z hat die MWSt wie folgt abzurechnen:
4. Quartal 2001:   7,6% von (100,0%) Fr. 20 000.– = Fr. 1 520.—
1. Quartal 2002:   7,6% von (107,6%) Fr.   430.– = Fr.   30.40 (Abzug)

48 Ja, ab 1.9.2001 bis 1.10.2001 ist ohne Mahnung ein Verzugszins von z.Zt. 5% pro Jahr geschuldet (Art. 47 MWStG).

49 Die ESTV muss die Steuerrückzahlung bis 20.10.2001 vornehmen. Vorsteuerüberschüsse werden der steuerpflichtigen Person innert 60 Tagen nach Eingang der Steuerabrechnung von der ESTV ausbezahlt oder mit ihrer Steuerschuld verrechnet. Bei verspäteter Steuerrückzahlung hat die ESTV einen Vergütungszins (gleicher Zinssatz wie Verzugszins) zu entrichten (Art. 48 MWStG).

50 Die Steuerforderung verjährt 5 Jahre nach Ablauf des Kalenderjahres, in dem sie entstanden ist. Die Steuerabrechnung 1/2001 verjährt am 31. Dezember 2006. Die steuerpflichtige Person kann somit im Dezember 2006 eine Korrektur der Steuerabrechnung 1/2001 bei der ESTV beantragen (Art. 49 MWStG).

51 Eine Gesellschaft hat sich unaufgefordert innert 30 Tagen nach Beginn ihrer Steuerpflicht bei der ESTV schriftlich anzumelden (Art. 56 Abs. 1 MWStG).
Bei Bezug von Dienstleistungen über Fr. 10 000.– von Unternehmen mit Sitz im Ausland hat sich der Bezüger innert 60 Tagen nach Ablauf des Kalenderjahres, für das er steuerpflichtig ist, schriftlich bei der ESTV anzumelden (Art. 56 Abs. 4 MWStG).

52 Eine steuerpflichtige Person hat die ESTV unverzüglich schriftlich zu benachrichtigen, wenn die Voraussetzungen einer Option für die Steuerpflicht wegfallen (Art. 56 Abs. 2 MWStG).

53 Umsatzabstimmung 1. – 4. Quartal 2001:

Saldo Ertragskonto 2001	1 250 600.–
+ Kundenguthaben per 1.1.	52 000.–
– Kundenguthaben per 31.12.	– 38 000.–
	1 264 600.–
+ Verkauf PC-Anlage	+ 6 000.–
Total vereinnahmtes Entgelt	1 270 600.–
Deklaration 1. – 4. Q. 2001	1 264 600.–
Umsatzdifferenz (zu wenig abgerechnet)	6 000.–

54 Ja, die steuerpflichtige Person hat ihre Geschäftsbücher, Belege, Geschäftspapiere und sonstigen Aufzeichnungen während 10 Jahren ordnungsgemäss aufzubewahren. Gemäss Art. 49 MWStG kann die ESTV durch jede Einforderungshandlung und durch jede Berichtigung die Verjährung unterbrechen. Ist nach Ablauf der Aufbewahrungsfrist die Verjährung der Steuerforderung, auf welche sich die Geschäftsbücher, Belege, Geschäftspapiere und sonstigen Aufzeichnungen beziehen, noch nicht eingetreten, so dauert die Aufbewahrungspflicht bis zum Eintritt dieser Verjährung (Art. 58 Abs. 2 MWStG).

55 Ja, gemäss Art. 58 Abs. 2 MWStG müssen die mit unbeweglichen Gegenständen (Liegenschaften) zusammenhängenden Geschäftsunterlagen während 20 Jahren aufbewahrt werden, d.h. bis zum Jahre 2018. Die Verjährungsfrist von 5 Jahren ist zu beachten.

11 Anhang

56 Folgende Rechtsmittel stehen der steuerpflichtigen Person zur Verfügung:
- Entscheid bei der ESTV verlangen
- Einsprache an die ESTV
- Beschwerde an die Eidg. Steuerrekurskommission
- Verwaltungsgerichtsbeschwerde an das Bundesgericht

U.U. kann der Einspracheentscheid der ESTV auch übersprungen werden.

57 Die Einsprache hat innert 30 Tagen seit Eröffnung des Entscheides der ESTV durch den Steuerberater zu erfolgen. Die Einsprache ist schriftlich bei der ESTV einzureichen. Die Einsprache hat ein Begehren, deren Begründung mit Angabe der Beweismittel sowie die Unterschrift des Einsprechers oder seines Vertreters zu enthalten. Der Steuerberater hat der Einsprache eine schriftliche Vollmacht sowie die Beweismittel beizulegen (Art. 64 MWStG).

58 Die EZV besteuert den Betrag von Fr. 669 158.– zu 7,6% (MWSt Fr. 50 856.–). Die MWSt ist auf dem Entgelt resp. Marktwert inkl. Nebenkosten, wie Provisions-, Verpackungs-, Beförderungs- und Versicherungskosten, die bis zum ersten inländischen Bestimmungsort entstehen, geschuldet. Auch ausserhalb des Einfuhrlandes sowie aufgrund der Einfuhr geschuldeten Steuern, Zölle und sonstigen Abgaben (mit Ausnahme der MWSt) sind beim Entgelt mit zu berücksichtigen (Art. 76 MWStG).

59 Keine! Gegenstände, die mit Freipass zur vorübergehenden Einfuhr abgefertigt werden, sind von der Steuer befreit (Art. 74 Ziff. 8 MWStG).
Sofern der Gewebehändler regelmässig beachtliche Vorsteuerüberschüsse hat, kann er gemäss Art. 83 MWStG das Verlagerungsverfahren bei der ESTV beantragen.

60 Nein, der Vorsteuerabzug von Fr. 2 584.– kann im 2. Quartal 2001 vorgenommen werden. Die Handels AG erhält am 25.5.2001 das Original der Einfuhrdokumente und hat somit auf Ende dieser Abrechnungsperiode den Anspruch auf den Vorsteuerabzug (Art. 38 Abs. 7 Bst. c MWStG).

11 Anhang

11.3 LÖSUNGEN QUARTALSABRECHNUNG

Abrechnung 1. Quartal 2001 nach vereinnahmten Entgelten

Beträge exkl. MWSt	Umsatz 7,6 %	Umsatz 0,0 %	Eigen-ver-brauch	Vorsteuern Material	Vorsteuern übr. Aufwand
vereinnahmte Entgelte	696 000	150 000			
Vorsteuerabzüge				18 500.00	22 700.00
Zusatzangaben:					
Spesenauszahlungen: Pauschalspesen Übernachtung (3,6%) Mittagessen (50%/7,6%)					0.00 10.80 4.65
Planungsaufwand: Inlandumsatz von nicht steuerpfl. ausl. Architekt					
Firmenessen: 50%/7,6%					55.10
Einfuhren: Abzug in 2/2001 Eingang Einfuhrbelege				0.00	
Dachsanierung: 1/3 0 Total Fr. 30 000 2/3 7,6%					1 520.00
Eigenleistungen: keine ordentliche Hauswartstätigkeit			6 000		30.40
Beleg Büromaterial: MWSt-Satz fehlt (Art. 37)					0.00
Honorareinnahmen Schule: von der Steuer ausgenommen (Vorsteuerkürzung)		7 830			
Provisionen: Immobilienvermittlung Vermittlung Kunde	5 000 2 000				
Verkauf Bagger: (Occasion) keine Margenbesteuerung	18 000				
Privatanteil Fahrzeug: effektiv verbuchter Betrag (Lieferung) weil über EV-Wert	8 000				
Mietzinsen: Mieter Verband Z (Option)	3 000				

11 Anhang

	732 000	157 830	6 000	18 500.00	24 320.95
Einlageentsteuerung:					
NÄ 1.7.1999[1)]					6 077.50
NÄ 1.1.2001[2)]					662.80
	732 000	157 830	6 000	18 500.00	31 061.25

Rekapitulation:

	TOTAL	732 000.00	157 830	6 000	18 500.00	31 061.25
		150 000.00	-150 000		110	111
		7 830.00	- 7 830			
010		889 830.00				
020		6 000.00		- 6 000		
030		895 830.00				
040		- 150 000.00				
043		- 7 830.00				
060 / 070 / 080		738 000.00				
070 / 100		56 088.00				
110		- 18 500.00				
111		- 31 061.25				
[3)] 130		271.50				
[4)] 142		- 295.20				
150		**6 503.05**				

11 Anhang

AUFSTELLUNGEN ([1] + [2] der Quartalsabrechnung beilegen)

---

1)

EINLAGEENTSTEUERUNG per 1.1.2001   Abzug Ziff. 111   **Fr. 6 077.50**

Objekt: Liegenschaft B
                       Seestrasse 1 a, 9000 St. Gallen

Nutzungsänderung per: 1.7.1999

Grund: bisher: Vermietung Wohnung
                       neu: Vermietung Büroräumlichkeiten
                                 an Grafiker S (MWSt-Nr. 500 500)
                                 Bewilligung Form. 760 liegt vor

Wertvermehrende Aufwendungen, <u>Grossrenovationen</u>, nachgeholter Unterhalt:
(Belege gemäss Art. 28 MWStV / Art. 37 MWStG)
  1995:
  1996:   GVA-Wert
  1997:   1.1.1998
  1998:   Fr. 117 150.–   85%   Fr. 99 577.50   Fr. 800 000.–
  1999:
  2000:   _____
  TOTAL   Fr. 99 577.50

  Steuer 6,5% von (106,5%)   Fr. 6 077.50

---

2)

EINLAGEENTSTEUERUNG per 1.1.2001   Abzug Ziff. 111   **Fr. 662.80**

Objekt: Liegenschaft B
                       Seestrasse 1 a, 9000 St. Gallen

Nutzungsänderung per: 1.1.2001

Grund: bisher: Vermietung Verband Z (ohne Option)
                       neu: Vermietung Verband Z (mit Option)
                                 (MWSt-Nr. 532 510)
                                 Bewilligung Form. 760 liegt vor

<u>Wertvermehrende Aufwendungen</u>, Grossrenovationen, nachgeholter Unterhalt:
(Belege gemäss Art. 28 MWStV / Art. 37 MWStG)
  1995:
  1996:
  1997:
  1998:
  1999:
  2000:   Fr. 10 000.–   95%   Fr. 9 500.–
  TOTAL   Fr. 9 500.–

  Steuer 7,5% von (107,5%)   Fr.   662.80

11 Anhang

3) KÜRZUNG VORSTEUERABZUG (PAUSCHALVARIANTE 1)

	Total	ausgenommen	steuerbar / -befreit
Einnahmen	Fr. 895 830.– 100,000%	Fr. 7 830.– 0,874%	Fr. 888 000.– 99,126%
Vorsteuer Material / DL	Fr. 18 500.–		Fr. 18 500.–
Vorsteuer Betriebsaufw.	Fr. 31 061.25	Fr. 271.50	Fr. 30 789.75

4) BERICHTIGUNG BEI STEUERSATZERHÖHUNG (FBST)

Pauschallösung gemäss SB 01 «Übergang von der MWStV zum MWStG», Seite 81

Pauschalkorrektur 0,04% von   Ziff. 060   Fr. 738 000.–   =   Fr. 295.20

11 Anhang

Abrechnungsperiode:
Einzusenden und zu bezahlen bis:
Valuta (Verzugszins ab):
(Bei Korrespondenzen stets angeben)
MWST-Nr:
Ref.-Nr:
Herrn, Frau, Firma

/2001

B STEZ REV

/ 1

I. UMSATZ

	Ziffer	Umsatz Fr.		Umsatz Fr.	
Total vereinbarte Entgelte (Rechnungsausgang) bzw. total vereinnahmte Entgelte (Zahlungseingang; gemäss schriftlicher Bewilligung)	010	889'830		Total Ziff. 010 und 020	
Eigenverbrauch	020 +	6'000	=	895'830	030
Abzüge Exporte, Leistungen im Ausland und Leistungen nach Art. 90 Abs. 2 Bst. a. MWSTG	040	150'000			
Ankaufswerte von Gegenständen beim Vorgehen nach Art. 35 MWSTG (Margenbesteuerung)	042 +				
Von der Steuer ausgenommene Umsätze nach Art. 18 MWSTG	043 +	7'830			
Entgeltsminderungen bei Abrechnung nach vereinbarten Entgelten (z.B. Skonti, Rabatte, Verluste)	044 +			Total Ziff. 040 bis 045	
Diverses	045 +		=	157'830	050
Steuerbarer Gesamtumsatz (Ziff. 030 abzüglich Ziff. 050)	060		=	738'000	

II. STEUERBERECHNUNG

Aufteilung Ziffer 060 nach Steuersatzkategorien

	Steuersatz		Umsatz Fr.		Steuer Fr. / Rp.	
Lieferungen, Dienstleistungen und Eigenverbrauch (Normalsatz)	7,6%	070	738'000		56'088.00	
Lieferungen, Dienstleistungen und Eigenverbrauch (reduzierter Satz)	2,4%	071 +			+	
Beherbergungsleistungen (Sondersatz)	3,6%	074 +			+	
Steuerbarer Gesamtumsatz (wie Ziff. 060)		080 =	738'000			
Bezug von Dienstleistungen von Unternehmen mit Sitz im Ausland nach Art. 10 MWSTG (Wert ohne Steuer)	7,6%	090			+	
Total Steuer		100		=	56'088.00	

			Steuer Fr. / Rp		
Anrechenbare Vorsteuer auf Material- und Dienstleistungsaufwand	110		18'500.00		
Investitionen und übrigem Betriebsaufwand	111 +		31'061.25		
		+	▓▓▓▓▓▓▓		Total Ziff. 110 und 111 abzügl. 130
Vorsteuerkürzungen (z.B. wegen gemischter Verwendung, Subventionen, Spenden)	130 −		271.50	−	49'289.75 140
				+	
				−	295.20
An die Eidg. Steuerverwaltung zu zahlender Betrag	150			=	6'503.05
Guthaben des Steuerpflichtigen	160 =				

Der/Die Unterzeichnete bestätigt die Richtigkeit seiner/ihrer Angaben:

Abrechnung erstellt durch (Name und Vorname / Buchhaltungsstelle)

Ort und Datum   Telefon   Rechtsverbindliche Unterschrift

Bundesgesetz über die Mehrwertsteuer 641.20

(Mehrwertsteuergesetz, MWSTG)
vom 2. September 1999 (Stand am 30. Mai 2000)

Die Bundesversammlung der Schweizerischen Eidgenossenschaft, gestützt auf Artikel 130 der Bundesverfassung, nach Einsicht in den Bericht vom 28. August 1996* der Kommission für Wirtschaft und Abgaben des Nationalrates, und in die Stellungnahme des Bundesrates vom 15. Januar 1997**, beschliesst:

1. Titel: Allgemeine Bestimmungen

Art. 1 Gegenstand und Grundsätze
1 Der Bund erhebt eine allgemeine Verbrauchssteuer nach dem System der Netto-Allphasensteuer mit Vorsteuerabzug (Mehrwertsteuer).
2 Die Erhebung erfolgt namentlich nach dem Grundsatz der Wettbewerbsneutralität mit Anrechenbarkeit der Vorsteuer sowie unter Berücksichtigung der Überwälzbarkeit und der Wirtschaftlichkeit der Erhebung.

Art. 2 Verhältnis zum kantonalen Recht
Was dieses Gesetz als Gegenstand der Mehrwertsteuer erklärt, von der Steuer ausnimmt oder befreit, darf von den Kantonen und Gemeinden keiner gleichartigen Steuer unterstellt werden (Art. 134 BV). Billettsteuern und Handänderungssteuern gelten nicht als gleichartig.

Art. 3 Begriff des Inlandes und des Auslandes
1 Als Inland gelten:
  a. das Gebiet der Schweiz, ohne die Zollfreibezirke (Zollfreilager und Zollfreihäfen);
  b. ausländische Gebiete gemäss staatsvertraglichen Vereinbarungen.
2 Andere Gebiete werden als Ausland bezeichnet.
3 Solange die Talschaften Samnaun und Sampuoir aus dem schweizerischen Zollgebiet ausgeschlossen sind, gilt dieses Gesetz in diesen beiden Talschaften nur für Dienstleistungen sowie für Leistungen des Hotel- und Gastgewerbes. Die dem Bund aufgrund dieser Bestimmung entstehenden Steuerausfälle sind durch die Gemeinden Samnaun und Tschlin zu kompensieren; Einsparungen, die sich aufgrund des geringeren Erhebungsaufwandes ergeben, sind angemessen zu berücksichtigen. Der Bundesrat regelt die Einzelheiten im Einvernehmen mit den Gemeinden Samnaun und Tschlin.

Art. 4 Indexierung
Der Bundesrat beschliesst die Anpassung der in den Artikeln 9, 21, 23–25, 27, 28, 38 und 59 genannten Frankenbeträge, sobald sich der Landesindex der Konsumentenpreise seit der letzten Festlegung um mehr als 30 Prozent erhöht hat.

---

* BBl 1996 V 713
** BBl 1997 II 389

2. Titel: Steuer auf dem Umsatz im Inland

1. Kapitel: Steuerobjekt

1. Abschnitt: Steuerbare Umsätze

Art. 5 Grundsatz

Der Steuer unterliegen folgende durch steuerpflichtige Personen* getätigte Umsätze, sofern diese nicht ausdrücklich von der Steuer ausgenommen sind (Art. 18):
  a. im Inland gegen Entgelt erbrachte Lieferungen von Gegenständen;
  b. im Inland gegen Entgelt erbrachte Dienstleistungen;
  c. Eigenverbrauch im Inland;
  d. Bezug von Dienstleistungen gegen Entgelt von Unternehmen mit Sitz im Ausland.

Art. 6 Lieferung von Gegenständen

¹ Eine Lieferung liegt vor, wenn die Befähigung verschafft wird, im eigenen Namen über einen Gegenstand wirtschaftlich zu verfügen.

² Eine Lieferung liegt ebenfalls vor:
  a. wenn ein Gegenstand, an dem Arbeiten besorgt worden sind, abgeliefert wird, auch wenn dieser Gegenstand dadurch nicht verändert, sondern bloss geprüft, geeicht, reguliert, in der Funktion kontrolliert oder in anderer Weise behandelt worden ist;
  b. wenn ein Gegenstand zum Gebrauch oder zur Nutzung überlassen wird.

³ Als Gegenstände gelten bewegliche und unbewegliche Sachen sowie Elektrizität, Gas, Wärme, Kälte und Ähnliches.

⁴ Hat sich jemand verpflichtet, Arbeiten an einem Gegenstand zu besorgen, und lässt er diese Arbeiten ganz oder teilweise durch Dritte (Unterakkordanten) vornehmen, so liegen zwischen diesem und ihm sowie zwischen ihm und seinem Besteller (Auftraggeber, Bauherr) Lieferungen vor.

Art. 7 Dienstleistungen

¹ Als Dienstleistung gilt jede Leistung, die keine Lieferung eines Gegenstandes ist.

² Eine Dienstleistung liegt auch vor, wenn:
  a. immaterielle Werte und Rechte überlassen werden, auch wenn sie nicht in einer Urkunde verbrieft sind;
  b. eine Handlung unterlassen oder eine Handlung beziehungsweise ein Zustand geduldet wird.

Art. 8 Leistungen von Gesetzes wegen

Lieferungen von Gegenständen und Dienstleistungen liegen auch vor, wenn sie von Gesetzes wegen oder auf Grund behördlicher Anordnung erfolgen.

---

* In diesem Gesetz werden Personen geschlechtergerecht bezeichnet, sofern dadurch die Lesbarkeit nicht beeinträchtigt wird. Wo Personenbezeichnungen nur in der maskulinen Form stehen, sind, sofern darunter natürliche Personen verstanden werden, stets solche beiderlei Geschlechts gemeint.

Art. 9 Eigenverbrauch

¹ Eigenverbrauch liegt vor, wenn die steuerpflichtige Person aus ihrem Unternehmen Gegenstände dauernd oder vorübergehend entnimmt, die oder deren Bestandteile sie zum vollen oder teilweisen Vorsteuerabzug berechtigt haben, und die:

 a. sie für unternehmensfremde Zwecke, insbesondere für ihren privaten Bedarf oder für den Bedarf ihres Personals verwendet;

 b. sie für eine von der Steuer ausgenommene Tätigkeit verwendet;

 c. sie unentgeltlich abgibt; ausgenommen sind Geschenke bis 300 Franken pro Empfänger und pro Jahr und Warenmuster zu Zwecken des Unternehmens; oder

 d. bei Wegfall der Steuerpflicht sich noch in ihrer Verfügungsmacht befinden.

² Eigenverbrauch liegt überdies vor, wenn die steuerpflichtige Person:

 a. an bestehenden oder neu zu erstellenden Bauwerken, die zur entgeltlichen Veräusserung oder entgeltlichen Überlassung zum Gebrauch oder zur Nutzung bestimmt sind (Art. 18 Ziff. 20 und 21), Arbeiten vornimmt oder vornehmen lässt und hiefür nicht für die Versteuerung optiert; davon ausgenommen sind die durch die steuerpflichtige Person oder durch deren Angestellte erbrachten ordentlichen Reinigungs-, Reparatur- und Unterhaltsarbeiten;

 b. Arbeiten der genannten Art für private Zwecke oder für eine von der Steuer ausgenommene Tätigkeit vornimmt, für deren Versteuerung sie nicht optiert.

³ Eigenverbrauch liegt im Weiteren vor, soweit der steuerpflichtige Lieferungs- oder Dienstleistungsempfänger bei der entgeltlichen oder unentgeltlichen Übertragung eines Gesamt- oder eines Teilvermögens die von ihm übernommenen Gegenstände oder Dienstleistungen nicht für einen steuerbaren Zweck nach Artikel 38 Absatz 2 verwendet.

⁴ Eigenverbrauch von Dienstleistungen ist nicht steuerbar. Vorbehalten bleiben die Besteuerung nach Absatz 3 und die Besteuerung der Verwendung von Dienstleistungen, deren Bezug zum vollen oder teilweisen Vorsteuerabzug berechtigt hat, für einen in Absatz 1 Buchstaben a–d genannten Zweck.

⁵ Die früher auf dem Eigenverbrauch entrichtete Steuer kann bei Änderung der Verhältnisse im Sinne von Artikel 42 abgezogen werden.

Art. 10 Dienstleistungen von Unternehmen mit Sitz im Ausland

Der Empfänger hat den Bezug einer Dienstleistung zu versteuern, wenn er nach Artikel 24 steuerpflichtig ist und sofern:

 a. es sich um eine unter Artikel 14 Absatz 3 fallende Dienstleistung handelt, die ein im Inland nicht steuerpflichtiger Unternehmer mit Sitz im Ausland im Inland erbringt, der nicht nach Artikel 27 für die Steuerpflicht optiert; oder

 b. es sich um eine unter Artikel 14 Absatz 1 fallende steuerbare Dienstleistung handelt, die der Empfänger mit Sitz im Inland aus dem Ausland bezieht und zur Nutzung oder Auswertung im Inland verwendet.

Art. 11 Lieferungen und Dienstleistungen bei Stellvertretung

¹ Wer Lieferungen oder Dienstleistungen ausdrücklich im Namen und für Rechnung des Vertretenen tätigt, sodass das Umsatzgeschäft direkt zwischen dem Vertretenen und Dritten zustande kommt, gilt bloss als Vermittler.

² Handelt bei einer Lieferung oder Dienstleistung der Vertreter zwar für fremde Rechnung, tritt er aber nicht ausdrücklich im Namen des Vertretenen auf, so liegt sowohl zwi-

schen dem Vertretenen und dem Vertreter als auch zwischen dem Vertreter und dem Dritten eine Lieferung oder Dienstleistung vor.

3 Beim Kommissionsgeschäft liegt zwischen dem Kommittenten und dem Kommissionär sowie zwischen dem Kommissionär und dem Dritten eine Lieferung vor. Bei der Verkaufskommission gilt der Kommittent, bei der Einkaufskommission der Kommissionär als Lieferer.

4 Bei Lieferungen von Gegenständen im Rahmen von Auktionen im Kunst- und Antiquitätenhandel gilt der Nachweis der blossen Vermittlung als erbracht, wenn der Auktionator:
   a. vor Beginn der Auktion einen schriftlichen Auftrag erhält, die betreffenden Gegenstände im Namen und für Rechnung eines Dritten zu veräussern; und
   b. gegenüber den Kaufinteressenten schriftlich bekanntgibt, dass er die betreffenden Gegenstände in fremdem Namen und für fremde Rechnung anbietet.

Art. 12 Abgrenzung zwischen Lieferungen und Dienstleistungen

Um Doppelbesteuerungen, Nichtbesteuerungen oder Wettbewerbsverzerrungen zu vermeiden, kann der Bundesrat die Abgrenzung zwischen Lieferungen und Dienstleistungen abweichend von den Artikeln 6 und 7 regeln.

2. Abschnitt: Ort des steuerbaren Umsatzes

Art. 13 Ort der Lieferung

Als Ort einer Lieferung gilt der Ort, wo:
   a. sich der Gegenstand im Zeitpunkt der Verschaffung der Befähigung, über ihn wirtschaftlich zu verfügen, der Ablieferung oder der Überlassung zum Gebrauch oder zur Nutzung befindet;
   b. die Beförderung oder Versendung des Gegenstandes zum Abnehmer oder in dessen Auftrag zu einem Dritten beginnt.

Art. 14 Ort der Dienstleistung

1 Als Ort einer Dienstleistung gilt unter Vorbehalt von Absatz 2 und 3 der Ort, an dem die Dienst leistende Person den Sitz ihrer wirtschaftlichen Tätigkeit oder eine Betriebsstätte hat, von wo aus die Dienstleistung erbracht wird, oder in Ermangelung eines solchen Sitzes oder einer solchen Betriebsstätte ihr Wohnort oder der Ort, von dem aus sie tätig wird.

2 Als Ort der nachfolgend aufgeführten Dienstleistungen gilt:
   a. bei Dienstleistungen im Zusammenhang mit einem Grundstück (Verwaltung oder Schätzung des Grundstücks, Dienstleistungen im Zusammenhang mit dem Erwerb oder der Bestellung von dinglichen Rechten am Grundstück sowie Dienstleistungen im Zusammenhang mit der Vorbereitung oder Koordinierung von Bauleistungen wie Architektur- und Ingenieurarbeiten): der Ort, an dem ein Grundstück gelegen ist;
   b. bei Beförderungsleistungen: das Land, in dem eine zurückgelegte Strecke liegt. Der Bundesrat kann bestimmen, dass bei grenzüberschreitenden Beförderungen kurze inländische Strecken als ausländische und kurze ausländische Strecken als inländische Strecken gelten;

c. bei Nebentätigkeiten des Transportgewerbes, wie Beladen, Entladen, Umschlagen, Lagerung und Ähnlichem: der Ort, wo die Dienst leistende Person jeweils tatsächlich tätig wird;
d. bei künstlerischen, wissenschaftlichen, unterrichtenden, sportlichen, unterhaltenden oder ähnlichen Leistungen, einschliesslich der Leistungen der jeweiligen Veranstalter: der Ort, an dem die Dienst leistende Person jeweils ausschliesslich oder zum wesentlichen Teil tätig ist;
e. bei Dienstleistungen im Bereiche der internationalen Entwicklungszusammenarbeit und der humanitären Hilfe: der Ort, für den die Dienstleistung bestimmt ist.

³ Als Ort der nachfolgend aufgeführten Dienstleistungen gilt der Ort, an dem der Empfänger den Sitz seiner wirtschaftlichen Tätigkeit oder eine Betriebsstätte hat, für welche die Dienstleistungen erbracht werden, oder in Ermangelung eines solchen Sitzes oder einer solchen Betriebsstätte sein Wohnort oder der Ort, von dem aus er tätig wird:
a. Abtretung und Einräumung von Immaterialgüter- und ähnlichen Rechten;
b. Leistungen auf dem Gebiet der Werbung;
c. Leistungen von Beratern, Vermögensverwaltern, Treuhändern, Inkassobüros, Ingenieuren, Studienbüros, Anwälten, Notaren (vorbehältlich Abs. 2 Bst. a), Buchprüfern, Dolmetschern und Übersetzern, Managementdienstleistungen sowie sonstige ähnliche Leistungen;
d. die Datenverarbeitung, die Überlassung von Informationen und ähnliche Dienstleistungen;
e. Telekommunikationsdienstleistungen;
f. der gänzliche oder teilweise Verzicht, eine gewerbliche oder berufliche Tätigkeit auszuüben oder ein in diesem Absatz genanntes Recht wahrzunehmen;
g. der Personalverleih;
h. Bank-, Finanz- und Versicherungsumsätze, einschliesslich Rückversicherungsumsätze, ausgenommen die Vermietung von Schliessfächern.

Art. 15 Ort des Eigenverbrauchs
Als Ort des Eigenverbrauchs gilt:
a. in den Fällen nach Artikel 9 Absatz 1 der Ort, an dem sich der Gegenstand im Zeitpunkt seiner Entnahme befindet;
b. in den Fällen nach Artikel 9 Absatz 2 der Ort, an dem das Bauwerk gelegen ist;
c. in den Fällen nach Artikel 9 Absatz 3 der Ort, an dem der Gegenstand oder die Dienstleistung den steuerbaren Unternehmensbereich verlässt.

Art. 16 Abweichungen vom Ort des steuerbaren Umsatzes
Um Doppelbesteuerungen, Nichtbesteuerungen oder Wettbewerbsverzerrungen zu vermeiden, kann der Bundesrat den Ort des steuerbaren Umsatzes abweichend von den Artikeln 13–15 bestimmen.

3. Abschnitt: Von der Steuer ausgenommene Umsätze

Art. 17 Grundsatz
Wird ein Umsatz von der Steuer ausgenommen und wird nicht nach Artikel 26 für seine Versteuerung optiert, so darf die Steuer auf den Lieferungen und den Einfuhren von Gegen-

ständen sowie auf den Dienstleistungen, die zwecks Erzielung eines solchen Umsatzes im In- und Ausland verwendet werden, nicht als Vorsteuer abgezogen werden.

Art. 18 Liste der Steuerausnahmen

Von der Steuer sind ausgenommen:
1. die Beförderung von Gegenständen, die unter die reservierten Dienste im Sinne der Postgesetzgebung fallen; steuerbar ist hingegen die Paketpost;
2. die Spitalbehandlung und die ärztliche Heilbehandlung in Spitälern im Bereich der Humanmedizin einschliesslich der damit eng verbundenen Umsätze, die von Spitälern sowie Zentren für ärztliche Heilbehandlung und Diagnostik erbracht werden. Die Abgabe von selbst hergestellten oder zugekauften Prothesen und orthopädischen Apparaten gilt als steuerbare Lieferung;
3. die von Ärzten, Zahnärzten, Psychotherapeuten, Chiropraktoren, Physiotherapeuten, Naturärzten, Hebammen, Krankenschwestern oder Angehörigen ähnlicher Heil- und Pflegeberufe erbrachten Heilbehandlungen im Bereich der Humanmedizin, soweit die Leistungserbringer über eine Berufsausübungsbewilligung verfügen; der Bundesrat bestimmt die Einzelheiten. Die Abgabe von selbst hergestellten oder zugekauften Prothesen und orthopädischen Apparaten gilt als steuerbare Lieferung;
4. die von Krankenschwestern, Krankenpflegern, Krankenpflegerinnen, Organisationen der Krankenpflege und der Hilfe zu Hause (Spitex) oder in Heimen erbrachten Pflegeleistungen, sofern sie ärztlich verordnet sind;
5. die Lieferungen von menschlichen Organen durch medizinisch anerkannte Institutionen und Spitäler sowie von menschlichem Vollblut durch Inhaber einer hiezu erforderlichen Bewilligung;
6. die Dienstleistungen von Gemeinschaften, deren Mitglieder Angehörige der in Ziffer 3 aufgeführten Berufe sind, soweit diese Dienstleistungen anteilsmässig zu Selbstkosten an die Mitglieder für die unmittelbare Ausübung ihrer Tätigkeiten erbracht werden;
7. die Beförderungen von kranken, verletzten oder invaliden Personen in dafür besonders eingerichteten Transportmitteln;
8. Umsätze, die von Einrichtungen der Sozialfürsorge, der Sozialhilfe und der sozialen Sicherheit erzielt werden, Umsätze von gemeinnützigen Organisationen der Krankenpflege und der Hilfe zu Hause (Spitex) und von Alters-, Wohn- und Pflegeheimen;
9. die mit der Kinder- und Jugendbetreuung verbundenen Umsätze durch dafür eingerichtete Institutionen;
10. die mit der Kultur- und Bildungsförderung von Jugendlichen eng verbundenen Umsätze von gemeinnützigen Jugendaustauschorganisationen. Jugendliche im Sinne dieser Bestimmung sind alle Personen bis zum vollendeten 25. Altersjahr;
11. die Umsätze im Bereich der Erziehung von Kindern und Jugendlichen, des Unterrichts, der Ausbildung, Fortbildung und der beruflichen Umschulung einschliesslich des von Privatlehrern oder Privatschulen erteilten Unterrichts sowie von Kursen, Vorträgen und anderen Veranstaltungen wissenschaftlicher oder bildender Art; steuerbar sind jedoch die in diesem Zusammenhang erbrachten gastgewerblichen und Beherbergungsleistungen. Die Referententätigkeit ist von der Steuer ausgenommen, unabhängig davon, ob das Honorar dem Unterrichtenden oder seinem Arbeitgeber ausgerichtet wird;
12. das Zurverfügungstellen von Personal durch religiöse oder weltanschauliche, nichtgewinnstrebige Einrichtungen für Zwecke der Krankenbehandlung, der Sozialfürsorge und der sozialen Sicherheit, der Kinder- und Jugendbetreuung, der Erziehung und Bildung sowie für kirchliche, karitative und gemeinnützige Zwecke;

13. die Umsätze, die nichtgewinnstrebige Einrichtungen mit politischer, gewerkschaftlicher, wirtschaftlicher, religiöser, patriotischer, weltanschaulicher, philanthropischer, kultureller oder staatsbürgerlicher Zielsetzung ihren Mitgliedern gegen einen statutarisch festgesetzten Beitrag erbringen;
14. dem Publikum unmittelbar erbrachte kulturelle Dienstleistungen der nachstehend aufgeführten Arten, sofern hiefür ein besonderes Entgelt verlangt wird:
    a. Theater-, musikalische und choreographische Aufführungen sowie Filmvorführungen,
    b. Darbietungen von Schauspielern, Musikern, Tänzern und anderen ausübenden Künstlerinnen und Künstlern sowie Schaustellern einschliesslich Geschicklichkeitsspiele,
    c. Besuche von Museen, Galerien, Denkmälern, historischen Stätten sowie botanischen und zoologischen Gärten,
    d. Dienstleistungen von Bibliotheken, Archiven und Dokumentationsstellen, namentlich die Einsichtnahme in Text-, Ton- und Bildträger in ihren Räumlichkeiten; steuerbar sind jedoch die Lieferungen von Gegenständen (einschliesslich Gebrauchsüberlassung) solcher Institutionen;
15. für sportliche Anlässe verlangte Entgelte einschliesslich derjenigen für die Zulassung zur Teilnahme an solchen Anlässen (z. B. Startgelder) samt den darin eingeschlossenen Nebenleistungen;
16. kulturelle Dienstleistungen und Lieferungen von Gegenständen durch deren Urheberinnen und Urheber wie Schriftsteller, Komponisten, Filmschaffende, Kunstmaler, Bildhauer sowie von den Verlegern und den Verwertungsgesellschaften zur Verbreitung dieser Werke erbrachte Dienstleistungen;
17. die Umsätze bei Veranstaltungen (wie Basare oder Flohmärkte) von Einrichtungen, die von der Steuer ausgenommene Tätigkeiten auf dem Gebiete der Krankenbehandlung, der Sozialfürsorge, der Sozialhilfe und der sozialen Sicherheit, der Kinder- und Jugendbetreuung und des nichtgewinnstrebigen Sports ausüben, sowie von gemeinnützigen Organisationen der Krankenpflege und der Hilfe zu Hause (Spitex) und von Alters-, Wohn- und Pflegeheimen, sofern die Veranstaltungen dazu bestimmt sind, diesen Einrichtungen eine finanzielle Unterstützung zu verschaffen und ausschliesslich zu ihrem Nutzen durchgeführt werden; Umsätze von Einrichtungen der Sozialfürsorge, der Sozialhilfe und der sozialen Sicherheit, welche diese mittels Brockenhäusern ausschliesslich zu ihrem Nutzen erzielen;
18. die Versicherungs- und Rückversicherungsumsätze einschliesslich der Umsätze aus der Tätigkeit als Versicherungsvertreter oder Versicherungsmakler;
19. die folgenden Umsätze im Bereich des Geld- und Kapitalverkehrs:
    a. die Gewährung und Vermittlung von Krediten und die Verwaltung von Krediten durch die Kreditgeber,
    b. die Vermittlung und die Übernahme von Verbindlichkeiten, Bürgschaften und anderen Sicherheiten und Garantien sowie die Verwaltung von Kreditsicherheiten durch die Kreditgeber,
    c. die Umsätze, einschliesslich Vermittlung, im Einlagengeschäft und Kontokorrentverkehr, im Zahlungs- und Überweisungsverkehr, im Geschäft mit Geldforderungen, Checks und anderen Handelspapieren; steuerbar ist jedoch die Einziehung von Forderungen im Auftrag des Gläubigers (Inkassogeschäft),
    d. die Umsätze, einschliesslich Vermittlung, die sich auf gesetzliche Zahlungsmittel (in- und ausländische Valuten wie Devisen, Banknoten, Münzen) beziehen; steuer-

bar sind jedoch Sammlerstücke (Banknoten und Münzen), die normalerweise nicht als gesetzliches Zahlungsmittel verwendet werden,
  e. die Umsätze (Kassa- und Termingeschäfte), einschliesslich Vermittlung von Wertpapieren, Wertrechten und Derivaten sowie von Anteilen an Gesellschaften und anderen Vereinigungen; steuerbar sind jedoch die Verwahrung und die Verwaltung von Wertpapieren, Wertrechten und Derivaten sowie von Anteilen (namentlich Depotgeschäft) einschliesslich Treuhandanlagen,
  f. die Verwaltung von Anlagefonds und anderen Sondervermögen durch Fondsleitungen, Depotbanken und deren Beauftragte; als Beauftragte werden alle natürlichen oder juristischen Personen betrachtet, denen die Gesellschaft der Fondsleitung beziehungsweise die Depotbank gemäss dem Anlagefondsgesetz vom 18. März 1994* Aufgaben delegieren kann,
  g. die Verwahrung von Lombardhinterlagen durch die Schweizerische Nationalbank;
20. die Übertragung und Bestellung von dinglichen Rechten an Grundstücken sowie die Leistungen von Stockwerkeigentümergemeinschaften an die Stockwerkeigentümer, soweit die Leistungen in der Überlassung des gemeinschaftlichen Eigentums zum Gebrauch, seinem Unterhalt, seiner Instandsetzung und sonstigen Verwaltung sowie der Lieferung von Wärme und ähnlichen Gegenständen bestehen;
21. die Überlassung von Grundstücken und Grundstücksteilen zum Gebrauch oder zur Nutzung; steuerbar sind jedoch:
  a. die Vermietung von Wohn- und Schlafräumen zur Beherbergung von Gästen sowie die Vermietung von Sälen im Hotel- und Gastgewerbe,
  b. die Vermietung von Campingplätzen,
  c. die Vermietung von nicht im Gemeingebrauch stehenden Plätzen für das Abstellen von Fahrzeugen, ausser es handle sich um eine unselbstständige Nebenleistung zu einer von der Steuer ausgenommenen Immobilienvermietung,
  d. die Vermietung und Verpachtung von fest eingebauten Vorrichtungen und Maschinen, die zu einer Betriebsanlage, nicht jedoch zu einer Sportanlage gehören,
  e. die Vermietung von Schliessfächern,
  f. die Vermietung von Messestandflächen und einzelner Räume in Messe- und Kongressgebäuden;
22. die Lieferungen von im Inland gültigen Postwertzeichen und sonstigen amtlichen Wertzeichen höchstens zum aufgedruckten Wert;
23. die Umsätze bei Wetten, Lotterien und sonstigen Glücksspielen mit Geldeinsatz, soweit sie einer Sondersteuer oder sonstigen Abgaben unterliegen;
24. die Lieferungen gebrauchter Gegenstände, die ausschliesslich für eine nach diesem Artikel von der Steuer ausgenommene Tätigkeit verwendet wurden, sofern diese Gegenstände mit der Warenumsatzsteuer belastet sind oder deren Bezug nicht zum Vorsteuerabzug berechtigte, sowie die Lieferungen im Betrieb gebrauchter Gegenstände, deren Bezug vom Vorsteuerabzug ausgeschlossen war.

---

* SR 951.31

4. Abschnitt: Von der Steuer befreite Umsätze

Art. 19 Liste der Steuerbefreiungen

¹ Die Steuer auf den Lieferungen und den Einfuhren von Gegenständen sowie auf den Dienstleistungen, welche für die in Absatz 2 aufgezählten Tätigkeiten verwendet werden, kann als Vorsteuer abgezogen werden.

² Von der Steuer sind befreit:
1. die Lieferungen von Gegenständen, die direkt ins Ausland befördert oder versendet werden. Diese Bestimmung findet keine Anwendung auf die Überlassung zum Gebrauch oder zur Nutzung von Beförderungsmitteln;
2. die Überlassung zum Gebrauch oder zur Nutzung, namentlich die Vermietung und Vercharterung, von Schienen- und Luftfahrzeugen, sofern diese vom Lieferungsempfänger überwiegend im Ausland genutzt werden;
3. die Inlandlieferungen von Gegenständen ausländischer Herkunft, die nachweislich unter Zollkontrolle standen;
4. das sonstige, nicht im Zusammenhang mit einer Ausfuhrlieferung stehende Befördern oder Versenden von Gegenständen ins Ausland, namentlich das Verbringen von Werkzeugen ins Ausland;
5. das im Zusammenhang mit einem Export oder Import von Gegenständen stehende Befördern oder Versenden von Gegenständen über die Grenze und alle damit zusammenhängenden sonstigen Leistungen;
6. das Befördern von Gegenständen im Inland und alle damit zusammenhängenden sonstigen Leistungen, wenn die Gegenstände unter Zollkontrolle stehen und zur Ausfuhr bestimmt sind (unverzollte Transitwaren);
7. Lieferungen, Umbauten, Instandsetzungen, Wartungen, Vercharterungen und Vermietungen von Luftfahrzeugen, die von Unternehmen verwendet werden, die gewerbsmässige Luftfahrt im Beförderungs- oder Charterverkehr betreiben und deren Umsätze aus internationalen Flügen jene aus den Binnenluftverkehr überwiegen; Lieferungen, Vermietungen, Instandsetzungen und Wartungen der in diese Luftfahrzeuge eingebauten Gegenstände oder der Gegenstände für ihren Betrieb; Lieferungen von Gegenständen zur Versorgung dieser Luftfahrzeuge sowie Dienstleistungen, die für den unmittelbaren Bedarf dieser Luftfahrzeuge und ihrer Ladungen bestimmt sind;
8. die Dienstleistungen von ausdrücklich in fremdem Namen und für fremde Rechnung handelnden Vermittlern, wenn der vermittelte Umsatz entweder nach diesem Artikel steuerfrei ist oder ausschliesslich im Ausland bewirkt wird. Wird der vermittelte Umsatz sowohl im Inland als auch im Ausland bewirkt, so ist nur der Teil der Vermittlung von der Steuer befreit, der auf den Umsatz im Ausland entfällt;
9. in eigenem Namen erbrachte Dienstleistungen von Reisebüros, soweit sie Lieferungen und Dienstleistungen Dritter in Anspruch nehmen, die von diesen im Ausland bewirkt werden. Werden diese Umsätze sowohl im Inland als auch im Ausland getätigt, so ist nur der Teil der Dienstleistung des Reisebüros steuerfrei, der auf die Umsätze im Ausland entfällt;

³ Der Bundesrat kann zur Wahrung der Wettbewerbsneutralität Beförderungen im grenzüberschreitenden Luft- und Eisenbahnverkehr von der Steuer befreien.

⁴ Direkte Ausfuhr nach Absatz 2 Ziffer 1 liegt vor, wenn der Gegenstand der Lieferung entweder von der steuerpflichtigen Person selbst oder von ihrem nicht steuerpflichtigen

Abnehmer ins Ausland befördert oder versandt wird, ohne dass dieser den Gegenstand vorher im Inland in Gebrauch genommen oder im Inland im Rahmen eines Lieferungsgeschäfts einem Dritten übergeben hat. Der Gegenstand der Lieferung kann vor der Ausfuhr durch Beauftragte des nicht steuerpflichtigen Abnehmers bearbeitet oder verarbeitet worden sein.

Art. 20 Nachweis

[1] Die Ausfuhr von Gegenständen hat nur dann steuerbefreiende Wirkung, wenn sie zollamtlich nachgewiesen wird. Bei Überlassung zum Gebrauch oder zur Nutzung von Schienen- und Luftfahrzeugen ist der Nachweis der überwiegenden Nutzung im Ausland durch im Bahn- beziehungsweise Luftverkehrsrecht anerkannte Dokumente oder durch gleichwertige Beweismittel zu erbringen. Bei ins Ausland erbrachten Dienstleistungen muss der Anspruch auf Steuerbefreiung buch- und belegmässig nachgewiesen sein.

[2] Das Eidgenössische Finanzdepartement bestimmt, wie die steuerpflichtige Person den Nachweis für die Ausfuhr von Gegenständen sowie die Anerkennung für das Erbringen von Dienstleistungen ins Ausland zu führen hat; es kann anordnen, dass bei Missbräuchen einer steuerpflichtigen Person die Steuerbefreiung ihrer Ausfuhren inskünftig von der ordnungsgemässen Anmeldung im Einfuhrland abhängig gemacht wird.

2. Kapitel: Steuerpflicht

Art. 21 Grundsatz

[1] Steuerpflichtig ist, wer eine mit der Erzielung von Einnahmen verbundene gewerbliche oder berufliche Tätigkeit selbstständig ausübt, auch wenn die Gewinnabsicht fehlt, sofern seine Lieferungen, seine Dienstleistungen und sein Eigenverbrauch im Inland jährlich gesamthaft 75 000 Franken übersteigen. Die Tätigkeit von Verwaltungsräten, Stiftungsräten oder ähnlichen Funktionsträgern gilt als unselbstständige Erwerbstätigkeit.

[2] Steuerpflichtig sind namentlich natürliche Personen, Personengesellschaften, juristische Personen des privaten und öffentlichen Rechts, unselbstständige öffentliche Anstalten sowie Personengesamtheiten ohne Rechtsfähigkeit, die unter gemeinsamer Firma Umsätze tätigen.

[3] Der für die Feststellung der Steuerpflicht nach Absatz 1 massgebende Umsatz bemisst sich:

  a. bei den der Steuer unterliegenden Lieferungen und Dienstleistungen: nach den vereinnahmten Entgelten;

  b. bei Eigenverbrauch nach Artikel 9 Absatz 2: nach dem Wert der Arbeiten an Bauwerken für Zwecke, die den Vorsteuerabzug ausschliessen.

Art. 22 Gruppenbesteuerung

[1] Juristische Personen, Personengesellschaften sowie natürliche Personen mit Sitz oder Betriebsstätte in der Schweiz, welche eng miteinander verbunden sind, werden auf Antrag gemeinsam als eine einzige steuerpflichtige Person behandelt (Gruppenbesteuerung). Die enge Verbindung liegt vor, wenn nach dem Gesamtbild der tatsächlichen Verhältnisse eine natürliche Person, eine Personengesellschaft oder eine

juristische Person durch Stimmenmehrheit oder auf andere Weise eine oder mehrere juristische oder natürliche Personen oder Personengesellschaften unter einheitlicher Leitung zusammenfasst.
2 Die Wirkungen der Gruppenbesteuerung sind auf Innenumsätze beschränkt; diese sind buchmässig zu erfassen.
3 Die Bildung einer oder mehrerer Subgruppen ist zulässig, sofern alle unter einheitlicher Leitung zusammengefassten Subgruppengesellschaften in die Subgruppe einbezogen werden. Um den tatsächlichen unternehmenswirtschaftlichen Umständen und organisatorischen Strukturen und Abläufen Rechnung zu tragen, kann die Eidgenössische Steuerverwaltung für die Gruppen- und Subgruppenbildung Ausnahmen bewilligen.
4 Beginn und Ende der Gruppenbesteuerung sind auf das Ende des Geschäftsjahres des Gruppenträgers festzulegen. Ausser in Fällen der Umstrukturierung ist die Gruppenbesteuerung während mindestens fünf Jahren beizubehalten.

Art. 23 Gemeinwesen
1 Die autonomen Dienststellen von Bund, Kantonen und Gemeinden sowie die übrigen Einrichtungen des öffentlichen Rechts und die mit öffentlich-rechtlichen Aufgaben betrauten Personen und Organisationen sind bei Überschreiten der massgebenden Mindestumsatzgrenze für ihre gewerblichen Leistungen steuerpflichtig, sofern die Umsätze aus steuerbaren Leistungen an Nichtgemeinwesen 25 000 Franken im Jahr übersteigen. Für Leistungen, die sie in Ausübung hoheitlicher Gewalt erbringen, sind die genannten Dienststellen, Einrichtungen, Personen und Organisationen nicht steuerpflichtig, auch dann nicht, wenn sie für solche Leistungen Gebühren, Beiträge oder sonstige Abgaben erhalten. Die Ausübung von Funktionen der Schiedsgerichtsbarkeit gilt als hoheitlich. Die von Kur- und Verkehrsvereinen im Auftrag von Gemeinwesen zu Gunsten der Allgemeinheit erbrachten Leistungen sind nicht steuerbar, sofern das Entgelt für diese Leistungen ausschliesslich aus öffentlich-rechtlichen Tourismusabgaben stammt.
2 Als beruflich oder gewerblich und somit steuerbar gelten namentlich folgende Tätigkeiten:
   a. Fernmeldewesen;
   b. Lieferungen von Wasser, Gas, Elektrizität, thermischer Energie und ähnlichen Gegenständen;
   c. Beförderung von Gegenständen und Personen;
   d. Dienstleistungen in Häfen und auf Flughäfen;
   e. Lieferungen von zum Verkauf bestimmten neuen Fertigwaren;
   f. Lieferungen von landwirtschaftlichen Erzeugnissen durch landwirtschaftliche Interventionsstellen von Gemeinwesen;
   g. Veranstaltungen von Messen und Ausstellungen mit gewerblichem Charakter;
   h. Betrieb von Badeanstalten und Kunsteisbahnen;
   i. Lagerhaltung;
   j. Tätigkeiten gewerblicher Werbebüros;
   k. Tätigkeiten der Reisebüros;
   l. Umsätze von betrieblichen Kantinen, Personalrestaurants, Verkaufsstellen und ähnlichen Einrichtungen;
   m. Tätigkeiten von Amtsnotarinnen und Amtsnotaren;
   n. Tätigkeiten von Vermessungsbüros;
   o. Tätigkeiten auf dem Gebiete der Entsorgung;
   p. Tätigkeiten im Rahmen der Erstellung von Verkehrsanlagen.

³ Ist eine autonome Dienststelle nach Absatz 1 steuerpflichtig, so hat sie die Umsätze an Nichtgemeinwesen, die gleichartigen Umsätze an andere Gemeinwesen oder Zweckverbände von Gemeinwesen und die gleichartigen Umsätze an andere Dienststellen des eigenen Gemeinwesens zu versteuern, letztere jedoch nur dann, wenn sie die gleichartigen Umsätze zur Hauptsache an Nichtgemeinwesen erbringt.

⁴ Die Gemeinwesen können beantragen, als Einheit oder nach einzelnen Gruppen abzurechnen.

Art. 24 Steuerpflicht beim Bezug von Dienstleistungen von Unternehmen mit Sitz im Ausland

Steuerpflichtig ist überdies, wer im Kalenderjahr unter den in Artikel 10 aufgestellten Voraussetzungen für mehr als 10 000 Franken Dienstleistungen von Unternehmen mit Sitz im Ausland bezieht. Soweit der Bezüger nicht bereits nach Artikel 21 Absatz 1 steuerpflichtig ist, beschränkt sich die Steuerpflicht auf diese Bezüge. Für die nach Artikel 21 Absatz 1 steuerpflichtige Person gilt die Mindestgrenze von 10 000 Franken im Kalenderjahr ebenfalls; doch hat sie jeden Bezug zu deklarieren (Art. 38 Abs. 1 Bst. b).

Art. 25 Ausnahmen

¹ Von der Steuerpflicht sind ausgenommen:
  a. Unternehmen mit einem Jahresumsatz nach Artikel 21 Absatz 3 bis zu 250 000 Franken, sofern die nach Abzug der Vorsteuer verbleibende Steuer regelmässig nicht mehr als 4000 Franken im Jahr betragen würde;
  b. Landwirte, Forstwirte und Gärtner für die Lieferungen der im eigenen Betrieb gewonnenen Erzeugnisse der Landwirtschaft, der Forstwirtschaft und der Gärtnerei; Viehhändler für die Umsätze von Vieh; Milchsammelstellen für die Umsätze von Milch an Milchverarbeiter;
  c. Unternehmen mit Sitz im Ausland, die im Inland ausschliesslich Dienstleistungen der in Artikel 14 Absatz 3 aufgezählten Arten erbringen; die Ausnahme von der Steuerpflicht gilt jedoch nicht für Unternehmen mit Sitz im Ausland, die im Inland Telekommunikationsdienstleistungen im Sinne des Artikels 14 Absatz 3 Buchstabe e an einen nicht steuerpflichtigen Empfänger erbringen;
  d. nichtgewinnstrebige, ehrenamtlich geführte Sportvereine und gemeinnützige Institutionen, beide mit einem Jahresumsatz nach Artikel 21 Absatz 3 bis zu 150 000 Franken.

² Die Ausnahme von der Steuerpflicht nach Absatz 1 Buchstabe b gilt auch, wenn daneben noch eine andere steuerbare Tätigkeit ausgeübt wird.

Art. 26 Optionen für die Versteuerung ausgenommener Umsätze

¹ Zur Wahrung der Wettbewerbsneutralität oder zur Vereinfachung der Steuererhebung kann die Eidgenössische Steuerverwaltung bewilligen:
  a. die Option für die Versteuerung der in Artikel 18 Ziffern 1, 7–17, 22 und 23 genannten Umsätze;
  b. die Option für die Versteuerung der in Artikel 18 Ziffern 2–6, 20 und 21 genannten Umsätze (bei Umsätzen nach den Ziff. 20 und 21 ohne den Wert des Bodens), soweit sie nachweislich gegenüber inländischen steuerpflichtigen Personen erbracht werden.

² Sie hat dem Antrag zu entsprechen, wenn der Antragsteller Gewähr bietet, dass er seine Obliegenheiten als steuerpflichtige Person erfüllt. Die Eidgenössische Steuerverwaltung kann die Bewilligung von der Leistung von Sicherheiten abhängig machen.

³ Die freiwillige Unterstellung gilt für mindestens fünf Jahre.

⁴ Die Option gilt für sämtliche Umsätze nach einer Ziffer des Artikels 18, die eine steuerpflichtige Person tätigt; hinsichtlich den Ziffern 20 und 21 kann für jedes Objekt einzeln optiert werden.

⁵ Bei Beendigung der Option bleibt die Versteuerung des Eigenverbrauchs nach Artikel 9 vorbehalten.

Art. 27 Optionen für die Steuerpflicht

¹ Zur Wahrung der Wettbewerbsneutralität oder zur Vereinfachung der Steuererhebung können sich Unternehmen, welche die Voraussetzungen der Steuerpflicht nach Artikel 21 Absatz 1 nicht erfüllen oder nach Artikel 25 Absatz 1 von der Steuerpflicht ausgenommen sind, unter den von der Eidgenössischen Steuerverwaltung festzusetzenden Bedingungen der Steuerpflicht freiwillig unterstellen.

² Einen Rechtsanspruch auf freiwillige Unterstellung unter die Steuerpflicht haben insbesondere jene Unternehmen, die eine Tätigkeit aufgenommen haben, welche darauf ausgerichtet ist, spätestens innert fünf Jahren im Inland regelmässig steuerbare Jahresumsätze von mehr als 250 000 Franken zu erzielen. Die Steuerpflicht beginnt mit der Aufnahme der Tätigkeit.

Art. 28 Beginn der Steuerpflicht

¹ Die Steuerpflicht nach Artikel 21 Absatz 1 beginnt nach Ablauf des Kalenderjahres, in dem der massgebende Umsatz erzielt worden ist. Wurde die für die Steuerpflicht massgebende Tätigkeit nicht während des ganzen Kalenderjahres ausgeübt, so ist der Umsatz auf ein volles Jahr umzurechnen.

² Wird die für die Steuerpflicht massgebende Tätigkeit neu aufgenommen oder durch Geschäftsübernahme oder durch Eröffnung eines neuen Betriebszweiges erweitert, so beginnt die Steuerpflicht mit der Aufnahme der Tätigkeit oder mit der Geschäftserweiterung, wenn zu erwarten ist, dass der für die Steuerpflicht massgebende Umsatz innerhalb der nächsten zwölf Monate 75 000 Franken übersteigen wird.

³ Wer nach Artikel 25 Absatz 1 Buchstabe a von der Steuerpflicht befreit ist, wird nach Ablauf des Kalenderjahres steuerpflichtig, in dem sein für die Steuerpflicht massgebender Umsatz 250 000 Franken oder die nach Abzug der Vorsteuer verbleibende Steuer 4000 Franken überschritten hat. Bei einer Erweiterung der Tätigkeit im Sinne von Absatz 2 wird er schon in diesem Zeitpunkt steuerpflichtig, wenn zu erwarten ist, dass eine der beiden Betragsgrenzen innerhalb der nächsten zwölf Monate überschritten wird.

⁴ Die Steuerpflicht nach Artikel 24 besteht während jedes Kalenderjahres, in welchem für mehr als 10 000 Franken Dienstleistungen von Unternehmen mit Sitz im Ausland bezogen werden.

Art. 29 Ende der Steuerpflicht

Die Steuerpflicht endet:
    a. mit der Aufgabe der Tätigkeit, die der Steuer unterliegt; bei Vermögensliquidation, namentlich freiwilliger oder konkursamtlicher Liquidation oder Nachlassvertrag mit Liquidationsvergleich, endet die Steuerpflicht mit dem Abschluss des Liquidationsverfahrens;

b. am Ende des Kalenderjahres, in welchem die für die Steuerpflicht massgebenden Beträge nicht mehr überschritten wurden und zu erwarten ist, dass diese Beträge auch im nachfolgenden Kalenderjahr nicht überschritten werden. Artikel 27 bleibt vorbehalten;
c. im Falle der Optierung für die Steuerpflicht sowie im Falle der Streichung im Register der steuerpflichtigen Personen: in dem von der Eidgenössischen Steuerverwaltung festgelegten Zeitpunkt.

Art. 30 Steuernachfolge

1 Stirbt die steuerpflichtige Person, so treten ihre Erben in ihre Rechte und Pflichten ein. Sie haften solidarisch für die vom Erblasser oder von der Erblasserin geschuldeten Steuern bis zur Höhe ihrer Erbteile, mit Einschluss der Vorempfänge.

2 Wer ein Unternehmen mit Aktiven und Passiven übernimmt, tritt in die steuerlichen Rechte und Pflichten des übernommenen Unternehmens ein. Der bisherige Steuerschuldner haftet mit dem neuen noch während zwei Jahren seit der Mitteilung oder Auskündung der Übernahme solidarisch für die Steuerschulden, welche vor der Übernahme entstanden sind.

Art. 31 Steuervertretung

Die Erfüllung der Steuerpflicht ausländischer Handelsgesellschaften und ausländischer Personengesamtheiten ohne Rechtsfähigkeit obliegt auch deren Teilhabern.

Art. 32 Mithaftung

1 Mit der steuerpflichtigen Person haften solidarisch:
a. die Teilhaber an einer einfachen Gesellschaft, Kollektiv- oder Kommanditgesellschaft im Rahmen ihrer zivilrechtlichen Haftbarkeit;
b. wer eine freiwillige Versteigerung durchführt oder durchführen lässt;
c. bei Beendigung der Steuerpflicht einer aufgelösten juristischen Person, einer Handelsgesellschaft oder Personengesamtheit ohne Rechtsfähigkeit: die mit der Liquidation betrauten Personen bis zum Betrag des Liquidationsergebnisses;
d. für die Steuer einer juristischen Person, die ihren Sitz ins Ausland verlegt: die geschäftsführenden Organe bis zum Betrag des reinen Vermögens der juristischen Person;
e. jede an einer Gruppenbesteuerung beteiligte Person oder Personengesamtheit für sämtliche von der Gruppe geschuldeten Steuern.

2 Die Haftung nach Artikel 12 des Verwaltungsstrafrechtsgesetzes vom 22. März 1974 (VStrR)* bleibt vorbehalten.

3 Die in Absatz 1 Buchstaben c und d bezeichneten Personen haften nur für Steuer-, Zins- und Kostenforderungen, die während ihrer Geschäftsführung entstehen oder fällig werden; ihre Haftung entfällt, soweit sie nachweisen, dass sie alles ihnen Zumutbare zur Feststellung und Erfüllung der Steuerforderung getan haben.

4 Die mithaftende Person hat im Verfahren die gleichen Rechte und Pflichten wie die steuerpflichtige Person.

---

* SR 313.0

3. Kapitel: Berechnung und Überwälzung der Steuer

Art. 33 Bemessungsgrundlage bei Lieferungen und Dienstleistungen

¹ Die Steuer wird vom Entgelt berechnet.

² Zum Entgelt gehört alles, was der Empfänger oder an seiner Stelle ein Dritter als Gegenleistung für die Lieferung oder die Dienstleistung aufwendet einschliesslich Spenden, die unmittelbar den einzelnen Umsätzen des Empfängers als Gegenleistung zugeordnet werden können. Die Gegenleistung umfasst auch den Ersatz aller Kosten, selbst wenn diese gesondert in Rechnung gestellt werden. Im Falle einer Lieferung oder Dienstleistung an eine nahestehende Person gilt als Entgelt der Wert, der unter unabhängigen Dritten vereinbart würde.

³ Im Falle einer Leistung an das Personal gilt abweichend von Absatz 2 als Bemessungsgrundlage das vom Personal tatsächlich bezahlte Entgelt; die steuerpflichtige Person schuldet jedoch mindestens den Steuerbetrag, der im Fall des Eigenverbrauchs geschuldet wäre. Nicht unter diese Ausnahmebestimmung fällt dasjenige Personal, welches massgeblich an der Unternehmung beteiligt ist.

⁴ Beim Tausch von Gegenständen und bei tauschähnlichen Umsätzen gilt der Wert jeder Lieferung oder jeder Dienstleistung als Entgelt für die andere Lieferung oder die andere Dienstleistung; bei der Leistung an Zahlungs statt gilt als Entgelt der Betrag, der dadurch ausgeglichen wird; bei Austauschreparaturen umfasst das Entgelt lediglich den Werklohn für die ausgeführte Arbeit.

⁵ Zum Entgelt gehören ferner öffentlich-rechtliche Abgaben, mit Ausnahme der auf der Lieferung oder Dienstleistung geschuldeten Steuer selbst.

⁶ Nicht zum Entgelt gehören:
  a. Beträge für öffentlich-rechtliche Abgaben, welche die steuerpflichtige Person von ihren Abnehmern als Erstattung der in deren Namen und für deren Rechnung getätigten Auslagen erhält, sofern sie diese gesondert in Rechnung stellt;
  b. Subventionen und andere Beiträge der öffentlichen Hand, auch wenn sie gestützt auf einen Leistungsauftrag ausgerichtet werden, sowie Pfandgelder auf Gebinden;
  c. Beiträge zur Unterstützung der wissenschaftlichen Forschung und Entwicklung, namentlich an Hochschulen und ähnlichen Forschungsinstitutionen, soweit der Beitragsempfänger die Forschung oder Entwicklung nicht im Auftrag und für die Bedürfnisse des Beitragszahlers betreibt. Die Nennung des Beitragszahlers in Verlautbarungen über die betriebene Forschung und Entwicklung stellt keine Gegenleistung dar;
  d. die im Preis für Entsorgungs- und Versorgungsleistungen eingeschlossenen kantonalen Abgaben an Wasser-, Abwasser- oder Abfallfonds, soweit diese Fonds daraus an Entsorgungsanstalten oder Wasserwerke Beiträge ausrichten. Der Bundesrat bestimmt die Einzelheiten.

Art. 34 Bemessungsgrundlage beim Eigenverbrauch

¹ Werden bewegliche Gegenstände dauernd zum Eigenverbrauch nach Artikel 9 Absatz 1 oder 3 entnommen oder endet die Steuerpflicht, so wird die Steuer berechnet:
  a. bei neuen Gegenständen: vom Einkaufspreis dieser Gegenstände oder ihrer Bestandteile;
  b. bei in Gebrauch genommenen Gegenständen: vom Zeitwert dieser Gegenstände oder ihrer Bestandteile im Zeitpunkt der Entnahme. Zur Ermittlung des Zeitwerts wird für jedes abgelaufene Jahr linear ein Fünftel abgeschrieben.

² Werden unbewegliche Gegenstände dauernd zum Eigenverbrauch nach Artikel 9 Absatz 1 oder 3 entnommen oder endet die Steuerpflicht, so wird die Steuer von der nach Absatz 1 massgebenden Bemessungsgrundlage (ohne den Wert des Bodens), höchstens jedoch von dem Wert der Aufwendungen für diese Gegenstände berechnet, der seinerzeit zum Vorsteuerabzug berechtigte. Zur Ermittlung des Zeitwertes wird für jedes abgelaufene Jahr linear ein Zwanzigstel abgeschrieben.

³ Bei der vorübergehenden Entnahme von Gegenständen oder ihrer Bestandteile zum Eigenverbrauch nach Artikel 9 Absatz 1 oder 3 wird die Steuer von der Miete berechnet, die einem unabhängigen Dritten dafür in Rechnung gestellt würde.

⁴ Beim Eigenverbrauch nach Artikel 9 Absatz 2 wird die Steuer vom Preis (ohne den Wert des Bodens) berechnet, wie er im Falle der Lieferung einem unabhängigen Dritten in Rechnung gestellt würde.

⁵ Beim Eigenverbrauch von Dienstleistungen nach Artikel 9 Absatz 4 zweiter Satz wird die Steuer vom Wert der noch nicht genutzten Dienstleistungen berechnet.

Art. 35 Margenbesteuerung

¹ Hat die steuerpflichtige Person einen gebrauchten individualisierbaren beweglichen Gegenstand für den Wiederverkauf bezogen, so kann sie für die Berechnung der Steuer auf dem Verkauf den Ankaufspreis vom Verkaufspreis abziehen, sofern sie auf dem Ankaufspreis keine Vorsteuer abziehen durfte oder den möglichen Vorsteuerabzug nicht geltend gemacht hat. Als Wiederverkäufer gilt, wer auf eigene Rechnung oder auf Grund eines Einkaufs- oder Verkaufskommissionsvertrages auf fremde Rechnung handelt.

² Als gebrauchte individualisierbare bewegliche Gegenstände gelten auch Kunstgegenstände, Sammlungsstücke und Antiquitäten, nicht jedoch Edelmetalle und Edelsteine. Der Bundesrat umschreibt diese Gegenstände näher.

³ Werden Gegenstände nach den Absätzen 1 und 2 zu einem Gesamtpreis bezogen, so kann unter den vom Bundesrat näher umschriebenen Voraussetzungen die Steuer auf dem Verkauf dieser Gegenstände von der Gesamtdifferenz zwischen dem Gesamtverkaufspreis und Gesamtankaufspreis berechnet werden.

Art. 36 Steuersätze

¹ Die Steuer beträgt 2,4 Prozent:
  a. auf den Lieferungen und dem Eigenverbrauch folgender Gegenstände:
     1. Wasser in Leitungen,
     2. Ess- und Trinkwaren, ausgenommen alkoholische Getränke; der Steuersatz von 2,4 Prozent gilt nicht für Ess- und Trinkwaren, die im Rahmen von gastgewerblichen Leistungen abgegeben werden. Als gastgewerbliche Leistung gilt die Abgabe von Ess- und Trinkwaren, wenn die steuerpflichtige Person sie beim Kunden zubereitet beziehungsweise serviert oder wenn sie für deren Konsum an Ort und Stelle besondere Vorrichtungen bereithält; sind die Ess- und Trinkwaren zum Mitnehmen oder zur Auslieferung bestimmt und sind hiefür geeignete organisatorische Massnahmen getroffen worden, so findet der reduzierte Steuersatz Anwendung,
     3. Vieh, Geflügel, Fische,
     4. Getreide,
     5. Sämereien, Setzknollen und -zwiebeln, lebende Pflanzen, Stecklinge, Pfropfreiser sowie Schnittblumen und Zweige, auch zu Arrangements, Sträussen, Kränzen und dergleichen veredelt. Gesonderte Rechnungsstellung vorausgesetzt, unterliegt die

Lieferung dieser Gegenstände auch dann dem reduzierten Steuersatz, wenn sie in Kombination mit einer zum Normalsatz steuerbaren Leistung erbracht wird;
  6. Futtermittel, Silagesäuren, Streuemittel für Tiere, Düngstoffe,
  7. Pflanzenschutzstoffe, Mulch und anderes pflanzliches Abdeckmaterial,
  8. Medikamente,
  9. Zeitungen, Zeitschriften, Bücher und andere Druckerzeugnisse ohne Reklamecharakter der vom Bundesrat zu bestimmenden Arten;
 b. auf den Dienstleistungen der Radio- und Fernsehgesellschaften, mit Ausnahme der Dienstleistungen mit gewerblichem Charakter;
 c. auf den Umsätzen nach Artikel 18 Ziffern 14–16;
 d. auf den Leistungen im Bereich der Landwirtschaft, die in einer mit der Urproduktion in unmittelbarem Zusammenhang stehenden Bearbeitung des Bodens oder von mit dem Boden verbundenen Erzeugnissen der Urproduktion bestehen.

² Die Steuer beträgt 3,6 Prozent auf Beherbergungsleistungen mit Geltung längstens bis zum 31. Dezember 2003; die Bundesversammlung kann diese Frist mit einem Bundesgesetz verlängern; als Beherbergungsleistung gilt die Gewährung von Unterkunft einschliesslich der Abgabe eines Frühstücks, selbst wenn dieses separat berechnet wird.

³ Die Steuer beträgt 7,6 Prozent auf allen übrigen steuerbaren Umsätzen.

⁴ Leistungen, die wirtschaftlich eng zusammengehören und so ineinander greifen, dass sie als unteilbares Ganzes anzusehen sind, gelten als ein einheitlicher wirtschaftlicher Vorgang; soweit dieses Gesetz nichts anderes bestimmt, ist eine solche Gesamtleistung zum Normalsatz steuerbar. Nebenleistungen teilen dagegen das umsatzsteuerliche Schicksal der Hauptleistung.

⁵ Umschliessungen, die der Lieferer mit dem Gegenstand abgibt, unterliegen dem gleichen Steuersatz wie die Lieferung des umschlossenen Gegenstandes. Vorbehalten bleibt Artikel 33 Absatz 6 Buchstabe b.

Art. 37 Rechnungsstellung und Überwälzung der Steuer

¹ Auf Verlangen des steuerpflichtigen Empfängers hat die steuerpflichtige Person über ihre Lieferung oder Dienstleistung eine Rechnung auszustellen, in der sie angeben muss:
 a. den Namen und die Adresse, unter denen sie im Register der steuerpflichtigen Personen eingetragen ist oder die sie im Geschäftsverkehr zulässigerweise verwendet, sowie die Nummer, unter der sie im Register der steuerpflichtigen Personen eingetragen ist;
 b. den Namen und die Adresse des Empfängers der Lieferung oder der Dienstleistung, wie er im Geschäftsverkehr zulässigerweise auftritt;
 c. Datum oder Zeitraum der Lieferung oder der Dienstleistung;
 d. Art, Gegenstand und Umfang der Lieferung oder der Dienstleistung;
 e. das Entgelt für die Lieferung oder die Dienstleistung;
 f. den Steuersatz und den vom Entgelt geschuldeten Steuerbetrag. Schliesst das Entgelt die Steuer ein, so genügt die Angabe des Steuersatzes. Artikel 33 Absatz 6 Buchstabe a bleibt vorbehalten.

² In Rechnungen an steuerpflichtige Empfänger für selbstständige Lieferungen oder Dienstleistungen, die unterschiedlichen Steuersätzen unterliegen, ist anzugeben, wie sich das Entgelt auf die unterschiedlich besteuerten Umsätze verteilt.

³ Gutschriften und andere Dokumente, die im Geschäftsverkehr Rechnungen ersetzen, sind solchen Rechnungen gleichgestellt, wenn sie die Angaben nach Absatz 1 enthalten.

⁴ Wer nicht im Register der steuerpflichtigen Personen eingetragen ist oder wer die Steuer auf dem Wiederverkauf von Gegenständen nach Artikel 35 berechnet, darf weder in Preisanschriften, Preislisten und sonstigen Angeboten noch in Rechnungen auf die Steuer hinweisen. Nicht berechtigt, im Vertrag oder in der Rechnung auf die Steuer hinzuweisen, ist ferner jene steuerpflichtige Person, welche das Meldeverfahren nach Artikel 47 Absatz 3 anwendet.

⁵ Werden Entgelte für unterschiedlich besteuerte Lieferungen und Dienstleistungen gemeinsam zurückerstattet (z. B. Jahresbonus, Jahresrückvergütung), so hat der steuerpflichtige Lieferer oder Dienstleistungserbringer dem steuerpflichtigen Empfänger einen Beleg abzugeben, aus dem ersichtlich ist, wie sich die Rückerstattung auf die unterschiedlich besteuerten Umsätze verteilt.

⁶ Zur Beurteilung von Streitigkeiten über die Steuerüberwälzung sind die Zivilgerichte zuständig.

4. Kapitel: Vorsteuerabzug

Art. 38 Allgemeines

¹ Verwendet die steuerpflichtige Person Gegenstände oder Dienstleistungen für einen in Absatz 2 genannten geschäftlich begründeten Zweck, so kann sie in ihrer Steuerabrechnung folgende Vorsteuern abziehen, die nachgewiesen werden müssen:
   a. die ihr von anderen steuerpflichtigen Personen mit den Angaben nach Artikel 37 in Rechnung gestellte Steuer für Lieferungen und Dienstleistungen;
   b. die von ihr für den Bezug von Dienstleistungen von Unternehmen mit Sitz im Ausland deklarierte Steuer;
   c. die von ihr auf der Einfuhr von Gegenständen der Eidgenössischen Zollverwaltung entrichtete oder zu entrichtende Steuer sowie die von ihr für die Einfuhr von Gegenständen deklarierte Steuer (Art. 83).

² Zum Vorsteuerabzug berechtigen folgende Zwecke:
   a. steuerbare Lieferungen;
   b. steuerbare Dienstleistungen;
   c. Umsätze für deren Versteuerung optiert wurde;
   d. unentgeltliche Zuwendung von Geschenken bis 300 Franken pro Empfänger und Jahr und von Warenmustern zu Zwecken des Unternehmens (Art. 9 Abs. 1 Bst. c) sowie Arbeiten an Gegenständen, die im Eigenverbrauch nach Artikel 9 Absatz 2 verwendet werden.

³ Die steuerpflichtige Person kann die in Absatz 1 aufgezählten Vorsteuern auch abziehen, wenn sie die Gegenstände oder Dienstleistungen für Tätigkeiten nach Artikel 19 Absatz 2 oder für Tätigkeiten verwendet, die steuerbar wären, wenn sie sie im Inland bewirken würde.

⁴ Nicht zum Vorsteuerabzug berechtigen namentlich von der Steuer ausgenommene Umsätze, nicht als Umsätze geltende oder private Tätigkeiten sowie Umsätze in Ausübung hoheitlicher Gewalt.

⁵ Vom Vorsteuerabzugsrecht ausgeschlossen sind ferner 50 Prozent der Steuerbeträge auf Ausgaben für Verpflegung und Getränke.

6 Hat die steuerpflichtige Person bei nicht steuerpflichtigen Landwirten, Forstwirten, Gärtnern, Viehhändlern und Milchsammelstellen Erzeugnisse der Landwirtschaft, Forstwirtschaft, Gärtnerei, Vieh oder Milch für Zwecke bezogen, die nach Absatz 2 zum Vorsteuerabzug berechtigen, so kann sie als Vorsteuer 2,4 Prozent des ihr in Rechnung gestellten Betrages abziehen. Artikel 37 Absatz 1 Buchstaben a–e und Absatz 3 ist anwendbar.

7 Der Anspruch auf Abzug entsteht:
  a. bei der von andern steuerpflichtigen Personen überwälzten Steuer: am Ende der Abrechnungsperiode, in welcher die steuerpflichtige Person die Rechnung erhalten hat (Abrechnung nach vereinbarten Entgelten), oder in welcher sie die Rechnung bezahlt hat (Abrechnung nach vereinnahmten Entgelten);
  b. bei der Steuer auf dem Bezug von Dienstleistungen von Unternehmen mit Sitz im Ausland: im Zeitpunkt, in welchem die steuerpflichtige Person über diese Steuer mit der Eidgenössischen Steuerverwaltung abrechnet;
  c. bei der Steuer auf der Einfuhr nach Absatz 1 Buchstabe c: am Ende der Abrechnungsperiode, in der die Zolldeklaration angenommen wurde und die steuerpflichtige Person über das Original der Einfuhrdokumente verfügt.

8 Soweit eine steuerpflichtige Person Spenden erhält, die nicht einzelnen Umsätzen des Empfängers als Gegenleistung zugeordnet werden können, ist ihr Vorsteuerabzug verhältnismässig zu kürzen. Ebenso ist ihr Vorsteuerabzug verhältnismässig zu kürzen, wenn sie Subventionen oder andere Beiträge der öffentlichen Hand erhält. Erstattungen, Beiträge und Beihilfen bei Lieferungen ins Ausland, deren Umsätze nach Artikel 19 Absatz 2 Ziffer 1 von der Steuer befreit sind, gelten nicht als Subventionen oder Beiträge der öffentlichen Hand.

Art. 39 Ausschluss des Vorsteuerabzugsrechts in besonderen Fällen

1 Weiss die steuerpflichtige Person oder hätte sie bei sorgfältiger Prüfung wissen können, dass derjenige, der ihr eine Rechnung nach Artikel 37 Absatz 1 ausgestellt hat, nicht als steuerpflichtige Person eingetragen ist, so berechtigt sie diese Rechnung nicht zum Vorsteuerabzug.

2 Wendet die steuerpflichtige Person für die Versteuerung von gebrauchten beweglichen Gegenständen die Margenbesteuerung nach Artikel 35 an, so ist sie nicht berechtigt, die ihr auf dem Ankauf solcher Gegenstände in Rechnung gestellte oder die von ihr auf der Einfuhr solcher Gegenstände entrichtete Steuer in Abzug zu bringen.

Art. 40 Herabsetzung des Vorsteuerabzugs bei Entgeltsminderungen

Sind die von der steuerpflichtigen Person aufgewendeten Entgelte niedriger als die vereinbarten oder sind ihr Entgelte zurückerstattet worden, so ist die Vorsteuer entweder nur vom tatsächlich geleisteten Entgelt zu berechnen oder in der Abrechnung über die Periode, in der die Entgeltsminderung eintritt, herabzusetzen.

Art. 41 Gemischte Verwendung

1 Verwendet die steuerpflichtige Person Gegenstände, Teile davon oder Dienstleistungen sowohl für Zwecke, die zum Vorsteuerabzug berechtigen, als auch für andere Zwecke, so ist der Vorsteuerabzug nach dem Verhältnis der Verwendung zu kürzen.

2 Wird der mit Vorsteuer belastete Gegenstand oder die Dienstleistung zu einem überwiegenden Teil für steuerbare Umsätze verwendet, so kann die Vorsteuer ungekürzt abgezogen und der Eigenverbrauch einmal jährlich versteuert werden.

Art. 42 Spätere Entstehung des Anspruchs auf Vorsteuerabzug

1. Waren die Voraussetzungen des Vorsteuerabzugs beim Empfang der Lieferung, der Dienstleistung oder bei der Einfuhr nicht gegeben, treten sie jedoch später ein, so kann der Vorsteuerabzug unter Vorbehalt von Absatz 2 und 3 in der Abrechnung über diejenige Steuerperiode vorgenommen werden, in welcher die Voraussetzungen hiefür eingetreten sind.

2. Bei einer Veränderung der Verhältnisse im Sinne von Absatz 1 kann die früher bezahlte Steuer auf folgenden Vorgängen als Vorsteuer in Abzug gebracht werden, sofern diese im Zusammenhang mit einem künftigen steuerbaren Zweck stehen:
   a. im Inland gegen Entgelt erbrachte Lieferungen von Gegenständen;
   b. im Inland gegen Entgelt erbrachte Dienstleistungen;
   c. Bezug von Dienstleistungen gegen Entgelt von Unternehmen mit Sitz im Ausland;
   d. Einfuhr von Gegenständen;
   e. Eigenverbrauch im Inland.

3. Wurde der Gegenstand in der Zeit zwischen dem Empfang der Lieferung oder der Einfuhr und dem Eintritt der Voraussetzungen für den Vorsteuerabzug in Gebrauch genommen, so vermindert sich die abziehbare Vorsteuer für jedes in dieser Zeitspanne abgelaufene Jahr bei beweglichen Gegenständen linear um einen Fünftel, bei unbeweglichen Gegenständen linear um einen Zwanzigstel. Bei Dienstleistungen, die vor dem Eintritt der Voraussetzungen für den Vorsteuerabzug teilweise genutzt wurden, berechnet sich die abziehbare Vorsteuer vom Wert des noch nicht genutzten Teils.

5. Kapitel: Entstehung der Steuerforderung, Veranlagung und Entrichtung der Steuer

Art. 43 Entstehung der Steuerforderung

1. Bei Lieferungen und Dienstleistungen entsteht die Steuerforderung:
   a. im Falle der Abrechnung nach vereinbarten Entgelten:
      1. mit der Rechnungstellung, welche spätestens drei Monate nach der Erbringung der Lieferung oder Dienstleistung zu erfolgen hat,
      2. bei Umsätzen, die zu aufeinanderfolgenden Teilrechnungen oder Teilzahlungen Anlass geben, mit der Ausgabe der Teilrechnung oder mit der Vereinnahmung der Teilzahlung,
      3. bei Vorauszahlungen sowie bei Lieferungen und Dienstleistungen ohne oder mit verspäteter Rechnungstellung mit der Vereinnahmung des Entgelts;
   b. im Falle der Abrechnung nach vereinnahmten Entgelten: mit der Vereinnahmung des Entgelts; dies gilt auch für Vorauszahlungen.

2. Beim Eigenverbrauch entsteht die Steuerforderung im Zeitpunkt, in welchem er eintritt.

3. Beim Bezug von Dienstleistungen von Unternehmen mit Sitz im Ausland entsteht die Steuerforderung mit dem Empfang der Leistung.

4. Bei Berichtigung des Vorsteuerabzugs nach Artikel 40 entsteht die Steuerforderung im Zeitpunkt, in dem die Minderung oder Rückvergütung des Entgelts erfolgt.

5. Bei Versteuerung nach Artikel 41 Absatz 2 entsteht die Steuerforderung jeweils am Jahresende.

Art. 44 Abrechnungsart

1. Über die Steuer wird grundsätzlich nach den vereinbarten Entgelten abgerechnet.
2. Ist das vom Empfänger bezahlte Entgelt niedriger als das vereinbarte (namentlich Herabsetzung durch Skonto, Preisnachlass, Verlust) oder werden vereinnahmte Entgelte zurückerstattet (namentlich Rückerstattung wegen Rückgängigmachung der Lieferung, nachträglich gewährter Rabatte, Rückvergütungen), so kann hiefür in der Abrechnung über die Periode, in der die Entgeltsminderung verbucht oder die Rückvergütung ausgerichtet wurde, ein Abzug vom steuerbaren Umsatz vorgenommen werden.
3. Ist das vom Empfänger bezahlte Entgelt höher als das vereinbarte, so ist der Mehrbetrag in der Abrechnung über die Periode zu berücksichtigen, in welcher das Entgelt vereinnahmt wurde.
4. Die Eidgenössische Steuerverwaltung gestattet der steuerpflichtigen Person auf Antrag, über die Steuer nach den vereinnahmten Entgelten abzurechnen, sofern es für die steuerpflichtige Person aus Gründen ihres Rechnungswesens einfacher ist. Sie hat die Bedingungen so festzusetzen, dass die steuerpflichtige Person weder begünstigt noch benachteiligt wird.
5. Steuerpflichtige Personen, die zu einem erheblichen Teil Entgelte erhalten, bevor sie die Lieferung oder Dienstleistung ausführen oder darüber Rechnung stellen, können von der Eidgenössischen Steuerverwaltung dazu verpflichtet werden, nach den vereinnahmten Entgelten abzurechnen.

Art. 45 Abrechnungsperiode

1. Über die Steuer wird abgerechnet:
    a. in der Regel vierteljährlich;
    b. bei der Abrechnung nach Saldosteuersätzen (Art. 59) halbjährlich;
    c. beim Bezug von Dienstleistungen von Unternehmen mit Sitz im Ausland (Art. 24) jährlich.
2. Auf Antrag gestattet die Eidgenössische Steuerverwaltung in begründeten Fällen andere Abrechnungsperioden; sie setzt die Bedingungen dafür fest.

Art. 46 Selbstveranlagung

Die steuerpflichtige Person hat gegenüber der Eidgenössischen Steuerverwaltung innert 60 Tagen nach Ablauf der Abrechnungsperiode unaufgefordert in der vorgeschriebenen Form über die Steuer und die Vorsteuer abzurechnen. Endet die Steuerpflicht, so läuft die Frist von diesem Zeitpunkt an.

Art. 47 Entrichtung der Steuer

1. Innert von 60 Tagen nach Ablauf der Abrechnungsperiode hat die steuerpflichtige Person auch die für diesen Zeitraum geschuldete Steuer (Steuer vom Umsatz abzüglich Vorsteuern) an die Eidgenössische Steuerverwaltung einzuzahlen.
2. Bei verspäteter Zahlung wird ohne Mahnung ein Verzugszins geschuldet.
3. Bei der entgeltlichen oder der unentgeltlichen Übertragung eines Gesamt- oder eines Teilvermögens von einer steuerpflichtigen Person auf eine andere im Rahmen einer Gründung, einer Liquidation oder einer Umstrukturierung (wie z. B. eines Unternehmenszusammenschlusses) hat die steuerpflichtige Person ihre Steuerpflicht durch Meldung der steuerbaren Lieferung oder Dienstleistung zu erfüllen; diese Meldung ist innert 30 Tagen nach Übertragung des Vermögens schriftlich der Eidgenössischen Steuerverwaltung zu erstatten. Artikel 9 Absatz 3 bleibt vorbehalten.

Art. 48 Rückerstattung von Steuern

1. Übersteigen die abziehbaren Vorsteuern die geschuldete Steuer, so wird der Überschuss der steuerpflichtigen Person ausbezahlt.
2. Vorbehalten bleibt die Verrechnung dieses Überschusses mit Einfuhrsteuerforderungen, selbst wenn diese noch nicht fällig sind.
3. Vorbehalten bleiben die Berichtigung der Selbstveranlagung und die Verwendung des Überschusses zur Steuersicherung nach Artikel 71 Absatz 1.
4. Erfolgt die Auszahlung des Überschusses an abziehbaren Vorsteuern beziehungsweise eines anderen Saldoguthabens zu Gunsten der steuerpflichtigen Person später als 60 Tage nach Eintreffen der Steuerabrechnung beziehungsweise der schriftlichen Geltendmachung des Saldos bei der Eidgenössischen Steuerverwaltung, so wird für die Zeit vom 61. Tag bis zur Auszahlung ein Vergütungszins zum Zinssatz für den Verzugszins ausgerichtet. Ein solcher Vergütungszins wird auch dann ausgerichtet, wenn der steuerpflichtigen Person Steuern zurückzuerstatten sind, die zu Unrecht eingefordert wurden.

Art. 49 Verjährung der Steuerforderung

1. Die Steuerforderung verjährt fünf Jahre nach Ablauf des Kalenderjahres, in dem sie entstanden ist.
2. Die Verjährung wird durch jede Einforderungshandlung und durch jede Berichtigung durch die zuständige Behörde unterbrochen; sie steht still, solange die pflichtige Person in der Schweiz nicht betrieben werden kann oder, bei Abrechnung nach vereinnahmten Entgelten, solange das Entgelt nicht vereinnahmt ist.
3. Unterbrechung und Stillstand wirken gegenüber allen zahlungspflichtigen Personen.
4. Die Steuerforderung verjährt in jedem Fall 15 Jahre nach Ablauf des Kalenderjahres, in dem sie entstanden ist.

Art. 50 Verjährung des Anspruchs auf Vorsteuerabzug

1. Der Anspruch auf Vorsteuerabzug verjährt fünf Jahre nach Ablauf des Kalenderjahres, in dem er entstanden ist.
2. Die Verjährung wird unterbrochen durch die Geltendmachung des Anspruchs gegenüber der Eidgenössischen Steuerverwaltung.
3. Die Verjährung steht still, solange über den geltend gemachten Anspruch ein Entscheid-, Einsprache- oder Rechtsmittelverfahren hängig ist.
4. Der Anspruch auf Vorsteuerabzug verjährt in jedem Fall 15 Jahre nach Ablauf des Kalenderjahres, in dem er entstanden ist.

Art. 51 Erlass der Steuer

Im Rahmen eines gerichtlichen Nachlassverfahrens kann die Eidgenössische Steuerverwaltung einem Erlass der Steuer zustimmen.

6. Kapitel: Behörden

Art. 52 Eidgenössische Steuerverwaltung

Die Steuer auf den Umsätzen im Inland wird durch die Eidgenössische Steuerverwaltung erhoben. Diese erlässt alle hierzu erforderlichen Weisungen und Entscheide, deren Erlass nicht ausdrücklich einer andern Behörde vorbehalten ist.

Art. 53 Automatisierte Registratur und Dokumentation

1 Die Eidgenössische Steuerverwaltung betreibt eine automatisierte Registratur und eine automatisierte Entscheiddokumentation mit den zur Steuererhebung und zum Steuerbezug erforderlichen Angaben (Daten); dazu gehören auch Angaben über administrative und strafrechtliche Verfolgungen und Sanktionen. Sie kann Daten aus der automatisierten Registratur im Abrufverfahren den in der Zollverwaltung mit der Erhebung und dem Bezug der Mehrwertsteuer betrauten Personen zugänglich machen. Im Übrigen gelten die nachfolgenden Bestimmungen über die Amtshilfe und die Geheimhaltung.

2 Der Bundesrat erlässt Ausführungsbestimmungen über Organisation und Betrieb der automatisierten Registratur und der automatisierten Entscheiddokumentation, über den Katalog der zu erfassenden Daten, den Zugriff auf die Daten, die Bearbeitungsberechtigung, die Aufbewahrungsdauer sowie die Archivierung und Löschung der Daten.

Art. 54 Amtshilfe

1 Die Steuerbehörden der Kantone, Bezirke, Kreise und Gemeinden und die Eidgenössische Steuerverwaltung unterstützen sich gegenseitig in der Erfüllung ihrer Aufgaben; sie haben sich kostenlos die zweckdienlichen Meldungen zu erstatten, die benötigten Auskünfte zu erteilen und Akteneinsicht zu gewähren.

2 Die Verwaltungsbehörden des Bundes und die autonomen eidgenössischen Anstalten und Betriebe sowie alle sonstigen nicht in Absatz 1 genannten Behörden der Kantone, Bezirke, Kreise und Gemeinden sind gegenüber der Eidgenössischen Steuerverwaltung auskunftspflichtig, sofern die verlangten Auskünfte für die Durchführung dieses Gesetzes sowie für die Einforderung der Steuer von Bedeutung sein können; die Auskunftserteilung hat kostenlos zu erfolgen. Eine Auskunft darf nur verweigert werden, soweit ihr wesentliche öffentliche Interessen, insbesondere die innere oder äussere Sicherheit des Bundes oder der Kantone, entgegenstehen oder die Auskunft die angefragte Behörde in der Durchführung ihrer Aufgabe wesentlich beeinträchtigen würde. Das Post- und Fernmeldegeheimnis ist zu wahren.

3 Anstände über die Auskunftspflicht von Verwaltungsbehörden des Bundes entscheidet der Bundesrat, Anstände über die Auskunftspflicht von Behörden der Kantone, Bezirke, Kreise und Gemeinden, sofern die kantonale Regierung das Auskunftsbegehren abgelehnt hat, das Bundesgericht (Art. 116 ff. des Bundesrechtspflegegesetzes vom 16. Dezember 1943, OG*).

4 Die mit öffentlich-rechtlichen Aufgaben betrauten Organisationen haben im Rahmen dieser Aufgaben die gleiche Auskunftspflicht wie die Behörden; Absatz 3 gilt sinngemäss.

5 Die Eidgenössische Zollverwaltung teilt der Eidgenössischen Steuerverwaltung unaufgefordert Wahrnehmungen mit, die für die Steuererhebung von Bedeutung sein können.

Art. 55 Geheimhaltung

1 Wer mit dem Vollzug dieses Gesetzes betraut ist oder dazu beigezogen wird, hat gegenüber anderen Amtsstellen und Privaten über die in Ausübung seines Amtes gemachten Wahrnehmungen Stillschweigen zu bewahren und den Einblick in amtliche Akten zu verweigern.

2 Keine Geheimhaltungspflicht besteht:
   a. bei Leistung von Amtshilfe nach Artikel 54 oder bei Erfüllung einer Pflicht zur Anzeige strafbarer Handlungen;

---
* SR 173.110

b. gegenüber Organen der Rechtspflege oder der Verwaltung, die vom Eidgenössischen Finanzdepartement zur Einholung amtlicher Auskünfte bei den mit dem Vollzug dieses Gesetzes betrauten Behörden ermächtigt worden sind;
c. im Einzelfall gegenüber den Schuldbetreibungs- und Konkursbehörden;
d. für die Auskunft, ob jemand im Register der steuerpflichtigen Personen eingetragen ist oder nicht.

7. Kapitel: Verfahren

Art. 56 An- und Abmeldung als steuerpflichtige Person

1 Eine Person, die steuerpflichtig wird, hat sich unter Vorbehalt von Absatz 4 unaufgefordert innert 30 Tagen nach Beginn ihrer Steuerpflicht bei der Eidgenössischen Steuerverwaltung schriftlich anzumelden. Diese teilt ihr eine nicht übertragbare Nummer zu, die registriert wird.

2 Endet die Steuerpflicht, so ist in den Fällen von Artikel 29 Buchstaben a und b die Eidgenössische Steuerverwaltung unverzüglich schriftlich zu benachrichtigen. Das gleiche gilt, wenn die Voraussetzungen einer Option für die Steuerpflicht wegfallen.

3 Unterlässt es die Person, welche die für die Steuerpflicht massgebliche Umsatzgrenze nicht mehr erreicht (Art. 29 Bst. b), sich abzumelden, so wird angenommen, dass sie für die Steuerpflicht optiert.

4 Wer Dienstleistungen von Unternehmen mit Sitz im Ausland bezogen hat (Art. 24), hat sich innert 60 Tagen nach Ablauf des Kalenderjahres, für das er steuerpflichtig ist, schriftlich bei der Eidgenössischen Steuerverwaltung anzumelden.

Art. 57 Auskunftspflicht der steuerpflichtigen Person

1 Die steuerpflichtige Person hat der Eidgenössischen Steuerverwaltung über alle Tatsachen, die für die Steuerpflicht oder für die Steuerbemessung von Bedeutung sein können, nach bestem Wissen und Gewissen Auskunft zu erteilen.

2 Das gesetzlich geschützte Berufsgeheimnis bleibt vorbehalten. Träger und Trägerinnen des Berufsgeheimnisses sind zur Vorlage der Bücher oder Aufzeichnungen verpflichtet, dürfen aber die Namen der Klienten abdecken oder durch Codes ersetzen. In Zweifelsfällen werden auf Antrag der Eidgenössischen Steuerverwaltung oder der steuerpflichtigen Person vom Präsidenten der Eidgenössischen Steuerrekurskommission ernannte neutrale Experten als Kontrollorgane eingesetzt.

Art. 58 Buchführung

1 Die steuerpflichtige Person hat ihre Geschäftsbücher ordnungsgemäss zu führen und so einzurichten, dass sich aus ihnen die für die Feststellung der Steuerpflicht sowie für die Berechnung der Steuer und der abziehbaren Vorsteuern massgebenden Tatsachen leicht und zuverlässig ermitteln lassen. Die Eidgenössische Steuerverwaltung kann hierüber nähere Bestimmungen erlassen. Diese dürfen nur dann über die handelsrechtlich vorgeschriebenen Bestimmungen hinausgehen, wenn dies für die ordnungsgemässe Erhebung der Mehrwertsteuer unerlässlich ist.

² Die steuerpflichtige Person hat ihre Geschäftsbücher, Belege, Geschäftspapiere und sonstigen Aufzeichnungen während zehn Jahren ordnungsgemäss aufzubewahren. Artikel 962 Absatz 2 des Obligationenrechts* bleibt vorbehalten. Die mit unbeweglichen Gegenständen zusammenhängenden Geschäftsunterlagen sind indessen während 20 Jahren aufzubewahren. Ist nach Ablauf der Aufbewahrungsfrist die Verjährung der Steuerforderung, auf welche sich die Geschäftsbücher, Belege, Geschäftspapiere und sonstigen Aufzeichnungen beziehen, noch nicht eingetreten, so dauert die Aufbewahrungspflicht bis zum Eintritt dieser Verjährung.

³ Erwachsen der steuerpflichtigen Person aus der genauen Feststellung einzelner für die Bemessung der Steuer wesentlicher Tatsachen übermässige Umtriebe, so gewährt die Eidgenössische Steuerverwaltung Erleichterungen und lässt zu, dass die Steuer annäherungsweise ermittelt wird, sofern sich dadurch kein namhafter Steuerausfall oder -mehrertrag, keine beachtenswerte Verzerrung der Wettbewerbsverhältnisse und keine übermässige Erschwerung der Steuerabrechnung für andere steuerpflichtige Personen und der Steuerkontrolle ergeben.

Art. 59 Saldosteuersatzmethode

¹ Wer als steuerpflichtige Person jährlich nicht mehr als 3 Millionen Franken steuerbaren Umsatz tätigt und im gleichen Zeitraum nicht mehr als 60 000 Franken Steuern – berechnet nach dem für sie massgebenden Saldosteuersatz – zu bezahlen hat, kann nach der Saldosteuersatzmethode abrechnen.

² Bei Anwendung der Saldosteuersatzmethode ist die geschuldete Steuer durch Multiplikation des in einer Abrechnungsperiode erzielten steuerbaren Gesamtumsatzes (einschliesslich Steuer) mit dem von der Eidgenössischen Steuerverwaltung bewilligten Saldosteuersatz zu ermitteln; mit dem Saldosteuersatz sind die Vorsteuern im Sinne einer Pauschale abgegolten.

³ Die steuerpflichtige Person, die mit Saldosteuersatz abrechnet, muss diese Abrechnungsart während fünf Jahren beibehalten. Verzichtet sie auf die Anwendung des Saldosteuersatzes, so kann sie frühestens nach fünf Jahren wieder diese Abrechnungsart wählen. Vorbehalten bleibt die Möglichkeit zum Wechsel bei jeder Anpassung des betreffenden Saldosteuersatzes, die nicht auf eine Änderung der Steuersätze zurückzuführen ist.

Art. 60 Ermessenseinschätzung

Liegen keine oder nur unvollständige Aufzeichnungen vor, oder stimmen die ausgewiesenen Ergebnisse mit dem wirklichen Sachverhalt offensichtlich nicht überein, so nimmt die Eidgenössische Steuerverwaltung eine Schätzung nach pflichtgemässem Ermessen vor.

Art. 61 Auskunftspflicht Dritter

¹ Die Eidgenössische Steuerverwaltung ist befugt, von auskunftspflichtigen Dritten kostenlos alle Auskünfte zu verlangen, die für die Feststellung der Steuerpflicht oder für die Berechnung der Steuer und der abziehbaren Vorsteuer erforderlich sind, ebenso die Vorlage oder Einreichung der Geschäftsbücher, Belege, Geschäftspapiere und sonstiger Aufzeichnungen.

---

* SR 220

² Auskunftspflichtige Dritte sind Personen, Anstalten, Gesellschaften und Personengesamtheiten, die:
   a. als steuerpflichtige Personen in Betracht fallen;
   b. neben der steuerpflichtigen Person oder an ihrer Stelle für die Steuer haften;
   c. Lieferungen oder Dienstleistungen erhalten oder erbracht haben.
³ Zur Auskunft verpflichtet sind auch alle, die an einer Gesellschaft, die der Gruppenbesteuerung unterliegt, massgebende Beteiligungen halten.
⁴ Das gesetzlich geschützte Berufsgeheimnis bleibt vorbehalten.

Art. 62 Überprüfung

¹ Die Erfüllung der Pflicht zur Anmeldung als steuerpflichtige Person sowie die Steuerabrechnungen und -ablieferungen werden von der Eidgenössischen Steuerverwaltung überprüft.

² Zwecks Abklärung des Sachverhalts hat die steuerpflichtige Person der Eidgenössischen Steuerverwaltung den Zugang zu ihrer Finanz- und Betriebsbuchhaltung sowie zu den dazugehörigen Belegen zu gewähren. Das Gleiche gilt für auskunftspflichtige Dritte. Die Vornahme von Kontrollen braucht nicht im Voraus angezeigt zu werden, wenn Kollusionsgefahr besteht.

³ Die anlässlich einer Prüfung gemäss Absatz 1 oder 2 bei einer Bank oder Sparkasse im Sinne des Bankengesetzes vom 8. November 1934*, bei der Schweizerischen Nationalbank oder bei einer Pfandbriefzentrale gemachten Feststellungen betreffend Dritte dürfen ausschliesslich für die Durchführung der Mehrwertsteuer verwendet werden. Das Bankgeheimnis ist zu wahren.

Art. 63 Entscheide der Eidgenössischen Steuerverwaltung

¹ Die Eidgenössische Steuerverwaltung trifft von Amtes wegen oder auf Verlangen der steuerpflichtigen Person alle Entscheide zur Steuererhebung, insbesondere wenn:
   a. Bestand oder Umfang der Steuerpflicht bestritten wird;
   b. die Eintragung oder Löschung im Register der steuerpflichtigen Personen bestritten wird;
   c. Bestand oder Umfang der Steuerforderung oder der Mithaftung, des Vorsteuerabzugs oder des Anspruchs auf Rückerstattung von Steuern streitig ist;
   d. die steuerpflichtige Person oder Mithaftende die Steuer nicht entrichten;
   e. sonstige Pflichten nicht anerkannt oder nicht erfüllt werden, die sich aus diesem Gesetz oder aus gestützt darauf ergangenen Verordnungen oder Weisungen ergeben;
   f. für einen bestimmten Fall vorsorglich die amtliche Feststellung der Steuerpflicht, der Steuerschuld, des Anspruchs auf Vorsteuerabzug, der Grundlagen der Steuerbemessung, des anwendbaren Steuersatzes oder der Mithaftung beantragt wird oder als geboten erscheint.

² Im übrigen sind die Vorschriften des Verwaltungsverfahrensgesetzes vom 20. Dezember 1968** anwendbar.

---

* SR 952.0
** SR 172.021

Bundesgesetz über die Mehrwertsteuer

Art. 64 Einsprache

1 Entscheide der Eidgenössischen Steuerverwaltung können innert 30 Tagen nach der Eröffnung mit Einsprache angefochten werden.

2 Richtet sich die Einsprache gegen einen einlässlich begründeten Entscheid der Eidgenössischen Steuerverwaltung, so kann diese auf Antrag oder mit Zustimmung des Einsprechers die Einsprache als Beschwerde an die Eidgenössische Steuerrekurskommission weiterleiten.

3 Die Einsprache ist schriftlich bei der Eidgenössischen Steuerverwaltung einzureichen; sie hat die Begehren, deren Begründung mit Angabe der Beweismittel sowie die Unterschrift des Einsprechers oder seines Vertreters zu enthalten. Der Vertreter hat sich durch schriftliche Vollmacht auszuweisen. Die Beweismittel sollen in der Einspracheschrift bezeichnet und ihr beigelegt werden.

4 Genügt die Einsprache diesen Anforderungen nicht oder lässt der Antrag oder dessen Begründung die nötige Klarheit vermissen, so räumt die Eidgenössische Steuerverwaltung dem Einsprecher eine kurze Nachfrist zur Verbesserung ein.

5 Sie verbindet diese Nachfrist mit der Androhung, nach unbenutztem Fristablauf auf Grund der Akten zu entscheiden oder, wenn Antrag, Begründung, Unterschrift oder Vollmacht fehlen, auf die Einsprache nicht einzutreten.

6 Das Einspracheverfahren ist trotz Rückzuges der Einsprache weiterzuführen, wenn Anhaltspunkte dafür vorliegen, dass der angefochtene Entscheid den massgebenden Gesetzesbestimmungen nicht entspricht.

7 Die Einsprache ist beförderlich zu behandeln. Der Einspracheentscheid muss eine Begründung und eine Rechtsmittelbelehrung enthalten.

Art. 65 Beschwerde

Einspracheentscheide der Eidgenössischen Steuerverwaltung können nach den Artikeln 44 ff. des Verwaltungsverfahrensgesetzes vom 20. Dezember 1968* innert 30 Tagen nach Eröffnung mit Beschwerde bei der Eidgenössischen Steuerrekurskommission angefochten werden.

Art. 66 Verwaltungsgerichtsbeschwerde

1 Beschwerdeentscheide der Eidgenössischen Steuerrekurskommission können nach den Artikeln 97 ff. OG** innert 30 Tagen nach Eröffnung durch Verwaltungsgerichtsbeschwerde beim Bundesgericht angefochten werden.

2 Zur Verwaltungsgerichtsbeschwerde ist auch die Eidgenössische Steuerverwaltung berechtigt (Art. 103 Bst. b OG).

Art. 67 Revision und Erläuterung

1 Auf die Revision von Entscheiden und Einspracheentscheiden der Eidgenössischen Steuerverwaltung sind die Artikel 66–68 des Verwaltungsverfahrensgesetzes vom 20. Dezember 1968* anwendbar.

2 Die Revision und die Erläuterung von Entscheiden der Eidgenössischen Steuerrekurskommission richten sich nach den Artikeln 66–69 des Verwaltungsverfahrensgesetzes.

3 Die Revision und die Erläuterung bundesgerichtlicher Entscheide richten sich nach den Artikeln 136 ff. OG**.

---

* SR 172.021
** SR 173.110

Art. 68 Kosten und Entschädigungen

¹ Im Veranlagungs- und im Einspracheverfahren werden in der Regel keine Kosten erhoben und keine Parteientschädigungen ausgerichtet.

² Ohne Rücksicht auf den Ausgang des Verfahrens können die Kosten von Untersuchungshandlungen derjenigen Person auferlegt werden, die sie schuldhaft verursacht hat.

Art. 69 Betreibung

¹ Wird der Anspruch auf Steuern, Zinsen, Kosten und Bussen auf Mahnung hin nicht befriedigt, so ist Betreibung einzuleiten; vorbehalten bleibt die Eingabe in einem Konkurs- oder Nachlassvertragsverfahren.

² Ist die Steuerforderung oder die Busse noch nicht rechtskräftig festgesetzt und wird sie bestritten, so unterbleibt ihre endgültige Kollokation, bis ein rechtskräftiger Entscheid vorliegt.

³ Für die Beseitigung des Rechtsvorschlages ist die Eidgenössische Steuerverwaltung zuständig. Bei Vorliegen eines rechtskräftigen Entscheides, der als Rechtsöffnungstitel im Sinne Artikel 80 des Bundesgesetzes über Schuldbetreibung und Konkurs vom 11. April 1889* gilt, ist hingegen der kantonale Rechtsöffnungsrichter zuständig.

⁴ Rechtskräftige Entscheide der Eidgenössischen Steuerverwaltung über Steuern, Zinsen, Kosten und Bussen stehen vollstreckbaren gerichtlichen Urteilen nach Artikel 80 des Bundesgesetzes über Schuldbetreibung und Konkurs gleich.

⁵ Die Steuerforderung besteht unabhängig davon, ob sie in öffentliche Inventare oder auf Rechnungsrufe eingegeben wird.

Art. 70 Sicherstellung

¹ Die Eidgenössische Steuerverwaltung kann Steuern, Zinsen und Kosten, auch wenn sie weder rechtskräftig festgesetzt noch fällig sind, sicherstellen lassen, wenn:
  a. deren Bezahlung als gefährdet erscheint;
  b. die zahlungspflichtige Person Anstalten trifft, ihren Wohn- oder Geschäftssitz oder ihre Betriebsstätte in der Schweiz aufzugeben oder sich im schweizerischen Handelsregister löschen zu lassen;
  c. die zahlungspflichtige Person mit der Zahlung der Steuer in Verzug ist;
  d. die steuerpflichtige Person den Geschäftsbetrieb einer Unternehmung ganz oder teilweise übernimmt, über die der Konkurs eröffnet worden ist.

² Die Sicherstellungsverfügung hat den Rechtsgrund der Sicherstellung, den sicherzustellenden Betrag und die Stelle, welche die Sicherheiten entgegennimmt, anzugeben; sie gilt als Arrestbefehl im Sinne von Artikel 274 des Bundesgesetzes über Schuldbetreibung und Konkurs vom 11. April 1889*. Die Einsprache gegen den Arrestbefehl ist ausgeschlossen.

³ Sicherstellungsverfügungen der Eidgenössischen Steuerverwaltung können nach den Artikeln 44 ff. des Verwaltungsverfahrensgesetzes vom 20. Dezember 1968** innert 30 Tagen nach Eröffnung mit Beschwerde bei der Eidgenössischen Steuerrekurskommission angefochten werden. Die Beschwerde hemmt die Vollstreckung nicht.

---

* SR 281.1
** SR 172.021

⁴ Beschwerdeentscheide der Eidgenössischen Steuerrekurskommission können nach den Artikeln 97 ff. des OG* innert 30 Tagen nach Eröffnung mit Verwaltungsgerichtsbeschwerde beim Bundesgericht angefochten werden. Die Beschwerde hemmt die Vollstreckung nicht.

⁵ Zur Verwaltungsgerichtsbeschwerde ist auch die Eidgenössische Steuerverwaltung berechtigt.

⁶ Die Zustellung des Entscheides über die Forderung gilt als Anhebung der Klage nach Artikel 279 des Bundesgesetzes über Schuldbetreibung und Konkurs. Die Frist für die Einleitung der Betreibung beginnt mit dem Eintritt der Rechtskraft des Entscheides über die Forderung zu laufen.

⁷ Die Sicherstellung muss durch Hinterlegung sicherer, marktgängiger Wertschriften oder durch Bankbürgschaft geleistet werden.

Art. 71 Andere Sicherungsmassnahmen

¹ Der Überschuss der abziehbaren Vorsteuern über die geschuldete Steuer kann:
  a. mit Schulden für frühere Perioden verrechnet werden; oder
  b. zur Verrechnung mit zu erwartenden Schulden für nachfolgende Perioden gutgeschrieben werden, sofern die steuerpflichtige Person mit der Steuerentrichtung regelmässig im Rückstand ist oder andere Gründe eine akute Gefährdung der Steuerforderung wahrscheinlich erscheinen lassen. Der gutgeschriebene Betrag wird vom 61. Tag nach Eintreffen der Steuerabrechnung bei der Eidgenössischen Steuerverwaltung bis zum Zeitpunkt der Verrechnung zum Satz verzinst, der für den Verzugszins gilt.

² Steuerpflichtige Personen ohne Wohn- oder Geschäftssitz im Inland haben für die Erfüllung ihrer Pflichten einen Beauftragten zu bestimmen, der im Inland Wohn- oder Geschäftssitz hat. Dadurch wird jedoch keine Betriebsstätte nach den Bestimmungen über die direkten Steuern begründet. Die Eidgenössische Steuerverwaltung kann ausserdem Sicherstellung der voraussichtlichen Schulden durch Hinterlegung sicherer, marktgängiger Wertschriften oder durch Bankbürgschaft verlangen.

³ Bei wiederholtem Zahlungsverzug kann die Eidgenössische Steuerverwaltung die pflichtige Person dazu verhalten, über die Steuer künftig monatlich oder halbmonatlich abzurechnen und diese gleichzeitig zu entrichten.

⁴ Eine juristische Person oder eine Betriebsstätte eines ausländischen Unternehmens darf im schweizerischen Handelsregister erst dann gelöscht werden, wenn die Eidgenössische Steuerverwaltung dem für die Führung des Registers zuständigen Amt angezeigt hat, dass die Ansprüche aus diesem Gesetz getilgt oder sichergestellt sind.

3. Titel: Steuer auf den Einfuhren

Art. 72 Anwendbares Recht

Für die Steuer auf der Einfuhr von Gegenständen gilt die Zollgesetzgebung, soweit die nachfolgenden Bestimmungen nichts anderes anordnen.

---

* SR 173.110

Art. 73 Steuerobjekt

¹ Der Steuer unterliegt die Einfuhr von Gegenständen, auch derjenigen, die zollfrei ins Inland eingeführt werden können.

² Als Gegenstände gelten:
  a. bewegliche Sachen, einschliesslich der darin enthaltenen Dienstleistungen und Rechte;
  b. Elektrizität, Gas, Wärme, Kälte und Ähnliches.

³ Lässt sich bei der Einfuhr von Datenträgern kein Marktwert feststellen, so wird der Wert des Datenträgers einschliesslich der darin enthaltenen Dienstleistungen mit der Inlandsteuer erfasst (Art. 24).

Art. 74 Steuerbefreite Einfuhren

Von der Steuer befreit ist die Einfuhr von:

1. Gegenständen in kleinen Mengen, von unbedeutendem Wert oder mit geringfügigem Steuerbetrag nach den vom Eidgenössischen Finanzdepartement zu erlassenden näheren Bestimmungen;
2. gesetzlichen Zahlungsmitteln (in- und ausländischen Banknoten und Münzen), mit Ausnahme der Sammlerstücke, die normalerweise nicht als gesetzliches Zahlungsmittel verwendet werden, Wertpapieren, Manuskripten (auch von Autoren, Schriftstellern und Komponisten) und Urkunden ohne Sammlerwert, im Inland gültigen Postwertzeichen und sonstigen amtlichen Wertzeichen höchstens zum aufgedruckten Wert sowie von Fahrscheinen ausländischer öffentlicher Transportanstalten;
3. menschlichen Organen durch medizinisch anerkannte Institutionen und Spitäler sowie von menschlichem Vollblut durch Inhaber einer hiezu erforderlichen Bewilligung;
4. Kunstwerken, die von Kunstmalern und Bildhauern persönlich bearbeitet und von ihnen selbst oder in ihrem Auftrag ins Inland verbracht wurden, mit Ausnahme des Entgelts nach Artikel 76 Absatz 1 Buchstabe d;
5. Gegenständen, die nach Artikel 14 Ziffern 4–16 und 18–24 des Zollgesetzes vom 1. Oktober 1925* (ZG) zollfrei sind oder nach Ziffer 24 zu einem ermässigten Zollansatz zugelassen werden, mit Ausnahme der in Ziffer 14 genannten Gegenstände für Unterricht und Forschung, der zur Untersuchung und Behandlung von Patienten dienenden Instrumente und Apparate sowie der in Ziffer 11 genannten Motorfahrzeuge für Invalide;
6. Gegenständen, die mit Freipass zur vorübergehenden Ausfuhr abgefertigt wurden, mit Ausnahme des Entgelts nach Artikel 76 Absatz 1 Buchstabe e;
7. Gegenständen, die nachweislich aus dem freien inländischen Verkehr zur Instandsetzung oder zur Lohnveredlung im Rahmen eines Werkvertrages vorübergehend ausgeführt und an den Absender in der Schweiz zurückgesandt werden, mit Ausnahme des Entgelts nach Artikel 76 Absatz 1 Buchstabe f;
8. Gegenständen, die mit Freipass zur vorübergehenden Einfuhr abgefertigt werden, mit Ausnahme des Entgelts nach Artikel 76 Absatz 1 Buchstabe g;
9. Retourgegenständen schweizerischer Herkunft, die aus dem freien inländischen Verkehr ausgeführt und unverändert an den Absender im Inland zurückgesandt werden, sofern sie nicht wegen der Ausfuhr von der Steuer befreit worden sind. Ist die Steuer beachtlich, so erfolgt die Steuerbefreiung durch Rückerstattung; die Bestimmungen des Artikels 80 gelten sinngemäss;

---

* SR 631.0

10. Gegenständen im Sinne von Artikel 17 Absatz 1 des Zollgesetzes, die von einer steuerpflichtigen Person zur Instandsetzung oder Lohnveredlung im Rahmen eines Werkvertrages vorübergehend eingeführt werden;
11. Gegenständen, deren Umsätze im Inland nach Artikel 19 Absatz 2 Ziffer 7 von der Steuer befreit sind.

Art. 75 Steuerpflicht

¹ Steuerpflichtig sind die Zollzahlungspflichtigen.

² Die Solidarhaftung nach Artikel 13 ZG* ist für den gewerbsmässigen Zolldeklaranten (Art. 31 Abs. 3 ZG) aufgehoben, wenn der Importeur:

  a. zum Vorsteuerabzug (Art. 38) berechtigt ist;
  b. für die Steuerbeträge bei der Eidgenössischen Zollverwaltung Sicherheit geleistet hat (Art. 78 Abs. 2);
  c. die Steuer von der Eidgenössischen Zollverwaltung in Rechnung gestellt erhält; und
  d. dem gewerbsmässigen Zolldeklaranten einen Auftrag zur direkten Stellvertretung erteilt hat.

³ Die Eidgenössische Zollverwaltung kann vom Deklaranten den Nachweis für seine Vertretungsbefugnis verlangen.

Art. 76 Steuerbemessungsgrundlage

¹ Die Steuer wird erhoben:

  a. auf dem Entgelt, wenn der Gegenstand in Erfüllung eines Veräusserungs- oder Kommissionsgeschäfts eingeführt wird;
  b. auf dem Marktwert in den übrigen Fällen. Als Marktwert gilt, was ein Importeur auf der Stufe, auf der die Einfuhr bewirkt wird, an einen selbstständigen Lieferanten im Herkunftsland des Gegenstandes zum Zeitpunkt der Entstehung des Steueranspruchs unter den Bedingungen des freien Wettbewerbs zahlen müsste, um den gleichen Gegenstand zu erhalten;
  c. auf dem Entgelt für Arbeiten im Sinne von Artikel 6 Absatz 2 Buchstabe a, die unter Verwendung von eingeführten Gegenständen für fremde Rechnung besorgt und von einer nicht steuerpflichtigen Person nach den Artikeln 21 und 26 ausgeführt werden;
  d. auf dem Entgelt für die im Auftrag von Kunstmalern und Bildhauern an ihren Kunstwerken im Ausland besorgten Arbeiten (Art. 6 Abs. 2 Bst. a), sofern die Kunstwerke von den Künstlern persönlich bearbeitet und von ihnen selbst oder in ihrem Auftrag ins Inland verbracht wurden;
  e. auf dem Entgelt für die im Ausland besorgten Arbeiten an Gegenständen (Art. 6 Abs. 2 Bst. a), die mit Freipass zur vorübergehenden Ausfuhr abgefertigt wurden;
  f. auf dem Entgelt für die im Ausland besorgten Arbeiten an Gegenständen (Art. 6 Abs. 2 Bst. a), sofern diese nachweislich aus dem freien inländischen Verkehr zur Instandsetzung oder zur Lohnveredlung im Rahmen eines Werkvertrages vorübergehend ausgeführt worden sind und an den Absender in der Schweiz zurückgesandt werden;
  g. auf dem Entgelt für den Gebrauch von Gegenständen, die mit Freipass zur vorübergehenden Einfuhr abgefertigt wurden, sofern die Steuer auf diesem Entgelt beacht-

* SR 631.0

lich ist. Wird für den vorübergehenden Gebrauch keine oder eine ermässigte Entschädigung gefordert, so ist das Entgelt massgebend, das einem unabhängigen Dritten berechnet würde.

² Richtet sich die Steuerberechnung nach dem Entgelt, so ist das vom Importeur entrichtete oder zu entrichtende Entgelt nach Artikel 33 massgebend. Bei einer nachträglichen Änderung dieses Entgelts gilt Artikel 44 Absätze 2 und 3 sinngemäss.

³ In die Bemessungsgrundlage sind einzubeziehen, soweit nicht bereits darin enthalten:
   a. die ausserhalb des Einfuhrlandes sowie auf Grund der Einfuhr geschuldeten Steuern, Zölle und sonstigen Abgaben, mit Ausnahme der zu erhebenden Mehrwertsteuer;
   b. die Nebenkosten, wie Provisions-, Verpackungs-, Beförderungs- und Versicherungskosten, die bis zum ersten inländischen Bestimmungsort entstehen. Unter erstem Bestimmungsort ist der Ort zu verstehen, an den der Gegenstand im Zeitpunkt, in dem der Steueranspruch entsteht, zu befördern ist. Ist dieser unbekannt, so gilt als erster Bestimmungsort der Ort, an dem die Umladung im Inland erfolgt.

⁴ Bestehen Zweifel an der Richtigkeit der Deklaration oder fehlen Wertangaben, kann die Eidgenössische Zollverwaltung die Steuerbemessungsgrundlage nach pflichtgemässem Ermessen schätzen.

⁵ Für die Ermittlung der Steuerbemessungsgrundlage herangezogene Preis- oder Wertangaben in ausländischer Währung sind nach dem am letzten Börsentag vor der Entstehung der Steuerzahlungspflicht notierten Devisenkurs (Verkauf) in Schweizerfranken umzurechnen.

Art. 77 Steuersätze

Die Steuer beträgt:
   a. 2,4 Prozent auf der Einfuhr von Gegenständen nach Artikel 36 Absatz 1 Buchstabe a;
   b. 7,6 Prozent auf der Einfuhr anderer Gegenstände.

Art. 78 Entstehung und Fälligkeit des Steueranspruchs

¹ Der Steueranspruch entsteht zur gleichen Zeit wie die Zollzahlungspflicht.

² Der steuerpflichtigen Person, die für die Steuerbeträge Sicherheit geleistet hat, steht für die Bezahlung eine Frist von 60 Tagen nach Rechnungstellung durch die Eidgenössische Zollverwaltung zu; ausgenommen sind Sendungen im Postverkehr sowie Einfuhren, die mündlich zur Zollbehandlung angemeldet werden.

³ Hinsichtlich der Sicherstellung können Erleichterungen gewährt werden, wenn dadurch der Steuerbezug nicht gefährdet wird.

Art. 79 Verjährung der Steuerforderung

¹ Die Steuerforderung verjährt fünf Jahre nach Ablauf des Kalenderjahres, in dem sie fällig geworden ist.

² Die Verjährung wird durch jede Einforderungshandlung und durch jede Berichtigung durch die zuständige Behörde unterbrochen. Sie steht still, solange die zahlungspflichtige Person in der Schweiz nicht betrieben werden kann oder die Forderung Gegenstand eines Rechtsmittelverfahrens ist.

³ Unterbrechung und Stillstand wirken gegenüber allen zahlungspflichtigen Personen.

⁴ Die Steuerforderung verjährt in jedem Fall 15 Jahre nach Ablauf des Kalenderjahres, in dem sie entstanden ist.

Art. 80 Verjährung von Rückvergütungsansprüchen

1 Der Anspruch auf Rückvergütung zu viel erhobener oder nicht geschuldeter Steuern verjährt fünf Jahre nach Ablauf des Kalenderjahres, in dem er entstanden ist.

2 Nicht erstattet werden zuviel erhobene Steuern, wenn die steuerpflichtige Person nach den Artikeln 21 und 26 die bei der Einfuhr entrichtete Steuer als Vorsteuer nach Artikel 38 abziehen kann.

3 Die Verjährung wird unterbrochen durch die Geltendmachung des Anspruchs gegenüber der Eidgenössischen Zollverwaltung.

4 Die Verjährung ruht, solange über den geltend gemachten Anspruch ein Rechtsmittelverfahren hängig ist.

5 Der Anspruch auf Rückvergütung zu viel erhobener oder nicht geschuldeter Steuern verjährt in jedem Fall 15 Jahre nach Ablauf des Kalenderjahres, in dem er entstanden ist.

Art. 81 Rückerstattung wegen Wiederausfuhr

1 Die bei der Einfuhr erhobene Steuer wird auf Antrag zurückerstattet, wenn die Voraussetzungen für den Vorsteuerabzug nach Artikel 38 fehlen und:
   a. der Gegenstand ohne vorherige Übergabe an einen Dritten im Rahmen eines Lieferungsgeschäfts im Inland und ohne vorherige Ingebrauchnahme unverändert wieder ausgeführt wird; oder
   b. der Gegenstand im Inland in Gebrauch genommen wurde, aber wegen Rückgängigmachung der Lieferung wieder ausgeführt wird. In diesem Falle wird die Rückerstattung gekürzt um den Betrag, welcher der Steuer auf dem Entgelt für die Benützung des Gegenstandes oder auf der durch den Gebrauch eingetretenen Wertverminderung sowie auf dem nicht zurückerstatteten Einfuhrzoll entspricht.

2 Eine Rückerstattung wird nur gewährt, wenn:
   a. die Wiederausfuhr innert fünf Jahren nach Ablauf des Kalenderjahres erfolgt, in dem die Steuer erhoben worden ist; und
   b. die Identität des ausgeführten mit dem seinerzeit eingeführten Gegenstand nachgewiesen ist.

3 Die Rückerstattung kann im Einzelfall von der ordnungsgemässen Anmeldung im Ausland abhängig gemacht werden.

4 Die Gesuche um Rückerstattung sind bei der Ausfuhrabfertigung zu stellen. Nachträgliche Rückerstattungsgesuche können berücksichtigt werden, wenn sie innert 60 Tagen seit der Ausfuhrabfertigung schriftlich an die Zollkreisdirektion gerichtet werden, in deren Kreis die Wiederausfuhr erfolgt ist.

Art. 82 Behörde

1 Die Steuer auf der Einfuhr wird durch die Eidgenössische Zollverwaltung erhoben. Diese trifft die erforderlichen Anordnungen und Entscheide.

2 Die Organe der Eidgenössischen Zollverwaltung sind befugt, zur Prüfung der für die Steuerveranlagung wesentlichen Tatsachen alle erforderlichen Erhebungen vorzunehmen. Die Artikel 54 und 55 sowie 57–61 gelten sinngemäss. Erhebungen bei steuerpflichtigen Personen können im Einvernehmen mit der Eidgenössischen Steuerverwaltung dieser übertragen werden.

Art. 83 Verlagerung der Steuerentrichtung

¹ Bei der Eidgenössischen Steuerverwaltung registrierte und nach der effektiven Methode abrechnende steuerpflichtige Personen können die Einfuhrsteuer im Verlagerungsverfahren deklarieren, sofern sie regelmässig Gegenstände importieren und exportieren und sich daraus regelmässige beachtliche Vorsteuerüberschüsse ergeben.

² Soweit die im Verlagerungsverfahren eingeführten Gegenstände nach der Einfuhr im Inland noch be- oder verarbeitet werden, kann die Eidgenössische Steuerverwaltung steuerpflichtigen Personen bewilligen, die bearbeiteten oder verarbeiteten Gegenstände ohne Berechnung der Steuer an andere steuerpflichtige Personen zu liefern.

Art. 84 Erlass

¹ Die Steuer auf der Einfuhr von Gegenständen kann ganz oder teilweise erlassen werden, wenn:
   a. ein endgültig oder provisorisch zur Einfuhr verzollter, aber noch unter amtlicher Kontrolle stehender oder in einem eidgenössischen Niederlagshaus eingelagerter Gegenstand durch Zufall, höhere Gewalt oder auf amtliche Verfügung ganz oder teilweise vernichtet oder über die Grenze zurückgewiesen wird;
   b. ein mit Geleitschein oder Freipass abgefertigter Gegenstand während der Gültigkeitsdauer des Zollausweises durch Unfall, Zufall, höhere Gewalt oder auf amtliche Verfügung ganz oder teilweise vernichtet wird und diese Tatsache zollamtlich festgestellt oder durch eine Bescheinigung der Schweizerischen Bundesbahnen, einer eidgenössischen, kantonalen oder Gemeindebehörde einwandfrei nachgewiesen wird;
   c. eine Nachforderung mit Rücksicht auf besondere Verhältnisse die steuerpflichtige Person unbillig belasten würde;
   d. der mit der Verzollung Beauftragte (z. B. der Spediteur) die Steuer wegen Zahlungsunfähigkeit des Importeurs nicht weiterbelasten kann und der Importeur im Zeitpunkt der Verzollung bei der Eidgenössischen Steuerverwaltung im Register der steuerpflichtigen Personen eingetragen war. Von der Zahlungsunfähigkeit des Importeurs ist dann auszugehen, wenn die Forderung des Beauftragten ernsthaft gefährdet erscheint.

² Die Oberzolldirektion entscheidet über den Steuererlass auf schriftliches, mit den nötigen Nachweisen belegtes Gesuch. Die Frist für die Einreichung von Steuererlassgesuchen beträgt ein Jahr seit der Abgabenfestsetzung, bei Zwischenabfertigungen seit Ablauf der Gültigkeitsdauer dieser Abfertigung.

4. Titel: Strafbestimmungen

Art. 85 Steuerhinterziehung

¹ Wer vorsätzlich sich oder einem andern einen unrechtmässigen Steuervorteil verschafft, namentlich die Steuer hinterzieht, auch indem er für sich eine unrechtmässige Befreiung, Vergütung, Rückerstattung oder einen unrechtmässigen Abzug von Steuern erwirkt, wird mit Busse bis zum Fünffachen der hinterzogenen Steuer oder des unrechtmässigen Vorteils bestraft.

² Versuch und Gehilfenschaft sind strafbar.

³ Wer durch fahrlässiges Verhalten sich oder einem andern einen unrechtmässigen Steuervorteil verschafft, wird mit Busse bis zum Einfachen des unrechtmässigen Vorteils bestraft.

Bundesgesetz über die Mehrwertsteuer 307

Art. 86 Steuergefährdung

1 Sofern die Tat nicht nach einer anderen Bestimmung mit höherer Strafe bedroht ist, wird mit einer Busse bis zu 10 000 Franken, in schweren Fällen oder bei Rückfall mit einer Busse bis zu 30 000 Franken bestraft, wer vorsätzlich oder fahrlässig

   a. sich gesetzeswidrig nicht als steuerpflichtige Person anmeldet;
   b. trotz Mahnung der Pflicht zur Einreichung der Steuerabrechnung oder zur Erteilung der gesetzlich vorgeschriebenen Auskünfte nicht nachkommt;
   c. Geschäftsbücher, Belege, Geschäftspapiere und sonstige Aufzeichnungen nicht ordnungsgemäss führt, ausfertigt, aufbewahrt oder vorlegt;
   d. in einer Steuerabrechnung, in einem Antrag auf Befreiung, Vergütung, Rückerstattung oder Abzug von Steuern oder als auskunftspflichtige Drittperson unwahre Angaben macht, erhebliche Tatsachen verschweigt oder über solche Tatsachen unwahre Belege vorlegt;
   e. durch Angabe einer Registernummer den Anschein erweckt, er sei im Register der steuerpflichtigen Personen eingetragen;
   f. die ordnungsgemässe Durchführung einer Kontrolle erschwert, behindert oder verunmöglicht; oder
   g. für die Steuererhebung massgebende Daten und Gegenstände nicht oder unrichtig deklariert.

2 Eine Busse bis zum Einfachen der gefährdeten Steuer oder des unrechtmässigen Vorteils kann ausgesprochen werden, sofern dies einen höheren Betrag ergibt.

Art. 87 Widerhandlungen in Geschäftsbetrieben

Fällt eine Busse von höchstens 100 000 Franken in Betracht und würde die Ermittlung der nach Artikel 6 VStrR* strafbaren Personen Untersuchungsmassnahmen bedingen, welche im Hinblick auf die verwirkte Strafe unverhältnismässig wären, so kann von einer Verfolgung dieser Personen Umgang genommen und an ihrer Stelle der Geschäftsbetrieb (Art. 7 des VStrR) zur Bezahlung der Busse verurteilt werden.

Art. 88 Verhältnis zum Verwaltungsstrafrechtsgesetz

1 Das Verwaltungstrafrechtsgesetz vom 22. März 1974* ist anwendbar.

2 Die Strafverfolgung obliegt bei der Inlandsteuer der Eidgenössischen Steuerverwaltung, bei der Einfuhrsteuer der Eidgenössischen Zollverwaltung.

3 Die Regelung der Zuständigkeiten nach Absatz 2 gilt auch für die Verfolgung des Ungehorsams gegen amtliche Verfügungen (Art. 292 des StGB**).

Art. 89 Zusammentreffen von Strafbestimmungen

1 Die Bestrafung nach Artikel 14 des VStrR* schliesst eine zusätzliche Bestrafung wegen derselben Tat nach Artikel 85 des vorliegenden Gesetzes aus.

2 Erfüllt eine Handlung sowohl den Tatbestand einer Hinterziehung oder Gefährdung der Steuer auf der Einfuhr als auch einer durch die Eidgenössische Zollverwaltung zu verfolgenden Widerhandlung gegen andere Abgabenerlasse des Bundes, so wird die für die schwerste Widerhandlung verwirkte Strafe verhängt; diese kann angemessen erhöht werden.

---

* SR 313.0
** SR 311.0

5. Titel: Schlussbestimmungen

1. Kapitel: Ausführungsbestimmungen

Art. 90

[1] Der Bundesrat erlässt, vorbehältlich anderslautender Bestimmungen, die Vollzugsvorschriften; er hat vorgängig die interessierten Kreise anzuhören.

[2] Er ist namentlich zuständig:

a. eine Entlastung von der Mehrwertsteuer für diplomatische Missionen, ständige Missionen, konsularische Posten und internationale Organisationen und für diplomatische Vertreter, Konsularbeamte und Hohe Beamte internationaler Organisationen zu regeln;

b. zu bestimmen, unter welchen Voraussetzungen den Abnehmern mit Wohn- oder Geschäftssitz im Ausland die Steuer auf den an sie im Inland ausgeführten Lieferungen oder Dienstleistungen bei Gewährung des Gegenrechts durch das Land ihres Wohn- oder Geschäftssitzes vergütet werden kann;

c. zur Erleichterung der Abgrenzung unter Rücksichtnahme auf die Wettbewerbsverhältnisse die nach Artikel 18 von der Steuer ausgenommenen Umsätze und die in Artikel 36 Absatz 1 bezeichneten Gegenstände und Dienstleistungen näher zu beschreiben;

d. von diesem Gesetz abweichende Bestimmungen über die Besteuerung der Umsätze und der Einfuhr von Münz- und Feingold zu erlassen;

e. das Verlagerungsverfahren nach Artikel 83 näher zu regeln;

f. von diesem Gesetz abweichende Bestimmungen zu erlassen für die Besteuerung der Umsätze und der Einfuhr von Gegenständen, die bereits einer fiskalischen Sonderbelastung unterliegen;

g. zu bestimmen, dass der Empfänger einer im Inland ausgeführten Lieferung oder Dienstleistung, die von einem im Inland zu Unrecht nicht als steuerpflichtige Person registrierten ausländischen Unternehmen erbracht wird, die Steuer im Namen und für Rechnung dieses Unternehmens zu entrichten hat;

h. die Voraussetzungen festzulegen, unter welchen Belege, die nach diesem Gesetz für die Durchführung der Steuer nötig sind, papierlos übermittelt und aufbewahrt werden können;

i. Einzelheiten der Übergangsordnung zu regeln.

[3] Das Eidgenössische Finanzdepartement ist zuständig:

a. für Inlandlieferungen zwecks Ausfuhr im Reisenden- und Grenzverkehr die Steuerbefreiung unter bestimmten Bedingungen zu gestatten;

b. die Verzugs- und Vergütungszinssätze festzusetzen.

2. Kapitel: Aufhebung und Änderung bisherigen Rechts

Art. 91 Aufhebung bisherigen Rechts

Der Bundesbeschluss vom 22. März 1996* über einen Sondersatz der Mehrwertsteuer für Beherbergungsleistungen wird aufgehoben.

Art. 92 Änderung bisherigen Rechts

Das Zollgesetz vom 1. Oktober 1925** wird wie folgt geändert:

Art. 109 Abs. 1 Bst. c Ziff. 5

¹ Beschwerdeinstanzen sind:

   c. die Zollrekurskommission für erstinstanzliche Verfügungen oder Beschwerdeentscheide der Oberzolldirektion über:

     5. den Zollnachlass (Art. 127) und den Erlass der Einfuhrsteuer (Art. 84 MWSTG);

3. Kapitel: Übergangsbestimmungen

Art. 93 Anwendung des bisherigen Rechts

¹ Die aufgehobenen Bestimmungen sowie die darauf gestützt erlassenen Vorschriften bleiben, unter Vorbehalt von Artikel 94, weiterhin auf alle während deren Geltungsdauer eingetretenen Tatsachen und entstandenen Rechtsverhältnisse anwendbar.

² Das Gleiche gilt auch, wenn das Entgelt für eine vor dem Inkrafttreten dieses Gesetzes ausgeführte Lieferung oder Dienstleistung erst nach diesem Zeitpunkt vereinnahmt wird. Die Steuerschuld entsteht jedoch mit dem Inkrafttreten dieses Gesetzes und wird 60 Tage nach diesem Zeitpunkt zur Zahlung fällig. Spätere Minderungen und Rückerstattungen des Entgelts ab Inkrafttreten sind im Sinne von Artikel 44 Absatz 2 dieses Gesetzes zu berücksichtigen.

Art. 94 Anwendung des neuen Rechts

¹ Das neue Recht gilt für Umsätze, die ab Inkrafttreten dieses Gesetzes getätigt werden, sowie für Einfuhren von Gegenständen, die ab Inkrafttreten dieses Gesetzes zur Einfuhr abgefertigt werden.

² Für die Feststellung, ob die Steuerpflicht nach Artikel 21 Absatz 1 mit dem Inkrafttreten dieses Gesetzes besteht, ist das neue Recht auf die in den vorangegangenen zwölf Monaten erzielten, nach diesem Gesetz steuerbaren Umsätze anzuwenden.

³ Lieferungen und Dienstleistungen, die teilweise vor Inkrafttreten dieses Gesetzes erbracht wurden, sind für diesen Teil nach bisherigem Recht zu versteuern. Lieferungen und Dienstleistungen, die teilweise ab Inkrafttreten dieses Gesetzes erbracht werden, sind für diesen Teil nach neuem Recht zu versteuern.

⁴ Die Bestimmungen über die spätere Entstehung des Anspruchs auf Vorsteuerabzug nach

---

* AS **1996** 2379
** SR **631.0**

Artikel 42 gelten auch dann, wenn nach bisherigem Recht die Voraussetzungen des Vorsteuerabzugs nicht gegeben waren.

Art. 95 Änderung der Steuersätze

[1] Bei der Änderung der Steuersätze gelten die Übergangsbestimmungen sinngemäss. Der Bundesrat passt die in Artikel 59 festgelegten Höchstbeträge angemessen an.

[2] Für die Abrechnung der Steuerbeträge mit den bisherigen Sätzen sind den steuerpflichtigen Personen genügend lange Fristen einzuräumen, die sich nach der Natur der Liefer- und Dienstleistungsverträge richten.

Art. 96 Fristen

Die steuerpflichtigen Personen können mit dem Inkrafttreten dieses Gesetzes von den in den Artikeln 26 und 59 vorgesehenen Wahlmöglichkeiten erneut Gebrauch machen. Soweit hiefür Fristen vorgesehen sind, beginnen sie auf das Datum des Inkrafttretens neu zu laufen.

4. Kapitel: Inkrafttreten

Art. 97

[1] Dieses Gesetz untersteht dem fakultativen Referendum.

[2] Der Bundesrat bestimmt das Inkrafttreten.

(Datum des Inkrafttretens: 1. Januar 2001, gemäss BRB vom 29. März 2000/AS *2000* 1346)

Verordnung zum Bundesgesetz über die Mehrwertsteuer

vom 29. März 2000

Der Schweizerische Bundesrat, gestützt auf das Bundesgesetz vom 2. September 1999[1] über die Mehrwertsteuer (MWSTG; Gesetz), verordnet:

1. Abschnitt: Telekommunikationsdienstleistungen (Art. 14 Abs. 3 Bst. e MWSTG)

Art. 1

1 Als Telekommunikationsdienstleistungen gelten:
   a. Dienstleistungen, mit denen die Übertragung, Ausstrahlung oder der Empfang von Signalen, Schrift, Bild und Ton oder Informationen jeglicher Art (Daten) über Draht, Funk, optische oder sonstige elektromagnetische Medien technisch ermöglicht werden;
   b. die Bereitstellung und Zusicherung von Datenübertragungskapazitäten;
   c. die Verschaffung von Zugangsberechtigungen, namentlich zu den Festnetzen, den Mobilfunknetzen, der Satellitenkommunikation, dem Kabelfernsehen, dem Internet und anderen Informationsnetzen.

2 Nicht als Telekommunikationsdienstleistungen gelten alle anderen Leistungen, namentlich:
   a. die blosse Gebrauchsüberlassung von genau bezeichneten Anlagen oder Anlageteilen für die alleinige Verfügung des Mieters zwecks Übertragung von Daten;
   b. die Verschaffung des Rechts, den übertragenen Inhalt zu empfangen.

2. Abschnitt: Von der Steuer ausgenommene Heilbehandlungen (Art. 18 Ziff. 3 MWSTG)

Art. 2 Begriff der Heilbehandlung

1 Als Heilbehandlungen gelten die Feststellung und Behandlung von Krankheiten, Verletzungen und anderen Störungen der körperlichen und seelischen Gesundheit des Menschen sowie Tätigkeiten, die der Vorbeugung von Krankheiten und Gesundheitsstörungen des Menschen dienen.

2 Den Heilbehandlungen gleichgestellt sind:
   a. besondere Leistungen bei Mutterschaft, wie Kontrolluntersuchungen, Geburtsvorbereitung oder Stillberatung;
   b. Untersuchungen, Beratungen und Behandlungen, die mit künstlicher Befruchtung, Empfängnisverhütung oder Schwangerschaftsabbruch im Zusammenhang stehen;
   c. sämtliche Lieferungen und Dienstleistungen eines Arztes, einer Ärztin, eines Zahn-

---

[1] SR 641.20; AS 2000 1347

arztes oder einer Zahnärztin für die Erstellung eines medizinischen Berichts oder Gutachtens zur Abklärung sozialversicherungsrechtlicher Ansprüche.

³ Nicht als Heilbehandlungen gelten namentlich:
  a. Untersuchungen, Beratungen und Behandlungen, die lediglich der Hebung des Wohlbefindens oder der Leistungsfähigkeit dienen oder lediglich aus ästhetischen Gründen vorgenommen werden, ausser die Untersuchung, Beratung oder Behandlung erfolge durch einen Arzt, eine Ärztin, einen Zahnarzt oder eine Zahnärztin, die im Inland zur Ausübung der ärztlichen oder zahnärztlichen Tätigkeit berechtigt sind;
  b. die zur Erstellung eines Gutachtens vorgenommenen Untersuchungen, die nicht mit einer konkreten Behandlung der untersuchten Person im Zusammenhang stehen, unter Vorbehalt von Absatz 2 Buchstabe c;
  c. die Abgabe von Medikamenten oder von medizinischen Hilfsmitteln, es sei denn, diese werden von der behandelnden Person im Rahmen einer Heilbehandlung verwendet;
  d. die Abgabe von selbst hergestellten oder zugekauften Prothesen und orthopädischen Apparaten, auch wenn diese im Rahmen einer Heilbehandlung erfolgt. Als Prothese gilt ein Körper-Ersatz, der ohne operativen Eingriff vom Körper entfernt und wieder eingesetzt oder angebracht werden kann;
  e. Massnahmen der Grundpflege; diese gelten als Pflegeleistungen nach Artikel 18 Ziffer 4 des Gesetzes.

Art. 3 Voraussetzung für die Anerkennung als Erbringer einer Heilbehandlung

¹ Heilbehandlungen sind nur dann von der Steuer ausgenommen, wenn der Leistungserbringer im Besitze der nach kantonalem Recht erforderlichen Bewilligung zur selbstständigen Berufsausübung ist oder wenn er zur Ausübung der Heilbehandlung nach der kantonalen Gesetzgebung zugelassen ist.

² Als Heil- und Pflegeberufe im Sinne dieser Bestimmung gelten namentlich:
  a. Ärzte und Ärztinnen;
  b. Zahnärzte und Zahnärztinnen;
  c. Zahnprothetiker und Zahnprothetikerinnen;
  d. Psychotherapeuten und Psychotherapeutinnen;
  e. Chiropraktoren und Chiropraktorinnen;
  f. Physiotherapeuten und Physiotherapeutinnen;
  g. Ergotherapeuten und Ergotherapeutinnen;
  h. Naturärzte, Naturärztinnen, Heilpraktiker, Heilpraktikerinnen, Naturheilpraktiker und Naturheilpraktikerinnen;
  i. Hebammen;
  j. Krankenschwestern und Krankenpfleger;
  k. medizinische Masseure und Masseusen;
  l. Logopäden und Logopädinnen;
  m. Ernährungsberater und Ernährungsberaterinnen;
  n. Podologen und Podologinnen.

Art. 4 Rechnungsstellung

1. In der Rechnung müssen, ausser bei Verrechnung von tarifvertraglich vereinbarten Pauschalen, die erbrachten Teilleistungen einzeln aufgeführt werden.
2. Aus der Umschreibung der erbrachten Teilleistungen muss schlüssig hervorgehen, ob die Voraussetzungen für eine Heilbehandlung gegeben sind oder nicht.
3. Sind die in den Absätzen 1 und 2 genannten Voraussetzungen nicht erfüllt, sind die steuerbaren Teilleistungen nach pflichtgemässem Ermessen zu schätzen.

3. Abschnitt: Kulturelle Dienstleistungen und Lieferungen
(Art. 18 Ziff. 14 und 16 MWSTG)

Art. 5

1. Als ausübende Künstlerinnen und Künstler im Sinne von Artikel 18 Ziffer 14 Buchstabe b des Gesetzes gelten die natürlichen Personen nach Artikel 33 Absatz 1 des Bundesgesetzes vom 9. Oktober 1992[2] über das Urheberrecht und verwandte Schutzrechte, soweit deren kulturelle Dienstleistungen dem Publikum unmittelbar erbracht oder von diesem unmittelbar wahrgenommen werden.
2. Als Urheberinnen und Urheber im Sinne von Artikel 18 Ziffer 16 des Gesetzes gelten Urheberinnen und Urheber von Werken im Sinne von Artikel 2 des Bundesgesetzes vom 9. Oktober 1992 über das Urheberrecht und verwandte Schutzrechte, soweit sie kulturelle Dienstleistungen und Lieferungen erbringen.

4. Abschnitt: Von der Steuer befreite Beförderungsleistungen
(Art. 19 Abs. 3 MWSTG)

Art. 6 Steuerbefreiung des internationalen Luftverkehrs

1. Von der Steuer sind befreit:
   a. Beförderungen im Luftverkehr, bei denen nur der Ankunfts- oder der Abflugort im Inland liegt;
   b. Beförderungen im Luftverkehr von einem ausländischen Flughafen zu einem anderen ausländischen Flughafen über inländisches Gebiet.
2. Inlandstrecken im internationalen Luftverkehr sind auch von der Steuer befreit, wenn der Flug im Inland lediglich durch eine technische Zwischenlandung oder zum Umsteigen auf den nächstmöglichen Anschlussflug unterbrochen wird.

Art. 7 Steuerbefreiung des internationalen Eisenbahnverkehrs

1. Beförderungen im grenzüberschreitenden Eisenbahnverkehr sind unter Vorbehalt des Absatzes 2 von der Steuer befreit, soweit es sich um Strecken handelt, wofür ein internationaler Fahrausweis besteht. Darunter fallen:
   a. Beförderungen auf Strecken, bei denen nur der Abgangs- oder der Ankunftsbahnhof im Inland liegt;
   b. Beförderungen auf inländischen Strecken, welche im Transit benutzt werden, um die im Ausland liegenden Abgangs- und Ankunftsbahnhöfe zu verbinden.

---
[2] SR 231.1

² Für eine Steuerbefreiung muss der Fahrpreisanteil der ausländischen Strecke grösser sein als die wegen der Steuerbefreiung entfallende Mehrwertsteuer.

³ Für den Verkauf von Pauschalfahrausweisen, namentlich Generalabonnementen und Halbtax-Abonnementen, welche ganz oder teilweise für steuerbefreite Beförderungen verwendet werden, wird keine Steuerbefreiung gewährt.

5. Abschnitt: Nicht zum Entgelt gehörende Beiträge
(Art. 33 Abs. 6 Bst. b und c MWSTG)

Art. 8

¹ Beiträge im Sinne von Artikel 33 Absatz 6 Buchstaben b oder c des Gesetzes zählen nicht zum Entgelt, wenn sie nicht im Rahmen eines Leistungsaustausches ausgerichtet werden.

² Kein Leistungsaustausch liegt vor, wenn der Beitragszahler vom Beitragsempfänger keine bestimmte Gegenleistung fordert, sondern die Beiträge lediglich zum Zwecke ausrichtet, den Beitragsempfänger zu einem bestimmten Verhalten zu veranlassen, das den wirtschafts-, wissenschafts- und sozialpolitischen oder ähnlichen Zielen des Beitragszahlers dient. Die Beitragsgewährung kann im Rahmen von Leistungsaufträgen mit Auflagen und Zielen verbunden sein und für den Beitragsempfänger die Verpflichtung enthalten, über seine Tätigkeit Rechenschaft abzulegen. Kein Leistungsaustausch liegt namentlich vor, wenn:

a. der Beitragszahler eine Tätigkeit des Beitragsempfängers bloss unterstützt, fördert oder zu ihrer Erhaltung beiträgt;

b. der Beitragszahler mit seiner Leistung bloss die Milderung oder den Ausgleich von finanziellen Lasten bezweckt, die sich aus der Erfüllung öffentlich-rechtlicher Aufgaben ergeben; oder

c. im Bereich von Forschungsbeiträgen dem Beitragszahler kein Exklusivanspruch auf die Resultate der Forschung zusteht.

6. Abschnitt: Kantonale Abgaben an Wasser-, Abwasser- oder Abfallfonds
(Art. 33 Abs. 6 Bst. d MWSTG)

Art. 9

¹ Die Betreiber von Entsorgungsanstalten und Wasserwerken haben die ihnen von einem kantonalen Wasser-, Abwasser- oder Abfallfonds in Rechnung gestellten Abgaben in den Preis für die Entsorgungs- oder Versorgungsleistungen einzurechnen. Unter der in Artikel 33 Absatz 6 Buchstabe d des Gesetzes genannten Voraussetzung können sie diese Abgaben in der Steuerabrechnung vom Entgelt in Abzug bringen. Dabei ist zu berücksichtigen, dass

a. der Fonds nicht alle eingenommenen Abgaben wieder ausrichtet und

b. die steuerpflichtigen Bezüger von Entsorgungsdienstleistungen und Wasserlieferungen die ihnen darauf in Rechnung gestellte Steuer vollumfänglich als Vorsteuer abgezogen haben.

² Die Eidgenössische Steuerverwaltung legt für jeden Fonds den Umfang des Abzuges in Prozenten fest, der für die einzelnen angeschlossenen Entsorgungsanstalten und Wasserwerke gilt.

³ Für die von solchen Fonds ausgerichteten Beiträge gilt die Bestimmung für Subventionen in Artikel 38 Absatz 8 des Gesetzes.

7. Abschnitt: Margenbesteuerung (Art. 35 MWSTG)

Art. 10 Gebrauchtgegenstand

¹ Als gebrauchter, individualisierbarer, beweglicher Gegenstand (Gebrauchtgegenstand) gilt ein Gegenstand, der nicht in Einzelteile zerlegt wird und in seinem derzeitigen Zustand oder nach seiner Instandsetzung erneut verwendbar ist.

² Nicht als Gebrauchtgegenstände gelten Edelmetalle der Zolltarifnummern[3] 7106 bis 7112 und Edelsteine der Zolltarifnummern 7102 bis 7105.

Art. 11 Kunstgegenstände, Sammlungsstücke und Antiquitäten

¹ Als Kunstgegenstände gelten:
  a. vom Künstler persönlich geschaffene Gemälde wie Ölgemälde, Aquarelle, Pastelle und Zeichnungen sowie Collagen und ähnliche dekorative Bildwerke; ausgenommen sind Baupläne und -zeichnungen, technische Zeichnungen und andere Pläne und Zeichnungen zu Gewerbe-, Handels-, topografischen oder ähnlichen Zwecken, bemalte oder verzierte gewerbliche Erzeugnisse, bemalte Gewebe für Theaterdekorationen, Atelierhintergründe oder dergleichen;
  b. Originalstiche, -schnitte und -steindrucke, die unmittelbar in begrenzter Zahl von einer oder mehreren vom Künstler vollständig handgearbeiteten Platten nach einem beliebigen, jedoch nicht mechanischen oder fotomechanischen Verfahren auf ein beliebiges Material in Schwarz-Weiss oder farbig abgezogen wurden;
  c. Originalerzeugnisse der Bildhauerkunst, aus Stoffen aller Art, sofern vollständig vom Künstler geschaffen; unter Aufsicht des Künstlers oder seiner Rechtsnachfolger hergestellte Bildgüsse bis zu einer Höchstzahl von acht Exemplaren;
  d. handgearbeitete Tapisserien und Textilwaren für Wandbekleidung nach Originalentwürfen von Künstlern, höchstens jedoch acht Kopien je Werk;
  e. Originalwerke aus Keramik, vollständig vom Künstler geschaffen und von ihm signiert;
  f. Werke der Emaillekunst, vollständig von Hand geschaffen, bis zu einer Höchstzahl von acht nummerierten und mit der Signatur des Künstlers oder des Kunstateliers versehenen Exemplaren; ausgenommen sind Erzeugnisse des Schmuckhandwerks, der Juwelier- und der Goldschmiedekunst;
  g. vom Künstler aufgenommene Fotografien, die von ihm oder unter seiner Überwachung abgezogen wurden und signiert sowie nummeriert sind; die Gesamtzahl der Abzüge darf, alle Formate und Trägermaterialien zusammengenommen, 30 nicht überschreiten.

² Als Sammlungsstücke gelten:
  a. Briefmarken, Stempelmarken, Steuerzeichen, Ersttagsbriefe, Ganzsachen und dergleichen, entwertet oder nicht entwertet, jedoch nicht zum Umlauf vorgesehen;

---
[3] SR 632.10 Anhang

b. zoologische, botanische, mineralogische oder anatomische Sammlungsstücke und Sammlungen; Sammlungsstücke von geschichtlichem, archäologischem, paläontologischem, völkerkundlichem oder münzkundlichem Wert.

³ Als Antiquitäten gelten andere Gegenstände als Kunstgegenstände und Sammlungsstücke, die mehr als 100 Jahre alt sind.

Art. 12 Bemessungsgrundlage

¹ Wendet der Wiederverkäufer die Margenbesteuerung an, so wird die Steuer auf der Differenz zwischen dem Ankaufs- und dem Verkaufspreis erhoben. Übersteigt der Ankaufspreis den Verkaufspreis, so ist weder eine Steuer geschuldet noch wird eine Steuer angerechnet.

² Als Verkaufspreis im Sinne von Absatz 1 gilt das Entgelt nach Artikel 33 Absatz 2 des Gesetzes.

³ Für den Ankaufspreis gilt Artikel 33 Absatz 2 des Gesetzes sinngemäss. Werden Gebrauchtgegenstände, Kunstgegenstände, Sammlungsstücke oder Antiquitäten durch den Wiederverkäufer eingeführt, so gilt als Ankaufspreis jener Wert, auf dem die Einfuhrsteuer erhoben wurde (Art. 76 des Gesetzes) zuzüglich der Einfuhrsteuer.

Art. 13 Margenbesteuerung bei zu einem Gesamtpreis erworbenen Gegenständen

¹ Die Margenbesteuerung ist auch anwendbar, wenn der Wiederverkäufer Gebrauchtgegenstände, Kunstgegenstände, Sammlungsstücke oder Antiquitäten zu einem Gesamtpreis erwirbt. In diesem Fall hat er für den Verkauf sämtlicher zu diesem Gesamtpreis erworbener Gegenstände die Margenbesteuerung anzuwenden.

² Die Entgelte aus dem Wiederverkauf von Gegenständen, die zu einem Gesamtpreis erworben wurden, sind in der Abrechnungsperiode, in der sie erzielt werden, zu deklarieren, aber soweit nicht zu versteuern, als sie diesen Gesamtpreis nicht übersteigen; den Gesamtpreis übersteigende Entgelte aus dem Wiederverkauf solcher Gegenstände unterliegen der Steuer.

³ Die Eidgenössische Steuerverwaltung kann Vereinfachungen vorsehen für steuerpflichtige Personen, deren steuerbarer Umsatz jährlich 500 000 Franken nicht übersteigt und die hauptsächlich Umsätze tätigen, wofür die Margenbesteuerung zulässig ist.

Art. 14 Ausschluss der Margenbesteuerung

¹ Die Ankaufsbelege müssen folgende Angaben enthalten:
a. Name und Adresse des Verkäufers;
b. Name und Adresse des Käufers;
c. Kaufdatum;
d. genaue Bezeichnung der Gegenstände;
e. Ankaufspreis.

² Sind die Angaben nach Absatz 1 nicht vollständig vorhanden oder wurde entgegen Artikel 37 Absatz 4 des Gesetzes in Verträgen, Rechnungen, Quittungen, Gutschriften und dergleichen auf die Steuer hingewiesen, ist das volle Entgelt zu versteuern.

Art. 15 Buchführung

¹ Wer die Margenbesteuerung anwendet, hat über die betreffenden Gegenstände eine detaillierte Einkaufs-, Lager- und Verkaufskontrolle zu führen. Bei zu einem Gesamtpreis erworbenen Gegenständen sind pro Gesamtheit separate Aufzeichnungen zu

führen. Die Eidgenössische Steuerverwaltung kann hierüber nähere Bestimmungen erlassen.

² Wird neben der Margenbesteuerung die Besteuerung nach den allgemeinen Vorschriften angewendet, so sind getrennte Aufzeichnungen zu führen.

³ Die in diesem Abschnitt erwähnten Belege und Aufzeichnungen sind nach Artikel 58 Absatz 2 des Gesetzes aufzubewahren. Handelt es sich um Gegenstände, die zu einem Gesamtpreis erworben worden sind, beginnt diese Aufbewahrungsfrist mit dem Verkauf des letzten Gegenstandes zu laufen.

8. Abschnitt: Automatisierte Registratur und Dokumentation (Art. 53 Abs. 2 MWSTG)

Art. 16 Datenerfassung und Beweiskraft

¹ Die Eidgenössische Steuerverwaltung ist zur Bearbeitung derjenigen Daten und Informationen befugt, die sie zur Erfüllung ihrer gesetzlichen Aufgaben benötigt, namentlich um:
  a. die Steuerpflicht von Personen, Anstalten, Gesellschaften und Personengesamtheiten festzustellen (Daten und Informationen über Namen, Rechtsform, Handelsregistereintrag, Geburts- oder Gründungszeitpunkt, Adresse, Wohn- und Geschäftssitz, Heimatort, Art der Geschäftstätigkeit, erzielte oder voraussichtliche Umsätze, Eintragungs- und Löschungszeitpunkt);
  b. die steuerbaren Umsätze festzustellen sowie die darauf geschuldete Steuer und die abziehbaren Vorsteuern zu erheben und zu überprüfen (Daten und Informationen aus Geschäftsbüchern, Belegen, Geschäftspapieren und sonstigen Aufzeichnungen, Steuerabrechnungen und Korrespondenzen);
  c. die als von der Steuer ausgenommen geltend gemachten Umsätze zu überprüfen (Daten und Informationen aus Geschäftsbüchern, Belegen, Geschäftspapieren und sonstigen Aufzeichnungen, Steuerabrechnungen und Korrespondenzen);
  d. die Steuerbefreiung von Umsätzen, die von Gesetzes wegen der Steuer unterliegen oder kraft Option steuerbar sind, zu überprüfen (Daten und Informationen aus Geschäftspapieren und Belegen, namentlich Ein- und Ausfuhrnachweisen sowie Nachweisen über den Ort der Leistungserbringung);
  e. den Bezug der geschuldeten Steuern bei den steuerpflichtigen und mithaftenden Personen sicherzustellen (Daten und Informationen über Betreibungs-, Konkurs- und Arrestverfahren, über Vermögensverhältnisse wie namentlich Barschaft, Post- und Bankkonten, Wertpapiere, Liegenschaften und sonstige bewegliche Wertsachen sowie unverteilte Erbschaften);
  f. bei Widerhandlungen administrative oder strafrechtliche Sanktionen zu verhängen und zu vollstrecken (Daten und Informationen über die in Administrativ- und Strafverfahren festgestellten Widerhandlungen sowie über die Strafzumessungsgründe wie namentlich die Einkommens- und Vermögensverhältnisse);
  g. die für die Steuererhebung nötigen Statistiken zu führen (Daten und Informationen, namentlich über betriebswirtschaftliche Zahlen).

² Sie kann Daten und Informationen, die sie selbst erhebt oder zusammenstellt oder aber von Verfahrensbeteiligten, Drittpersonen oder Behörden erhält, in elektronischer oder vergleichbarer Weise erstellen und aufbewahren, sofern sie jederzeit lesbar gemacht und nicht abgeändert werden können.

³ Von der Eidgenössischen Steuerverwaltung in elektronischer oder vergleichbarer Weise aufbewahrte Daten und Informationen nach Absatz 1 haben die gleiche Beweiskraft wie Aufzeichnungen, die ohne Hilfsmittel lesbar sind.

⁴ Besondere gesetzliche Regelungen, welche die Einreichung oder Aufbewahrung von Daten und Informationen in einer besonderen Form verlangen, bleiben vorbehalten.

⁵ Die Bearbeitung von Daten und Informationen richtet sich nach dem Bundesgesetz vom 19. Juni 1992[4] über den Datenschutz und der Verordnung vom 14. Juni 1993[5] zum Bundesgesetz über den Datenschutz. Abweichende Bestimmungen des Bundesgesetzes vom 2. September 1999[6] über die Mehrwertsteuer, des Bundesgesetzes vom 20. Dezember 1968[7] über das Verwaltungsverfahren und des Bundesgesetzes vom 22. März 1974[8] über das Verwaltungsstrafrecht, insbesondere betreffend das Beschaffen der Daten, gehen vor.

Art. 17 Organisation und Betrieb

Das Eidgenössische Finanzdepartement regelt die Organisation und den Betrieb der von der Eidgenössischen Steuerverwaltung betriebenen automatisierten Registratur und Entscheiddokumentation.

Art. 18 Zugriff, Bearbeitungsberechtigung und Datensicherheit

¹ Die automatisierte Registrierung und Dokumentation von Daten erfolgt im Rahmen der Erfüllung der gesetzlich vorgeschriebenen Aufgaben ausschliesslich durch Mitarbeiter der Eidgenössischen Steuerverwaltung oder durch von ihr kontrolliertes Fachpersonal.

² Für die Gewährleistung der Datensicherheit gelten die Verordnung vom 10. Juni 1991[9] über den Schutz der Informatiksysteme und -anwendungen in der Bundesverwaltung, die darauf gestützten Informatiksicherheitsanweisungen des Bundesamtes für Informatik und Telekommunikation und die Verordnung vom 14. Juni 1993[10] zum Bundesgesetz über den Datenschutz.

Art. 19 Aufbewahrungsdauer, Löschung und Archivierung der Daten

¹ Die Daten und Informationen sind, unter Vorbehalt der Absätze 2 und 3, höchstens bis zum Ablauf der in Artikel 58 Absatz 2 des Gesetzes festgesetzten Fristen aufzubewahren.

² Daten und Informationen, die im Zusammenhang mit der Einleitung oder der Führung hängiger Verfahren stehen, sind immer bis zur rechtskräftigen Erledigung dieser Verfahren mit Einschluss des Steuerbezuges und der Vollstreckung von Sanktionen aufzubewahren.

³ Bei der Löschung von Daten und Informationen ist die Anbietepflicht gegenüber dem Bundesarchiv nach Artikel 6 des Archivierungsgesetzes vom 26. Juni 1998[11] zu beachten.

---

[4] SR 235.1
[5] SR 235.11
[6] SR 641.20
[7] SR 172.021
[8] SR 313.0
[9] SR 172.010.58
[10] SR 235.11
[11] SR 152.1

9. Abschnitt: Entlastung von der Mehrwertsteuer für diplomatische Missionen, ständige Missionen, konsularische Posten und internationale Organisationen sowie bestimmte Kategorien von Personen
(Art. 90 Abs. 2 Bst. a MWSTG)

Art. 20 Anspruchsberechtigung für die Steuerentlastung

¹ Anspruch auf Steuerentlastung haben:
   a. diplomatische Missionen, ständige Missionen, konsularische Posten und internationale Organisationen (begünstigte Einrichtungen);
   b. diplomatische Vertreter, Konsularbeamte und Hohe Beamte internationaler Organisationen (begünstigte Personen). Dazu zählen auch die unter dem Titel der Familienzusammenführung aufgenommenen Familienangehörigen der genannten Personen, sofern sie denselben diplomatischen Status wie diese geniessen.

² Keinen Anspruch auf Steuerentlastung haben Personen mit Schweizer Bürgerrecht.

³ Die Entlastung von der Mehrwertsteuer wird durch die Steuerbefreiung nach den Artikeln 22 und 23 (Steuerbefreiung an der Quelle) und ausnahmsweise durch die Rückerstattung nach Artikel 24 bewirkt.

Art. 21 Begriffe

¹ Als internationale Organisationen gelten:
   a. zwischenstaatliche Organisationen, die mit dem schweizerischen Bundesrat ein Sitzabkommen oder ein Steuerabkommen, das die Befreiung von indirekten Steuern vorsieht, geschlossen haben;
   b. durch den Errichtungsakt, ein Protokoll über die Privilegien oder Immunitäten oder sonstige internationale Abkommen von den indirekten Steuern befreite internationale Organisationen.

² Als ständige Missionen gelten:
   a. die ständigen Missionen bei den Vereinten Nationen und anderen internationalen Organisationen;
   b. die ständigen Missionen bei der Welthandelsorganisation;
   c. die ständigen Vertretungen bei der Abrüstungskonferenz;
   d. die ständigen Delegationen von internationalen Organisationen bei den internationalen Organisationen;
   e. die Beobachtungsbüros und ihnen Gleichgestellte;
   f. die Sondermissionen in Genf.

³ Als Hohe Beamte internationaler Organisationen gelten deren Beamte, die in der Schweiz diplomatischen Status geniessen.

Art. 22 Steuerbefreiung

¹ Von der Steuer befreit sind:
   a. die Lieferungen von Gegenständen und die Dienstleistungen im Inland durch steuerpflichtige Personen an begünstigte Einrichtungen und begünstigte Personen;

b. der Bezug von Dienstleistungen von Unternehmen mit Sitz im Ausland durch begünstigte Einrichtungen und begünstigte Personen.

² Die Steuerbefreiung gilt nur für Lieferungen und Dienstleistungen:

a. an begünstigte Personen, wenn sie ausschliesslich zum persönlichen Gebrauch bestimmt sind:

b. an begünstigte Einrichtungen, wenn sie ausschliesslich zum amtlichen Gebrauch bestimmt sind.

Art. 23 Voraussetzungen für die Steuerbefreiung

¹ Eine begünstigte Einrichtung, welche die Steuerbefreiung beanspruchen will, muss vor jedem Bezug von Gegenständen und Dienstleistungen auf dem amtlichen Formular bescheinigen, dass die bezogenen Leistungen zum amtlichen Gebrauch bestimmt sind.

² Eine begünstigte Person, welche die Steuerbefreiung beanspruchen will, muss sich vor jedem Bezug von Gegenständen und Dienstleistungen auf dem amtlichen Formular durch die Einrichtung, der sie angehört, bescheinigen lassen, dass sie den Status nach Artikel 20 Absatz 1 Buchstabe b geniesst, der sie zum steuerfreien Bezug berechtigt. Die begünstigte Person hat das eigenhändig unterzeichnete amtliche Formular dem Leistungserbringer zu übergeben und sich bei jedem Bezug von Gegenständen und Dienstleistungen mittels der von der zuständigen eidgenössischen Behörde ausgestellten Legitimationskarte auszuweisen.

³ Die Steuerbefreiung nach Artikel 22 Absatz 1 Buchstabe a kann nur in Anspruch genommen werden, wenn der effektive Bezugspreis der in der Rechnung oder einem gleichwertigen Dokument ausgewiesenen Lieferungen von Gegenständen und Dienstleistungen insgesamt mindestens 100 Franken (inkl. Steuer) beträgt. Dieser Mindestbetrag gilt nicht für Telekommunikationsdienstleistungen nach Artikel 1 sowie für Lieferungen von Wasser in Leitungen, Gas und Elektrizität durch Versorgungsbetriebe.

Art. 24 Steuerrückerstattung

¹ In begründeten Einzelfällen kann die Eidgenössische Steuerverwaltung ausnahmsweise auf Antrag bereits bezahlte Steuerbeträge, für die ein Anspruch auf Steuerbefreiung besteht, zurückerstatten; sie kann hiefür, im Einvernehmen mit dem Eidgenössischen Departement für auswärtige Angelegenheiten, eine Bearbeitungsgebühr erheben.

² Für die Steuerrückerstattung gilt Artikel 23 Absatz 3 sinngemäss.

³ Eine begünstigte Einrichtung kann pro Kalenderjahr höchstens zwei Anträge auf Steuerrückerstattung auf dem amtlichen Formular der Eidgenössischen Steuerverwaltung stellen.

⁴ Begünstigte Personen können pro Kalenderjahr höchstens einen Antrag auf Steuerrückerstattung stellen. Die Anträge der begünstigten Personen sind durch die Einrichtung, der sie angehören, zur einmaligen jährlichen Einreichung zusammenzustellen.

⁵ Die Eidgenössische Steuerverwaltung kann, im Einvernehmen mit dem Eidgenössischen Departement für auswärtige Angelegenheiten, einen Mindestrückerstattungsbetrag pro Antrag festsetzen. Auf Rückerstattungsbeträgen wird kein Vergütungszins ausgerichtet.

Art. 25 Aufbewahrungspflicht

Die steuerpflichtige Person hat die verwendeten amtlichen Formulare im Original zusammen mit den übrigen Belegen vollständig nach Artikel 58 Absatz 2 des Gesetzes aufzubewahren. Bezüglich elektronisch übermittelter und aufbewahrter amtlicher Formulare finden die Bestimmungen der Artikel 43–45 sinngemäss Anwendung.

Art. 26 Vorsteuerabzug

Die Steuer auf den Lieferungen und den Einfuhren von Gegenständen sowie den Dienstleistungen, die zur Bewirkung von steuerbaren Lieferungen von Gegenständen und steuerbaren Dienstleistungen an begünstigte Einrichtungen und begünstigte Personen verwendet werden, kann als Vorsteuer abgezogen werden.

Art. 27 Steuernachbezug und Widerhandlungen

[1] Sind die Voraussetzungen der Steuerbefreiung nach den Artikeln 22 und 23 nicht gegeben oder entfallen sie nachträglich, ist in Fällen der Steuerbefreiung nach Artikel 22 Absatz 1 Buchstabe a die begünstigte Einrichtung oder Person verpflichtet, der steuerpflichtigen Person den auf die Steuer entfallenden Betrag zu bezahlen. Ist dieser Betrag nicht einbringlich, wird er von der steuerpflichtigen Person geschuldet, sofern diese ein Verschulden trifft. Beim Bezug von Dienstleistungen von Unternehmen mit Sitz im Ausland sind die begünstigten Einrichtungen und Personen verpflichtet, die Steuer nachzuentrichten.

[2] Die Bestimmungen der Wiener Übereinkommen vom 18. April 1961[12] über diplomatische Beziehungen und vom 24. April 1963[13] über konsularische Beziehungen sowie der Sitzabkommen bleiben vorbehalten.

10. Abschnitt: Vergütung der Mehrwertsteuer an Abnehmer mit Wohn- oder Geschäftssitz im Ausland (Art. 90 Abs. 2 Bst. b MWSTG)

Art. 28 Anspruchsberechtigte

[1] Anspruch auf Steuervergütung hat, wer Gegenstände einführt oder sich im Inland Leistungen der in den Artikeln 6 und 7 des Gesetzes genannten Arten gegen Entgelt erbringen lässt und zudem:
 a. Wohn- oder Geschäftssitz im Ausland hat, wobei der Ort, an welchem eine Betriebsstätte geführt wird, einem Geschäftssitz gleichgestellt ist;
 b. im Inland keine Gegenstände liefert oder, unter Vorbehalt von Absatz 2, im Inland keine Dienstleistungen erbringt;
 c. im Land seines Wohn- oder Geschäftssitzes seine Unternehmereigenschaft nachweist.

[2] Der Anspruch auf Steuervergütung bleibt gewahrt, wenn der Gesuchsteller nur:
 a. Beförderungen besorgt, die nach Artikel 19 Absatz 2 Ziffern 5 und 6 des Gesetzes von der Steuer befreit sind; oder
 b. Dienstleistungen erbringt, für die der Empfänger nach den Artikeln 10 Buchstabe a und 24 des Gesetzes die Steuer zu entrichten hat.

[3] Die Steuervergütung setzt überdies voraus, dass der Staat des Wohn- oder Geschäftssitzes des Antragstellers ein entsprechendes Gegenrecht gewährt.

---

[12] SR 0.191.01
[13] SR 0.191.02

Art. 29 Umfang der Steuervergütung

1. Die bezahlte Steuer wird vergütet, sofern die bezogenen Leistungen der Erzielung von Umsätzen dienen, die in der Schweiz von Gesetzes wegen der Mehrwertsteuer unterliegen würden oder für welche eine Steuerbefreiung nach Artikel 19 des Gesetzes zur Anwendung käme.
2. Dienen die bezogenen Gegenstände und Dienstleistungen sowohl der Erzielung steuerbarer Umsätze als auch anderen Zwecken, so ist die Vergütung nach dem Verhältnis der Verwendung zu kürzen.
3. Für Leistungen, die nicht für einen geschäftlich begründeten Zweck im Sinne des Artikels 38 Absatz 2 des Gesetzes verwendet werden, besteht kein Vergütungsanspruch. Für Leistungen, die nach Artikel 38 Absatz 5 des Gesetzes zu 50 Prozent zum Vorsteuerabzug zugelassen sind, ist die Vergütung der bezahlten Steuern auch nur in diesem Umfang zulässig.
4. Reisebüros mit Sitz im Ausland haben keinen Anspruch auf Vergütung der Steuern, die ihnen im Inland beim Bezug von Lieferungen und Dienstleistungen, welche sie als solche den Kunden weiterfakturieren, in Rechnung gestellt worden sind.
5. Rückzahlbare Steuern werden nur vergütet, wenn deren Betrag in einem Kalenderjahr mindestens 500 Franken erreicht.

Art. 30 Vergütungsperiode

Vergütungsanträge sind innerhalb von sechs Monaten nach Ablauf des Kalenderjahres zu stellen, in dem für die erbrachte Leistung eine den Anspruch auf Vergütung begründende Rechnung gestellt wurde.

Art. 31 Verfahren

1. Die Anträge auf Steuervergütung sind mit den notwendigen Unterlagen nach Artikel 37 des Gesetzes an die Eidgenössische Steuerverwaltung zu richten.
2. Der Gesuchsteller hat einen Vertreter mit Wohn- oder Geschäftssitz in der Schweiz zu bestellen.

11. Abschnitt: Druckerzeugnisse und Medikamente (Art. 90 Abs. 2 Bst. c MWSTG)

Art. 32 Bücher

Als Bücher gelten Druckerzeugnisse, die folgende Voraussetzungen erfüllen:
    a. Sie weisen einen Inhalt religiöser, literarischer, künstlerischer, unterhaltender, erzieherischer, belehrender, informierender, technischer oder wissenschaftlicher Art auf; sie dürfen jedoch nicht Werbezwecken dienen.
    b. Sie weisen Buch-, Broschüren- oder Loseblattform auf.
    c. Sie weisen mindestens 16 Seiten auf, mit Ausnahme von Kinderbüchern, gedruckten Musikalien und Teilen zu Loseblattwerken.

Art. 33 Zeitungen und Zeitschriften

1. Als Zeitungen oder Zeitschriften gelten Druckerzeugnisse, die mindestens zweimal pro Jahr erscheinen, einen gleich bleibenden Titel tragen, eine fortlaufende Nummerierung

sowie die Angabe des Erscheinungsdatums und der Erscheinungsweise enthalten und der laufenden Orientierung über Wissenswertes oder der Unterhaltung dienen.

² Nicht als Zeitungen und Zeitschriften gelten Druckerzeugnisse, die Werbezwecken dienen.

Art. 34 Werbezwecke

Ein Druckerzeugnis dient Werbezwecken, wenn sein Inhalt dazu bestimmt ist, eine geschäftliche Tätigkeit des Herausgebers oder der hinter diesem stehenden Dritten deutlich anzupreisen.

Art. 35 Medikamente

Als Medikamente im Sinne von Artikel 36 Absatz 1 Buchstabe a Ziffer 8 des Gesetzes gelten:

a. pharmazeutische Spezialitäten, deren Abgabe im Detailhandel nach den Abgrenzungskriterien der Interkantonalen Kontrollstelle für Heilmittel (IKS) nur in Apotheken und Drogerien zulässig ist (konfektionierte Arzneimittel nach Liste A-D sowie Hausspezialitäten);

b. im Voraus serienmässig konfektionierte, in gebrauchsfertiger Form im Handel erhältliche und den Richtlinien der IKS entsprechende homöopathische und anthroposophische Medikamente;

c. Magistralrezepturen klassischer oder komplementärmedizinischer Art im engeren Sinn, die zur Verhütung, Erkennung (in vivo) oder Behandlung der Krankheiten von Mensch und Tier verwendet werden;

d. Blutprodukte (Blutderivate und Blutkomponenten), die aus menschlichem oder tierischem Vollblut gewonnen werden und für die unmittelbare Anwendung am Menschen oder Tier bestimmt sind;

e. immunbiologische Erzeugnisse, die zur Verhütung, Erkennung (in vivo) oder Behandlung von übertragbaren Krankheiten des Menschen oder des Tiers verwendet werden und beim Bundesamt für Gesundheit oder beim Bundesamt für Veterinärwesen registriert sind;

f. Diagnostica (Reagenzien), die für die Erkennung krankhafter oder störender Erscheinungen unmittelbar an Mensch oder Tier innerlich oder äusserlich appliziert werden (in vivo);

g. radioaktive Isotope, die für medizinische Zwecke bestimmt sind.

12. Abschnitt: Münz- und Feingold (Art. 90 Abs. 2 Bst. d MWSTG)

Art. 36 Steuerbefreiung

¹ Von der Steuer sind befreit die Umsätze und die Einfuhren von:

a. staatlich geprägten Goldmünzen der Zolltarifnummern[14] 7118.9010 und 9705.0000;

b. Bankengold in Form von:
  1. Barren im Mindestfeingehalt von 995 Tausendsteln,
  2. Granalien im Mindestfeingehalt von 995 Tausendsteln, die von einem anerkannten Prüfer-Schmelzer verpackt und versiegelt wurden;

---

[14] SR 632.10 Anhang

c. Gold in Rohform oder in Form von Halbzeug, das zur Raffination oder Wiedergewinnung bestimmt ist;
   d. Gold in Form von Abfällen und Schrott.
² Als Gold im Sinne des Absatzes 1 Buchstaben c und d gelten auch Legierungen, die zwei oder mehr Gewichtsprozent Gold oder, wenn Platin enthalten ist, mehr Gold als Platin aufweisen.

Art. 37 Vorsteuerabzug

Die Steuer auf den Lieferungen und den Einfuhren von Gegenständen sowie auf den Dienstleistungen, die für Umsätze und Einfuhren nach Artikel 36 verwendet werden, kann als Vorsteuer abgezogen werden.

13. Abschnitt: Verlagerung der Steuerentrichtung (Art. 90 Abs. 2 Bst. e MWSTG)

Art. 38 Verlagerung der Entrichtung der Steuer auf der Einfuhr

¹ Die steuerpflichtige Person, welche die auf der Einfuhr von Gegenständen geschuldete Steuer nicht der Eidgenössischen Zollverwaltung entrichten, sondern sie in der periodischen Steuerabrechnung mit der Eidgenössischen Steuerverwaltung deklarieren und als Vorsteuer abziehen will, bedarf hierzu einer Bewilligung.

² Die Bewilligung wird von der Eidgenössischen Steuerverwaltung erteilt.

³ Bestehen Zweifel darüber, ob die Voraussetzungen für die Verlagerung der Einfuhrsteuer erfüllt sind, erhebt die Eidgenössische Zollverwaltung die Steuer.

⁴ Die Eidgenössische Steuerverwaltung regelt den Vollzug im Einvernehmen mit der Eidgenössischen Zollverwaltung.

Art. 39 Bewilligungsvoraussetzungen

¹ Die Bewilligung wird erteilt, wenn die steuerpflichtige Person nebeneinander folgende Voraussetzungen erfüllt:
   a. Sie rechnet die Mehrwertsteuer nach der effektiven Methode ab.
   b. Sie importiert und exportiert im Rahmen ihrer steuerbaren Tätigkeit regelmässig Gegenstände.
   c. Sie führt über diese Gegenstände eine detaillierte Einfuhr-, Lager- und Ausfuhrkontrolle.
   d. Sie weist in ihren periodischen Steuerabrechnungen mit der Eidgenössischen Steuerverwaltung regelmässig Vorsteuerüberschüsse aus Ein- und Ausfuhren von Gegenständen nach Buchstabe b von mehr als 50 000 Franken pro Jahr aus, welche aus der Entrichtung der Einfuhrsteuer an die Eidgenössische Zollverwaltung herrühren.
   e. Sie bietet Gewähr für einen ordnungsgemässen Ablauf des Verfahrens und hat keine Widerhandlungen gegen die Steuervorschriften begangen.
² Die Bewilligung kann von der Sicherstellung der mutmasslichen Ansprüche abhängig gemacht werden.

Art. 40 Wegfall der Bewilligungsvoraussetzungen

Fällt eine der Voraussetzungen der Bewilligung weg, so hat die steuerpflichtige Person die Eidgenössische Steuerverwaltung unverzüglich schriftlich zu benachrichtigen.

Art. 41 Entzug der Bewilligung

1. Die Bewilligung wird entzogen, wenn die steuerpflichtige Person nicht mehr Gewähr für einen ordnungsgemässen Ablauf des Verfahrens bietet oder wenn sie Widerhandlungen gegen die Steuervorschriften begangen hat. In leichten Fällen kann der Fortbestand der Bewilligung von der Sicherstellung der mutmasslichen Ansprüche abhängig gemacht werden.
2. Innerhalb von fünf Jahren nach Ablauf des Jahres, in dem ein Entzug in Rechtskraft erwachsen ist, kann keine neue Bewilligung erteilt werden.

Art. 42 Nichterhebung der Inlandumsatzsteuer

1. Soweit Gegenstände im Sinne von Artikel 39 Absatz 1 Buchstabe b nach der Einfuhr im Inland noch bearbeitet oder verarbeitet werden, kann der steuerpflichtigen Person bewilligt werden, die bearbeiteten oder verarbeiteten Gegenstände ohne Berechnung der Steuer an andere steuerpflichtige Personen zu liefern.
2. Die Artikel 39, 40 und 41 sind sinngemäss anwendbar.

14. Abschnitt: Papierlose Übermittlung und Aufbewahrung von Daten und Informationen durch Dritte (Art. 90 Abs. 2 Bst. h MWSTG)

Art. 43 Beweiskraft

1. Elektronisch oder in vergleichbarer Weise übermittelte und aufbewahrte Daten und Informationen, die für den Vorsteuerabzug, die Steuererhebung oder den Steuerbezug relevant sind, haben die gleiche Beweiskraft wie Daten und Informationen, die ohne Hilfsmittel lesbar sind, sofern folgende Voraussetzungen erfüllt sind:
    a. Nachweis des Ursprungs;
    b. Nachweis der Integrität;
    c. Nichtabstreitbarkeit von Versand und Empfang.
2. Besondere gesetzliche Bestimmungen, welche die Übermittlung oder Aufbewahrung der genannten Daten und Informationen in einer qualifizierten Form vorschreiben, bleiben vorbehalten.

Art. 44 Wiedergabe

1. Steuerpflichtige Personen, die für den Vorsteuerabzug, die Steuererhebung oder den Steuerbezug relevante Daten und Informationen elektronisch oder in vergleichbarer Weise übermitteln, empfangen und aufbewahren, haben sicherzustellen, dass diese während der gesetzlichen Aufbewahrungsfrist jederzeit lesbar gemacht werden können. Die steuerpflichtige Person hat die dazu erforderlichen Mittel zur Verfügung zu stellen. Sie hat der Eidgenössischen Steuerverwaltung auf Verlangen den direkten Zugriff auf die elektronisch oder in vergleichbarer Weise aufbewahrten Daten zu ermöglichen.
2. Bezüglich elektronisch oder in vergleichbarer Weise geführter und aufbewahrter Geschäftsbücher, Buchungsbelege und Geschäftskorrespondenz sind die Vorschriften des Artikels 957 des Obligationenrechts (OR)[15] sinngemäss anwendbar.

[15] SR 220

Art. 45 Ausführungsbestimmungen

Das Eidgenössische Finanzdepartement ist zuständig, Bestimmungen technischer, organisatorischer und verfahrenstechnischer Natur zu erlassen, um die Sicherheit und Kontrolle elektronisch oder in vergleichbarer Weise übermittelter und aufbewahrter Daten und Informationen nach den Bestimmungen dieses Abschnitts angemessen zu gewährleisten.

15. Abschnitt: Schlussbestimmungen

Art. 46 Aufhebung bisherigen Rechts

Es werden aufgehoben:
  a. die Verordnung vom 26. Juni 1995[16] über die Entlastung von der Mehrwertsteuer für diplomatische Missionen, ständige Missionen, konsularische Posten und internationale Organisationen sowie bestimmte Kategorien von Personen;
  b. die Verordnung vom 14. Dezember 1994[17] über die Erstattung der Mehrwertsteuer an Abnehmer mit Wohn- oder Geschäftssitz im Ausland;
  c. die Verordnung vom 14. Dezember 1994[18] über die Umschreibung der zum reduzierten Satz besteuerten Gegenstände;
  d. die Verordnung vom 14. Dezember 1994[19] über die Besteuerung der Umsätze und der Einfuhr von Münz- und Feingold;
  e. die Verordnung vom 14. Dezember 1994[20] über die Verlagerung der Steuerentrichtung.

Art. 47 Übergangsbestimmung

Bis zum Inkrafttreten der vom Eidgenössischen Finanzdepartement zu erlassenden Ausführungsbestimmungen über die elektronische Übermittlung und Aufbewahrung von Daten und Informationen haben die steuerpflichtigen Personen keinen Anspruch darauf, Buchungsbelege, die für den Vorsteuerabzug, die Steuererhebung oder den Steuerbezug relevant sind, ausschliesslich auf elektronischem Weg oder in vergleichbarer Weise zu übermitteln, zu empfangen oder aufzubewahren.

Art. 48 Inkrafttreten

Diese Verordnung tritt am 1. Januar 2001 in Kraft.

29. März 2000   Im Namen des Schweizerischen Bundesrates
                       Der Bundespräsident: Adolf Ogi
                       Die Bundeskanzlerin: Annemarie Huber-Hotz

---

[16] AS 1995 2888
[17] AS 1994 3162
[18] AS 1994 3164
[19] AS 1994 3166
[20] AS 1994 3168

11.6 SACHREGISTER

Seitenzahl, **Artikel MWStG**

Abgaben, öffentlich-rechtliche 78, 119, 121, 145, 223, **23, 33, 37, 90**
Abgrenzung Lieferungen/ Dienstleistungen 29
Abholreihengeschäft (Export) 54
Abklärung Steuerpflicht 101
Abmeldung als steuerpflichtige Person 198, **56**
Abrechnungsarten 108, 186, **44**
Abrechnungsformular 188, 189
Abrechnungsperiode 187, **45**
Abrechnungssätze 16, 137
Abtretung von Entgelten 121
Alkoholische Getränke, Steuersatz 138, 152, 160, **36**
Allphasensystem mit Vorsteuerabzug 19
Altersheim (Ausnahmeliste) 43, 87, **18, 26**
Amtliche Wertzeichen (Ausnahmeliste) 46, 87, **18, 26**
Amtshilfe 207, **54, 55**
Ankaufsbelege (Margenbesteuerung) 134, 165, 166
Anlagefonds (Ausnahmeliste) 45, **18**
Anlagekosten 128, 130
Anmeldung als steuerpflichtige Person 102, 198, **56**
Annäherungsweise Ermittlung 206, **58**
Antrag auf Abrechnung nach vereinnahmten Entgelten 108, 186, **44**
Antrag auf Option für die Versteuerung ausgenommener Umsätze (ohne Immobilien) 88
Antrag auf Option für die Versteuerung von Immobilien 93
Antrag zur Anwendung von Pauschalsteuersätzen 110
Antrag zur Anwendung der Saldosteuersatzmethode 109
Arbeiten an Bauwerken (Eigenverbrauch) 30, 32, 40, 62, 123, 128, 247, **6, 9, 15, 34**
Arbeiten an Gegenständen 30, **6**
Architekturarbeiten, Ort der Dienstleistung 36, 37, **14**
Archiven, Dienstleistungen (Ausnahmeliste) 44, 87, **18, 26**
Ärzte (Ausnahmeliste) 42, 87, **18, 26**
Aufbewahrungsfrist 206, 235, **53, 58**
Aufnahme / Aufgabe einer steuerbaren Tätigkeit 98, 113, 115, **28, 29, 32**

Aufwand, geschäftlich nicht begründet 171, 173, **38, 39**
Aufwendungen wertvermehrend / werterhaltend 237, 238
Aufwendungen zwecks Vermietung und Verkauf von Liegenschaften 130
Ausbildung, Fortbildung, Erziehung (Ausnahmeliste) 43, 87, **18, 26**
Ausfuhr direkt, Begriff 49, **19**
Ausfuhr im Reisenden- und Grenzverkehr 49, 223, **90**
Ausfuhr, Nachweis 49, **20**
Ausführungsbestimmungen 223, **90**
Ausgenommene Umsätze 41, 87, 138, 175, 223, **18, 26, 36, 41, 90**
Auskunftspflicht der steuerpflichtigen Personen 198, 208, **57, 62**
Auskunftspflicht Dritter 208, **61**
Ausland, Befördern oder Versenden von Gegenständen 48, 51, **19**
Ausland, Bezug von Dienstleistungen 27, 29, 34, 66, 86, 98, 198, **5, 10, 24, 25, 28, 56**
Ausland, Dienstleistungen 29, 36, 48, 50, 52, 56, 141, **14, 19, 20**
Ausland, Lieferungen 29, 48, 141, **19, 59**
Ausland, Reihengeschäft 53, **19, 20**
Auslandleistungen 29, 48, 141
Ausländisches Gebiet 28, **3**
Ausnahmeliste 42, 87, **18, 26**
Ausnahmen von der Steuerpflicht 66, **25**
Austauschreparaturen, Bemessungsgrundlage 120, **33**
Autogewerbe 136, 150, 166, 167
Automatisierte Registratur und Dokumentation 223, **53, 90**

Bankbürgschaft, Sicherungsmassnahmen 211, **70, 71**
Banken (Ausnahmeliste) 44, **18**
Bankgeheimnis 208, **62**
Bankkredite 44, **18**
Banknoten (Ausnahmeliste) 45, 216, **18, 74**
Baugesellschaften, 62, 76, 128, 149, **21**
Baugewerbe 128
Baukonto 130
Bauleistungen 30, 32, 37, 62, 123, 128, **6, 9, 14, 34**

11 Anhang

Bauwerke für den Verkauf oder die Vermietung, Arbeiten an 30, 32, 40, 62, 123, 128, 247, *6, 9, 15, 34*
Bauzinsen 130, 131
Beendigung der Steuerpflicht 113, 115, *29, 32*
Befördern oder Versenden von Gegenständen ins Ausland 35, 37, 48, 51, *13, 14, 19*
Beförderungen im Luftverkehr 36, 51, 223, *14, 20, 90*
Beförderungen von Briefpost, Zeitungen 42, 87, *18, 26*
Beförderungen von kranken, verletzten, invaliden Personen 42, 87, *18, 26*
Beförderungsleistungen, Ort 35, 36, 37, 48, 51, 223, *13, 14, 19, 20, 90*
Beförderungs- resp. Versandreihengeschäft (Export) 53
Befreite Umsätze 47, 48, 223, *19, 90*
Beginn der Steuerpflicht 98, *28*
Beherbergungsleistungen (Sondersatz) 15, 45, 72, 92, 139, 160, *18, 36, 95*
Behörden 207, 217, *52, 82*
Beiträge der öffentlichen Hand 121, 175, 178, *33, 38, 41*
Belege 52, 134, 145, 206, 208, 235, *35, 37, 58, 62*
Bemessungsgrundlage 119, 122, 133, 219, *33, 34, 35, 76*
Berechnung und Überwälzung der Steuer 118, 219, *33, 76*
Berufsgeheimnis 208, *61*
Beschwerde an die Eidg. Steuerrekurskommission 210, *65*
Bestätigung des Lieferanten 164
Bestellung und Übertragung von dinglichen Rechten an Grundstücken 45, 87, 156, 232, *18, 26*
Bestimmungsland 19
Bestimmungsortprinzip 36, *14*
Betragsmässige Grenzen 62, 63, 66, 68, 86, 96, 140, *21, 23, 24, 25, 27, 59*
Betreibung 121, 211, *69*
Betriebsliegenschaft 236, 245
Betriebsmittel, Verkauf 142
Betriebsstätte 161
Bezug von Dienstleistungen aus dem Ausland 27, 29, 34, 66, 86, 98, 198, *5, 10, 24, 25, 28, 56*
Bezug von Dienstleistungen aus dem Ausland, Vorsteuerabzug 171, *38*
Bibliotheken (Ausnahmeliste) 44, 87, *18, 26*
Bildhauer (Ausnahmeliste) 44, 87, 216, 219, *18, 26, 74, 76*
Blumen, Steuersatz 138, *36*

Blut, menschliches (Ausnahmeliste) 42, 87, 216, *18, 26, 74*
Boden 128, 130
Bodenbearbeitung (Pflügen, Ansäen usw.) 139, *36*
Bonus 159, 186, *37, 44*
Branchenbroschüren 10
Brockenhäuser 44, 87, *18, 26*
Bruttoverbuchung 200
Bücher 138, 223, *36, 90*
Buchführung 135, 199, 231, *58*
Buchprüfung 208, 257, 259, *62*
Bund, Steuerpflicht 68, 77, 110, 144, *23*
Bundesgericht, Verwaltungsgerichtsbeschwerde 210, *66*
Bundesgesetz über die Mehrwertsteuer 273
Bundesverfassung 14
Büsingen 28, *3*
Bussen 212, *85, 86, 87*

Campingplätze, Vermietung 45, 139, *18, 36*
Campione d'Italia 28, *3*
Check (Ausnahmeliste) 44, 120, *18, 33*
Coupons von Registrierkassen 146, 148, 151, 152, *37*

Darlehen 16, 44, 120, *18, 33*
Debitoren-Journale (Buchführung) 202
Debitorenbuchhaltung 186
Debitorenverluste 186
Dienstleistungen der Radio- und Fernsehgesellschaften 139, *36*
Dienstleistungen ins Ausland 29, 36, 48, 50, 52, 56, 141, *14, 19, 20*
Dienstleistungen von Reisebüros 48, 51, *19*
Dienstleistungen von Vermittlern 48, *19*
Dienstleistungen, Begriff 31, *5, 7, 12*
Dienstleistungen, bei Stellvertretung 31, *11*
Dienstleistungen, Bemessungsgrundlage 119, *33*
Dienstleistungen, Bezug aus dem Ausland 27, 29, 34, 66, 86, 98, 198, *5, 10, 24, 25, 28, 56*
Dienstleistungen, Eigenverbrauch 33, 123, 132, *9, 34*
Dienstleistungen, Nachweis 50, 52, *20*
Dienstleistungen, Ort 36, *14*
Dienststelle (Gemeinwesen) 78, *23*
Dingliche Rechte (Ausnahmeliste) 45, 87, *18, 26*
Diplomaten, steuerliche Behandlung 121, 223, *90*

Direkte Ausfuhr, Begriff 49, **19**
Domizilgesellschaften 57
Dritte, Auskunftspflicht 208, **61**
Druckerzeugnisse ohne Reklamecharakter, Steuersatz 138, 223, **36, 90**
Dulden einer Handlung (Dienstleistung) 31, **7**
Düngstoffe, Steuersatz 138, **36**

Effektive Methode 188
Eidg. Steuerrekurskommission, Beschwerde 210, **65**
Eigenverbrauch, Arbeiten an Bauwerken 30, 32, 40, 62, 123, 128, 247, **6, 9, 15, 34**
Eigenverbrauch, Begriff 32, 62,123, **5, 9, 21**
Eigenverbrauch, Bemessungsgrundlage 122, 175, **34**
Eigenverbrauch, Dienstleistungen 33, 123, 132, **9, 34**
Eigenverbrauch, Entnahmetatbestand 32, 40, 122, **9, 15, 34**
Eigenverbrauch, Entstehung der Steuerforderung 184, **43**
Eigenverbrauch (Nutzungsänderung) 92, 123, 237, 247, 248, **9, 34**
Eigenverbrauch, Ort 40, **15**
Eigenverbrauch, Privatanteil Fahrzeug 16, 125, 126, 142, 175
Einfache Gesellschaften 62, 71, 76, 128, 149, **21**
Einfuhrbesteuerung 215, **75**
Einfuhren, Behörden 217, **82**
Einfuhren, Entstehung und Fälligkeit des Steueranspruchs 220, **78**
Einfuhren, Erlass 221, **84**
Einfuhren, Rückerstattung wegen Wiederausfuhr 221, **81**
Einfuhren, Steuerbemessungsgrundlage 219, **76**
Einfuhren, Steuerentrichtungspflicht des Empfängers 223, **90**
Einfuhren, Steuerpflicht 86, 215, **75**
Einfuhren, Verjährung der Steuerforderungen 220, **79**
Einfuhren, Verjährung von Rückvergütungsansprüchen 220, **80**
Einfuhren, Verlagerung der Steuerentrichtung 221, 223, **83, 90**
Einfuhren steuerbefreit 216, **74**
Einfuhren steuerbar 34, 216, **73**
Einfuhren von Datenträgern 34, **73**
Einfuhren von Gegenständen 34, 86, 216, 223, **73, 75, 90**
Einfuhren, Vorsteuerabzug 171, **38**
Eingangsbelege 145, 206, 208, **37, 58, 62**

Einkaufsbelege (Margenbesteuerung) 134, 165, 166
Einlageentsteuerung (Nutzungsänderung) 182, 237, 247, 248, **42**
Einphasensystem 19
Einsprache (an die ESTV) 210, **64**
Eintauschgeschäfte 150, 151
Eintragung als Mehrwertsteuerpflichtiger (Fragebogen) 102
Einzahlungsscheinabschnitte 154, 155
Einzelfirma, Steuerpflicht 62, 69, **21**
Elektrizität, Lieferung 30, 78, 216, **6, 23, 73**
Empfängerortsprinzip 36, **14**
Ende der Steuerpflicht 113, **29**
Entgelt, Begriff 28, 119, **5, 33**
Entgelt, vereinbart oder vereinnahmt 108, 186, **44**
Entgelt in Fremdwährungen 146, 151, 152, 162, **37**
Entgeltsminderungen 121, 174, 186, **40, 44**
Entnahme von Gegenständen (Eigenverbrauch) 32, 40, 122, **9, 15, 34**
Entrichtung der Steuer 188, 189, 195, 220, **47, 78**
Entscheid der ESTV 210, **63**
Entsorgungsleistungen 36, 121, **14, 33**
Entstehung der Steuerforderung 184, 220, **43, 78**
Erben, Steuernachfolge 114, **30**
Erbringerortsprinzip 36, **14**
Ergänzungsabrechnung 208
Erhebungswirtschaftlichkeit 19
Erlass bei Einfuhren 221, **84**
Erlass der Steuer 196, 207, 221, **51, 84**
Erlösminderungen 121, 174, 186, **40, 44**
Ermessenseinschätzung 206, **60**
Erweiterung Geschäftstätigkeit 98, **28**
Erwerbstätigkeit, unselbständige 17, 62, 70, **21**
Erzeugnisse von Landwirten, Forstwirten, Gärtnern, Viehhändlern 66, 96, 171, **25, 27, 38**
Erziehung, Ausbildung, Fortbildung (Ausnahmeliste) 43, 87, **18, 26**
Ess- und Trinkwaren, Steuersatz 138, 148, 151, 152, 160, **36**
Export 29, 48, **19, 20**
Export (Reihengeschäfte) 53, **19, 20**
Exportleistungen 29, 48, **19, 20**

Fahrzeug, Privatanteil 16, 125, 126, 142, 175
Fahrzeug der Luxusklasse 126, 173

11 Anhang

Fakturen, Steuerüberwälzung 145, 206, 208, **37, 58, 62**
Fakturierungssätze 137
Fälligkeit der Steuer 195, **47**
Fälligkeit der Steuer bei der Einfuhr 220, **78**
Ferienhäuser/-wohnung 45, 72, 92, **18**
Fernmeldewesen 78, **23**
Filmvorführungen (Ausnahmeliste) 43, 87, **18, 26**
Finanzdienstleistungen 44, **18**
Finanzerträge 16, 44, **18**
Finder's fees 36, 57, 70, **7, 14**
Fische, Steuersatz 138, **36**
Flugzeug, Vermietung und Vercharterung 48, **19**
Formerfordernis an Belege 145, **37**
Formulare 88, 93, 102, 108, 109, 110, 111
Forstwirte, Ausnahme von der Steuerpflicht 66, 96, 171, **25, 27, 38**
Fortbildung, Ausbildung, Erziehung (Ausnahmeliste) 43, 87, **18, 26**
Freipassabfertigungen 50, 55, 217, 219, **20, 74, 76, 84**
Freiwillige Abrechnung von ausgenommenen Umsätzen oder Steuerpflicht (Option) 46, 87, 96, 107, 142, 155, 156, 226, 227, **26, 27, 96**
Fremdwährung 146, 151, 152, 162, **37**
Frist zur Einreichung der Steuerabrechnung 86, 187, 195, **24, 45, 46**
Frist zur Entrichtung der Steuer 86, 187, 195, **24, 45, 47**
Fristen übrige 67, 87, 141, 226, **22, 26, 59, 96**
Fürstentum Liechtenstein 28, **3**
Futtermittel, Steuersatz 138, **36**

Gärtner, Ausnahme von der Steuerpflicht 66, 96, 171, **25, 27, 38**
Gas, Lieferung 30, 78, 216, **6, 23, 73**
Gastgewerbliche Leistungen 15, 45, 138, 139, 148, 160, **18, 36**
Gebinde, Pfandgelder 121, 139, **33**
Gebrauchte Gegenstände 46, 62, 133, 140, 165, 173, 223, **18, 35, 39, 90**
Gebühren 78, 119, 121, **23, 33**
Geflügel, Steuersatz 138, **36**
Gegenstand des Bundesgesetzes 273, **1**
Gegenstände, Lieferungen 30, 35, **5, 6, 13**
Gegenstände, Vermietung 30, 35, **5, 6, 13**
Geheimhaltung 207, **55**
Gemeinnützige Institutionen 66, 96, **25**
Gemeinwesen 68, 77, 110, 144, **23**
Gemischte Verbuchung 200

Gemischte Verwendung, Vorsteuerabzug 175, **41**
Gesamtvermögen, Übertragung 32, 111, 123, 158, 195, 228, **9, 47**
Geschäftlich nicht begründete Aufwendungen 173, **39**
Geschäftsbücher 201, 206, **58**
Geschäftsführendes Organ, Mithaftung 115, **32**
Geschäftsvermögen resp. Privatvermögen, Einzelfirma 71
Geschenke 32, 122, 171, **9, 34, 38**
Gesellschaft mit Wohn- oder Geschäftssitz im Ausland 36, 66, 96, 211, 223, **14, 25, 71, 90**
Gesundheitswesen, Leistungen (Ausnahmeliste) 42, 87, **18, 26**
Getränke, alkoholfreie, Steuersatz 138, 148, 152, 160, **36**
Getränke, alkoholische, Steuersatz 138, 152, 160, **36**
Getränke, Vorsteuerabzug 173, **38**
Getreide, Steuersatz 138, **36**
Gleichartigkeit (Gemeinwesen) 85, **23**
Gliederung der Umsätze 25
Glücksspiele (Ausnahmeliste) 46, 87, **18, 26**
Goldmünzen 223, **90**
Gratisleistungen an das Personal 32, 40, 122, **9, 15, 34**
Grossrenovationen 237, 238
Grundbücher 201, 206
Grundsätze der Besteuerung 14
Grundstücke, Verkauf oder Vermietung (Ausnahmeliste) 45, 87, 155, 156, 232, **18, 26, 37**
Grundzüge der Steuer 18
Gruppenbesteuerung 67, 115, **22, 32**
Gutscheine 17
Gutschriften 134, 145, 159, 162, 186, **35, 37, 44**

Haftung bei Übernahme einer Unternehmung 111, 114, **30**
Haftung der Erben 114, **30**
Haftung solidarisch mit der steuerpflichtigen Person 115, **32**
Halbpension resp. Vollpension (Beherbergung) 139, 160
Handänderungen von Gebäuden, Gebäudeteilen und Grundstücken 45, 87, 155, 156, 232, **18, 26, 34**
Handel mit gebrauchten Gegenständen 46, 62, 133, 140, 165, 173, 223, **18, 35, 39, 90**
Handlung unterlassen oder dulden 31, **7**

Hauswartstätigkeit 32, 128, 230, 247, **9, 34**
Hebammen (Ausnahmeliste) 42, 87, **18, 26**
Heilbehandlungen (Ausnahmeliste) 42, 87, 223, **18, 26, 90**
Herabsetzung des Vorsteuerabzugs 174, 186, **40, 44**
Hinterziehung der Steuer 212, **85**
Hoheitliche Leistungen 78, 175, **23, 41**
Holdingbesteuerung 67, 115, **22, 32**
Hotellerie 15, 45, 139, 160, **18, 36**
Humanmedizin (Ausnahmeliste) 42, 87, **18, 26**

Immaterielle Werte und Rechte (Marken, Patente usw.) 31, **7**
Immobilien, Kauf / Erstellung 123, 128, 156, 227, **34, 37**
Immobilien, Unterhalt 123, 128, 230
Immobilien, Verkauf und Vermietung (Ausnahmeliste) 45, 87, 155, 156, 232, **18, 26, 37**
Immobilien, wertvermehrend, werterhaltend, Grossrenovationen, nachgeholter Unterhalt 237, 238
Immobilienerträge 17, 45, **18**
Importeur 215, 221, **75, 83**
Importleistungen 29, 34, 216, **10, 73**
Ingenieurarbeiten, Ort der Dienstleistung 36, 37, **14**
Inhalt der Rechnungen 145, **37**
Inkassogeschäft 44, **18**
Inkrafttreten des MWStG 13, 226, **97**
Inland, Begriff 28, **3**
Inlandlieferung zwecks Ausfuhr im Reise- und Grenzverkehr 49, 223, **90**
Institutionen, gemeinnützige 66, 96, **25**
Invalidentransporte (Ausnahmeliste) 42, 87, **18, 26**

Jahresabschluss 206, 249
Jahresrückvergütungen 159, 186, **37, 44**
Journale (Buchführung) 202

Kälte, Lieferung 30, 78, 216, **6, 23, 73**
Kanton, Steuerpflicht 68, 77, 110, 144, **23**
Kapitalgesellschaften, Steuerpflicht 62, 74, **21**
Kassabuch 201
Kassazettel 145, 148, 151, 152, **37**
Kaufvertrag 129, 145, 156, **37**
Kinder- und Jugendbetreuung (Ausnahmeliste) 43, 87, **18, 26**
Kombinationsregelung 121, 139, 163
Kommissionsgeschäft 31, **11**
Konsulate, steuerliche Behandlung 121, 223, **90**
Kontenplan 199
Kontrollblätter (Margenbesteuerung) 135
Konzerngesellschaften (Gruppenbesteuerung) 67, 115, **22, 32**
Kosten im Veranlagungs- und im Einspracheverfahren 209, **68**
Krankenhausbehandlungen (Ausnahmeliste) 42, 87, **18, 26**
Krankentransporte (Ausnahmeliste) 42, 87, **18, 26**
Kreditkarten (Entgelt) 120, **33**
Kreditoren-Journale (Buchführung) 202
Kürzung des Vorsteuerabzugs 16, 175, 178
Kulturelle Leistungen (Ausnahmeliste) 43, 87, **18, 26**
Kunde 18
Kunstgegenstände 133, 173, 223, **35, 90**
Kunstmaler (Ausnahmeliste) 44, 87, 216, 219, **18, 26, 74, 76**
Kur- und Verkehrsverein 78, **23**
Kurse, Vorträge wissenschaftlicher oder bildender Art 43, 87, **18, 26**

Landwirte, Ausnahme von der Steuerpflicht 66, 96, 171, **25, 38**
Landwirtschaftliche Produkte, Vorsteuerabzug 171, **38**
Leasingverträge 145, 153, 154, **37**
Lebende Pflanzen 138, **36**
Lebensmittel, Vorsteuerabzug 173, **38**
Leistungen an anderes Gemeinwesen 82, 83, **23**
Leistungen an das Personal 119, **33**
Leistungen an nahestehende Personen 119, **33**
Leistungen der Erziehung, des Unterrichts sowie Kinderbetreuung 43, 87, **18, 26**
Leistungen der Sozialfürsorge und Sozialhilfe 43, 87, **18, 26**
Leistungen des Gesundheitswesens (Ausnahmeliste) 42, 87, **18, 26**
Leistungen von Alters-, Wohn- und Pflegeheimen 43, 87, **18, 26**
Leistungen, hoheitlich 78, 175, **23, 41**
Leistungen, kulturelle (Ausnahmeliste) 43, 87, **18, 26**
Lieferant 18
Lieferantenbestätigung 164
Lieferschein 149, 161, 206
Lieferung gebrauchter Gegenstände 46, 62, 133, 140, 165, 173, 223, **18, 35, 39, 90**
Lieferungen ins Ausland 29, 48, 141, **19, 59**
Lieferungen von Gegenständen, Begriff 30, **5, 6**

11 Anhang

Lieferungen von Gegenständen, bei Stellvertretung 31, *11*
Lieferungen von Gegenständen, Bemessungsgrundlage 119, *33*
Lieferungen von Gegenständen, Ort 35, *13*
Lieferungen, Vermietung, Verpachtung von Grundstücken 45, 87, 155, 156, 232, *18, 26*
Liegenschaften, Kauf / Erstellung 123, 128, 156, 227, *34, 37*
Liegenschaften, Option 45, 87, 90, 93, 155, 156, 227, 246, *26, 96*
Liegenschaften, Privatbesitz 71
Liegenschaften, Unterhalt 123, 128, 230
Liegenschaften, Verkauf / Vermietung / Überführung 45, 87, 155, 156, 232, *18, 26, 37*
Liegenschaften, wertvermehrend, werterhaltend, Grossrenovationen, nachgeholter Unterhalt 237, 238
Liegenschaftserträge 17, 45, *18*
Liquidator, Mithaftung 115, *32*
Liste der Steuerausnahmen 42, 87, *18, 26*
Lohn 70
Löschung im Steuerregister 113, *29*
Lotterien (Ausnahmeliste) 46, 87, *18, 26*
Luftfahrzeuge 48, 51, *14, 19, 20*
Luftverkehr, Beförderungen 36, 48, 51, 223, *14, 19, 20, 90*
Luxusfahrzeug 126, 173

Margenbesteuerung 62, 133, 140, 165, 173, 223, *35, 39, 90*
Medikamente 138, 148, 223, *36, 90*
Mehrheit von Leistungen (verschiedene Steuersätze) 162
Mehrweggebinde 121, 139, *33*
Mehrwertsteuerkonforme Belege 145, 206, 235, *37*
Meldeverfahren 32, 111, 123, 158, 195, 228, *9, 47*
Merkblätter 11
Messestandflächen, Vermietung 46, *18*
Mietverträge 145, 155, *37*
Mietzinserträge 17, 45, *18*
Milchsammelstellen 66, 96, 171, *25, 38*
Mitgliederbeiträge 43, 87, *18, 26*
Mithaftung, solidarisch 115, *32*
Motorboote 173
Motorfahrzeug der Luxusklasse 173
Motorräder 173
Münzen (Ausnahmeliste) 45, 216, 223, *18, 74, 90*
Museen, Galerien, botanische und zoologische Gärten 43, 87, *18, 26*

Musiker (Ausnahmeliste) 43, 87, *18, 26*

Nachfolgegesellschaft 111, 114, 123, *9, 30, 47*
Nachgeholter Unterhalt 237, 238
Nachlassverfahren 196, 207, *51*
Nachweis der Ausfuhr 49, *20*
Nahestehende Personen 119, *33*
Naturärzte (Ausnahmeliste) 42, 87, *18, 26*
Naturalbezüge 16, 125
Naturalrabatt 123
Nebenkosten (Liegenschaft) 233
Nebentätigkeit 16, 17, 69
Nettoverbuchung 200
Neuaufnahme Geschäftstätigkeit 98, *28*
Normalsatz 15, 139, 215, 225, *36, 95*
Nullsatz 15, 42, 47, 138, 215, *18, 19, 36*
Nutzungsänderung, Eigenverbrauch/Einlageentsteuerung 92, 123, 182, 232, 237, 247, 248, *9, 15, 34, 42*

Öffentlich-rechtliche Abgaben 78, 119, 121, 145, 223, *23, 33, 37, 90*
Öffentliche Verwaltung 68, 77, 110, 144, *23*
Offshoregesellschaft 57
Option auf von der Steuer ausgenommenen Umsätzen 46, 87, 142, 155, 156, 226, 227, *26, 96*
Option für die Steuerpflicht 96, 107, *27*
Organe, menschliche (Ausnahmeliste) 42, 87, *18, 26*
Organisationen, internationale, steuerliche Behandlung 121, 223, *90*
Orientteppiche 173
Ort des Eigenverbrauchs 40, *15*
Ort der gelegenen Sache 36, *14*
Ort der Lieferungen 35, *13*
Ort der Tätigkeit 36, *14*
Ort der Dienstleistungen 36, *14*
Ort des Leistungsempfängers 36, *14*
Ort des Leistungserbringers 36, *14*

Papierlose Übermittlung 223, *90*
Parkplätze, Vermietung 45, 73, 234, *18*
Pauschalansätze für die Vorsteuerkorrektur 16, 175, 226, *41, 96*
Pauschalsteuersätze (Gemeinwesen) 16, 110, 144, 225, 226, *58, 59, 95, 96*
Personal, Leistung 119, *33*
Personalanlässe und -ausflüge 173
Personalverleih 36, *14*
Personengesellschaften, Steuerpflicht 62, 74, *21*
Personentransport 51, *14, 19*
Pfandgelder auf Gebinden 121, 139, *33*

Pflanzen, Steuersatz 138, *36*
Pflanzenschutzstoffe, Steuersatz 138, *36*
Pflegeheim, Leistungen (Ausnahmeliste) 43, 87, *18, 26*
Physiotherapeuten (Ausnahmeliste) 42, 87, *18, 26*
Postwertzeichen (Ausnahmeliste) 46, 87, *18, 26*
Preislisten 146, 165, *37*
Privatanteil Fahrzeug, Eigenverbrauch / Lieferung 16, 125, 126, 142, 175
Privatvermögen resp. Geschäftsvermögen, Einzelfirma 71
Provisionen 31, 48, 57, 70, 159, 162, *7, 11, 19*
Psychotherapeuten (Ausnahmeliste) 42, 87, *18, 26*
Publikationen der ESTV 10

Quartalsabrechnung 188, 190
Quittungen 146, 148, 151, 152, 154, 206, *37*

Rabatte, Skonti 121, 174, 186, *40, 44*
Radio- und Fernsehgesellschaften 139, *36*
Rechnungsinhalt 145, *37*
Rechnungsstellung 145, 184, *37, 43*
Rechte (dingliche Rechte an Grundstücken) 45, 87, *18, 26*
Rechtsgrundlage 13
Rechtsmittel 209, *63*
Reduzierter Satz 15, 138, 215, 223, 225, *36, 90, 95*
Referententätigkeit (Ausnahmeliste) 17, 43, 71, 87, *18, 26*
Reihengeschäfte (Export) 53, *19, 20*
Reisebüro, Dienstleistungen 48, 51, *19*
Repräsentationsaufwendungen 173
Restwerttabelle für die Ermittlung des Zeitwertes 242, 243
Retourgegenstände 217, 221, *74, 81*
Revision von Entscheiden 209, *67*
Rückerstattung der Steuer 195, 223, *48, 90*
Rückerstattung wegen Wiederausfuhr 221, *81*
Rückvergütungen 159, 186, *37, 44*

Saldosteuersatzmethode 16, 109, 122, 135, 140, 189, 225, 226, *59, 95, 96*
Samnaun, Sampuoir 28, *3*
Sanierungsleistungen 179
Schadenersatz 121
Schauspieler (Ausnahmeliste) 43, 87, *18, 26*
Schliessfächer, Vermietung 38, 46, *14, 18*
Schriftsteller (Ausnahmeliste) 44, 87, *18, 26*
Schulen (Ausnahmeliste) 43, 87, *18, 26*
Selbstveranlagung 195, *46*
Semesterabrechnung 189
Sicherstellungen der Steuer (durch die ESTV) 211, *70*
Sicherungsmassnahmen, andere 211, *71*
Sitzgesellschaften 57
Skonti, Rabatte 121, 174, 186, *40, 44*
Solidarische Haftung 68, 114, 115, *30, 32*
Sondersatz (Beherbergungsleistung) 15, 45, 72, 92, 139, 160, *18, 36, 95*
Sozialfürsorge und -hilfe, Leistungen (Ausnahmeliste) 43, 87, *18, 26*
Spenden 119, 121, 175, 178, *33, 38, 41*
Spesen, Vorsteuerabzug 173, *38*
Spezialbroschüren 10
Spitalbehandlung (Ausnahmeliste) 42, 87, *18, 26*
Spitex (Ausnahmeliste) 43, 87, *18, 26*
Sportanlagen, Vermietung (Ausnahmeliste) 44, 45, 87, *18, 26*
Sportflugzeuge 173
Sportliche Anlässe (Ausnahmeliste) 44, 87, *18, 26*
Sportvereine, Steuerpflicht 66, 96, *25, 27*
Sportwagen der Luxusklasse 126, 173
Startgeld 44, 87, *18, 26*
Stellvertretung 31, 48, 57, 70, *7, 11, 19*
Steuer auf den Einfuhren 34, 215, *72*
Steuerarten 18
Steuerbare Einfuhren 216, *73*
Steuerbare Umsätze 27, *5, 24, 73*
Steuerbefreite Einfuhren 216, *74*
Steuerbefreite Umsätze 47, *19*
Steuerbemessungsgrundlage 119, 122, 133, 219, *33, 34, 35, 76*
Steuerentrichtung 188, 195, 220, *47, 78*
Steuerentrichtung, Verlagerung 221, 223, *83, 90*
Steuerentrichtungspflicht des Leistungsempfängers 223, *90*
Steuererlass 196, 207, 221, *51, 84*
Steuerforderung, Entstehung 184, 220, *43, 78*
Steuerforderung, Verjährung 196, 220, *49, 79*
Steuergefährdung 212, *86*
Steuerhinterziehung 212, *85*
Steuernachfolge 114, *30*
Steuernettobetrag 20
Steuerobjekt 25, 216, *5, 73*
Steuerobjekt bei Einfuhren 216, *73*
Steuerpflicht, Ausnahmen 66, *25*

Steuerpflicht, Beginn 98, **28**
Steuerpflicht, Ende 113, 115, **29, 32**
Steuerpflicht, Eintragungsformulare 102
Steuerpflicht, freiwillige (Option) 46, 87, 96, 107, 142, 155, 156, 226, 227, **26, 27, 96**
Steuerpflicht, Grundsatz 62, **21**
Steuerpflicht bei der Einfuhr von Gegenständen 86, 215, **75**
Steuerpflicht bei der Erzielung von Umsätzen 62, **21**
Steuerpflicht beim Bezug von Dienstleistungen aus dem Ausland 27, 34, 66, 86, 98, 198, **10, 24, 25, 28, 56, 90**
Steuerpflicht von Landwirten, Forstwirten und Gärtnern 66, 96, 171, **25, 38**
Steuerpflicht von Milchsammelstellen 66, 96, 171, **25, 38**
Steuerpflicht von Sportvereinen 66, 96, **25, 27**
Steuerpflicht von Unternehmen mit Sitz im Ausland 36, 66, 96, 211, 223, **14, 25, 71, 90**
Steuerpflicht von Viehhändlern 66, 96, 171, **25, 38**
Steuerpflichtige Person, An- und Abmeldung 198, **56**
Steuerpflichtige Person, Auskunftspflicht 198, 208, **57, 62**
Steuerrekurskommission, Eidg., Beschwerde 210, **65**
Steuerrückerstattung 195, 223, **48, 90**
Steuersätze 15, 137, 215, 223, 225, **36, 77, 90, 95**
Steuersätze, Entwicklung 15
Steuersatzänderung 15, 225, **95**
Steuersubjekt 61, **21**
Steuerträger 18
Steuerüberwälzung 145, **37**
Steuervertretung 114, **31**
Steuerzahllast 63, 83, 141, **25, 59**
Stiftungsrat, Leistungen / Honorar 17, 62, 70, **21**
Stillstand (Verjährung) 220, **79, 80**
Stockwerkeigentümergemeinschaften, Leistungen 45, 87, 232, **18, 26**
Strafbestimmungen 212, **85**
Streumittel für Tiere, Steuersatz 138, **36**
Subventionen 121, 175, 178, **33, 38, 41**
System der Mehrwertsteuer 22

Tausch von Gegenständen, Entgelt 120, **33**
Teilvermögen, Übertragung 32, 111, 123, 158, 195, 228, **9, 47**
Teilzahlungen, Entstehung der Steuerforderung 184, 220, **43, 78**

Telekommunikationsdienstleistungen 38, 66, 223, **14, 25, 90**
Territorialität 28, **3**
Theatervorführungen (Ausnahmeliste) 43, 87, **18, 26**
Transitwaren unverzollt 48, **19**
Transportgewerbe, Ort der Dienstleistung 35, 36, 37, 48, 51, 223, **14, 19, 20, 90**
Transportleistungen, Entgelt 121
Trink- und Esswaren, Steuersatz 138, 148, 151, 152, 160, **36**

Übergangsbestimmungen 224, **93**
Überlassung zum Gebrauch, Nutzung 30, 45, 48, 55, 87, 155, 232, **6, 18, 19, 20, 26**
Übernahme Gesellschaft (Aktiven und Passiven) 32, 111, 114, 123, 158, 195, 228, **9, 30, 47**
Überprüfung 208, **62**
Übertragung eines Gesamt- oder Teilvermögens 32, 111, 123, 158, 195, 228, **9, 47**
Übertragung und Bestellung von dinglichen Rechten an Grundstücken 45, 87, 156, 232, **18, 26, 37**
Überwälzung der Steuern 23, 118, 145, **33, 37**
Umnutzung Liegenschaft 92, 123, 232, 237, 247, 248, **9, 15, 34**
Umsatzabstimmung 203
Umsatzgliederung 25
Umsätze aus Kinder- und Jugendbetreuung 43, 87, **18, 26**
Umsätze im Bereich der Erziehung, der Ausbildung, der Fortbildung 43, 87, **18, 26**
Umsätze im Bereich des Geld- und Kapitalverkehrs 44, **18**
Umsätze von Versicherungen, -vertretern und -maklern 44, **18**
Umsätze, innerhalb von Unternehmensgruppen 67, 115, **22, 32**
Umsätze, steuerbare 27, **5, 24, 73**
Umsätze, von der Steuer ausgenommene 41, 87, 138, 175, 223, **18, 26, 36, 41, 90**
Umsätze, von der Steuer befreite 47, 48, 223, **19, 90**
Umsatzgrenzen 62, 63, 66, 68, 86, 96, 140, **21, 23, 24, 25, 27, 59**
Umschliessungen, Steuersatz 139, **36**
Umstrukturierung 32, 111, 123, 158, 195, 228, **9, 47**
Umwandlung Gesellschaftsform 32, 111, 123, 158, 195, 228, **9, 47**

Unentgeltliche Zuwendung 32, 122, 171, **9, 34, 38**
Unterbrechung (Verjährung) 220, **79, 80**
Unterhalt, nachgeholter 237, 238
Unterlassen einer Handlung (Dienstleistung) 31, **7**
Unternehmen mit Sitz im Ausland, Steuerpflicht 36, 66, 96, 211, 223, **14, 25, 71, 90**
Unterricht, Leistungen (Ausnahmeliste) 43, 87, **18, 26**
Unterstellungserklärungen 88, 93, 108, 109, 110, 144, 186, **26, 44, 59**
Untervermietung Räumlichkeiten 234
Urprodukte, Vorsteuerabzug 171, **38**
Urproduzent, Steuerpflicht 66, 96, 171, **25, 38**

Veräusserungen von beweglichen und unbeweglichen Gegenständen 30, 45, 87, **6, 18, 26**
Veranlagung der Steuer 184, 195, 220, **43, 46, 78**
Verbuchung netto, brutto oder gemischt 200
Vercharterung von Luftfahrzeugen 48, **14, 19, 20**
Vereinbarte Entgelte 186, **44**
Vereine 66, 96, **25**
Vereinfachte Berechnung der Steuerschuld 64
Vereinfachungen (Margenbesteuerung) 134
Vereinnahmte Entgelte 108, 186, **44**
Verfahren 198, **56**
Verfassungsgrundlage für die Mehrwertsteuer 14
Verfügungsverschaffung, Ort der Lieferung 35, 36, 54, **13, 14**
Vergleich MWSt-Belastung bei steuerpflichtigen / nicht steuerpflichtigen Personen 97
Vergütungszinssatz 195, 223, **48, 90**
Verjährung der Steuerforderung 196, **49**
Verjährung der Steuerforderung bei Einfuhren 220, **79**
Verjährung des Anspruchs auf Vorsteuerabzug 196, **50**
Verjährung von Rückvergütungsansprüchen bei Einfuhren 220, **80**
Verkauf von Ess- und Trinkwaren 138, 148, 151, 152, 160, **36**
Verkauf von Liegenschaften (Ausnahmeliste) 45, 87, **18, 26**
Verkauf von Liegenschaften, Option 45, 46, 87, 90, 156, 232, **26, 96**
Verkaufsbelege (Margenbesteuerung) 134, 165, 166, 167
Verkehrsverein 78, **23**
Verlagerung der Steuerentrichtung 221, 223, **83, 90**
Verlegern und Verwertungsgesellschaften 44, 87, **18, 26**
Vermietung (Beherbergung von Gästen) 15, 45, 72, 92, 139, 160, **18, 36, 95**
Vermietung von Campingplätzen 45, 139, **18, 36**
Vermietung von Ferienwohnungen / -häusern 45, 72, 92, **18**
Vermietung von fest eingebauten Vorrichtungen und Maschinen 45, **18**
Vermietung von Gegenständen 30, 35, **5, 6, 13**
Vermietung von Grundstücken und Grundstücksteilen 45, 87, 155, 232, 234, **18, 26, 34**
Vermietung von Luftfahrzeugen 48, **14, 19, 20**
Vermietung von Parkplätzen 45, 73, 234, **18**
Vermietung von Räumlichkeiten, Option 45, 46, 87, 90, 155, 232, 234, **26, 96**
Vermietung von Schliessfächern 38, 46, **14, 18**
Vermietung von Sportanlagen 44, 45, 87, **18, 26**
Vermittler, Dienstleistungen 31, 48, 57, **7, 11, 19**
Vermögen, Übernahme für nicht steuerbare Zwecke (Eigenverbrauch) 32, 123, 232, **9, 34**
Vermögen, Übertragung an eine steuerpflichtige Person 32, 111, 114, 123, 158, 195, 228, **9, 30, 47**
Verordnung zum Bundesgesetz über die Mehrwertsteuer (MWStGV) 223, 311, **90**
Verpachtung von Grundstücken (Ausnahmeliste) 45, 87, 155, 232, 234, **18, 26, 34**
Verpackungen, Entgelt 121
Verpackungsmaterialien, Steuersatz 139, **36**
Verpflegung, Vorsteuerabzug 173, **38**
Versand- resp. Beförderungsreihengeschäft (Export) 53
Versenden, Ort der Lieferung 35, **13**
Versenden oder Befördern von Gegenständen ins Ausland 35, 37, 48, 51, **13, 14, 19**
Versicherungen, Versicherungsvertreter und -makler 44, **18**

Verträge 129, 134, 145, 153, 155, 156, 162, 165, 206, 208, *35, 37, 58, 62*
Verwaltungsgerichtsbeschwerde ans Bundesgericht 210, *66*
Verwaltungsrat, Leistungen / Honorar 17, 62, 70, *21*
Verwaltungsrat, Mithaftung 115, *32*
Verzugs- und Vergütungszinssätze 121, 195, 223, *47, 48, 90*
Videotheken (Ausnahmeliste) 44, 87, *18, 26*
Vieh, Steuersatz 138, *36*
Viehhändler, Ausnahme von der Steuerpflicht 66, 96, 171, *25, 38*
Vollpension resp. Halbpension (Beherbergung) 139, 160
Vollzugsverordnung 223, 311, *90*
Von der Steuer ausgenommene Umsätze 41, 87, 138, 175, 223, *18, 26, 36, 41, 90*
Von der Steuer befreite Umsätze 47, 48, 223, *19, 90*
Vorauszahlungen, Entstehung der Steuerforderung 184, 220, *43, 44, 78*
Vorauszahlungen, Übergangsbestimmung 224, *93*
Vorsteuerabstimmung 204
Vorsteuerabzug, allgemein 171, *38*
Vorsteuerabzug, Ausschluss 173, *39*
Vorsteuerabzug, geschäftlich nicht begründet 173, *39*
Vorsteuerabzug, spätere Entstehung des Anspruchs 182, *42*
Vorsteuerabzug, Verjährung des Anspruchs 196, 220, *50, 80*
Vorsteuerabzug, Zeitpunkt 180, *38*
Vorsteuerabzug bei Bezügen von Landwirten, Forstwirten, Gärtnern, Viehhändlern und Milchsammelstellen 171, 172, *38*
Vorsteuerabzug bei Einfuhren 171, *38*
Vorsteuerabzug bei Entgeltsminderungen 174, *40*
Vorsteuerabzug bei gebrauchten Gegenständen 46, 133, 173, *18, 35, 38, 39*
Vorsteuerabzug bei gemischter Verwendung 175, 178, *41*
Vorsteuerabzug bei Geschenken 32, 122, 171, *9, 34, 38*
Vorsteuerabzug bei Subventionen, Beiträge der öffentlichen Hand, Spenden 121, 175, 178, *33, 38, 41*
Vorsteuerabzug bei Verpflegung und Getränken 173, *38*
Vorsteuerabzug bei Warenmustern 32, 122, 171, *9, 34, 38*

Vorsteuerabzugskorrektur bei Nebentätigkeiten 16, 17, 69
Vorsteuerabzugskürzung 16, 175, 178
Vorträge, Kurse wissenschaftlicher oder bildender Art 43, 87, *18, 26*

Warenmuster 32, 122, 171, *9, 34, 38*
Warentransporte 35, 37, 48, 51, *13, 14, 19*
Warenumschliessungen, Steuersatz 139, *36*
Wärme, Lieferung 30, 78, 216, *6, 23, 73*
Wasser in Leitungen, Steuersatz 78, 138, *23, 36*
Werbegeschenke 32, 122, 171
Werterhaltende und wertvermehrende Aufwendungen 237, 238
Wertpapiere 45, 120, 216, *18, 33, 74*
Wertpapierverkauf 16, 44, 177
Wertzeichen, amtliche (Ausnahmeliste) 46, 87, *18, 26*
Wettbewerbsneutralität 19
Wetten, Lotterien und sonstige Glücksspiele (Ausnahmeliste) 46, 87, *18, 26*
Widerhandlungen in Geschäftsbetrieben 213, *87*
Wiederausfuhr 217, 219, 221, *74, 76, 81*
WIR-Geld (Entgelt) 120, *33*
Wohn- und Gewerbeliegenschaft 246
Wohnheim, Leistungen (Ausnahmeliste) 43, 87, *18, 26*
Wohnliegenschaft 244

Zahlungsfrist, Entrichtung der Steuer 188, 189, 195, 220, *47, 78*
Zahnärzte (Ausnahmeliste) 42, 87, *18, 26*
Zahnprothesen 42, *18*
Zeitungen und Zeitschriften 138, 223, *36, 90*
Zeitwert 124, 232, 239, *34*
Zentralisiertes Abrechnungsverfahren der Zollverwaltung (ZAZ) 220, *78*
Zinserträge 16, 44, 177, *18*
Zollfreihafen und Zollfreilager 28, *3*
Zollinland 28, *3*
Zollverwaltung 207, 217, *82*
Zollzahlungspflichtige Person 86, 215, *75*
Zuschüsse 119, 121, 175, 178
Zwangsweise Streichung 113, *29*
Zweckverbände von Gemeinwesen, Steuerpflicht 68, 77, 110, 144, *23*